JN245906

# なにわの供託事例集

事例・回答・解説82問と
OCR用供託書記載例139

関係図・手続フロー付き

大阪法務局ブロック
管内供託実務研究会 編

日本加除出版株式会社

# は し が き

　供託法は，明治32年に制定・施行され，爾来幾度となく改正が重ねられていますが，条文数は，枝番を含めても20条に満たない短い法律です。また，具体的な手続を定めた供託規則も65の条文から成っていて，比較的簡素なものです。ところが，供託所が取り扱う供託の種類は，弁済供託，担保保証供託，執行供託，保管供託，没収供託の5種類に分けられ，社会の様々な場面で利用されており，供託の根拠となる法令は672か条にも及ぶとされています（平成29年1月1日現在。法務省HP）。そのために，供託手続に関係する人にとっては，供託手続が利用できるのか否か，利用できるとしてもどのように手続をすればよいのか悩むことも多く，最近では，供託手続を分かりやすく説明した解説書も出版されるようになってきました。日本加除出版株式会社からも，これまでに「新版よくわかる供託実務」や「供託実務事例集」などが上梓されています。

　本書は，大阪法務局ブロック内の供託所において，供託事務を担当している職員が，実際に経験し，照会を受けた事例を基礎として，新たに「なにわの供託事例集」として解説するものです。事例に基づいているために，供託の可否や手続について，供託手続を利用しようとする人が実際に疑問に思ったことを取り上げており，一般的な解説書では物足りないと感じられる点についても，ストレートに回答した上で，関係図や手続の流れ図などを織り交ぜながら丁寧に解説されています。また，事例ごとに供託を申請する場合のOCR用供託書の記載例が示されていますから，これから供託を利用する際に大いに参考になるように工夫されています。

　ですから，供託事務を担当する法務局職員に本書を活用してもらいたいの

はしがき

はいうまでもありませんが，弁済供託のほか，裁判上の保証供託，執行供託及び混合供託等，弁護士や司法書士など法律実務家の方々が日々の相談業務で直面する事例も多数掲載されており，本書が供託手続を申請しようとする方にも広く利用されることを期待しています。

平成30年3月

森木田　邦裕（大阪法務局長）

# 執筆者一覧（所属は執筆当時）

## 大阪法務局

### 民事行政部供託課

阿部　栄一

池邊　和史

井上　喜蔵

丹羽　佳那子

茨木　孝明

髙原　靖子

川島　由香里

伊藤　邦彦

北川　昌輝

仲川　美幸

前田　久幸

久保田　聖

鎌子　綾香

西島　久美子

前田　大輔

## 京都地方法務局

### 供託課

西丸　真弓

水口　賢治

多賀　弘之

植村　亮太

兼井　勇輝

## 神戸地方法務局

### 総務課

笹山　貴広

### 国籍課

海津　芽衣

### 供託課

土屋　佳代

藤田　一茂

鈴木　美樹

永吉　里枝子

高田　駿介

### 西宮支局

#### 総務課

内藤　淳史

### 明石支局

#### 総務課

山添　智博

### 柏原支局

土手　康之

### 姫路支局

#### 総務課

渡邉　徹志郎

### 加古川支局

#### 総務課

橋本　伊津子

執筆者一覧

**豊岡支局**

中野　晃孝

**奈良地方法務局**

供託課

阿野　かおり

柴田　昭彦

多田　真喜子

桜井支局

肥田　上

高岡　慎平

木村　美香

**大津地方法務局**

供託課

西村　理

土川　雅史

鍵元　裕

登記部門

髙橋　正典

前川　清香

甲賀支局

近澤　正隆

西吉　祐貴

**彦根支局**

瀧　智史

美﨑　弘樹

**長浜支局**

清谷　美保

椿原　航輝

**和歌山地方法務局**

供託課

堀江　涼子

東　智明

石田　貴之

# 凡　　例

　文中に掲げる法令・雑誌については，以下の略記とする。


〔法令〕

法……………供託法

規則…………供託規則

準則…………供託事務取扱手続準則

滞調法………滞納処分と強制執行等との手続の調整に関する法律

滞調令………滞納処分と強制執行等との手続の調整に関する政令

滞調規則………滞納処分と強制執行等との手続の調整に関する規則

行審法………行政不服審査法


〔雑誌〕

民録…………大審院民事判決録

民集…………最高裁判所民事判例集

高民…………高等裁判所民事判例集

下民…………下級裁判所民事裁判例集

民月…………民事月報

判時…………判例時報

新聞…………法律新聞

目　次

# 目　次

## 第1　総　論

1　供託制度の沿革 ………………………………………………………… 1
2　供託の意義 ……………………………………………………………… 1
3　供託の機関 ……………………………………………………………… 2
4　供託の要件 ……………………………………………………………… 2

**事例**　ア　賃貸人が家主との契約において，支払日に支払場所へ家賃の支払を行っ
　　　　たが，家主がその受領を拒否した場合には，民法494条の規定に基づいて
　　　　弁済供託ができます。

　　　イ　金銭消費貸借契約において，債務者が金銭の支払をしなくなったので，
　　　　債務者名義の不動産に仮差押えを行うために裁判所に申立て，金50万円の
　　　　担保を立てることを命じられた場合は，民事保全法14条1項の規定に基づ
　　　　いて保証供託ができます。

　　　ウ　会社において，従業員の給与を差し押さえる内容の命令が裁判所から送
　　　　達された場合は，民事執行法156条1項の規定に基づいて執行供託ができ
　　　　ます。

　　　エ　宅地建物取引業の免許を受けた者は，事業開始に当たり，宅地建物取引
　　　　業法25条に基づく営業保証供託をすることになります。

　　　オ　知事選挙の候補者として立候補するためには，公職選挙法92条1項に基
　　　　づく選挙供託が必要です。 ……………………………………………… 3

5　供託の当事者能力，行為能力及び当事者適格 ……………………… 5

vii

目　　次

## 第2　供託の申請手続

| | | |
|---|---|---|
| 1 | 申請手続 | 9 |
| 2 | 添付又は提示書類 | 12 |
| 3 | 金銭供託 | 13 |
| 4 | 有価証券供託 | 14 |
| 5 | 振替国債供託 | 14 |
| 6 | 電子情報処理組織による供託申請 | 14 |
| 7 | 事　例 | 15 |

　Ⅰ　弁済供託

【不法行為に基づく損害賠償債務の弁済供託（被害者の住所が不明の場合）】

事例1　私は，先月，路上で被害者に全治3週間の傷を負わせる事件を起こしてしまいました。

　　　被害者に直接謝罪して損害賠償金を渡したいと考えましたが，被害者は，自分の連絡先を私には教えないように捜査機関に要望しており，代理人（弁護士）の事務所において代理人を通じて損害賠償金を受け取るとのことでした。そのため，代理人と協議を重ねましたが，賠償額について合意に達しなかったので，私が相当と考える損害賠償金相当額と事件の時から年5分の割合による遅延損害金との合計額を代理人事務所で代理人に提供しましたが，その受領を拒否されました。

　　　そこで，同額を供託したいと考えていますが，被害者の住所を教えてもらえない場合でも，供託をすることはできますか。………………………………16

【賃料の減額請求と弁済供託】

事例2　賃借人甲は月10万円で賃借中の建物について，近隣同種の物件の家賃を調べたところ，5万円程度の家賃であったため，現在の家賃は高いと考え，賃貸人乙に対し，家賃を5万円とするよう家賃の減額請求をしました。賃貸人乙からは5万円にする減額には応じられないが，8万円に減額する旨回答があり，8万円で支払の請求がありました。賃借人甲は8万円では納得できなかったので，自分が相当と考える金額5万円を賃貸人乙に提供したところ，受領を拒否されました。賃借人甲は受領拒否による弁済供託をすることができますか。……………………………………………………………26

目　次

**【相続人全員が相続放棄をした場合の最終の相続人に対する受領拒否を原因とする弁済供託の可否】**

**事例3**　Aは，Bに対して，土地売買代金支払債務（平成29年4月19日売買契約，支払期日及び支払場所定めなし）を負っていますが，Bは平成29年5月12日に死亡しました。Bには，配偶者，直系尊属及び兄弟姉妹はなく，第1順位の相続人であるBの子ら2名は同年6月16日と同月23日にそれぞれ相続放棄し，第2順位の相続人であるBの兄の子Cは同年7月4日に相続放棄したため相続人がおらず，相続財産管理人も選任されていない状況です。

　　　このような状況においては，最終の相続人であるCが，民法940条により相続財産の管理義務者になると考えられるので，Cに弁済の提供をして受領拒否された場合，受領拒否を原因として供託することは可能でしょうか。…………………… 29

**【債権者から法定相続分の支払請求で，全額提供を受領拒否された場合の弁済供託の可否】**

**事例4**　先日，私の夫である甲が亡くなりました。甲の法定相続人は私と子の2名ですが，甲は私に財産の全てを相続させる旨の遺言を残しています。

　　　今般，甲が生前に負担した金銭消費貸借契約に基づく貸金返還債務の弁済期が到来し，債権者であるAから私に対して，私の法定相続分の債務を履行するよう請求がありました。そこで私はAに対し，甲の遺言に基づき当該債務の全てを相続したとして債務の全額を弁済しようとしましたが，Aから受領を拒否されました。

　　　私は，Aを被供託者として，債務の全額につき受領拒否を原因とする弁済供託をすることはできますか。…………………………………………………………… 33

**【賃借物が競売となった場合における賃借料の供託】**

**事例5**　当社（甲）は平成26年4月からA市の賃貸物件（土地・倉庫）について，翌月分を毎月月末までに前払（支払場所　物件所在地）しているところ，賃料債権に対して差押えがされたため，賃料は差押債権者に支払っています。

　　　ところで，当該物件は，平成25年12月に設定された抵当権の実行による競売のため売却されることになり，平成30年2月23日（金）に最高入札者が判明しますが，必ずしも最高入札者が競落人になるとは限らないため，3月2

ix

目　次

日（金）の落札者決定まで新所有者は確定しません。

　　　この場合，2月末日までに支払うべき3月分の賃料について，債権者不確
　　知を理由に供託することができますか。……………………………………… 35

【成年後見人の管理計算に基づく返還金の供託】
事例6　相談者丙は，甲の成年後見人であり，同人の財産管理を行っていましたが，
　　甲は平成29年9月5日に死亡しました。

　　　そこで，丙は民法870条の規定に基づき，甲の財産につき管理計算を行っ
　　たところ，平成29年11月1日に管理計算が終了し，金100万円の返還金が生
　　じました。

　　　甲の相続人は乙一人であるので，丙は乙に対して平成29年12月1日に返還
　　金の受領を求めて，乙の住所地において現実の提供を行う予定ですが，乙か
　　ら受領を拒否された場合，供託することができますか。……………………… 39

【不在者財産管理人が供託原因を「所在不明による受領不能」とする弁済供託の可
否】
事例7　私（甲）は，Aの不在者財産管理人に選任され，Aの財産を管理していま
　　したが，債権債務の整理が終了し，後は財産を保管していく状態となったこ
　　とから，不在者財産管理人の事務は事実上終了しました。そこで，保管して
　　いるお金をAに返還したいのですが，Aは数年来行方が不明で住所も分から
　　ないため返還することができません。

　　　この場合，私（甲）は不在者財産管理人としてAを被供託者とする弁済供
　　託をすることはできますか。……………………………………………………… 43

【供託者を遺言執行者，被供託者を成年被後見人とする弁済供託の可否】
事例8　私（甲）は，公正証書遺言によって被相続人乙（最後の住所　京都市）の遺
　　言執行者に指定され，乙の相続人A（住所　奈良市）に対して，相続財産で
　　ある乙の預金1,000万円を支払うこととなりました（支払期の定めなし。支払
　　方法は銀行口座振込）。ただし，Aには成年後見人としてB（住所　大阪市）
　　が選任されています。

　　　この度，上記預金から遺言執行費用10万円を差し引いた金990万円をAに
　　支払うため，Bに対して振込先の口座番号を知らせるよう手紙や電話で催促

しましたが，Ｂは口座番号を教えてくれません。

　　　　私はＡに支払うべき金990万円を弁済供託できるでしょうか。‥‥‥‥‥49

**【破産会社の解雇予告手当における弁済供託の可否】**

**事例9**　　Ａ株式会社（本店　奈良県桜井市）は，平成30年3月19日付けで従業員乙
を解雇するため，労働基準法20条に規定する解雇予告手当として，同日，被
供託者の30日分の平均賃金をＡ株式会社事務所において現実に提供しました
が，乙は受領を拒否しました。同年3月20日，Ａ株式会社は奈良地方裁判所
において破産手続開始決定を受け，弁護士である私（甲）が破産管財人（破
産管財人の事務所は奈良市）に選任されました。

　　　　私（甲）は，破産管財人としてＡ株式会社の破産財団に属する財産の管理
処分権を有していますので，供託者を「Ａ株式会社破産管財人甲」，被供託
者「乙」，供託原因を「Ａ株式会社が乙に対し平成30年3月19日に解雇予告
手当を現実に提供したが，受領拒否された」とする弁済供託をしたいと考え
ていますが，可能でしょうか。‥‥‥‥‥‥‥‥‥‥‥‥‥‥‥‥‥‥‥‥57

## Ⅱ　裁判上の保証供託

**【裁判上の保証（担保）供託とは】**

**事例10**　裁判上の保証（担保）供託とはどのような供託ですか。‥‥‥‥‥‥‥63

**【裁判上の保証（担保）供託の管轄】**

**事例11**　裁判上の保証（担保）供託に管轄はありますか。‥‥‥‥‥‥‥‥‥‥72

**【第三者による裁判上の保証（担保）供託】**

**事例12**　裁判上の保証（担保）供託は第三者もすることができますか。‥‥‥‥74

**【仮差押解放金】**

**事例13**　仮差押解放金の供託とはどのような供託ですか。‥‥‥‥‥‥‥‥‥‥76

**【仮処分解放金】**

**事例14**　仮処分解放金の供託とはどのような供託ですか。‥‥‥‥‥‥‥‥‥‥81

目　次

## Ⅲ　営業保証供託

【宅地建物取引業の開始と供託】

**事例15**　宅地建物取引業者が事業を開始するに当たり，どのような供託をする必要があるか説明してください。……………………………………………87

【旅行業の開始と供託】

**事例16**　旅行業を開始したいのですが，登録を受けるに当たって，営業保証金の供託をする必要がありますか。……………………………………………93

【営業保証金の保管替え】

**事例17**　私は，A県で旅行業を経営していた者ですが，今般，事業を拡大するため営業所（又は住所地）をB県に移転し，現在B県庁で営業開始の事務手続を進めています。

　　　そのため，最寄りの供託所がA供託所からB供託所に変わることになりました。

　　　そこで，B県庁から，B供託所で営業保証金を供託する必要がある旨の説明を受けたのですが，移転前に，これまでA供託所に供託していた営業保証金を一旦取り戻し，B供託所に改めて供託申請をする必要があるのでしょうか。それとも何か他の手続があるのでしょうか。………………………100

## Ⅳ　執行供託

【執行供託とは】

**事例18**　執行供託とは，どのような供託ですか。……………………………106

【執行官のする執行供託】

**事例19**　保全執行上の動産の売得金の供託とはどのような供託ですか。…………110

【強制管理の管理人がする執行供託】

**事例20**　不動産の強制管理の方法による仮差押えの供託とはどのような供託ですか。………………………………………………………………114

目　次

**【裁判所書記官がする執行供託】**

**事例21**　裁判所書記官がする①民事執行法91条1項（配当留保供託），②同条2項（不出頭供託）及び③民法494条による剰余金の供託とはどのような供託ですか。………………………………………………………………………………………118

**【権利供託とは】**

**事例22**　甲は，金銭消費貸借契約に基づき，乙に対し，100万円の貸金債務を負っていますが，丙から甲を第三債務者として債権差押えを受け，裁判所から債権の差押命令が送達されました。甲はどのようにして債務を弁済すればいいですか。…………………………………………………………………………………126

**【義務供託とは】**

**事例23**　私は，住宅のリフォームを神戸市の乙川工務店株式会社に依頼し，同社と500万円の建築工事請負契約を締結しました。既に，工事は完了し，月末には請負代金を支払うことになっていたのですが，一昨日，この請負代金支払債務について，大阪市の丙村金融株式会社を債権者とする差押債権額400万円の差押命令が私宛てに郵送されてきました。そして，昨日，同じ債務に，今度は東京都千代田区の丁川金融株式会社を債権者とする差押債権額200万円の差押命令が郵送されてきました。

　　　　私には，この請負代金を誰にいくら支払ってよいのか分かりません。そこで，法律に詳しい知人に相談すると，こうした場合，供託しなければならないと言われました。私は，どのような供託をすればよいのでしょうか。

　　　　………………………………………………………………………………………135

**【金銭債権の一部に対する強制執行の差押え】**

**事例24**　1　金銭債権の一部が差し押さえられたとき，第三債務者はどのような供託をしたらよいですか。

　　　　2　金銭債権の一部が差し押さえられて供託した場合，差押金額を超える供託金はどのように取り扱われますか。………………………………141

**【金銭債権に仮差押えがされた場合】**

**事例25**　金銭債権について仮差押えの執行がされた場合には，第三債務者はどのよ

xiii

目　次

うな供託をしたらよいですか。………………………………………………… 146

**【金銭債権に仮差押えと差押えが競合した場合（遅延損害金を中心に）】**

**事例26**　甲社は，乙社から建築資材を購入し，その売買代金300万円を平成29年9
月30日に乙社に持参して支払う義務を負っていました。その代金支払債務に
ついて，甲社を第三債務者として，①同年9月15日に請求債権額を350万円
とする仮差押命令（仮差押債権者A，仮差押金額300万円），②同年11月20日に
請求債権額を300万円とする差押命令（差押債権者B，差押債権額300万円）が，
それぞれ送達されました。

甲社としては，上記代金債務の支払日に弁済しなかったものの，その時点
では仮差押命令が送達されていたのみであったので，何の対応もせずにいた
ところ，上記差押命令が送達されました。この場合，甲社は，どのように対
応すべきでしょうか。………………………………………………………… 153

**【金銭債権に対する複数の仮差押えが執行された場合】**

**事例27**　金銭債権について複数の仮差押えの執行がされた場合には，第三債務者は
どのような供託をしたらよいですか。……………………………………… 160

**【銀行預金に対して強制執行の差押えがされた場合】**

**事例28**　預金債権100万円に対し，差押命令①（差押債権額80万円）と差押命令②
（差押債権額60万円）が第三債務者に対して相次いで送達されました。金融機
関等の第三債務者が供託するべき預金元金と利息の範囲を教えてください。
なお，両差押命令とも，預金利息に関する記載はありません。……………… 166

**【給与債権に扶養債権に基づく差押えとそれ以外の差押えが競合した場合】**

**事例29**　甲山商事株式会社では，従業員乙野次郎の給与に対して，①強制執行（扶
養義務に係る定期債権）による差押えがされ，債権者に直接支払っていまし
たが，この度，②強制執行（一般債権）による差押えがされました。この場
合，どのような供託をすればいいですか。………………………………… 173

**【給与債権に強制執行による差押えと滞納処分による差押えが競合した場合】**

**事例30**　当社に対し従業員乙野次郎が有している給与債権に①滞納処分による差押

え（差押債権額100万円，差押可能額55,000円，送達日：平成29年10月10日）が送
達され，10月分給与（支払日：毎月25日）の差押可能部分については滞納処
分庁に直接支払いましたが，11月に入り，②強制執行の差押え（差押債権額
100万円，送達日：平成29年11月10日），③強制執行の差押え（差押債権額150万
円，送達日：平成29年11月11日）が相次いで送達されました。給与支給額から
法定控除額を控除した額は20万円です。11月分はどこにどう支払うことにな
りますか。……………………………………………………………………………… 192

## 【金銭債権に対して強制執行による差押え後に滞納処分による差押えが競合した場合】

**事例31**　甲は乙に対して金銭消費貸借契約に基づく金100万円の貸金債務を負って
いますが，乙の債権者丙から強制執行による差押命令（50万円）が送達され，
続いて，乙の滞納国税についてＡ税務署長から差押通知書（差押債権額60万
円）が送達され差押えの競合が生じました。この場合，第三債務者である甲
はどのような供託ができるでしょうか。…………………………………………… 207

## 【滞納処分による差押え後に強制執行による差押えがされ競合した場合】

**事例32**　滞納処分による差押えがされている債権に対し，強制執行による差押えが
された場合，第三債務者の取るべき手段について説明してください。…… 217

## 【金銭債権に滞納処分による差押えと仮差押えの執行が競合した場合】

**事例33**　金銭債権について滞納処分による差押えと仮差押えの執行が競合した場合，
第三債務者はどのようにすればよいですか。…………………………………… 222

## 【金銭債権に確定日付のある債権譲渡通知と強制執行による差押えとの混合供託】

**事例34**　甲は一般社団法人乙に対して広告請負代金110万円の支払債務（支払日：平
成29年12月1日）を負っていたところ，その広告請負代金について，次の順
序で各書面の通知あるいは送達を受けました。

　　　1　確定日付（平成29年11月1日付け）のある債権譲渡通知（通知日：同月
　　　　2日，譲渡人一般社団法人乙，譲受人丙，譲渡金額110万円）

　　　2　債権差押命令の送達（送達日：平成29年11月6日，差押債権者丁，執行債
　　　　務者一般社団法人乙，第三債務者甲，差押債権額180万円）

目　　次

　　　3　債権差押命令の送達（送達日：平成29年11月10日，差押債権者戊，執行債務者一般社団法人乙，第三債務者甲，差押債権額190万円）

　　　4　詐害行為取消等請求事件の訴状送達（送達日：平成29年11月15日，原告丁，被告丙）

　　この場合，甲が一般社団法人乙，丙，丁及び戊の全員の関係で完全に債務を免れるためには，どうすればよいですか。………………………………………… 229

【金銭債権に譲渡禁止特約がある金銭債権が債権譲渡された後，滞納処分の差押えが送達された場合の供託，債権譲渡前に強制執行による差押えがなされていた場合】

事例35　甲社は，乙社に対して金2,000万円（弁済期日：平成29年9月30日）建設請負契約に基づく支払債務を負っているところ，丙社を譲受人とする確定日付のある債権譲渡通知書（譲渡金額2,000万円）が平成29年8月5日に送達されました。しかし，当該債権には，譲渡禁止の特約が付されています。なお，譲受人丙の善意・悪意は不明です。

　　　また，本債務については，滞納者を乙社とする差押金額1,000万円のA税務署の滞納処分による差押え（平成29年8月11日送達）及び滞納者を同じく乙社とする差押金額1,500万円のB税務署の滞納処分による差押え（平成29年8月20日送達）がなされています。

　　①　このような場合，どのように対応すればよいですか。

　　②　債権譲渡通知書が送達される前に，債権差押命令の送達（送達日：平成29年7月31日，差押債権者C，執行債務者乙社，第三債務者甲社，執行債権額1,600万円，差押債権額1,500万円）があった場合はどうですか。…………… 239

## V　選挙供託

【選挙供託（没収供託）】

事例36　没収供託という供託制度があると聞きましたが，どのような制度ですか。また，具体的にどのようなものがありますか。……………………………………… 251

【会社法142条2項に基づく供託（譲渡制限株式の指定買取人による供託）】

事例37　株式会社S社は，譲渡制限株式を発行している会社です。

　　　このたび，株主Nが破産したため，Nの破産管財人Mが，Xに株式を売却

しようとして，S社に対して，株式の譲渡承認請求を行いました。

S社は，この譲渡を承認せず，新たに同株式の買取人としてS社の従業員持株会を指定しました。

買取人の指定を受けた持株会としては，株式を購入するため，供託をしなければならないようですが，どうすればよいですか。

なお，株券は発行されていません。……………………………………… 257

【酒税法上の保証（担保）供託】

**事例38** 酒類製造者としての経営の基礎が薄弱であるとして，税務署長から酒税法に基づく担保の提供を命じられましたが，担保として供託できる物は何がありますか。…………………………………………………………………………… 268

【相続税・贈与税法上の保証（担保）供託】

**事例39** 相続税・贈与税の納税猶予制度に係る非上場株式の供託について教えてください。…………………………………………………………………………………… 272

【供託書備考欄への記載事項】

**事例40** 供託書の備考欄は，どのような場合に使用しますか。……………………… 280

【第三者供託】

**事例41** 供託の申請は第三者もすることができるか説明してください。………… 284

【建物の賃料について⑴代理受領契約が締結されている場合，⑵離婚調停に伴う財産分与により建物の所有権が移転している可能性がある場合における債権者不確知による供託の可否】

**事例42** 私（甲）は，建物Aについて所有者乙との間で賃貸借契約を締結し，引渡しを受けて居住しています。乙は，配偶者（丙）の親（丁）から経済的援助を受けているとのことで，賃貸借契約において，賃料の振込先として丁名義の銀行口座が指定されています。私はそのことを承認し，これまで丁名義の銀行口座に賃料を振り込んできましたが，先日，乙及び丙から次のとおり連絡がありました。

乙：「現在，丙と離婚の調停をしているので，丁名義の銀行口座には賃料

xvii

目　次

を振り込まないでほしい」
丙：「現在，乙と離婚の調停をしているので，乙から請求があっても，乙
　　には賃料を支払わないでほしい」
　既に発生している賃料については支払済みですが，今後発生する賃料につ
いては，誰に支払えばよいか判断することができないため，債権者不確知に
よる供託をしたいのですが，可能でしょうか。
　なお，賃貸借契約の締結時には，乙が建物Ａの所有権登記名義人であるこ
とを確認していますが，現在の所有権登記名義人が誰であるかは調べていま
せん。また，乙丙間の離婚調停の進捗状況や内容についても，何も調べてい
ません。…………………………………………………………………………… 293


# 第3　供託物の払渡手続

1　払渡手続 …………………………………………………………………… 301
2　供託物の還付手続 ………………………………………………………… 301
3　供託物の取戻手続 ………………………………………………………… 301
4　供託物払渡請求方法 ……………………………………………………… 302
5　電子情報処理組織による払渡請求 ……………………………………… 305
6　事　例 ……………………………………………………………………… 306

### I　弁済供託

**【債権者不確知による弁済供託の還付】**

**事例43**　金銭債権が甲から乙に譲渡されたのですが，債権譲渡の効力に疑義がある
　　　　として，被供託者を甲又は乙とする債権者不確知による弁済供託がされてい
　　　　ます。その後，その供託金の還付請求権の帰属をめぐる甲と乙との間の訴訟
　　　　において乙が勝訴したため，乙から還付を受ける権利を有することを証する
　　　　書面として当該訴訟の確定判決の正本を添付した還付請求がありました。
　　　　　ところが，当該訴訟の口頭弁論終結前に，甲が訴外丙に還付請求権を譲渡
　　　　し，甲から供託所に対して，その旨の譲渡通知が送達されています。
　　　　　この場合，乙の還付請求は認可されるのでしょうか。……………………… 306


**【供託の当事者が死亡した場合の払渡し】**

**事例44**　父が亡くなり，遺品を整理していたところ，被供託者として父の名が記載

目　次

された供託通知書を見つけました。この供託金を私が受け取るにはどのような手続が必要ですか。………………………………………………………… 311

【債権の一部弁済受領の留保をした供託受諾の可否】

事例45　家賃の値上げを要求したところ折り合いがつかず，借家人が値上げ前の金額で供託をしています。金額について納得がいかないので家賃の一部として供託金を受け取りたいのですが，それは可能でしょうか。……………………… 316

【死亡した被供託者の相続人からの登記事項証明書を添付した供託金払渡請求】

事例46　地代の弁済供託について，被供託者（賃貸人）Ｘが死亡し，当該賃貸土地を相続したＹは，還付を受ける権利を有することを証する書面として，当該賃貸土地の登記事項証明書を添付して還付請求をすることができるでしょうか。なお，登記事項証明書には，当該賃貸土地について前所有者Ｘから新所有者Ｙへ相続による所有権移転登記がされています。…………………… 319

【反対給付の内容が記載された弁済供託の還付】

事例47　私は，家賃の供託をされた被供託者です。供託金の還付の請求をしようと考えていますが，供託書の反対給付の内容に「雨漏りの修繕」と記載されています。この場合にはどのような書面が必要でしょうか。……………………… 325

【混合供託の被供託者（譲受人）による還付】

事例48　当社（Ａ社）は，Ｂ社がＣ社に対して有する商品売買代金支払債権をＢ社から譲渡されました。しかし，当該債権には譲渡禁止特約があり，Ｃ社は，当社の善意・悪意が不明であるため真の債権者が確知できないことと，Ｄを差押債権者，Ｂ社を差押債務者とする差押命令を受けたとして，民法494条及び民事執行法156条１項の規定による混合供託をしました。

　　　債権の譲受人である当社が供託金の払渡しを受けるにはどうすればよいでしょうか。……………………………………………………………………… 327

## Ⅱ　裁判上の保証供託

【裁判上の保証供託の取戻し】

事例49　裁判上の保証供託の取戻請求について説明してください。……………… 332

xix

目　　次

【裁判上の保証供託の還付】

**事例50**　裁判上の保証供託の還付請求について説明してください。……………… 337

### Ⅲ　営業保証供託

【営業保証供託の取戻し】

**事例51**　甲社は，旅行業を営んでいましたが，会社の事業縮小に伴い旅行業を廃止しました。そこで，事業開始時に供託した営業保証金を取り戻したいのですが，その方法を説明してください。…………………………………………… 342

【営業保証供託の還付】

**事例52**　営業保証供託金に対して取引上の債権者等が権利を実行する方法について説明してください。……………………………………………………………… 349

【資金決済に関する法律14条の供託金の還付】

**事例53**　前払式支払手段発行者であるA社は，資金決済に関する法律14条に基づき発行保証金を供託していますが，A社が破産したことにより，発行保証金についての権利の実行の手続が開始されることになりました。供託金の還付について説明してください。……………………………………………………… 352

### Ⅳ　執行供託

【仮差押解放金の仮差押債権者への払渡し】

**事例54**　私は，仮差押債権者ですが，債務者が供託した仮差押解放金の払渡しを請求するにはどうすればよいでしょうか。…………………………………………… 357

【差押債務者による還付】

**事例55**　甲は，乙に対し150万円の売買代金支払債務を負っているところ，その一部の50万円が丙によって差し押さえられたため，売買代金全額の150万円を供託しました。その後，丙による差押えは取り下げられたのですが，乙が供託金全額の払渡しを受けるためにはどうしたらよいでしょうか。………… 362

【みなし解放金の仮差押債務者による還付】

**事例56**　甲は，乙に対し，150万円の売買代金支払債務を負っているところ，その

目　次

一部の50万円に対し，丙の仮差押命令が送達されたため，その売買代金全額の150万円を供託しました。その後，丙の仮差押えは取り下げられたのですが，乙が供託金の払渡しを受けるにはどうしたらよいでしょうか。………368

## 【みなし解放金の仮差押債権者による還付】

**事例57**　当社（A社）は，B社に対する債権の執行を保全するため，B社がC社に対して有する商品売買代金債権を仮差押えしたところ，第三債務者であるC社は執行供託をしました。

当社は，今後，仮差押えの本執行をするつもりですが，当社が供託金の払渡しを受けるにはどうしたらよいでしょうか。……………………………372

## 【配当による払渡し】

**事例58**　甲社は，乙に対する貸金債権を取り立てるため，乙の給与を差し押さえたところ，丙社も同様に乙の給与を差し押さえたため，乙の勤務先会社は，民事執行法156条2項に基づき供託をしました。その後，甲社に対し，裁判所から配当の証明書が送付されました。

この配当された供託金を受領する手続について説明してください。……377

## 【錯誤による取戻し】

**事例59**　甲は，乙に対して売買代金支払債務を負っているところ，その債務に対し，相次いで差押命令が送達され，差押えが競合したため，民事執行法156条2項の規定に基づいて供託をしました。しかし，執行裁判所に事情の届出をしようとしたところ，差押命令の送達より先に，乙から丙に当該債権を譲渡する旨の対抗要件を備えた譲渡通知が届いていたことが判明しました。

この場合，甲は，供託金の取戻しをすることができるでしょうか。……382

## 【滞納処分と強制執行等との手続の調整に関する法律に基づく供託の滞納処分庁による払渡し】

**事例60**　株式会社Aは，B株式会社に対し平成28年9月商品納入代金1,000万円の支払債務（弁済期平成29年2月27日，弁済場所：○○銀行○○支店　○○市○○区）を負っていますが，これについて下記の滞納処分による差押えと強制執行による差押及び転付命令が同日（先後関係不明）に送達されたので，滞納

xxi

目　次

処分と強制執行等との手続の調整に関する法律20条の6第1項により債権の全額である金1,000万円を供託しました。

滞納処分庁であるC税務署が本件供託金の払渡しを受けるにはどのようにすればよいでしょうか。……………………………………………………387

## V　選挙供託

【選挙供託の選挙告示前の取戻し】

**事例61**　私は，来月行われる予定の県議会議員選挙に立候補するため供託をしましたが，体調不良のため，告示前に立候補の意思を放棄しました。供託金の取戻しをするにはどうしたらよいでしょうか。……………………………391

## VI　その他

【代理人からの払渡請求における振込先の預貯金口座】

**事例62**　供託金払渡請求者甲から委任された弁護士A及び弁護士Bのうち，Aが供託金の払渡請求の手続をすることになりました。代理人の預貯金口座に振り込む方法により供託金の払渡しを受けたい場合，払渡請求をするAは，Bの預貯金口座又はAの所属する法律事務所の預り金口座，若しくはA及びBが社員となっている弁護士法人Cの預貯金口座を指定することができるでしょうか。………………………………………………………………396

【成年後見人からの払渡請求】

**事例63**　私の母は，母を被供託者とした家賃の供託をされています。母には精神上の障害があり，兄と私とがともに母の成年後見人に選任されているのですが，私が単独で供託金の還付請求をすることはできますか。…………………401

【隔地払による供託金の払渡し】

**事例64**　供託金の払渡請求をしたいのですが，私には預貯金口座がなく，また，遠方なので供託所の窓口まで小切手を受け取りに行くことができません。最寄りの金融機関の窓口で供託金を受け取る方法はありますか。………………408

【登記のない団体等による弁済供託の払渡し】

**事例65**　私はある団体の代表者ですが，当団体を被供託者とする弁済供託について，

目　次

相手方との和解が成立したため，供託受諾により供託金の還付をしようと思
います。供託金の還付請求をするためには，資格証明書と印鑑証明書が必要
とのことですが，具体的に何を用意すればよいでしょうか。……………… 411

【債権者不確知供託の還付請求権に仮差押え及び差押えが競合し，その後，仮差押
えが取り下げられた場合の還付】

**事例66**　供託者は，Xに対し，金銭債権（100万円）の支払債務があるところ，同
　　　債務に確定日付のある債権譲渡通知書（譲渡人X，譲受人Y）が送達された
　　　が，同債権には譲渡禁止の特約があることから，譲受人の善意・悪意が不明
　　　であり，供託者の過失なくして真の債権者を確知することができないとして，
　　　平成29年8月10日，被供託者をX又はYとする供託をした。
　　　　上記供託金還付請求権に対し，平成29年8月21日，Xを債務者とする仮差
　　　押命令（仮差押債権額80万円），さらに，同月25日，Xを債務者とする差押命
　　　令（差押債権額50万円）が送達されたが，保全裁判所から同月30日，仮差押
　　　命令を取り下げた旨の通知書が送達された。
　　　　差押債権者は，還付請求権がXに帰属する旨のYの承諾書があれば，供託
　　　金50万円の取立てをすることができますか。…………………………………… 416

【債権者不確知供託に滞納処分による差押えの表示がある場合の被供託者からの還
付】

**事例67**　AがB（個人）に対して負う譲渡禁止特約付売掛金債権につき，BからC
　　　を譲受人とする債権譲渡通知書がAに送付されましたが，債権の帰属につい
　　　て当事者間に争いがあり，真の債権者を確知することができないことから，
　　　被供託者をB又はCとして民法494条に基づき供託された供託書の備考欄に，
　　　Bを差押債務者とした滞納処分庁による差押えの表示がある場合に，BC間
　　　でBが還付を受ける権利を有することを確認した確定判決及びBの印鑑証明
　　　書（3か月以内に発行されたもの）を添付したBからの還付請求に応じること
　　　ができるでしょうか。…………………………………………………………………… 419

【会社法141条2項，同法142条2項に基づく供託の払渡し】

**事例68**　私は，保有する譲渡制限株式を他人に譲渡するため，株式会社Aに対し譲
　　　渡承認を求めた株主ですが，会社は全株式について譲渡を承認せず，対象株

xxiii

目　次

式を指定買取人Bが買い取ること，対象株式の価格を150万円として供託し
たことが通知されました。そこで，対象株式を供託し，指定買取人Bと株式
の売買価格に関する協議をしたのですが，売買価格の協議が調わなかったた
め，裁判所に申立てをしたところ，同裁判所において株式の売買価格が180
万円とする決定がされ，双方とも異議の申立てをしなかったので，同価格に
て確定しました。

　　私は，上記供託金の全額を還付したいのですが，どのようにすればよいで
すか。 ……………………………………………………………………………… 423

【運転経歴証明書での本人確認による払渡し】

事例69　個人が払渡請求をする場合において，請求者が運転経歴証明書を提示した
　　　　ときは，印鑑証明書の添付を省略することができますか。 ……………… 430


# 第4　利息の払渡手続

　事　例 …………………………………………………………………………… 433

【供託金利息の払渡し】

事例70　供託金の利息について説明してください。 ……………………………… 433


# 第5　供託成立後の権利変動

　事　例 …………………………………………………………………………… 469

【弁済供託における供託物払渡請求権の消滅時効】

事例71　私は，「賃貸人が死亡し，その相続人が不明」という理由で長年地代を供
　　　　託されている賃貸人の相続人ですが，まだ相続人間で遺産分割の協議が調わ
　　　　ず，賃料を誰が取得するかについて決まらないため，還付請求をしていませ
　　　　ん。

　　　　　いつまでに還付請求しなければならないでしょうか。 …………………… 469

目　次

**【供託金取戻請求権を譲渡する旨の通知がされた後に，譲渡人から譲渡は無効である旨の書面が提出された場合における取戻請求】**

**事例72**　供託者から，裁判上の保証供託の供託金取戻請求権を譲渡する旨の通知が提出されましたが，当該譲渡通知には譲渡人（供託者）の印鑑証明書が添付されていませんでした。

　　　その後，譲渡人（供託者）から，当該譲渡通知は錯誤によるもので，供託金取戻請求権を譲渡する意思はなく，譲渡は無効である旨の書面が提出されました。なお，この書面にも印鑑証明書は添付されていません。

　　　この場合，どのような書類があれば，供託者が供託金の取戻しの請求をすることができるでしょうか。……………………………………………………… 474

**【供託金払渡請求権に設定した質権の実行】**

**事例73**　私は，裁判上の保証供託の取戻請求権に質権を設定していますが，質権に基づき供託金の払渡しを受けるにはどのような書類が必要でしょうか。
　　　………………………………………………………………………………………… 478

**【払渡請求権を仮差し押えた後に差押え・転付した場合の払渡し】**

**事例74**　私は，ある弁済供託の被供託者の債権者であり，その供託金還付請求権の仮差押えをしたのですが，今後，更に差押えをし，同時に転付命令も得る予定です。

　　　この場合，裁判所の配当手続によらず，直ちに供託所で供託金の払渡しを受けたいのですが可能でしょうか。

　　　もし，可能であれば，どのような書類が必要でしょうか。………………… 484

**【旅行業の営業保証金の承継】**

**事例75**　私Aの父Xは個人で第三種旅行業を営んでいましたが，先月，病気のために亡くなりました。お得意様も多かったことから，私Aが父Xの後を継いで営業したいと思っているのですが，父Xが供託している営業保証金を私Aが引き継ぐことはできないでしょうか。

　　　もし，可能であるならばどのような手続が必要でしょうか。……………… 489

xxv

目　次

【債権者不確知供託の滞納処分による差押えの払渡し】

**事例76**　AのBに対する1,000万円の金銭債務について，9月2日に確定日付ある
債権譲渡通知書（譲渡人B，譲受人C，譲渡金額1,000万円）及び同月5日に滞
納処分による差押通知書（差押債権者D税務署，差押債務者B，差押債権額500
万円）がそれぞれAに送達され，債権譲渡の有効性に疑義があるとして，9
月6日に民法494条の規定による債権者不確知供託がされています。

　　　D税務署が当該供託金を還付請求することはできるでしょうか。

　　　また，還付請求をする場合には，どのような書類が必要でしょうか。
…………………………………………………………………………… 493

# 第6　供託書類の閲覧と証明

事　例 ……………………………………………………………………………… 497

【閲覧・証明制度】

**事例77**　私は数年前に仮差押命令のための担保として金銭を供託物として裁判上の
保証供託をしていますが，当該供託事件の現状を確認したり，当該供託事件
に係る証明書を請求することは可能ですか。

　　　もし，可能であれば，私が，当該供託事件の証明書を請求することにより
どのような効果がありますか。

　　　また，証明書を請求するに当たり，注意すべき点はありますか。……… 497

【閲覧請求権者の範囲及び閲覧申請方法】

**事例78**　供託に関する書類又は帳簿の閲覧を請求できる者の範囲及びその閲覧の申
請方法について説明してください。………………………………………… 502

【証明請求権者の範囲及び証明申請方法】

**事例79**　供託に関する事項の証明を請求できる者の範囲及びその証明の申請方法に
ついて説明してください。………………………………………………… 509

xxvi

目　次

# 第7　供託訂正申請

## 事　例 ················································································ 515

### 【供託書の訂正】

**事例80**　供託申請を適法として受理認可し，供託が成立した後において，供託者から供託書の記載事項について誤りがあるのを発見したので，訂正をしたいとの申入れがありました。

訂正に応じることはできますか。また，応じられる場合，どのような書類を提出させる必要がありますか。 ················································ 515

### 【供託書の変更申請】

**事例81**　当社は，営業上の保証供託をしており，利息の払渡しの請求をしようと考えています。

その際に，本店の所在地が供託申請当時と変わっていますので，同時に供託書の内容を変更することはできますか。 ································ 522

# 第8　その他

## 事　例 ················································································ 525

### 【供託官の処分に対する不服申立方法】

**事例82**　供託官の処分に対する不服申立方法について順を追って説明してください。
················································································································ 525

# OCR供託書記載例 ················································································ 539

xxvii

第1　総論

# 第 1 総 論

## 1　供託制度の沿革

　明治23年の旧民法，旧商法及び旧民事訴訟法の制定に伴い，供託制度が必要となったことから，同年7月25日に供託規則が明治23年勅令第145号として制定，公布され，明治24年1月1日から施行されて供託制度が発足しました。

　その後，現行民法や商法等の制定に伴い，明治32年法律第15号で供託法が制定され同年4月1日から施行されました。

　供託事務の所管については，大蔵省が行っていましたが，大正11年4月に会計法の施行に伴い，国庫金の日本銀行への預金制度が採用されたことを契機に大蔵省から司法省に移管されました。

　また，第二次世界大戦後の機構改革により，昭和22年5月に司法省が法務庁に，昭和24年6月に法務庁が法務府に，昭和27年8月に法務府が法務省に改組され，現在に至っています。

## 2　供託の意義

　供託とは，金銭，有価証券その他の物又は振替国債を国家機関である供託所又は法務大臣の指定する倉庫業者等に提出して，その管理を委ね，その供託所又は倉庫業者等を通じて，それらの物をある人に取得させることによっ

1

第1　総論

て，債務の弁済，裁判上の保証，営業上の保証等における一定の法律上の目的を達成させようとする制度です。そして，供託の目的物である財産を「供託物」といい，供託所又は倉庫業者等に供託物を提出する者を「供託者」，供託所又は倉庫業者等を通じて供託物を取得する者を「被供託者」といいます。

## *3*　供託の機関

(1)　法務局若しくは地方法務局又はその支局において，金銭，有価証券及び振替国債の供託事務を取り扱っています（法1条）。

　また，金銭及び有価証券以外の物品については，法務大臣が指定した倉庫営業者又は銀行が供託所として取り扱うこととされています（法5条1項）。

　なお，弁済供託の場合において，供託物が金銭及び有価証券以外の物品について，債務履行地に供託法5条の供託所がない場合（その種類の物の保管を取り扱わないとき及び目的物の保管能力がないときを含む。）に，弁済者の請求により，裁判所が供託所を指定することになります（民法495条2項）。

(2)　供託法1条の供託所を構成する者は供託官です。

　供託官は，法務局若しくは地方法務局又はその支局に勤務する法務事務官のうちから，法務局長又は地方法務局長の指定した者がなります（法1条ノ2）。

## *4*　供託の要件

### (1)　根拠法令に基づくものであること

　供託をするためには，民法，商法，会社法，民事訴訟法，民事執行法，民事保全法，宅地建物取引業法，旅行業法，割賦販売法，公職選挙法等の法令

2

において，供託を義務付ける規定，又は供託を許容する規定が必要になります。

## 事例

ア　賃貸人が家主との契約において，支払日に支払場所へ家賃の支払を行ったが，家主がその受領を拒否した場合には，民法494条の規定に基づいて弁済供託ができます。

イ　金銭消費貸借契約において，債務者が金銭の支払をしなくなったので，債務者名義の不動産に仮差押えを行うために裁判所に申立て，金50万円の担保を立てることを命じられた場合は，民事保全法14条1項の規定に基づいて保証供託ができます。

ウ　会社において，従業員の給与を差し押さえる内容の命令が裁判所から送達された場合は，民事執行法156条1項の規定に基づいて執行供託ができます。

エ　宅地建物取引業の免許を受けた者は，事業開始に当たり，宅地建物取引業法25条に基づく営業保証供託をすることになります。

オ　知事選挙の候補者として立候補するためには，公職選挙法92条1項に基づく選挙供託が必要です。

(2)　**供託の目的物が，金銭，有価証券，振替国債又はその他の有体物（動産，不動産）であること**

ア　金銭とは，我が国の通貨のことであって，外国の通貨は含まれません。

イ　有価証券とは，財産権を表象する証券（国債，地方債，社債等）で，我が国において流通する性質のものです。

ウ　振替国債とは，社債，株式等の振替に関する法律の規定の適用を受けるものとして財務大臣が指定した国債のことをいい，その権利の帰属は，振替機関として指定されている日本銀行及びその下部機関である口座管理機関に設けられた振替口座簿への記載又は記録によって定まるものとされて

第1 総論

います。この振替国債を供託物として認められているのは，法令の規定により担保（保証）として，又は公職選挙法の規定により，振替国債を供託することができるとされている場合に限られます。

エ 金銭，有価証券以外の物品については，法務大臣の指定する倉庫営業者，銀行が保管することとされています。

なお，弁済供託の場合において，債務履行地に供託法5条の供託所がない場合や，あっても，その種類の物品の保管を取り扱わないときや，保管能力がないときには，弁済者の請求により裁判所が供託所を指定し，供託物保管者を選任することになります。

(3) **適法な供託所であること**

供託は，法令に供託すべき供託所が定められている場合は，その供託所にしなければならないとされています。

ア 弁済供託については，債務履行地の供託所にしなければならないと規定されています（民法495条1項）。

ただし，債務履行地に供託所がない場合には，被供託者が距離的，時間的及び経済的に見て供託物を受領するのに最も便利な債務履行地の属する最小行政区画を包括する行政区画（都道府県）の最寄りの供託所にすれば足りるとされています（昭和23.8.20民事甲第2378号民事局長通達）。

イ 裁判上の担保（保証）供託については，担保を立てるべきことを命じた裁判所，執行裁判所又は保全裁判所の所在地を管轄する地方裁判所の管轄区域内の供託所にするとされています（民事訴訟法76条，民事執行法15条1項，民事保全法4条1項）。

ウ 営業保証供託については，供託を義務付けているそれぞれの関係業法の規定によることになります。その多くは，営業を行う者の主たる事務所，主たる営業所の最寄りの供託所にすると定められています（宅地建物取引業法25条1項，旅行業法8条7項）。

エ 選挙供託については，公職選挙法に管轄の定めがありません。したがって，全国どこの供託所でも供託をすることができます。

第1 総論

しかし，立候補届出日又は補充立候補届出期間の末日が土曜日，日曜日その他の休日に当たる場合は，法務局又は地方法務局の長が指定する供託所においてのみ供託事務を取り扱うことになります（昭和31.1.23民事甲第144号民事局長回答）。

オ　執行供託については，金銭債権に対する差押え，仮差押え等を受けた場合にする供託になりますが，管轄供託所は，元々の債務の支払場所を管轄する供託所になります（民事執行法156条1項，2項，民事保全法50条5項）。

# 5　供託の当事者能力，行為能力及び当事者適格

(1)　供託の当事者能力については，供託者又は被供託者となり得る一般的な能力のことをいいます。なお，供託の法令には特段の定めがないため民法その他の法令によることとなります。つまり，民法上の権利能力者である自然人，会社その他の法人はすべて供託の当事者能力を有することになります。また，権利能力のない社団又は財団についても，その代表者又は管理人の定めがあるものについては訴訟上の当事者能力が認められていることより，供託の手続においても認められることになります（民事訴訟法29条）。なお，法人格のない民法上の任意組合についても，契約書，規約，委任状により代表権が確認できれば供託者となることができます（昭和26.10.30民事甲第2105号民事局長回答）。

(2)　供託の行為能力については，供託手続上の行為を有効に行うために当事者能力だけでなく，行為能力も必要とされています。ところが，行為能力についても供託の法令には特段の定めがなく民法その他の法令によることとなります（大正11.3.3民事局長回答）。

すなわち，未成年者及び成年被後見人には供託の行為能力は認められないので，法定代理人（親権者又は成年後見人）が供託手続を行うことになります。

5

第1　総論

　　なお，意思能力を有する未成年者も民法6条による営業の許可等に基づ
いて，行為能力が認められる場合を除いては独立して供託法上の行為能力
は認められないので，法定代理人が供託手続を行うことになります（民事
訴訟法31条）。

　　また，被保佐人についても行為能力が制限されているので，供託の申請，
弁済供託の受諾，供託物の還付，取戻請求及びそれに対する承諾等の重要
な行為は，保佐人の同意が必要になります（民法13条）。

　　そのことから，制限行為能力者の行った法律行為は，意思能力を欠く者
の行為として無効である場合を除いては，取り消されるまでは有効である
のが原則ですが，供託手続上の制限行為能力者のした行為は，供託の公法
的性質及び手続安定の要請から，取り消し得るべき行為ではなく，当然無
効と解されています。

(3)　供託の当事者適格については，供託手続上，供託者又は被供託者として
供託手続を遂行するために必要な適格を当事者適格といいます。この当事
者適格は，当該供託の根拠法令によって定まる実体上の関係によって決定
され，供託要件の一つとされています。

(4)　各種供託における当事者適格

ア　弁済供託

　　弁済供託は，債権者側に存する事由によって弁済をすることができない
場合に，債務者が債務の目的物を供託することによって，債務を免れる制
度であることから，供託者となるべき者は弁済をなすべき債務者であり，
第三者もまた債務者のために弁済をなし得る範囲では，供託者となること
ができます（民法474条，499条，500条）。

　　被供託者については，弁済供託が債権者の受領拒否又は受領不能に基づ
くものであれば，当該債権者が被供託者ですが，債権者が死亡し相続が開
始したが相続人が不明の場合は，後で確定される債権者が被供託者となり
ます。

イ　裁判上の担保（保証）供託

第1　総　論

　　裁判上の担保（保証）供託は，当事者の訴訟行為又は裁判所の処分により相手方が被る損害を担保するために当事者が金銭又は有価証券を供託することです。したがって，裁判所から担保の提供を命ぜられた者が供託者となります。

　　また，被供託者については，当該供託物の優先弁済権を取得すべき者となります（民事訴訟法77条）。

ウ　営業保証供託

　　営業保証供託は，不特定多数の顧客に対する営業上の取引から将来発生する債務を担保することで，損害を被るべき被害者を保護するため，それぞれの業法が定めた担保供託制度です。したがって，営業保証供託における供託者は，宅地建物取引業，旅行業等を営む当該業者となります。

　　なお，被供託者については，この供託が将来発生する債務の担保であることから，当該被担保債権が具体的に確定するまでは，被供託者は確定しないことになります。

エ　執行供託

　　執行供託は，民事執行法等の供託に関する根拠法令において，供託を義務付けられ，又は供託により免責を得ることのできる者であり，執行債務者，第三債務者，執行官等が供託者となります。

　　一方，被供託者については，執行供託においては，原則として，弁済供託のように特定の第三者のためにする寄託関係は存在しないので，供託の段階では，当然に供託物の還付請求権を取得するという被供託者の観念を生ずる余地がないとされています。そのため，執行供託では，原則として供託書上に被供託者を記載する必要はないとされています。

　　ただし，金銭債権の一部が差し押さえられた場合で，第三債務者が全額を供託したときは，差押えの効力が及んでいない部分については弁済供託の性質があるので，当該債務者を被供託者とします（昭和55.9.6民四第5333号民事局長通達）。

　　また，債権に対する仮差押えの執行における供託の場合も債務者が還付

7

第1　総　論

　請求権を取得すると解されていることから，供託実務上は債務者を被供託
者とします（平成2.11.3民四第5002号民事局長通達）。

オ　選挙供託

　　選挙供託は，それぞれの供託根拠法令において，供託者及び被供託者が
具体的に規定されています。

第2 供託の申請手続

# 第**2** 供託の申請手続

## *1* 申請手続

　供託手続は，供託をしようとする当事者（供託者）の供託申請によって開始されます。まず，供託者は供託所から供託申請に必要な用紙の交付を受け，当該用紙（規則1号様式から12号様式）に所要事項を記載の上これに必要な書類を添付又は提示して，供託所に提出することになります。

　なお，行政手続等における情報通信の技術の利用に関する法律3条1項の規定により，オンラインにより行うことができます（規則38条）。

（記載事項）

(1)　**供託者の住所氏名欄**（規則13条2項1号，2号）

ア　住民票の住所・氏名を記載してください。

　　なお，氏名の文字については，住民票の記載は戸籍と一致すべきでありますが，もし異なるときは，戸籍の記載によってください。

イ　法人又は法人でない社団若しくは財団で代表者若しくは管理人の定めのあるものである場合は，本店（主たる事務所）・商号（名称）及び代表者又は管理人の資格・氏名を記載します。

ウ　国の場合は，各省各庁の庁を代表者として表示します。また，各省各庁の長を代理人として供託する場合は，「国代表者法務大臣何某代理人○○局支出官何某」の例のように記載してください。

(2)　**供託金の額又は総額面等**（規則13条2項3号）

　供託金の額又は供託有価証券の名称，総額面，券面額，回記号，番号，枚

9

第2　供託の申請手続

数並びに附属利賦札及びその最終の渡期を記載することになります。

　なお，供託有価証券における附属利賦札及びその最終の渡期の元号の記載
は，証券に記載されている元号そのものを記載することになります。

(3)　**供託の原因たる事実**（規則13条2項4号）

　供託を義務付け又は許容する根拠法令に基づく供託の事由を記載すること
になります。

(4)　**根拠法令**（規則13条2項5号）

　供託を義務付け又は許容する根拠法令を「民法第494条」，「民事執行法第
156条第1項」の例（26頁）のように記載してください。

(5)　**被供託者の住所氏名欄**（規則13条2項6号）

ア　住所・氏名は，供託者の住所氏名欄に準じて記載してください。

　なお，法人又は法人でない社団若しくは財団の場合は，本店（主たる事
務所）・商号（名称）の記載になり，代表者又は管理人の資格・氏名の記載
は不要となります。

イ　未成年者又は成年被後見人の場合でも，その法定代理人の表示は記載不
要となります。

(6)　**消滅担保権**（規則13条2項7号）

　供託により質権又は抵当権が消滅するときは，その質権又は抵当権を表示
することになります。

(7)　**反対給付**（規則13条2項8号）

　反対給付を受けることを要するときは，その内容を記載することになりま
す。ただし，供託による債務の弁済と同時履行の関係にあるものでなければ
なりません（民法533条）。

(8)　**裁判上の手続に関する供託**（規則13条2項10号）

　裁判上の手続に関する供託については，当該裁判所の名称，件名及び事件
番号を記載することになります。

(9)　**供託所の表示**（規則13条2項11号）

　供託書を提出する場合，提出する供託所の表示を記載することになります。

第2 供託の申請手続

⑽ **供託申請年月日**（規則13条2項12号）

供託者が供託所に供託書を提出する年月日を記載してください。

⑾ **供託振替国債の記載**（規則13条4項）

振替国債の記載については，供託規則12号様式に銘柄，金額，利息の支払期及び元本の償還期限を記載することになります。

また，振替国債の供託をしようとする者は，供託官に対して，振替国債の銘柄，利息の支払期及び元本の償還期限を確認するために必要な資料（口座管理機関が発行した取引報告書，通帳の写し等）を提供する必要があります（規則14条の2）。

（記載要領）

ア 数量の記載（規則6条2項）

金銭その他の物の数量を記載するときは，アラビア数字で記載してください。

イ 訂正方法等（規則6条4項）

供託書の記載事項について訂正，加入又は削除をするときは，二線を引いてその近接箇所に正書し，その字数（ただし，「供託所の表示」欄及び「供託者カナ氏名」欄の加入・削除の字数は除く（平成14.5.21民商第1245号事務連絡）。）を欄外に記載してください。

なお，供託書正本及び供託通知書には，訂正，加入又は削除した字数の欄外記載の箇所に供託官の訂正印（職印）を押します（準則35条）。

また，供託書に記載した供託金額又は有価証券の枚数及び総額面についての訂正，加入又は削除はできません（規則6条6項）。

ウ 継続用紙の使用（規則7条）

供託書の該当欄に記載すべき事項の全部を記載することができないときは，備考欄に記載する（準則22条）か，供託規則第11号様式の継続用紙に記載してください。

11

第2　供託の申請手続

# *2*　添付又は提示書類

## (1)　**資格証明書**（規則14条1項）

ア　登記された法人

　　供託者が登記された法人であるときは，登記所作成の代表者の資格を証する書面を提示することになります。

イ　登記された法人以外の法人

　　登記された法人以外の法人であるときは，代表者の資格を証する書面について，関係官庁の作成した証明書を添付することになります。

ウ　供託者が法人格のない社団又は財団であって，代表者又は管理人の定めのあるものであるときは，当該社団又は財団の定款又は寄附行為及び代表者又は管理人の資格を証する書面を添付することになります。

エ　破産法による破産管財人又は保全管理人，民事再生法，会社更生法又は金融機関等の更生手続の特例等に関する法律による管財人又は保全管理人，外国倒産処理手続の承認援助に関する法律による承認管財人又は保全管理人，船舶の所有者等の責任の制限に関する法律又は船舶油濁損害賠償保障法による管理人等が供託する場合は，登記事項証明書の提示により，これらの者の資格が明らかな場合を除き，資格証明書として裁判所の選任を証する書面を添付することになります。

　　以上アからエまでの供託の際に添付又は提示すべき証明書は，作成後3か月以内のものになります（規則9条）。

## (2)　**代理権限証書**（規則14条4項）

ア　代理人によって供託をする場合は，代理人の権限を証する書面を提示することになります。

イ　支配人その他の登記のある代理人については，登記所作成の支配人又は代理人の代理権限を証する書面を提示することになります。

　　なお，この場合の提示すべき書面は，作成後3か月以内のものになり

ます（規則 9 条）。

(3) **簡易確認手続**

ア　供託申請に際し，提示すべきものとされている登記された法人の代表者の資格を証する書面及び支配人その他登記のある代理人の代理権限を証する書面について，供託所と証明すべき登記所とが同一の法務局若しくは地方法務局若しくはこれらの支局であるときは，登記官の確認を受けた供託書を提出することによって，法人の代表者の資格を証する書面及び支配人その他登記のある代理人の代理権限を証する書面の提示に代えることができます。

なお，法務大臣の指定により，東京，大阪，名古屋の各法務局の本局は，簡易確認手続を行わない局に指定されています。

イ　平成20年 4 月 1 日から，「競争の導入による公共のサービスの改革に関する法律」に基づく登記簿等の公開に関する事務の包括的民間委託が実施されたことで，簡易確認手続について，登記官の確認を受けた供託書を提出する取扱いが，供託官が法人の代表者の資格を証する書面及び支配人その他登記のある代理人の代理権限を証する書面の作製を依頼書により依頼する方法となりました。

# *3*　金銭供託

供託書の提出について，現金の受入事務を取り扱っている供託所に金銭の供託をする場合は，供託書や添付書類とともに供託金の提出が必要になります（規則20条）。

一方，現金の受入事務を取り扱っていない供託所に金銭供託をする場合は，供託受理後に供託官の指定する納入期日までに日本銀行又はその代理店に供託金を納入することになります（規則18条 1 項）。

なお，すべての供託所において，供託者からの申出により供託受理後に供

第2 供託の申請手続

託官の指定する金融機関の口座に供託金を入金することにより供託金の納付をすることができます（規則20条の2第1項）。また，供託官の告知した納付情報（電子納付）による納付をすることもできます（規則20条の3第1項）。

ただし，オンラインによる供託申請の場合は，供託金の納付方法は納付情報（電子納付）のみに限られます。

# *4* 有価証券供託

有価証券の供託をする場合は，供託書を提出し受理後に供託官の指定する納入期日までに日本銀行又はその代理店に有価証券の提出をすることになります（規則18条1項）。

# *5* 振替国債供託

振替国債の供託をする場合は，供託書を提出し受理後に供託官の指定するところに従って，供託しようとする振替国債の口座を管理する口座管理機関を通じて，納入期日までに供託所の口座に振替が必要になります（規則13条3項）。

# *6* 電子情報処理組織による供託申請

金銭又は振替国債を供託物とする供託の場合には，行政手続等における情報通信の技術の利用に関する法律3条1項の規定により，電子情報処理組織を使用して申請することができます（規則38条）。

電子情報処理組織を使用して供託を行うには，「供託かんたん申請」とい

うウェブブラウザから申請を行う方法と，法務省が提供する「申請用総合ソフト等」を用いて申請する方法があります。

(1)　**供託かんたん申請**

　供託かんたん申請は以下の手順で申請することになります。

ア　登記・供託オンライン申請システムにアクセスして，「申請者情報登録」を行います。

イ　登記・供託オンライン申請システムにアクセスして，「供託かんたん申請」をクリックし，「申請書情報入力」を行います。そして，情報入力後に情報の送信を行うことで，供託申請が完了します。

(2)　**申請用総合ソフト**

　申請用総合ソフトを用いての申請は以下の手順になります。

ア　登記・供託オンライン申請システムにアクセスして，「申請者情報登録」を行います。

イ　登記・供託オンライン申請システムにアクセスして，「申請用総合ソフト」をクリックし，ダウンロードを行います。そして，「申請書作成」アイコンをクリックして，作成手順に従い入力をしていきます。情報入力後に情報の送信を行うことで，供託申請が完了します。


# *7* 事　例

## Ⅰ　弁済供託

### 【不法行為に基づく損害賠償債務の弁済供託（被害者の住所が不明の場合）】

**事　例1**

　私は，先月，路上で被害者に全治3週間の傷を負わせる事件を起こしてしまいました。

　被害者に直接謝罪して損害賠償金を渡したいと考えましたが，被害者

第2 供託の申請手続

は，自分の連絡先を私には教えないように捜査機関に要望しており，代
理人（弁護士）の事務所において代理人を通じて損害賠償金を受け取る
とのことでした。そのため，代理人と協議を重ねましたが，賠償額につ
いて合意に達しなかったので，私が相当と考える損害賠償金相当額と事
件の時から年5分の割合による遅延損害金との合計額を代理人事務所で
代理人に提供しましたが，その受領を拒否されました。

　そこで，同額を供託したいと考えていますが，被害者の住所を教えて
もらえない場合でも，供託をすることはできますか。

## 回　答

　被害者に対し，慰謝料を含む本来の賠償額及び不法行為時から提供時まで
の遅延損害金（民事法定利率年5分）を併せて弁済の提供をしたのであれば，
賠償額に争いがある損害賠償債務についても，民法494条の要件を満たして
いる限り，弁済供託をすることができます。

　また，債務の履行地について，代理人事務所とする合意ができていると認
められる場合には，被供託者の住所を「住所不明」として，代理人事務所の所
在地の供託所に受領拒否を原因とする弁済供託をすることが可能と考えます。

第2　供託の申請手続

【本件関係図】

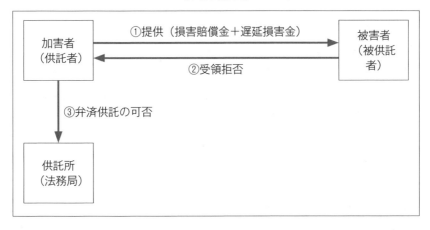

### 解説

## 1　弁済供託の受理要件について

　弁済とは一般に，債務の内容である給付（例えば，契約により債権者に金銭を交付する。）を実現させる債務者その他の者の行為をいうと解されています。弁済供託とは，債権者側の一定の事由によって弁済することができない場合に，債務の目的物を供託することによって債務を免れる制度であることから，供託が有効にされ，債務消滅の効果が生じるためには，①供託原因（民法494条）が存在し，②債務の目的物が供託可能であるほか，③供託の内容が債権者に本来の債務と同一内容の権利を取得させるものであることを要します。

　また，債務者が弁済供託をする場合には，①ないし③の要件が満たされることはもちろんのこと，③の要件（本来の債務との同一性）の前提として弁済供託の目的たる債務が現存かつ確定していなければいけませんし，確定した債務につき債務の本旨に従った弁済の提供（民法493条）をすることを要します。このような前提が整わない弁済供託は受理されないことになります。

第2　供託の申請手続

## ❷　不法行為による損害賠償債務の供託について

　不法行為に基づく損害賠償債務の供託も，弁済供託であるので，上記弁済供託の受理要件を満たす必要があります。

　問題となるのは，当事者間に賠償額について争いがある場合，債務が確定しているかという点についてです。弁済供託は「供託の内容が債権者に本来の債務と同一内容の権利を取得させるものであること」が有効要件とされており，債権が同一内容でない供託は受理すべきではなく，誤って受理されても供託は無効とされています（大判昭和13.6.11民集17巻1249頁，最判昭和35.12.15民集14巻14号3060頁等，遠藤浩・柳田幸三編『供託先例判例百選［第2版］（別冊ジュリスト158号）』（有斐閣，2001年）32頁以下）。

　しかし，不法行為に基づく損害賠償債務については，加害者が一方的に算出した賠償額を確定債務額といえるかという問題がありますので，まず，弁済供託の要件について検討していきます。

### (1)　供託原因があること

　受領拒否を原因として供託をする場合には，債務者は，供託をする前にまず弁済の提供をする必要があります。すなわち，原則的には債務の本旨に従って現実の提供をし（民法493条本文），債権者があらかじめ受領を拒絶しているときは口頭の提供をし（同条ただし書），その後でなければ，供託をすることはできません。

　また，損害賠償債務は持参債務と考えられるので，当事者間に特段の意思表示がない場合には，債務の履行地は債権者（被供託者）の住所地となります（民法484条）。しかし，本問では，債権者が，代理人の事務所において代理人を通して損害賠償金を受け取るとの意思を示しており，債務者もそれに同意していると考えられるので，債務の履行地である代理人の事務所において，弁済受領の権限を有する代理人に現実の提供をすれば，債務の本旨に従った弁済の提供があったと考えられます（磯村哲編『注釈民法⑿　債権(3)』（有斐閣，1970年）253頁以下参照）。

## 第2　供託の申請手続

### (2)　債権が同一内容のものであること

　弁済供託の目的たる債務は，現存かつ確定したものでなければならないとされており，また，債権の一部についてした弁済供託は，当該一部についても弁済供託の効力を生じないとされています（大判昭和12.8.10民集16巻1344頁）。したがって，例えば，債権が500万円であるのに300万円しか供託しなかった場合のように，債権の一部について行われた弁済供託の効力は，債権が同一内容ではなく弁済供託の有効要件を欠くことから，300万円の範囲でも，供託としての効力は生じません。

　不法行為に基づく損害賠償債務の供託については，賠償額につき当事者間に争いがあると確定した債務とはならないので，供託できないのではないかとも考えられますが，不法行為時に債務が発生していることは明らかであり，その債権額（賠償額）が事実上不明であるために当事者間で争われているとしても，当該債務は確定した債務であると考えることができます。そのため，現在の供託実務においては，不法行為に基づく損害賠償債務については，その賠償額に争いがある場合でも，民法494条の要件を充足する限り，弁済供託をすることができるとされています（昭和32.4.15民事甲第710号民事局長通達・供託関係先例集(1)808頁）。

　しかし，不法行為に基づく損害賠償債務の供託を債務者が任意に設定した金額で行った場合には，そもそもその有効性について問題が生じ得る点に注意が必要です。なお，この点につき，最判平成6年7月18日（民集48巻5号1165頁）は，交通人身事故の損害賠償請求訴訟で，確定した賠償額（約5,225万円）と供託された額（約2,735万円）とに大きな差（差額約2,490万円）がある場合でも，第一審判決認容額を提供・供託したのであれば供託を有効であるとしていますが，その理由につき，加害者は判決確定により初めて債務の全額を知るものであるから，第一審判決認容額の本件提供・供託を有効としなければ加害者に難きを強いることになり，他方，被害者も一部弁済として受領し又はその旨の留保付きで還付を受けることができるので何ら不利益を受けないということを考慮すると，本件提供・供託を有効とすることが当事者の公

第2 供託の申請手続

平にかなう。したがって,「交通事故によって被った損害の賠償を求める訴
訟の控訴審係属中に,加害者が被害者に対し,第一審判決によって支払を命
じられた損害賠償金の全額を任意に弁済のため提供した場合には,その提供
額が損害賠償債務の全額に満たないことが控訴審における審理判断の結果判
明したときであっても,原則として,その弁済の提供はその範囲において有
効なものであり,被害者においてその受領を拒絶したことを理由にされた弁
済のための供託もまた有効なものと解するのが相当である」としています
(最判平成 6.7.18民集48巻 5 号1165頁)。


## 3 遅延損害金の要否等について

### (1) 遅延損害金の要否

　不法行為に基づく損害賠償債務の弁済供託をする場合の遅延損害金の要否
について,供託実務の先例では,不法行為時から提供時までの遅延損害金を
付して提供することを要するとしています(昭和55.6.9民四第3273号民事局長認
可 3 問・供託関係先例集 (6) 302頁)。これは,不法行為に基づく債務は,不法行
為時から即時に履行期が到来するとの通説や,不法行為の時から遅延損害金
を支払わなければならないとする判例(大判明治43.10.20民録16輯719頁)と同様
の取扱いです。

　なお,損害賠償債務の弁済供託をするに当たっては,供託書中「供託の原
因たる事実」欄に,本来の賠償額と遅延損害金の額とを区分して明記する必
要があります(法務省民事局第四課職員編『供託事務先例解説［新版］』(商事法務研究
会,1985年) 43頁)。

### (2) 遅延損害金の利率

　一般に,遅延損害金の利率については,当事者間で特約があればその特約
に従い,特約がなければ法定利率によることになります(民法419条)。法定
利率には,民法404条の規定による年 5 分と商法514条の規定による年 6 分と
があります。不法行為に基づく債務の遅延損害金については,その利率につ

20

第2　供託の申請手続

き，当然のことながら当事者間に特約があるはずはありませんし，また，商行為に基づく債務不履行でもないので，民法404条の規定が適用され，年5分の利率による遅延損害金を付す必要があります。

## 4　供託所の管轄について

　弁済供託は，債務の履行地の供託所にすることとされています（民法495条1項）。また，弁済供託の管轄供託所に関しては，債権者が供託物の還付を受けることについて好都合の供託所を選ぶようにすることが信義則に適すると解されます（遠藤浩・柳田幸三編『供託先例判例百選［第2版］（別冊ジュリスト158号）』（有斐閣，2001年）5頁以下参照）。

　前記2(1)のとおり，当事者間に特段の意思表示がない場合には，債務の履行地は債権者（被供託者）の住所地となります（民法484条）が，本問では，債権者が，代理人の事務所において代理人を通して損害賠償金を受け取るとの意思を示していますので，代理人事務所が債務の履行地であると考えられますし，その所在地の供託所に供託をすることが，債権者が供託物の還付を受けるのに好都合の供託所であると考えることができます。

　なお，債権者の住所が不明の場合の供託所の管轄について，債務者の住所地での供託を認める先例もあり，関税滞納処分による不動産公売代金の残余金の供託は，債権者（滞納者）の所在が不明の場合には債務者（税務署）の所在地の供託所に供託することを認めたもので，これによれば，民法上の取引関係に基づくものではないことが考慮されているのではないかと考えられます（昭和33.3.27民事甲第635号民事局長心得回答）。また，個人の銀行口座に一方的に金銭を振り込み，後日，法外な利息を付した上で返済を要求する，いわゆる「押し貸し」による不当利得返還のための供託についても，そもそも債権者の行為は不法原因給付（民法708条）に該当する可能性もあることから法の保護に値せず，そのような債権者の意図によって債務履行地を明らかにしない場合にまで債務者に供託を認めないとする趣旨ではないことから，債務

第2 供託の申請手続

者の住所地での供託が認められたものと考えることができます。本問のように，被害者が二次被害を避ける目的で住所を知られたくないという事情があれば，債権者の意図によって債務履行地を明らかにしないこともやむを得ないものと考えられますので，債権者の住所が不明であるからといって，必ずしも債務者の住所地での供託が認められるものではありません。

本来，法令で定められた「債務の履行地の供託所」以外の供託所にした供託は無効となりますが，仮に被供託者が供託を有効と認めて還付請求をしようとするのであれば，供託は本来の目的を達成して終了するのですから，被供託者が供託を有効と認めているにもかかわらず，供託を無効として扱う必要はないと考えられます（昭和39.7.20民事甲第2594号民事局長回答参照）。したがって，債権者の住所が不明の場合にも，債権者から供託を有効と認めてもらうためには，なるべく債権者が供託物の還付を受けることについて都合のいい供託所を選ぶ必要があります。

## 5 供託書の記載について

### (1) 被供託者の住所氏名欄

被供託者の住所については，「住所不明」と記載せざるを得ませんが，正確な番地までが分からないとしても，都道府県や市町村まで分かるのであれば，分かる範囲で記載しておくことが望ましいと考えます。

### (2) 供託の原因たる事実欄

供託の原因たる事実の記載に当たっては，被供託者が払渡請求をする際の本人確認が容易となるように，不法行為地や被害者の代理人の氏名，刑事事件となっている場合には事件番号など，できる限り詳細に記載しておく必要があると考えます。

また，供託金額は，損害賠償金相当額と事件の時から年5分の割合による遅延損害金との合計額となりますので，本来の賠償額と遅延損害金の額とを区分して明らかにする必要があります。

第2　供託の申請手続

(3)　**備考欄**

　損害賠償金相当額を供託したとしても，被害者である被供託者が供託金還付請求をできなければ，被害回復がされたとはいえません。そのため，供託者が，供託金取戻請求権を放棄する旨を備考欄に記載するという方法を採ることも考えられます。この記載をした場合には，供託者の取戻請求権は消滅し，この放棄を撤回することはできないと解されています（昭和38.8.23民事甲第2448号民事局長回答・供託関係先例集(3)325頁。取戻請求権の放棄については，中嶋伸明「犯罪被害と供託(1)」登記情報594号43頁以下参照。）。


## 6　供託通知について

　弁済供託をした場合には，供託者は，遅滞なく，債権者（被供託者）に供託の通知をしなければなりません（民法495条3項）。供託者は，供託官に対し，被供託者に供託通知を発送することを請求することができますが（規則16条1項），本問では，被供託者の住所が不明であるため，供託官に対して供託通知の発送を請求することはできません。

　供託の通知をしなかったとしても，供託が無効となるものではありませんが，供託通知をしなかったことによって被供託者が負った損害は，供託者が賠償しなければならなくなります（登記研究編集室編『実務供託法入門［新訂］』（テイハン，2015年）90頁以下）。

　本問では，供託者と被供託者の代理人との間で損害賠償についての協議をしており，代理人から被供託者に渡してもらうという手段があるのですから，供託者において被供託者に供託通知をすることができなかったとはいえないと考えられます。したがって，代理人を通じて被供託者に供託通知をしておく必要があると考えます。


　以上のとおり，不法行為に基づく損害賠償債務の履行地について，被害者の代理人事務所とする合意ができていると認められる場合において，受領権

23

第2 供託の申請手続

限を有する代理人に損害賠償金を提供したときは，債務の本旨に従った弁済の提供に当たると考えられることから，被供託者の住所を「住所不明」として，代理人事務所の所在地の供託所に受領拒否を原因とする弁済供託をすることが可能であり，この供託をした場合には，供託者は，代理人を通じて被供託者に供託通知をする必要があると考えます。

## 第2 供託の申請手続

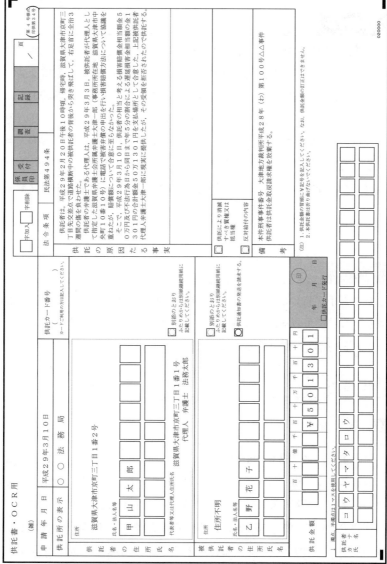

第2　供託の申請手続

## 【賃料の減額請求と弁済供託】

### 事 例 2

　賃借人甲は月10万円で賃借中の建物について，近隣同種の物件の家賃を調べたところ，５万円程度の家賃であったため，現在の家賃は高いと考え，賃貸人乙に対し，家賃を５万円とするよう家賃の減額請求をしました。賃貸人乙からは５万円にする減額には応じられないが，８万円に減額する旨回答があり，８万円で支払の請求がありました。賃借人甲は８万円では納得できなかったので，自分が相当と考える金額５万円を賃貸人乙に提供したところ，受領を拒否されました。賃借人甲は受領拒否による弁済供託をすることができますか。

### 回 答

　賃借人甲が自分が相当と考える減額された金額（５万円）を賃貸人乙に提供しても，債務の本旨に従った弁済の提供とはいえず，これが受領拒否されたからといって，供託することはできません。

### 解 説

### 1　総 説

　借地借家法には借賃増減請求権について規定されており，「建物の借賃が，土地若しくは建物に対する租税その他の負担の増減により，土地若しくは建物の価格の上昇若しくは低下その他の経済事情の変動により，又は近傍同種の建物の借賃に比較して不相当となったときは，契約の条件にかかわらず，当事者は，将来に向かって建物の借賃の額の増減を請求することができる。」とされています（借地借家法32条１項）。

　しかし，増減を請求してもそれが認められるかどうかは当事者の協議によ

第 2 　供託の申請手続

ることになり，協議が整わない場合は，裁判によって借賃を決定することに
なります。では，裁判で借賃が決定されるまでの間の請求，支払はどのよう
に整理されているのでしょうか。増額請求，減額請求の各々の場合について
以下のように規定されています。

　増額請求について当事者間に協議が調わないときは，その請求を受けた者
（通常は借主）は，増額を正当とする裁判が確定するまでは，相当と認める額
の借賃を支払うことで足り，後で裁判が確定した場合に，差額を清算するこ
ととなります（同条2項）。

　減額請求について当事者間に協議が調わないときは，請求を受けた者（通
常は貸し主）は，減額を正当とする裁判が確定するまでは相当と認める額の
借賃の支払を請求することができ，後で裁判が確定した場合に差額を清算す
ることとなります（同条3項）。

　つまり，増額請求の場合は賃借人は，自己が相当と認める額を支払えばよ
く，減額請求の場合は賃貸人は自己が相当と認める額の支払を請求すること
ができるとされています。

【本件関係図】

第2　供託の申請手続

各々の場合の供託にかかる参考先例は以下①，②のとおりです。

①　賃貸人からの増額請求があった場合に賃借人が自ら相当と認める額を賃貸人に提供し受領を拒否されたときは，受領拒否を事由とする弁済供託が認められています（昭和41.7.12民事甲第1860号民事局長通達・供託関係先例集(4)194頁参照）。

②　賃借人が減額請求権を行使し，従前の借賃を下回る額を提供して受領を拒否されたとして，減額後の金額につき供託してきた場合，受理できないとしています（昭和46年度全国供託課長会同決議1問・供託関係先例集(5)208頁参照）。


## 2　結　論

以上のことから，本問について検討すると，賃借人甲からの減額請求に対して甲乙間で協議が調わない場合は，賃貸人乙は賃借人甲に対して従前の金額（10万円）をそのまま請求してもよいし，相当と認める減額した金額（8万円）を請求することでもよいということになります。

本問のケースでは，賃貸人乙は8万円に減額して賃借人甲に支払を請求しました。ここで，仮に，賃借人甲が8万円を提供し賃貸人乙に受領を拒否された場合は受領拒否を原因として供託できるということになりますが，賃借人甲は勝手に減額した金額5万円の提供をしています。それは債務の本旨に従った弁済とはいえませんので，賃貸人乙に受領を拒否されたからといって，賃借人甲は供託することはできません。

第 2　供託の申請手続

## 【相続人全員が相続放棄をした場合の最終の相続人に対する受領拒否を原因とする弁済供託の可否】

### 事 例 3

　Ａは，Ｂに対して，土地売買代金支払債務（平成29年 4 月19日売買契約，支払期日及び支払場所定めなし）を負っていますが，Ｂは平成29年 5 月12日に死亡しました。Ｂには，配偶者，直系尊属及び兄弟姉妹はなく，第 1 順位の相続人であるＢの子ら 2 名は同年 6 月16日と同月23日にそれぞれ相続放棄し，第 2 順位の相続人であるＢの兄の子Ｃは同年 7 月 4 日に相続放棄したため相続人がおらず，相続財産管理人も選任されていない状況です。

　このような状況においては，最終の相続人であるＣが，民法940条により相続財産の管理義務者になると考えられるので，Ｃに弁済の提供をして受領拒否された場合，受領拒否を原因として供託することは可能でしょうか。

### 回 答

　最終の相続人であるＣに対して，土地売買代金の全額を提供し，受領を拒否された場合には，受領拒否を原因とする弁済供託をすることができます。

　なお，供託書における被供託者の表示は「（亡Ｂの最後の住所）亡Ｂ相続財産」とし，供託の原因たる事実欄にＣが民法940条の管理義務者である旨，及び全額の弁済の提供をして，Ｃに受領拒否された旨を明記し，Ｃの住所地の供託所で供託することは可能です。

### 解 説

　債権者の相続人全員が相続放棄した場合に，最終の相続人に対して弁済の提供をし，受領を拒否された場合は弁済供託ができるという事例です。

29

第2　供託の申請手続

　相続人が相続放棄をすれば，相続財産の管理義務も本来は消滅することに
なりますが，相続放棄後，即時に管理を終了すると，他の相続人や相続債権
者に不都合を生じることになります。そこで，民法940条の規定により，同
順位の相続人がいない場合には，放棄によって新たに相続人となった次順位
者が相続財産の管理を始められるまで，あるいは相続人が不存在となる場合
には，相続財産管理人が選任されて職務を始められるまでは，相続放棄者に
管理継続義務を課すこととされています（島津一郎・松川正毅編『基本法コンメ
ンタール　相続［第5版］（別冊法学セミナー193号）』（日本評論社，2007年）138頁）。

　したがって，最終の相続人であるCは，相続財産管理人が選任されるまで
の間は，継続して相続財産を管理する義務があることから，Cは，土地売買
代金を受領する権限があると考えられます。

　よって，Aは，Cに対して，土地売買代金全額について，弁済の提供をし
て受領を拒否されたのであれば，受領拒否を原因として供託することができ
るものと考えられます。

　なお，本問において供託申請する場合，以下の点に留意する必要がありま
す。

1　Cは，飽くまで民法940条の規定により相続放棄者として財産管理義務
　を負う者であり，自己の名において供託物を受領する権限のある者ではな
　いため，被供託者とはなり得ません。本件の場合，相続人全員が相続放棄
　をしたことにより，相続財産は法人となり（民法951条），本件供託金還付
　請求権は同法人に帰属するものと考えられます。そして，同法人は，法人
　格を有し，供託当事者になり得ることから，被供託者の表示としては不動
　産登記の記載と同様，「（亡Bの最後の住所）亡B相続財産」とするのが相当
　であると考えます。

2　供託の原因たる事実欄には，Cの住所氏名，Cが民法940条の規定によ
　る相続財産管理人である旨，及びCに対して売買代金全額について弁済の
　提供をし受領拒否された旨を明記します。

3　本問売買契約においては，支払場所の定めがないことから，原則として

第2　供託の申請手続

債務の履行地はC（債権者）の住所地（民法484条）ということになりますので，Cの住所地の最寄りの供託所が管轄になると考えます。

# 第2 供託の申請手続

第四号様式（第13条第1項関係）その他の金銭供託の供託書

## 供託書・OCR用

| | | |
|---|---|---|
| 供託所の表示 | ○○法務局 | |
| 申請年月日 | 平成29年7月20日 | |

供託カード番号（カードご利用の方は記入してください。）

**供託者の住所氏名**
住所：甲県乙市丙町一丁目1番1号
氏名・法人名等：A
代表者等又は代理人住所氏名

□別添のとおり
ふたりめからは別紙続納用紙に記載してください。

**被供託者の住所氏名**
亡Bの最後の住所：甲県乙市丙町二丁目2番2号
住所
氏名・法人名等：亡B 相続財産

□別添のとおり
ふたりめからは別紙続納用紙に記載してください。

□供託通知書の発送を求める。

| 供託金額 | 百 十 億 千 百 十 万 千 百 十 円 |
|---|---|
| | ¥ 1 0 0 0 0 0 0 |

印　　年　月　日
□供託カード発行

□字加入　□字削除　字加入

係員印　受付印　病院印

記録　調査

| 法令条項 | 民法第494条 |
|---|---|

**供託の原因たる事実**

供託者（買主）は、被供託者B（売主）に対して、下記土地の売買代金100万円の支払債務（平成29年4月19日売買契約、支払期日及び支払場所定めなし）を負っていたが、Bは平成29年5月12日に死亡した。Bには配偶者、直系尊属及び兄弟姉妹はなく、第1順位の相続人であるBの子C及びDの2名は相続を放棄し、第2順位の相続人であるBの兄の子C（甲県丁市戊町5番5号）は同年7月4日に相続放棄をしたため相続人がおらず、Bの相続財産管理人も選任されていない。
よって、最終の相続人であるCの、民法第940条によりとB相続財産の管理義務となるので、供託者は、同年7月20日、Cに対して確答履行地であるCの住所地（甲県乙市）において、現実に全額の弁済を提供したが、受領を拒否されたので、供託する。

記
甲県乙市丙町三丁目1番地
宅地　100平方メートル

□供託により消滅すべき質権又は抵当権
□反対給付の内容

**備考**

（注）1. 供託金額の冒頭に¥記号を記入してください。なお、供託金額の訂正はできません。
2. 本供託書は折り曲げないでください。

供託者カード番号氏名：エー

1. 黒丸、半黒丸は1マスを使用してください。

（第4号様式）（甲県34号）
020000
頁　／

第2　供託の申請手続

## 【債権者から法定相続分の支払請求で，全額提供を受領拒否された場合の弁済供託の可否】

### 事 例 4

　先日，私の夫である甲が亡くなりました。甲の法定相続人は私と子の
２名ですが，甲は私に財産の全てを相続させる旨の遺言を残しています。
　今般，甲が生前に負担した金銭消費貸借契約に基づく貸金返還債務の
弁済期が到来し，債権者であるＡから私に対して，私の法定相続分の債
務を履行するよう請求がありました。そこで私はＡに対し，甲の遺言に
基づき当該債務の全てを相続したとして債務の全額を弁済しようとしま
したが，Ａから受領を拒否されました。
　私は，Ａを被供託者として，債務の全額につき受領拒否を原因とする
弁済供託をすることはできますか。

### 回 答

　財産全部を特定の相続人に相続させる旨の遺言がされたとしても，当該相
続人は，債権者に対しては指定相続分に応じて相続債務を承継したことを主
張することはできません。
　あなたは債権者であるＡから法定相続分による債務の履行を請求されてい
ることから，法定相続分の割合に応じて相続債務の履行をすべきであり，相
続債務の全額について受領拒否による弁済供託をすることはできません。

### 解 説

　特定の財産を特定の相続人に相続させる旨の遺言の趣旨は，特段の事情が
ない限り，当該相続人をして遺産を単独で相続させる旨の遺産分割の指定が
されたものと解すべきであるとされています。この場合，特段の事情がない
限り，何らの行為を要せずして，遺産は被相続人の死亡のときに直ちに当該

33

第2　供託の申請手続

相続人に承継されることになります（最判平成3.4.19民集45巻4号477頁）。このことは，遺産全部を1人の相続人に相続させる旨の遺言にも当てはまると解されています。

　相続させる旨の遺言の効力が相続債務にも及ぶのかという点については，遺言の趣旨等から，遺言者が，相続債務については特定の相続人に全てを相続させる意思を有しないことが明らかであるなど特段の事情がない限り，当該相続人に相続債務も全て相続させる旨の意思が表示されたものと解すべきであるとされています。したがって，相続人間においては，当該相続人が指定相続分の割合に応じて相続債務を全て承継することになると解するのが相当であるとされています（最判平成21.3.24民集63巻3号427頁）。

　しかしながら，同判決によると，遺言による相続債務についての相続分の指定は，相続債務の債権者の関与なくされたものであるから，当該債権者に対してはその効力が及ばないとされています。したがって，各相続人は，債権者から法定相続分に従った相続債務の履行を求められたときには，指定相続分に応じて相続債務を承継したことを主張することはできず，請求に応じなければならないと考えられます。一方で，債権者の方から相続債務についての相続分の指定の効力を承認し，指定相続分に応じた相続債務の履行を請求することは妨げられないとされています。

　本問では，甲は妻に財産の全てを相続させる旨の遺言をしているため，特段の事情がない限り，遺産全部の権利は甲の死亡時に直ちに妻に承継されます。そして，甲が，相続債務についてはここにいう財産に含めない意思を有することが明らかである等の事情がなければ，相続人間においては，本件貸金返還債務は全て妻が承継することになります。

　しかしながら，当該債務にかかる相続分の指定の効力は債権者であるAには及ばないことから，妻は，たとえ債務の全額をAに対して弁済したいと考えても，Aから法定相続分の割合による相続債務の履行を求められている以上，後にAの方から相続債務についての相続分の指定の効力を承認した等の事情がない限り，これに応じなければならないと考えられます。すなわち，

第2　供託の申請手続

妻がAに対して有するのは，自己の法定相続分に応じた額の支払債務であると解されます。したがって，妻は，本件貸金返還債務の全額についてAの受領拒否を原因として供託することはできないと考えられます。

【参　考】

島津一郎・松川正毅編『基本法コンメンタール　相続［第5版］』（日本評論社，2007年）

水野紀子・大村敦志・窪田充見編『家族法判例百選［第7版］（別冊ジュリスト193号）』（有斐閣，2008年）

## 【賃借物が競売となった場合における賃借料の供託】

### 事　例 5

　当社（甲）は平成26年4月からA市の賃貸物件（土地・倉庫）について，翌月分を毎月月末までに前払（支払場所　物件所在地）しているところ，賃料債権に対して差押えがされたため，賃料は差押債権者に支払っています。

　ところで，当該物件は，平成25年12月に設定された抵当権の実行による競売のため売却されることになり，平成30年2月23日（金）に最高入札者が判明しますが，必ずしも最高入札者が競落人になるとは限らないため，3月2日（金）の落札者決定まで新所有者は確定しません。

　この場合，2月末日までに支払うべき3月分の賃料について，債権者不確知を理由に供託することができますか。

### 回　答

本問においては，債権者不確知の状態に陥っているとは認められませんの

35

第2　供託の申請手続

で，供託することはできません。

## 解　説

### 1　債権者不確知とは

　民法494条で規定する供託原因の一つである「債権者不確知」とは，債務者（弁済者）が「善良な管理者としての注意」，つまり取引上一般的に要求される程度の注意を払っても，なお債権者が誰であるかを知ることができない場合をいいます。

　この債権者不確知を原因とする供託の要件は，①債権債務の発生当初において債権者は特定されているが，その後の何らかの事情で，債務者の立場からそれを知ることができない状態に陥ったこと，及び②債権者を確知することができないことが債務者の過失によるものではないこととされています。

　したがって，①の要件に関連して，例えば，債権者が存在しないことが明らかなような場合には債権者不確知に該当しないことになります。しかし，債権者が存在していることは明らかであるが，誰が債権者であるかを知ることができない理由については，債権者が死亡して相続が開始したが相続人が誰であるか不明であるなどの「事実上の理由」であるとき，あるいは，債権の帰属について争いがあるなど，いずれが債権者か判断できないなどの「法律上の理由」であるときは問わないとされています。

　また，②の要件に関連して，「弁済者の過失によるものでない」とは，弁済者が「善良な管理者としての注意」，つまり取引上一般的に要求される程度の注意を払っても，なお債権者が誰であるか確知することができないことをいうと解されています。すなわち，債権者不確知を原因として供託するには，債権者を確知することができないことについて無過失が要求されます。

## 第2　供託の申請手続

## ❷　賃借権の対抗要件について

### (1)　建物（倉庫）について

　建物の賃借権の対抗力につき，民法の特則を定める借地借家法（平成3年法律第90号）31条1項は，「建物の賃貸借は，その登記がなくても，その引渡しがあったときは，その後その建物について物権を取得した者に対し，その効力を生ずる。」と規定しています。そのため，抵当権の設定登記より先に賃貸借契約に基づく建物の引渡しを受けていれば，賃借人は新所有者に対し，賃借権を主張することができます。一方，抵当権の設定登記よりも後に賃貸借契約に基づく建物の引渡しを受けていても，その後，競売により新所有者が所有権を取得している場合は，一見，賃借権を主張できるように思いますが，抵当権は物権であり，その設定登記よりも後に建物の引渡しを受けている場合には，賃借権は抵当権に対抗することができず，その抵当権の実行により所有権を取得した新所有者に賃借権を主張することはできないことになります。

### (2)　土地について

　不動産の賃借人は，その不動産につき賃借権設定の登記を受ければ，以後その不動産が第三者に譲渡されたときであっても，新所有者に対し賃借権を主張することができます（民法605条）。なお，賃借権設定の登記を受けていなくても，その借地上にその者が登記されている建物を所有していれば，以後その土地が第三者に譲渡されたときであっても，新所有者に対し借地権を主張することができます（借地借家法10条1項）。つまり，本問において，賃借権設定の登記がなく，借地上に相談者甲が登記されている建物を所有していなければ，競落人に対して借地権を主張することはできず，競落人との間で新たな賃貸借契約を締結しない限り，本件土地は明け渡さなければならないことになります。

第2 供託の申請手続

## **3** 検 討

　上記1及び2を踏まえ，本問において債権者不確知供託の可否について検討します。

　本問では，本件倉庫の引渡しは抵当権設定登記より後ということですので，甲は競落人に賃借権を主張することはできないことになります。また，甲は借地上の建物である本件倉庫を所有していませんので，土地に関しても競落人に賃借権を主張することはできないことになり，引き続き当該物件を賃借したいときは，甲は競落人との間で賃貸借契約を締結した上で，競落人に賃料を支払えばよいことになります。

　しかしながら，本問では，3月2日（金）に競落人が決定する予定とされていることから，3月分の賃借料の支払期限である2月末日の時点では，そもそも債権が競落人に帰属しているとはいえない状況であるため，競落人との間に賃貸借契約は締結できないと考えます。

　したがって，競落人は，債権者不確知を原因とする供託の要件の一つである「債権債務の発生当初において債権者は特定されているが」（上記1の①），の債権者には該当せず，債権者が確知できない状態に陥っているとはいえないものと考えます。


## **4** 結 論

　以上から，甲は競落人が所有権移転登記を備えるまでの賃料は差押債権者に支払えば足りること，競落人が所有権移転登記を備えた後は競落人との間で賃貸借契約を締結し，競落人に賃料を支払えばよいので，債権者不確知を理由とする弁済供託はできないものと考えます。

　なお，本件賃料債権は，強制執行による差押えがされているため，甲は，民事執行法156条1項に基づく権利供託をすることで，債務不履行を免れることができます。

38

第2 供託の申請手続

## 【成年後見人の管理計算に基づく返還金の供託】

### 事例6

相談者丙は，甲の成年後見人であり，同人の財産管理を行っていましたが，甲は平成29年9月5日に死亡しました。

そこで，丙は民法870条の規定に基づき，甲の財産につき管理計算を行ったところ，平成29年11月1日に管理計算が終了し，金100万円の返還金が生じました。

甲の相続人は乙一人であるので，丙は乙に対して平成29年12月1日に返還金の受領を求めて，乙の住所地において現実の提供を行う予定ですが，乙から受領を拒否された場合，供託することができますか。

【図】

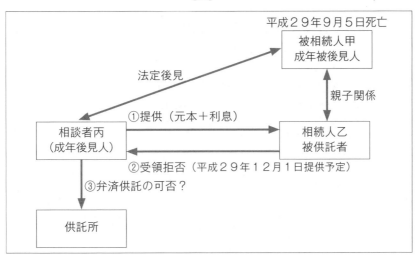

### 回 答

丙は，平成29年12月1日に，元本100万円及び管理計算終了日である平成

39

第2　供託の申請手続

29年11月１日から平成29年12月１日までの31日分における年５分の割合による利息金を計上した金額を，債務の履行地である乙の住所地において，乙に対して現実の提供をし，これを拒否された場合は供託することができます。

解　説

## 1　供託の要件について

　供託を有効になし得るためには，供託原因の存在が必要であり，民法494条は，供託原因として，受領拒否，受領不能，債権者不確知の三原因を掲げています。本問については，同条の規定する「受領拒否」を理由として弁済供託をすることができますが，債権者に対して行う提供行為は，債務の本旨に従って現実に弁済の提供をしたことが必要です。

## 2　債務の本旨に従った弁済の提供について

　「債務の本旨に従った」とは，一般に契約・法令どおりの債務の内容に適合した提供行為か否かということであり，供託をする上では，特に，①債務の金額（利息，遅延損害金を含む。），②債務の履行地（弁済場所），③債務の履行期が重要であるといえます。

①　債務の金額について

　　債務の金額とは元本だけではなく，利息及び遅延損害金を含めた金額となります。民法873条１項によると，「後見人が被後見人に返還すべき金額及び被後見人が後見人に返還すべき金額には，後見の計算が終了した時から，利息を付さなければならない。」とされています。そのため，返還金は，被後見人が死亡したことによりその相続人に帰属することとなりますので，被後見人に利息を付して返還するのと同様に，相続人に対しても，管理計算終了日から返還時までの利息を付す必要があります。利率は民法404条により年５分となります。

40

第2　供託の申請手続

② 債務の履行地（弁済場所）について

　債務の履行地は，通常は当事者間の意思表示又は給付の性質で決まりますが，当事者間に別段の意思表示がなければ，債権者の現在の住所地で弁済の提供をすることを要します（民法484条）。

③ 債務の履行期について

　債務の履行期については，本問では特約等がないと想定すると，元本及び管理計算終了日から提供日までの年5分の割合による利息を付して提供したのであれば，債務の本旨に従った弁済の提供ということとなります。

## ③　供託者の表示及び提示書類について

　なお，本問は成年後見人としての業務における債務の供託ですが，供託者の表示は，成年後見人，又は本人のどちらにするべきでしょうか。

　これについては，成年後見人は成年被後見人の法定代理人であるが，今回の債務の弁済は被後見人を代理して行う行為ではないこと，また，仮に法定代理人である成年後見人の資格で供託を行おうとしても，被後見人の死亡により成年後見人の任務は終了しており，代理権限証書となる成年後見の登記事項証明書も，閉鎖されていることが考えられることから，供託者欄は，成年後見人ではなく，丙個人の住所氏名を記載し，提示書類としての（閉鎖）登記事項証明書は必要ないものと考えます。

41

第2　供託の申請手続

第四号様式（第13条第1項関係）その他の金銭供託の供託書

（第４号様式）
印刷第34号

020000

頁　／

**供託書・OCR用**

| 申請年月日 | 平成29年12月1日 | 供託カード番号 |
|---|---|---|
| 供託所の表示 | （控）○○法務局 | （カードご利用の方は記入してください） |

供託者の住所氏名
　住所　奈良県桜井市大字粟殿461番地2
　氏名・法人名　丙
　代表者等又は代理人住所氏名

被供託者の住所氏名
　住所　奈良市高畑町552番地
　氏名・法人名　乙

□別紙のとおり
ふりがなは別添続用紙に記載してください。

□別紙のとおり
ふりがなは別添続用紙に記載してください。
□供託通知書の発送を請求する。

供託金額　￥1,004,247

□字加入　□字削除

法令条項　民法第494条

供託の原因たる事実

供託者は、平成19年11月1日、成年被後見人甲の成年後見人に選任され、（平成19年12月1日審判確定）、同人の財産管理等を行っていたところ、平成29年9月5日、甲が死亡し、供託者の後見事務は終了した。そこで、供託者は、後見見守了に伴う管理の計算を行ったところ、平成29年11月1日その計算が終了し、結果、甲の唯一の相続人である被供託者に対して、金1,000,000円を支払う債務を負うこととなった（支払場所　被供託者住所地）。

供託者は、平成29年11月1日から平成29年12月1日までの上記元本及び審判確定を終了する平成29年12月1日分における5年5分の割合による利息金4,247円を合わせた金1,004,247円を、被供託者に提供したが、住所地において、被供託者に対して現実に提供したので本件供託をする。

□供託により消滅すべき質権又は抵当権

□反対給付の内容

備考

通貨の単位及び貨幣の発行年等に関する法律第3条第1項による。

（注）1．供託金額の冒頭に￥記号を記入してください。なお、供託金額の訂正はできません。
　　　2．本件供託書は折り曲げないでください。

供託カード発行　□
年　月　日　印

供託者カナ氏名　ヘ　イ
上記、平成法トンマスを記入してください。

42

第 2　供託の申請手続

**【不在者財産管理人が供託原因を「所在不明による受領不能」とする弁済供託の可否】**

### 事　例 7

　私（甲）は，Aの不在者財産管理人に選任され，Aの財産を管理していましたが，債権債務の整理が終了し，後は財産を保管していく状態となったことから，不在者財産管理人の事務は事実上終了しました。そこで，保管しているお金をAに返還したいのですが，Aは数年来行方が不明で住所も分からないため返還することができません。

　この場合，私（甲）は不在者財産管理人としてAを被供託者とする弁済供託をすることはできますか。

### 回　答

　不在者財産管理人の選任取消しを受けて甲が個人として供託し，また，Aの最後の住所が不明であれば被供託者を「住所不明，氏名A」とする供託が可能です。

　なお，この場合，供託所は供託者の住所地の最寄りの供託所で差し支えありませんが，被供託者の住所地が不明であることにより，供託者の住所地の最寄りの供託所で供託する旨を明記することが望ましいと考えます。

### 解　説

## 1　不在者財産管理人が供託者となる受否

　不在者とは，従来の住所又は居所を去って容易に帰来する見込みのない者をいいます（民法25条1項）。不在者に対して権利を行使しようとしても，所在が不明であるから何らの権利行使もできず，また，その財産が散逸されるままに放置するならば，社会的にも損失であるため，不在者の財産を管理す

43

第2　供託の申請手続

る必要があることから，不在者財産管理制度が設けられています。

　不在者財産管理人は，利害関係人又は検察官の請求により不在者の財産管理に必要な処分として家庭裁判所が選任し（民法25条1項），また，その取消事由として，不在者本人が自ら管理できるようになったとき，管理すべき財産がなくなったときその他財産の管理を継続することが相当でなくなったときは，不在者，管理人若しくは利害関係人の申立てにより又は家庭裁判所の職権で財産管理処分の取消しの審判をしなければならないとされています（同条1項及び2項，家事事件手続法147条）。そして，不在者財産管理人の性質は法定代理人であり，かつ，法定委任と解されているが，その実質については民法上の委任契約とほとんど同一であるため，家事事件手続法は民法の委任の諸規定を準用しています（家事事件手続法146条6項）。

　前記の不在者財産管理制度の趣旨に照らせば，不在者財産管理人は法定代理人であり，管理人が不在者に対して弁済供託をすることは右手が左手に物を渡すことに等しく，両者間に債権債務関係を見出すことはできないことから，その事由が生じていない間は財産の管理を続けるべきであり，不在者に返還すべき債務は負っていないと解されます。

　また，不在者財産管理制度は不在者の財産を一時的に管理しようとする制度であることから，生死不明の状態が一定期間継続したときは，死亡したものとみなして失踪宣告を行い，相続財産管理制度を用いて最終的に国庫に帰属させるべきであるとも考えられます（民法959条）。

　したがって，不在者財産管理人を供託者とする弁済供託は受理できないと考えられます。

　しかしながら，不在者財産管理人の職務には委任者への受取物の引渡義務があると解されており（家事事件手続法146条6項，民法646条），法定代理人と本人間であっても債権債務関係が成り立ち得るとの考えもあり，さらに，供託官は不在者財産管理事件が終了したか否かを供託書上の記載から知ることはできないため，供託書に家庭裁判所が「保存に必要な処分」を命じ，又は「権限外の行為」を許可した旨の記載があれば，家庭裁判所が不在者の財産

第2　供託の申請手続

の保存に必要だと判断したと解するほかなく，不在者財産管理人と不在者の間に保存の必要な確定債務がないと断じ，民法494条の要件を具備していないとして受理を拒むことはできないとの考えもあります。

　このように，不在者財産管理人が供託者となる受否については疑義が残るところですが，本問において，不在者財産管理人の事務は事実上終了しているということですので，「財産の管理を継続することが相当でなくなったとき」（家事事件手続法147条）に該当すると考えられることから，この場合は不在者財産管理人の選任取消しを受けて，甲個人として供託することは，民法494条の要件を満たしていれば可能であると考えます。


## ❷　被供託者の表示について

　不在者財産管理事件の裁判管轄は，不在者の住所地を管轄する家庭裁判所となるが，日本における最後の住所がないとき，又はその住所が不明なときは財産の所在地の家庭裁判所又は最高裁判所が指定した地の家庭裁判所が管轄するとされています（非訟事件手続法8条）。したがって，家庭裁判所は不在者の住所及び居所が不明であっても不在者の財産管理について必要な処分をすることができます。

　そこで，本問において被供託者の表示が「住所不明，氏名Ａ」とした供託が受理できるかが問題となります。

　供託手続において，被供託者が特定できるときはその者の氏名及び住所を供託書の「被供託者の住所氏名」欄に記載することを要します（規則13条2項6号）。このように供託書に被供託者を特定して記載する趣旨は，「供託者が実体上の原因関係（供託の原因たる事実）を明らかにして供託申請をする以上，その供託関係の成立によって還付請求権を取得する者を明らかにし，供託官の形式審査により無効の供託を未然にチェックしようとするものである。」（浦野雄幸「不確知供託の還付権者」遠藤浩・柳田幸三編『供託先例判例百選［第2版］（別冊ジュリスト158号）』（有斐閣，2001年）149頁）とされています。

45

第2　供託の申請手続

弁済供託の場合には，被供託者に供託通知書を発送することが通例であるから（民法495条3項，規則16条），一般的な取扱いとしては被供託者の住所の記載は供託通知書を送付するのに必要な程度に具体的に記載すべきであるとされています（昭和24.3.10民事甲第487号民事局長回答・供託関係先例集(1)372頁）。

一方，先例中には「市町村名のほか○○駅前」と表示した供託（昭和41.12.15民事甲第3367号民事局長認可14問・供託関係先例集(4)238頁），「下関市東南部町　上田常市」と表示した供託（昭和32.3.2民事甲第422号民事局長回答・供託関係先例集(1)794頁）についても受理できるとされていて，「被供託者の表示として住所の記載が絶対的に必要であるとまで解する必要はなく，……被供託者の表示と「供託の原因たる事実」欄の記載とであいまって被供託者が特定できるような場合には，」受理可能と解されています（立花宣男監修『供託の知識167問』（日本加除出版，2006年）218頁）。

そこで，本問について見ると，家庭裁判所の調査をもってAの国籍及び生年月日は判明しているため，「供託の原因たる事実」中に不在者財産管理人選任事件の事件番号を記載させ，還付請求時には同事件の審判書謄本及びパスポート等を提出させることにより，氏名，国籍及び生年月日をもって被供託者を特定できるものと考えます。

## 3　供託所の管轄について

弁済供託は，債務の履行地の供託所にすることとされています（民法495条1項）。また，弁済供託の管轄供託所に関しては，債権者が供託物の還付を受けることについて好都合の供託所を選ぶようにすることが信義則に適すると解されます（遠藤浩・柳田幸三編『供託先例判例百選［第2版］（別冊ジュリスト158号）』（有斐閣，2001年）5頁）。

本問は，民法484条により持参債務と解されるので，被供託者の住所地を基準に管轄供託所を判断することになりますが，Aの最後の住所も不明な場合は債務の履行地が特定できないことになります。

第2　供託の申請手続

　これに関して，「国税滞納処分による不動産公売代金の残余の供託は，滞納者（債権者）の所在が不明の場合には，当該税務署（債務者）所在地の供託所に供託することができる。」（昭和33.3.27民事甲第635号民事局長心得回答・供託関係先例集(1)852頁）といった債務者の住所地での供託を認める先例もあることから，本問についても供託者甲（債務者）の住所地を基準に管轄供託所を判断して差し支えないと解されます。なお，供託書には被供託者の住所地が不明であることにより，供託者の住所地の最寄りの供託所で供託する旨を明記することが望ましいと考えます。

## 第2　供託の申請手続

第四号様式（第13条第1項関係）その他の金銭供託の供託書

供託書・OCR用

| 申請年月日 | 平成 | ○○ | 年 | 月 | 日 | 法 務 局 |
|---|---|---|---|---|---|---|

**供託カード番号（　　　　）**
カードをご利用の方は記入してください。

**供託者の住所氏名**
住所
甲県乙市丙町一丁目1番1号
氏名・法人等
甲
代表者等又は代理人住所氏名

**被供託者の住所氏名**
住所
住所不明
氏名・法人等
A

□ 別添のとおり
ふたりめ以降は別紙継続用紙に記載してください。

□ 別添のとおり
ふたりめ以降は別紙継続用紙に記載してください。
□ 供託通知書の発送を請求する。

| 供託金額 | 億 | 千 | 百 | 十 | 万 | 千 | 百 | 十 | 円 |
|---|---|---|---|---|---|---|---|---|---|
| | | | ¥3 | 1 | 5 | 0 | 0 | 0 | |

年　月　日
（印）
□ 供託カード発行

法令条項　民法第494条

**供託の原因たる事実**

供託者は、平成○○年○○月○○日○○家庭裁判所において被供託者の不在者財産管理人に選任され（○○家庭裁判所平成○年（家）第○○○○号）、被供託者の財産を管理していたが、平成○年○月○日、同財産管理人選任審判が取り消されたので、供託者は、被供託者に対して管理していた金315,000円の支払債務（支払日：定めなし、支払場所：被供託者・被供託者住所地）を負うこととになった。
そこで、弁済しようとしたが、被供託者は数年来その所在が不明であったため、受領させることができないので供託する。
なお、被供託者の住所が不明であることから、供託者の住所地の最寄りの供託所に供託する。

□ 供託により消滅すべき質権又は抵当権
□ 反対給付の内容

**備考**

（注）1．供託金額の冒頭に￥記号を記入してください。なお、供託金額の訂正はできません。
2．本供託書は折り曲げないでください。

供託カード氏名　コウ

1．個人の方は、平仮名カタカナを使用してください。

受付
保管印

調査　記録

□字加入　□字削除

頁　　／

第2　供託の申請手続

## 【供託者を遺言執行者，被供託者を成年被後見人とする弁済供託の可否】

### 事 例 8

　私（甲）は，公正証書遺言によって被相続人乙（最後の住所　京都市）の遺言執行者に指定され，乙の相続人Ａ（住所　奈良市）に対して，相続財産である乙の預金1,000万円を支払うこととなりました（支払期の定めなし。支払方法は銀行口座振込）。ただし，Ａには成年後見人としてＢ（住所　大阪市）が選任されています。

　この度，上記預金から遺言執行費用10万円を差し引いた金990万円をＡに支払うため，Ｂに対して振込先の口座番号を知らせるよう手紙や電話で催促しましたが，Ｂは口座番号を教えてくれません。

　私はＡに支払うべき金990万円を弁済供託できるでしょうか。

### 回 答

　甲はＡを被供託者として金990万円を債務の履行地（Ａの住所地）である奈良市の最寄りの供託所となる奈良地方法務局へ供託することができます。

　なお，Ｂに対して現実に弁済したときは，有効な弁済と捉えることができますので，Ｂから受領を拒否されれば，管轄供託所はＢの住所地の最寄りの供託所である大阪法務局となります。

### 解 説

## **1** 弁済供託の有効要件

　弁済供託とは，金銭その他の財産の給付を目的とする債務を負担している債務者が，その債務を履行しようとしても，債権者がその受領を拒むとか，債権者の住所不明その他債権者側の事由でその受領ができないとか，又は債権者が死亡し，その相続人が不明である等債務者の過失なくして債権者を確

49

第2　供託の申請手続

知できないとかにより，その債務の履行をなし得ないときに，債務の目的物
を供託所に供託して，その債務を免れさせるものです（民法494条）。

　一般的に弁済供託が有効となり，債務消滅の効果を生ずるためには，次の
2つの要件が必要であると解されています。

①　供託原因が存在すること

②　債権が同一内容のものであること

　本問において，以上の要件を満たしているか否かを検討します。

## ⑴　供託原因が存在すること

　民法494条は，供託原因として受領拒否，受領不能及び債権者不確知を挙
げています。本問では，預金の支払方法が「銀行口座振込」とされていると
ころ，Bが口座番号を教えてくれないことについて，Bが受領拒否をしたと
いう原因で供託ができるかについて検討します。

　債権者の行為が受領拒否に当たるか否かは，その前提となる弁済の提供が
適法なものか否かによって判断されることが多く（磯村哲編『注釈民法⑿　債権
⑶』（有斐閣，1970年）290頁），本問における甲の行為が「債務の本旨に従っ
て」といえるのかが問題となります。受領拒否を原因として供託する場合，
民法は債権者の受領遅滞を供託の要件として明定していないことから，供託
する前提として債務者が債務の本旨に従った弁済の提供をして債権者を受領
遅滞に陥れる必要があるのかということに争いがあるものの，判例は弁済の
提供を要するとして，供託実務も判例の立場に立ち，受領しないことが明ら
かな場合以外は債務の本旨に従った弁済の提供が必要であるとしています。

　債務の本旨とは，一般に契約内容等に適合したものであるということがで
きます。提供が「債務の本旨に従って」いるか否かは，当事者の意思，法律
の規定，さらに信義則に従って解釈され，それは弁済者・弁済受領者・弁済
の物体・弁済の場所・弁済の時期が債務の内容にかなっているか否かによっ
て決せられる（磯村哲編『注釈民法⑿　債権⑶』（有斐閣，1970年）253頁）とされて
います。そこで，「債務の本旨に従って」いるか否か，つまり①債務の金額
（利息，遅延損害金を含む），②債務の履行期，③債務の履行方法が契約内容に

50

適合しているか，④債務の履行地，を確認していきます。

① 債務の金額について

　　本問では，遺言により相続財産である預金1,000万円をＡに対して支払うこととされていますので，990万円を支払うとする甲の行為は債務の金額が契約内容と異なり，債務の本旨に従っていないのではないかという問題が生じます。この点につき「遺言の執行に関する費用は，相続財産の負担とする。」（民法1021条）とされ，その「遺言の執行に関する費用」には，相続財産目録調整費用（民法1011条），相続財産の管理費用（民法1012条），遺言執行者に対する報酬（民法1018条）等が該当すると考えられています。これは，遺言の執行に関する費用とは，遺言の執行のために直接必要とされる費用のみならず，執行に直接当たった者に対する報酬をも含むと考えられている上，「相続財産の負担」とは，相続財産から控除して支払うという意味に解されているからです（中川善之助ほか編『注釈民法⑳　相続⑶』（有斐閣，1973年）294頁以下）。したがって，本問においては，執行費用はＡが自身の固有財産から負担するのではなく，乙の相続財産から支払うものなので，相続財産から執行費用をあらかじめ控除して，その残余財産である990万円をＡに支払うとする甲の行為は債務の本旨と考えられます。

② 債務の履行期について

　　本問では，甲の債務は遺言執行に伴うことから，被相続人乙の死亡により履行期が到来する期限の定めのない債務（民法412条3項）であり，特段問題とはならないので検討を省略します。

③ 債務の履行方法が契約内容に適合しているかについて

　ア　弁済の提供の方法につき，原則的な方法である現実の提供があり（民法493条本文），この場合には，債務者は債権者がただ受領すればよい程度となるように提供することが必要です。しかし，「債権者があらかじめその受領を拒」んだときと「債務の履行について債権者の行為を要するとき」には弁済の準備をした旨を通知してその受領の催告（口頭の提供という）をすれば足りるとされています（民法493条ただし書）。これは，

第2　供託の申請手続

「債権者があらかじめ受領を拒んだとき」には，債務者の義務を軽減するとともに，債権者が翻意して受領することもあり得るので，信義則上債務者としては口頭の提供をなすべきであるとするものです。

また，「債務の履行について債権者の行為を要するとき」は，債権者の協力がなければ弁済が不可能であることを理由とするものです。なお，口頭の提供の方法としては，単に準備をなしたことを通知するだけでは足りず，実際に弁済できる程度の資金等の準備が必要となります。さらに，あらかじめ受領拒否の意思が明確であるような場合には，口頭の提供も不要としています（最判昭和32.6.5民集11巻6号915頁）。

イ　本問においては，前記のように，預金を「銀行口座振込の方式」により支払うとされているところ，Bが口座番号を教えてくれないとのことであり，甲が債務の本旨に従った提供をしたといえるのかが問題となります。

なお，遺言で支払方法は銀行口座振込とされていますが，甲はA又はBの銀行口座を知り得ないので，A又はBの協力（口座番号の指示等）がなければ支払をすることができません。この場合，甲の債務は「債務の履行について債権者の行為を要するとき」（民法493条ただし書）に当たることから，甲は現実の提供をしなくても，口頭の提供で足りることになります。そこで，甲のした「手紙や電話でのBへの催促」が口頭の提供に当たるか否かが問題となりますが，甲は遺言執行者としての役目を果たすために，支払のための資金を準備の上，預金の振込先の口座番号を教えてもらおうと手紙や電話でBに催促しているわけですから，この行為は，口頭の提供に当たると考えられます。

ウ　また，本問では口頭の提供をAの成年後見人Bに対して行っていることから，その有効性が問題となります。

成年後見人には，法律上の権限として，財産に関するすべての法律行為の代理権限があります（民法859条1項）。本問の場合，甲はBから口座番号の明示があればすぐにでも振込みをすることができる資金の準備は

52

第2　供託の申請手続

完了の上，受領の催告をしていることから，甲は有効な口頭の提供をしているといえます。なお，仮に甲が成年被後見人Ａに対して口頭の提供をした場合はどうでしょうか。成年被後見人の法律行為は取り消すことができる（民法9条）とされ，弁済受領（準法律行為）の権限が制限されています。しかし，成年被後見人は全くの無権限者ではなく，その行為は取り消されるまでは有効です（磯村哲編『注釈民法⑿　債権(3)』（有斐閣，1970年）42頁ほか）。

　　よって，成年被後見人への口頭の提供は一応，有効と解されます。

エ　債務の履行地について

　(ア)　乙の最後の住所地

　　弁済供託は，債務の履行地の供託所にしなければなりません（民法495条1項）ので，本問において債務履行地がどこになるのかを検討する必要があります。その際，「相続は，被相続人の住所において開始する。」（民法883条）とされていることから，乙の最後の住所地である京都市になるのではないかとも考えられます。しかし，同条の存在意義は，主に相続事件の裁判管轄に関する規定であるとされているので（中川善之助ほか編『新版注釈民法㉖　相続(1)』（有斐閣，1992年）76頁以下），本問において債務履行地について影響を与えることはないものと考えられます。

　(イ)　銀行口座の金融機関の所在地

　　本問では預金を「銀行口座振込の方式」により支払うとされていることから，当該銀行口座の金融機関の所在地が債務履行地に当たるか否かが問題となります。

　　この点について，一般に，債権者と債務者の間で単なる支払方法として合意した場合にすぎない場合には，銀行等の所在地を債務履行地として認めることはできませんが，債務の弁済場所として，例えば，「甲銀行乙支店」で支払うという明確な合意があった場合には，当該銀行等の所在地が債務履行地になると考えられます（立花宣男監修『供

53

第2　供託の申請手続

託の知識167問』（日本加除出版，2006年）106頁）。

　　この見解からは，銀行口座振込による支払が債務の支払場所としての合意であれば，債務履行地は当該銀行の所在地となり，支払方法としての合意であれば，支払場所の定めがないものとして，債務履行地は債権者の現在の住所（民法484条）となり，このいずれかは当事者の合理的意思解釈によることになります。

(ウ)　成年被後見人Ａ又は成年後見人Ｂの住所地

　　前記エ(イ)のとおり，本問における債務履行地は，遺言及びその意思解釈によることになりますが，遺言内容からは不明であり，遺言は単独行為である以上，当事者の合理的意思解釈によることも困難であることから，支払場所については定めがないとしてＡの住所地とするのが合理的であり，このように解してもＡにとっても特段の不利益はないものと解されます。また，仮に遺言書の内容から支払場所がＢの指定する口座であったとしても，Ｂからの支払場所の指定がない以上，甲は履行をすることができず，この点にＢに帰責性はないため，債務履行地をＡの現在の住所地（民法484条）とすることは合理的であり，かつ，Ａにとっても特段の不利益はないものと解されます。

　　また，前記ウのとおり，成年被後見人に対する弁済は，取り消し得るべき行為であるものの，実際に取り消されるまでは有効ですから，成年被後見人に対し，その住所地において弁済の提供をしたとしても有効と解されますし，成年後見人に対して弁済したときには，当然に有効な弁済であるので，成年後見人の住所地において提供することは問題ありません。

　以上のことを踏まえると，本問において管轄供託所は，奈良市又は大阪市の各最寄りの供託所ということになります。

(2)　**債権が同一内容のものであることについて**

　弁済供託が有効で債務の消滅の効果を生じさせるためには，弁済供託がされたことによって債権者（被供託者）が供託所に対して取得する供託金還付

第2　供託の申請手続

請求権の内容が，供託される以前に債務者（供託者）に対して有していた債権と同一内容でなければなりません。本問については，前記(1)のとおりこの要件は満たしていることから，問題ないと考えます。

## 2　結　論

　以上から，本問は，甲は990万円の受領拒否を原因として供託することができ，供託すべき供託所は奈良市又は大阪市の最寄りの管轄供託所ということになります。

　なお，供託手続において，遺言執行者の地位については，甲が乙の遺言執行者であることの確認が必要となります。それが家庭裁判所の選任によるものであれば，官庁又は公署の作成に係るものに該当し，作成後３か月以内の選任を証する書面の提示が必要（規則９条）となりますが，本問では，公正証書遺言の正本又は謄本の提示（作成後３か月以内でなくても可）が必要です。

　また，成年被後見人を被供託者とする場合，供託書の被供託者欄には「法定代理人の表示は要しない」ことになりますが，備考欄に成年後見人Ｂの住所・氏名の記載をすることが望ましいと考えます。

　供託通知書は，債権者たる成年被後見人Ａ，成年後見人Ｂいずれに発送することも可能ですが，供託通知書の発送先は成年後見人Ｂとするのが望ましいと考えます。なぜなら，そもそも供託の通知は，供託物還付請求権の発生を通知することにより，被供託者の還付請求権の行使を可能にするものであることから，成年被後見人Ａに通知したとしても，実効性がありません。したがって，供託通知書の発送先は，成年被後見人Ａではなく成年後見人Ｂが相当と考えます。

55

# 第2 供託の申請手続

第四号様式（第13条第1項関係）その他の金銭供託の供託書

## 供託書・OCR用
（表）

（第4号様式）
印紙第34号

記録 ／ 頁

□ 字加入　□ 字削除　係員印　受付印　調査　記録

| 申請年月日 | 平成29年7月20日 |
|---|---|
| 供託所の表示 | ○○法務局 |
| 供託カード番号 | （カードご利用の方は記入してください。） |

**供託者の住所氏名**

住所　大阪市中央区乙町一丁目1番1号　ABCビル3階

氏名・法人名等　乙　遺言執行者　甲

代表者等又は代理人住所氏名

□ 別紙のとおり　ふたりめからは別紙継続用紙に記載してください。

**被供託者の住所氏名等**

住所　奈良県奈良市丙町二丁目2番2号

氏名・法人名等　A

□ 別紙のとおり　ふたりめからは別紙継続用紙に記載してください。

◎ 供託通知書の発送を請求する。

年　月　日　□供託カード発行　印

**供託金額**　￥9,900,000

法令条項　民法第494条

**供託の原因たる事実**

供託者は、亡乙（最後の住所　京都市○○区○○通○○番地）の平成28年5月1日京都地方法務局所属公証人○○○○作成に係る同年第30号公正証書遺言において遺言執行者に指定され、遺言者乙が平成29年6月1日に死亡したことにより、同遺言の効力は生じた。
そこで、供託者は被供託者である被相続人に対する被相続人用金10万円を控除した残額金990万円を引き渡す債務（支払日　定めなし、支払方法　銀行口座振込）を負っているところ、被供託者には成年後見人Bが選任されていることから、振込先の銀行口座を知らせるよう手紙や電話で催促したが、Bからは連絡がなく、受領を拒否されたので、金990万円を供託する。

□ 供託により消滅すべき質権又は抵当権

反対給付の内容

**備考**

供託通知書の送付先
（被供託者Aの成年後見人B）
大阪市北区○町○丁目○番○号
B

（注）1．供託金額の冒頭に￥を記入してください。なお、供託金額の訂正はできません。
　　　2．本供託書は折り曲げないでください。

1．黒色、濃い青色等を使用してください。

供託者カード氏名　ホ ウ ム ナ ツ オ シ ン シ ユ ツ コ イ チ ロ ウ

020000

第2　供託の申請手続

## 【破産会社の解雇予告手当における弁済供託の可否】

### 事 例 9

　Ａ株式会社（本店　奈良県桜井市）は，平成30年3月19日付けで従業員乙を解雇するため，労働基準法20条に規定する解雇予告手当として，同日，被供託者の30日分の平均賃金をＡ株式会社事務所において現実に提供しましたが，乙は受領を拒否しました。同年3月20日，Ａ株式会社は奈良地方裁判所において破産手続開始決定を受け，弁護士である私（甲）が破産管財人（破産管財人の事務所は奈良市）に選任されました。

　私（甲）は，破産管財人としてＡ株式会社の破産財団に属する財産の管理処分権を有していますので，供託者を「Ａ株式会社破産管財人甲」，被供託者「乙」，供託原因を「Ａ株式会社が乙に対し平成30年3月19日に解雇予告手当を現実に提供したが，受領拒否された」とする弁済供託をしたいと考えていますが，可能でしょうか。

### 回 答

　解雇予告手当が破産財団における財団債権に当たるのであれば，その旨を明記して，また同解雇予告手当が優先的破産債権に当たるのであれば，「優先的破産債権であるが破産法101条に規定する裁判所の弁済許可を受けている」ことを明記すれば，支払場所である奈良県桜井市の最寄りの供託所で供託することが可能です。

### 解 説

### 1　解雇予告手当の性質

　解雇とは，使用者の一方的な意思による労働契約の解約であり，使用者が労働者を解雇するには，労働基準法上原則として少なくとも30日前にその予

57

第2　供託の申請手続

告をしなければならないとされています（労働基準法20条1項）。

　この解雇予告義務については，企業の実情に即応させる必要から，使用者がその予告日数について平均賃金に換価することを認め，30日分以上の平均賃金を支払えば予告する必要がなく，またある日数分の平均賃金を支払えば，その日数だけ予告期間を短縮することができます（労働基準法20条1項，2項）。これを解雇予告手当といいます。

　労働省（当時）の見解では，解雇予告手当は即時解雇の効力要件として支払われる特殊な手当なので，解雇と同時に支払われるべきものとされており（労働省先例・昭和23.3.17基発第464号），手当そのものは賃金ではありませんが，それに準ずるものとされているところから，解雇を行う当該事業所で直接通貨で支払わなければならないとされています（労働省先例・昭和23.8.18基収第2520号）。

　供託実務においても，解雇予告手当について受領拒否を原因とする場合，特約のない限り当該事業所の所在地を支払場所として取り扱っています（昭和38.5.18民事甲第1505号民事局長認可4問・供託関係先例集(3)279頁）。

　本問の場合，即日解雇のため被供託者の30日分の平均賃金を支払場所であるＡ株式会社事務所において現実に提供したが，受領を拒否されたということですので，受領拒否による弁済供託の要件を満たしており，通常であればこのままＡ株式会社の代表取締役の供託申請により供託受理となります。

　しかし，供託するまでにＡ株式会社が破産手続開始決定を受けていることから，解雇予告手当について破産手続開始決定がいかなる効果を持つのか検討する必要があります。

## ❷　破産手続開始決定が及ぼす効果

　まず，破産手続開始決定前の弁済の提供がどのような効果を持つのかが問題となります。

　弁済の提供の効果は，債務者をして債務不履行によって生じる不利益を免

第2　供託の申請手続

れさせ，債権者をして受領遅滞に陥らせますが，債務そのものを消滅させる
ものではなく，供託することによって初めて債務が消滅することになるとさ
れています。

　したがって本問のように供託していない状況では，なお債務は存続するこ
ととなり，本問解雇予告手当は破産財団から弁済を受けるべき債権になると
考えられます。


## ❸　本問解雇予告手当の取扱いについて

　次に，本問解雇予告手当が破産財団から弁済を受けるべき債権であるとし
て，同解雇予告手当が財団債権になるのか，それとも破産債権になるのかが
問題となります。

　財団債権とは，破産手続によらないで随時弁済を受けることができる債権
であり（破産法2条7項），破産手続開始前3か月間の破産者の使用人の給料
の請求権は財団債権に当たるとされています（破産法149条1項）。

　一方，破産債権とは，破産者に対し破産手続開始前の原因に基づいて生じ
た財産上の請求権であって財団債権に該当しないものをいいます（破産法2
条5項）。破産債権は法律に特別の定めがある場合を除き，破産手続によらな
ければ行使できません（破産法100条1項）。ただし，優先的破産債権である給
料の請求権又は退職手当の請求権について届出をした破産債権者が，その弁
済を受けなければ生活の維持を図るのに困難を生じるおそれがあるときは，
裁判所は配当手続に先立って，破産管財人の申立て若しくは職権によりその
全部又は一部の弁済を許可することができるとされています（破産法101条）。

　したがって，破産手続開始決定前の解雇予告手当が随時弁済可能な財団債
権に当たるのであれば直ちに供託することが可能ですが，同解雇予告手当が
優先的破産債権に当たるのであれば，破産法101条の弁済許可を得ない限り
同解雇予告手当は破産配当手続でしか支払うことができないことから，配当
時まで供託することはできないことになります。

59

第2　供託の申請手続

　解雇予告手当の取扱いについては裁判所によって違うようで，例えば，東京地裁では，解雇予告手当も破産法149条１項にいう「給料」に当たるとして財団債権の承認の許可申立てがあれば，これを適法なものと認める運用をし（鹿子木康ほか編『破産管財の手引［増補版］』（金融財政事情研究会，2012年）198頁），大阪地裁では，破産法101条を類推適用し，優先的破産債権として弁済許可を行う運用をしているようです（山本克己ほか編『新破産法の理論と実務』（判例タイムズ社，2008年）179頁）。

　よって，本件解雇予告手当が財団債権に当たるのかそれとも優先的破産債権に当たるのかについて管轄裁判所で確認していただき，財団債権に該当するのであれば財団債権である旨を明記し，同解雇予告手当が優先的破産債権に該当するのであれば，破産法101条の弁済許可を得た上でその旨を明記すれば弁済供託ができるものと考えます。

第2　供託の申請手続

**解雇予告手当が優先的破産債権に当たる場合**
第四号様式（第13条第1項関係）その他の金銭供託の供託書

供託書（甲）

| 申請年月日 | 平成30年　3月30日 | 供託カード番号（カード利用の方は記入してください。） |

供託所の表示　奈良地方法務局桜井支局

供託者の住所氏名・法人名等
住所　奈良市○○町○○番○○号　奈良法律事務所
氏名・法人名等　破産者　A株式会社　破産管財人　甲
代表者等又は代理人住所氏名

被供託者の住所氏名
住所　奈良市桜井市○○町○○番○○号
氏名・法人名等　乙

供託金額　￥2,000,000

---

民・会員同　係　受付　調査　記録　頁　一／

付加入　半削除

法令条項　民法第494条

供託の原因たる事実

A株式会社（本店　奈良県桜井市○○町○番○号）は、従業員である被供託者を平成30年3月19日付けで解雇するため、労働基準法第20条の規定により、被供託者の30日分の平均賃金である金200,000円を、同日、A株式会社事業所において、被供託者に対し、現実に提供したが、被供託者は受領を拒んだ。
その後、平成30年3月20日にA株式会社は破産手続開始決定を受け、供託者は破産財産人に選任された（奈良地方裁判所平成30年（フ）第○○号）、供託者は破産債権に当たる上記記録解雇予告手当金200,000円を供託する。
そこで、供託者は、破産法第2条第5項の優先的破産債権に当たる解雇予告手当金200,000円を供託する。

供託により消滅すべき質権又は担保権

反対給付の内容

破産法第101条の許可による供託

備考

(注)　1.供託金額の冒頭に￥記号を記入してください。なお、供託金額の訂正はできません。
　　　2.本供託書は折り曲げないでください。

供託金額　￥2000000
（百十億千百十万千百十円）

供託者カナ氏名（半濁点は1マスを使用してください。）

ハサンシヤエーカブシキガイシヤカンサイニン
イニンコウ

**解雇予告手当が財団債権に当たる場合**

第四号様式(第13条第1項関係)その他の金銭供託の供託書

## 供託書・OCR用

(株)

| 申請年月日 | 平成30年 3月30日 | 供託カード番号 (カードご利用の方は記入してください。) |
|---|---|---|
| 供託所の表示 | ○○ 法 務 局 | |

**供託者の住所氏名**
- 住所: 奈良市○○町○○番○○号 奈良法律事務所
- 氏名・法人名等: 破産者 A 株式会社 破産管財人 甲
- 代表者等又は代理人住所氏名

□ 別紙のとおり
ふたりからは別紙継続用紙に記載してください。

**被供託者の住所氏名**
- 住所: 奈良市桜井市○○町○○番○○号
- 氏名・法人名等: 乙

□ 別紙のとおり
ふたりからは別紙継続用紙に記載してください。
☑ 供託通知書の発送を請求する。

**供託金額**

| 百 | 十 | 億 | 千 | 百 | 十 | 万 | 千 | 百 | 十 | 円 |
|---|---|---|---|---|---|---|---|---|---|---|
| | | | ¥ | 2 | 0 | 0 | 0 | 0 | 0 | 0 |

---

受付印／係員印／調査／記録

| 押加入 | 半削除 | | | |
|---|---|---|---|---|

法令条項 | 民法第494条

**供託の原因たる事実**

A株式会社(本店 奈良県桜井市○○町○番○号)は、従業員である被供託者を平成30年3月19日付けで解雇するため、労働基準法第20条の規定により、被供託者の30日分の平均賃金である金200,000円を、A株式会社事務所において、被供託者に提供したが、被供託者は受領を拒否した。
その後、平成30年3月20日に、A株式会社は破産手続開始決定を受け(奈良地方裁判所平成30年(フ)第○○号)、供託者は破産管財人に選任された。
そこで、供託者は、破産法第2条第7項の財団債権に当たる記録解雇予告手当金200,000円を供託する。

□ 供託により消滅すべき質権又は抵当権
□ 反対給付の内容

備考

年 月 日 ㊞
□裏面カード裏付

(注) 1. 供託金額の冒頭に¥記号を記入してください。なお、供託金額の訂正はできません。
2. 本供託書は折り曲げないでください。

**供託者カナ氏名**

| ハ | サ | ン | シ | ヤ | エ | ー | カ | ブ | シ | キ | カ | イ | シ | ヤ | サ | ン | カ | ン |
|---|---|---|---|---|---|---|---|---|---|---|---|---|---|---|---|---|---|---|
| イ | ニ | ン | コ | ウ | | | | | | | | | | | | | | |

1. 濁点・半濁点は1マスを使用してください。

(第4号様式)
印紙第34号
頁 一

020000

第2　供託の申請手続

## Ⅱ　裁判上の保証供託

### 【裁判上の保証（担保）供託とは】

#### 事　例10

　裁判上の保証（担保）供託とはどのような供託ですか。

#### 回　答

　裁判上の保証供託とは，訴えの提起，強制執行の停止若しくは続行，仮差押え・仮処分の執行又は取消し等，すなわち，訴訟行為又は裁判上の処分に関連して，民事訴訟法，民事執行法及び民事保全法等に基づき，当事者が自己の負担に帰すべき訴訟費用の支払を担保，又は自己の訴訟行為により相手方に生ずる損害等を担保するため，裁判所より提供が命ぜられた場合にする供託です。

#### 解　説

### 1　担保の提供方法

　訴えの提起，仮執行・強制執行の停止若しくは続行，仮差押え若しくは仮処分又はそれらの取消し等の訴訟行為又は裁判上の処分に関連して，相手方に生ずる損害の賠償等を担保するため，裁判所から担保の提供が求められることがあります。担保の提供方法には，金銭，裁判所が相当と認める有価証券又は振替国債を供託する方法があり，民事訴訟法，民事執行法及び民事保全法のそれぞれの規定に基づき，裁判所が供託を命じ，担保の額，種類，期間等を決定します（民事訴訟法76条，民事執行法15条１項，民事保全法４条１項）。この場合に行う供託を，一般的に「裁判上の担保供託」又は「訴訟上の担保供託」といいます。

63

第2　供託の申請手続

　裁判上の保証（担保）供託は裁判所の立担保命令に基づいてなされますが，必ず供託の方法によらなければならないというものではなく，最高裁判所規則の定める提供方法では，発令裁判所の許可を得て担保を立てるべきことを命じられた者が銀行，保険会社，株式会社商工組合中央金庫，農林中央金庫，全国を地区とする信用金庫連合会，信用金庫又は労働金庫との間において一定の要件を満たす支払保証委託契約を締結することが認められています（民事訴訟規則29条，民事執行法10条，民事保全規則2条）。

　また，その他の担保の提供方法として，当事者間の契約により，質権，抵当権設定等の物的担保や保証人を立てるなどの人的担保も認められています（民事訴訟法76条ただし書，民事執行法15条1項ただし書，民事保全法4条1項ただし書）。

　しかし，担保の提供の方法としては，供託が最も典型的であり，かつ簡便な手続であることなどから，供託以外の方法による場合は極めてまれなケースのようです。

第2 供託の申請手続

## ❷ 民事訴訟法に関する担保

　民事訴訟法を根拠とする担保には，次のようなものがあります。

＜民事訴訟法による担保の種類＞

| 民事訴訟法 | 担保の種類 |
|---|---|
| 75条1項 | 訴訟費用の担保 |
| 259条1項・2項<br>310条<br>376条1項 | 仮執行の担保 |
| 259条3項 | 仮執行免脱の担保 |
| 403条1項1号 | 特別上告・再審提起による強制執行の一時停止又は執行処分の取消しの担保 |
| 403条1項2号 | 仮執行宣言付判決に対する上告提起等による強制執行の一時停止又は執行処分の取消しの担保 |
| 403条1項3号 | 仮執行宣言付判決に対する控訴又は支払督促に対する督促異議申立てによる強制執行の一時停止又は執行処分の取消しの担保，同強制執行の開始又は続行の担保 |
| 403条1項4号 | 仮執行宣言付手形判決等の控訴又は仮執行宣言付支払督促に対する督促異議申立てによる強制執行の一時停止又は執行処分の取消しの担保，同強制執行の開始又は続行の担保 |
| 403条1項5号 | 仮執行宣言付手形判決等に対する異議申立て又は仮執行宣言付少額訴訟の判決に対する異議申立てによる強制執行の一時停止又は執行処分の取消しの担保，同強制執行の開始又は続行の担保 |
| 403条1項6号<br>117条1項 | 定期金による賠償命令判決の変更の提起による強制執行の一時停止又は執行処分の取消しの担保，同強制執行の開始又は続行の担保 |

65

第2　供託の申請手続

## ❸　民事執行法に関する担保

　民事執行法を根拠とする担保には，次のようなものがあります。

＜民事執行法による担保の種類＞

| 民事執行法 | 担保の種類 |
|---|---|
| 10条6項 | 執行抗告による原裁判の執行停止若しくは民事執行手続の停止又は続行の担保 |
| 11条2項<br>10条6項 | 執行異議の申立てによる執行処分の停止又は続行の担保 |
| 32条2項 | 執行文付与に対する異議の申立てによる強制執行の停止又は続行の担保 |
| 36条1項 | 執行文付与に対する異議の訴え又は請求異議の訴えの提起による強制執行の停止・続行又は執行処分の取消しの担保 |
| 38条1項・4項<br>36条1項 | 第三者異議の訴えの提起による強制執行の停止・続行又は執行処分の取消しの担保 |
| 55条4項 | 売却のための保全処分の取消しの担保 |
| 68条の2第1項 | 買受けの申出をした差押債権者のための保全処分の担保 |
| 77条2項<br>55条4項 | 最高価買受人等のための保全処分の担保 |
| 132条3項<br>192条 | 差押禁止動産の変更に関する差押えの取消命令申立てによる強制執行の停止の担保 |
| 153条3項<br>193条2項 | 差押禁止債権の範囲の変更に関する差押命令又はその取消しの申立てによる第三債務者に支払禁止等を命ずるための担保 |
| 187条5項<br>55条4項 | 担保不動産競売の開始決定前の保全処分の担保 |

第2 供託の申請手続

## 4 民事保全法に関する担保

### (1) 保全命令に関する担保

　民事保全として認められているものには，①仮差押え（訴訟提起に伴う債務者に対する責任財産の処分や現状変更の禁止），②係争物に関する仮処分（係争中の特定物に対する債権者の引渡請求権や登記請求権の実現を確保するための当該特定物の処分制限），③仮の地位を定める仮処分（争いのある権利関係につき，現に債権者に生ずる著しい損害や急迫の危険を避けるために暫定的に必要な措置を命ずるもの）の3種類があります（民事保全法1条，20条，23条1項）。

　保全命令は申立てにより裁判所が行うものとされており（民事保全法2条1項），保全命令の申立てを受けた裁判所は，担保を立てさせるなどして，保全命令を発することができるとされています（民事保全法14条1項）。

＜保全命令に関する担保の種類＞

| 民事保全法 | 担保の種類 |
|---|---|
| 14条1項 | 保全命令の担保 |
| 27条1項 | 保全異議の申立てによる保全執行の停止又は執行処分の取消しの担保 |
| 32条2項・3項 | 保全異議の申立てによる保全命令の認可・変更・取消しの担保 |
| 38条3項<br>32条2項・3項 | 事情変更による保全取消しの申立てによる保全執行の停止・続行又は保全命令の取消しの担保 |
| 39条1項 | 特別の事情による保全取消しの申立てによる仮処分命令の取消しの担保 |
| 40条1項<br>27条1項 | 保全取消しの申立てによる保全執行の停止又は執行処分の取消しの担保 |
| 41条4項<br>32条2項・3項 | 保全異議又は保全取消しの申立てについての裁判に対する保全抗告による保全執行の実施・続行又は保全命令の取消しの担保 |

67

第2 供託の申請手続

| 41条4項<br>27条1項 | 同保全抗告による保全執行の停止又は執行処分の取消しの担保 |
|---|---|
| 42条1項 | 保全命令取消決定に対する保全抗告による同決定の効力停止の担保 |

## (2) 保全執行に関する担保

　保全執行は仮差押えの執行及び仮処分の執行を総称するもの，つまり，保全命令の内容を具体的に実現するための手続です。この保全執行は，申立てにより裁判所又は執行官が行うこととされています（民事保全法2条2項）。

　また，保全執行に関する担保については，民事執行法の規定が準用されており，これらの担保は，金銭又は担保を立てるべきことを命じた裁判所が相当と認める有価証券を供託する方法によらなければならないとされています（民事保全法4条1項）。


＜保全執行に関する担保の種類＞

| 法令・条文 | 担保の種類 |
|---|---|
| 民事保全法46条<br>民事執行法10条6項 | 執行抗告による原裁判の執行停止若しくは保全執行手続の停止又は続行の担保 |
| 民事保全法46条<br>民事執行法11条2項<br>　　　　10条6項 | 執行異議の申立てによる執行処分の停止又は続行の担保 |
| 民事保全法46条<br>民事執行法32条2項 | 執行文付与に対する異議の申立てによる保全執行の停止又は続行の担保 |
| 民事保全法46条<br>民事執行法36条1項 | 執行文付与に対する異議の訴えの提起による保全執行の停止・続行又は執行処分の取消しの担保 |
| 民事保全法46条<br>民事執行法38条1項<br>　　　　同条4項<br>　　　　36条1項 | 第三者異議の訴えの提起による保全執行の停止・続行又は執行処分の取消しの担保 |
| 民事保全法49条4項<br>民事執行法132条3項 | 差押禁止動産の範囲の変更に関する仮差押えの執行の取消命令申立てによる執行停止の担保 |

第2 供託の申請手続

| 民事保全法50条5項<br>民事執行法153条3項 | 差押禁止債権の範囲の変更に関する仮差押えの執行又はその取消しの申立てによる第三債務者に対する支払禁止等を命ずるための担保 |
|---|---|

【参　考】

吉岡誠一編著『よくわかる供託実務［新版］』（日本加除出版，2011年）

法務省民事局第四課監修『実務供託法入門』（金融財政事情研究会，1991年）

立花宣男監修『供託の知識167問』（日本加除出版，2006年）

八木一洋・関述之編著『民事保全の実務（上）［第3版増補版］』（金融財政事情研究会，2015年）

【参　考】

民事訴訟法，民事執行法及び民事保全法に基づく供託

第1　裁判上の担保のための供託
　　本文のとおり
第2　民事執行手続及び民事保全手続における担保供託以外の供託
　1　不動産に対する強制執行，仮差押えの執行及び担保権の実行における供託

| 強制競売 | (1)　強制競売における配当留保供託<br>(2)　強制競売における不出頭供託 |
|---|---|
| 強制管理 | (1)　強制管理における執行停止中に配当等に充てるべき金銭の供託<br>(2)　強制管理における管理人が配当等を実施する場合の配当留保供託<br>(3)　強制管理における管理人が配当等を実施する場合の不出頭供託<br>(4)　強制管理における執行裁判所が配当等を実施する場合の配当留保供託及び不出頭供託 |
| 仮差押えの執行 | (1)　強制管理の方法による仮差押えの執行における供託<br>(2)　強制管理の方法による仮差押えの執行停止中における供託 |
| 担保権の実行 | (1)　担保権の実行としての競売における供託 |

　2　船舶に対する強制執行及び担保権の実行における供託

第2 供託の申請手続

| | | |
|---|---|---|
| 強制執行 | (1) 強制執行における強制競売の手続の取消しのための保証としての供託<br>(2) 強制執行における配当留保供託及び不出頭供託 | |
| 担保権の実行 | (1) 担保権の実行としての競売における供託 | |

3 動産に対する強制執行，仮差押え及び仮処分の執行並びに担保権の実行における供託

| | |
|---|---|
| 強制執行 | (1) 強制執行における執行停止中の売却による売得金の供託<br>(2) 執行官が配当等を実施する場合の配当留保供託<br>(3) 執行官が配当等を実施する場合の不出頭供託<br>(4) 差押えが取り消された動産の売得金の供託<br>(5) 執行裁判所が配当等を実施する場合の配当留保供託及び不出頭供託 |
| 仮差押えの執行 | (1) 仮差押えの執行における仮差押金銭等の供託<br>(2) 仮差押えの執行における仮差押動産の売得金の供託<br>(3) 仮差押えの執行が取り消された動産の売得金の供託 |
| 仮処分の執行 | (1) 仮処分の執行における供託 |
| 担保権の実行 | (1) 担保権の実行としての競売における供託 |

4 債権に対する強制執行，仮差押えの執行及び担保権の実行又は行使における供託

| | |
|---|---|
| 強制執行 | (1) 強制執行における金銭債権の差押金額が金銭債権の額以下の場合の供託<br>(2) 強制執行における金銭債権に対して差押え等が競合した場合等の供託<br>　ア 差押え等が競合し又は配当要求がされた場合に第三債務者がする供託<br>　イ 取立訴訟において供託が命ぜられた場合に執行機関がする供託<br>(3) 強制執行における売却命令が発せられた場合の供託<br>(4) 強制執行における管理命令が発せられた場合の供託<br>(5) 動産の引渡請求権に対する強制執行における供託 |
| 仮差押えの執行 | (1) 仮差押えの執行における金銭債権に対して仮差押えの執行のみがされた場合の供託<br>(2) 仮差押えの執行がされた金銭債権に対して差押えがされた場合の供託 |

5 その他の財産権に対する強制執行及び担保権の実行における供託不動産，船舶，動産及び債権以外の財産権に対する強制執行及び担保権の実行における供託

6 金銭の支払を目的としない請求権についての強制執行における供託

第2　供託の申請手続

| | 強制執行 | (1)　不動産の引渡し等の強制執行における供託<br>(2)　動産の引渡しの強制執行における供託 |
|---|---|---|

| 7 | 航空機に対する強制執行及び担保権の実行における供託 | |
|---|---|---|

| 8 | 自動車に対する強制執行，仮差押えの執行及び担保権の実行における供託 | |
|---|---|---|
| | 強制執行 | (1)　自動車における強制執行における供託 |
| | 担保権の実行 | (1)　自動車に対する担保権の実行における供託 |
| | 仮差押えの執行 | (1)　自動車に対する仮差押えの執行における供託 |

| 9 | 建設機械に対する強制執行，仮差押えの執行及び担保権の実行における供託 | |
|---|---|---|
| | 強制執行 | (1)　建設機械に対する強制執行における供託 |
| | 担保権の実行 | (1)　建設機械に対する担保権の実行における供託 |
| | 仮差押えの執行 | (1)　建設機械に対する仮差押えの執行における供託 |

| 10 | 仮差押解放金 | |
|---|---|---|

| 11 | 仮処分解放金 | |
|---|---|---|

| 第3 | 強制執行，仮差押えの執行又は担保権の実行若しくは行使と滞納処分とが競合した場合の供託 | |
|---|---|---|

| 1 | 不動産に対する強制執行，仮差押えの執行又は担保権の実行と滞納処分とが競合した場合の供託 | |
|---|---|---|
| | 強制執行 | (1)　強制執行と滞納処分とが競合した場合の供託 |
| | 仮差押えの執行 | (1)　仮差押えの執行と滞納処分とが競合した場合の供託 |
| | 担保権の実行 | (1)　担保権の実行と滞納処分とが競合する場合の供託 |

| 2 | 船舶に対する強制執行，仮差押えの執行又は担保権の実行と滞納処分とが競合した場合の供託 | |
|---|---|---|

| 3 | 金銭債権に対する強制執行，仮差押えの執行又は担保権の実行若しくは行使と滞納処分とが競合した場合の供託 | |
|---|---|---|
| | 強制執行 | (1)　強制執行と滞納処分とが競合した場合の供託 |
| | 仮差押えの執行 | (1)　仮差押えの執行と滞納処分とが競合した場合の供託 |
| | 担保権の実行 | (1)　担保権の実行又は行使と滞納処分とが競合した場合の供託 |

71

第2 供託の申請手続

## 【裁判上の保証（担保）供託の管轄】

### 事 例11

　裁判上の保証（担保）供託に管轄はありますか。

### 回 答

　民事訴訟法を根拠とした裁判上の保証供託の場合は，担保を立てるべきことを命じた裁判所の所在地を管轄する地方裁判所の管轄区域内の供託所であり（民事訴訟法76条），これに加えて執行停止に係る担保を立てる場合は，執行裁判所の所在地を管轄する地方裁判所の管轄区域内の供託所でもよいとされています（民事訴訟法405条）。

　また，民事執行法及び民事保全法を根拠とした裁判上の保証供託の場合は，発令裁判所又は執行裁判所の所在地を管轄する地方裁判所の管轄区域内の供託所に供託することになります（民事執行法15条1項，民事保全法4条1項）。

### 解 説

### ❶ 民事訴訟法の規定に基づく担保供託の管轄供託所

　訴訟費用の担保及び仮執行等の担保供託の管轄供託所は，担保を立てることを命じた裁判所（以下「発令裁判所」という。）の所在地を管轄する地方裁判所の管轄区域内の供託所にしなければならないとされていますが（民事訴訟法76条，259条6項，297条，313条，376条2項），執行停止等の担保供託の場合は，発令裁判所又は執行裁判所の所在地を管轄する地方裁判所の管轄区域内の供託所が管轄供託所になります（民事訴訟法405条1項）。

72

第2　供託の申請手続

## ❷　民事執行法の規定に基づく担保供託の管轄供託所

　民事執行法及び民事執行規則に定める担保については，発令裁判所又は執行裁判所の所在地を管轄する地方裁判所の管轄区域内の供託所に供託しなければならないとされています（民事執行法15条1項）。

　発令裁判所の所在地を管轄する地方裁判所と執行裁判所の所在地を管轄する地方裁判所とが異なる場合（例えば，発令裁判所が大阪地方裁判所で，執行裁判所が和歌山地方裁判所である場合など）において執行裁判所の所在地を管轄する地方裁判所の管轄区域内の供託所に供託する場合は，供託書上の「裁判所の名称及び件名等」欄の記載からは発令裁判所しか判明せず，執行裁判所の確認ができないので供託所管轄の審査が困難となる。管轄原因を明らかにするために，供託書の「備考」欄に執行裁判所の名称及び事件名を記載させるものとされています。

## ❸　民事保全法の規定に基づく担保供託の管轄供託所

　担保の提供場所について，担保を立てることを命じた裁判所又は保全執行裁判所の所在地を管轄する地方裁判所の管轄区域内の供託所にすることとなっています（民事保全法4条1項）。

　また，発令裁判所の所在地を管轄する地方裁判所と保全執行裁判所の所在地を管轄する地方裁判所とが異なる場合で，保全執行裁判所の所在地を管轄する地方裁判所の管轄区域内の供託所に供託するときの供託書「備考」欄への記載については，前記2の民事執行法の規定に基づく担保供託の場合と同様です。

## ❹　民事保全法の規定に基づく担保供託の管轄供託所の特則

　民事保全法14条2項には，担保供託の管轄供託所の特則が規定されていま

73

第2 供託の申請手続

す。というのも，この担保供託の性質が手続上迅速性を要す場合が多く，債権者の住所地等が民事保全法4条1項に規定する管轄供託所から遠隔地にあると保全命令の発令及びその執行が遅れてしまい，保全の目的を達成できないおそれがあるからです。そのような事態を防止するため，債権者が遅滞なく同項に規定する管轄供託所に供託することが困難な事由があるときは，裁判所の許可を得て，債権者の住所地又は事務所の所在地その他裁判所が相当と認める地を管轄する地方裁判所の管轄区域内の供託所に供託することができるとされています（民事保全法14条2項）。

　この場合，供託書上で適法な管轄供託所に対する供託であると明らかにするため，供託書の「備考」欄に，民事保全法14条2項に規定する裁判所の許可を得た旨を記載するものとされています。


【参　考】

吉岡誠一編著『よくわかる供託実務［新版］』（日本加除出版，2011年）


## 【第三者による裁判上の保証（担保）供託】

### 事　例12

　裁判上の保証（担保）供託は第三者もすることができますか。

### 回　答

　供託の当事者は，供託者及び被供託者をいいますが，裁判上の保証供託における供託者及び被供託者は，裁判所の担保を立てることを命ずる決定によって決まります。ただし，裁判上の保証供託においては，裁判所が相当と認める場合に限り，第三者も供託者に代わり供託することができます。

第2　供託の申請手続

## 解　説

### 1　裁判上の保証供託における第三者供託

　弁済供託の当事者については，民法474条を根拠として，(1)債務の性質が許さないとき，(2)当事者が反対の意思を表示したとき及び(3)利害の関係を有しない第三者が債務者の意思に反して弁済しようとするときは，第三者弁済が許されないとされています。(3)の場合に該当しないことを示すため，供託書中の「供託の原因たる事実」欄に供託者が法律上利害関係を有する者である旨，又は利害関係を有しない第三者が債務者の意思に反しない弁済供託をする旨を明らかにして，第三者弁済が許される範囲内において第三者供託も可能であるとされています。

　一方，裁判上の保証供託における第三者からの供託の可否については，裁判所が相当と認める限り，第三者も供託者に代わって供託できるとされており，供託実務においても，第三者が裁判上の担保供託をする場合には，第三者が供託する旨を供託書に明記させる取扱いです（昭和18.8.13民事甲第511号民事局長通達・供託関係先例集(1)333頁）。

　裁判上の保証供託における第三者供託の例としては，債権者の代理人，親族等が挙げられます。実務上，担保提供義務者である当事者に資力がない等の理由で，その親族や代理人等の第三者がこれに代わって供託を希望する場合があり，相手方の同意は必要ないとされている点で，弁済供託の第三者とは性質上異なります。

### 2　裁判上の保証供託における第三者供託ができない場合

　第三者による供託が認められない場合として，仮差押解放金等の供託が挙げられます。仮差押解放金は仮差押えの目的物に代わるものであり，仮に，第三者による仮差押解放金の供託を許容すると，仮差押債権者が債務者に対

75

第2　供託の申請手続

し債務名義を得ても，第三者が供託所に対し有する供託金返還請求権に強制執行をすることができる上に，債務者が仮差押執行の取消しにより仮差押目的物件を自由に処分し，債務者からも権利の満足を得られない危険を招来し，仮差押制度の趣旨に反することになるからです。

【参　考】

吉岡誠一編著『よくわかる供託実務［新版］』（日本加除出版，2011年）

遠藤浩・柳田幸三編『供託先例判例百選［第2版］（別冊ジュリスト158号）』（有斐閣，2001年）

【仮差押解放金】

### 事　例13

仮差押解放金の供託とはどのような供託ですか。

### 回　答

仮差押解放金の供託は仮差押えの目的物を金銭に差し替えることを認める制度であり，債務者が仮差押えの執行目的物に代わる金銭を供託することにより，仮差押えの執行の停止・取消しを得ることを目的とする供託です。仮差押解放金は，債務者が金銭で供託しなければならず，有価証券は供託することができません（民事保全法51条1項）。また，仮差押解放金を第三者が供託することも認められていません（昭和42年度全国供託課長会同決議受入3問・供託関係先例集(4)327頁）。

第2 供託の申請手続

## 解　説

### 1 保全命令の取消しと執行取消し

　保全命令と保全執行の手続との関係は，民事訴訟における判決手続と強制執行手続との関係と同様，制度上別個のものです。解放金制度は，仮差押命令そのものを取り消すものではなく，仮差押命令の存続を前提として，その執行のみを取り消すものです（仮差押命令そのものの取消しを求めるには，保全異議又は保全取消しの申立てによって行う。）。したがって，保全取消しの申立てに基づき保全命令を取り消す旨の裁判がなされても，それによって当然に保全執行の効力がなくなるわけではなく，別途執行取消手続が必要となります。この場合，保全命令の取消決定等の正本が執行取消文書となり，同文書が執行機関（保全執行裁判所又は執行官）に提出されることによって仮差押執行の停止又は既にされた執行の取消手続が行われます。

### 2 仮差押解放金の性質

　仮差押解放金は裁判上の損害を担保するための担保供託とはその性質を異にしています。裁判上の担保供託では，訴訟の相手方が担保権の行使として供託金の還付請求権を有するのに対し，仮差押解放金はその供託金が仮差押えの執行の目的物に代わって金銭債権の執行を保全するもので，仮差押えの執行の効力は仮差押解放金の供託金に移行し，仮差押解放金の限度で供託金取戻請求権上に及ぶと解されています。また，仮差押えの執行の効力の及んだ供託金取戻請求権に対して他の債権者も差押え又は仮差押えの執行をすることができます。

　このように，仮差押えは金銭債権の執行を保全するためのものですから，債務者が債権を担保するに足る金銭を供託すれば，仮差押執行を開始，存続させる必要のないところから，仮差押えに対する債務者の保護と不必要な執

77

第2 供託の申請手続

行をしないために設けられた制度です。また，以上のような性質から，仮差押解放金の供託は裁判上の保証供託ではなく，執行供託に分類されています。

## 3 仮差押解放金の供託による保全執行の取消し

裁判所は仮差押命令を発令する場合は，必ず仮差押解放金（仮差押えの執行の停止を得るため，又は既にした仮差押えの執行の取消しを得るために債務者が供託すべき金銭の額）を定めなければならないとされています（民事保全法22条1項）。仮差押解放金の供託は，保全命令を発した裁判所又は保全執行裁判所の所在地を管轄する地方裁判所の管轄区域内の供託所にすることになりますが（民事保全法22条2項），債務者は，金銭で仮差押解放金の全額を供託しなければならず，有価証券による供託や第三者による供託は認められていません。

仮差押解放金額は被担保債権の元本・利息のほか執行費用を含めた額が基準となり，実務上は被担保債権と同一の額に定められるのが通例です。また，仮差押解放金は全額を供託しなければならず，仮差押えを受けた財産の価格が仮差押解放金の金額より低くても，金額の一部を供託して執行の取消しを求めたり，執行の一部取消しを求めることはできません。

債務者は，仮差押解放金の額に相当する金銭を供託したことを証明したときは，保全執行裁判所は，仮差押えの執行を取り消さなければならないとされており，この執行取消決定は即時に効力を生じます（民事保全法51条1項，2項）。民事保全法では「執行の取消し」のみならず「執行の停止」を得るために解放金を供託することができる旨を規定していますが，既に保全執行に着手されている場合には，その執行を停止するだけでは足りず，既にされた保全執行も取り消さなければなりません。

債務者は，仮差押解放金の供託後，保全執行裁判所に保全執行取消しを申し立て，解放金として供託すべき金額が供託されていること及び本件仮差押えが本執行に移行していないことが確認できれば，執行取消決定がされることになります。保全執行の取消しとは，「進行中の執行手続を取り消し，執

第2 供託の申請手続

行前の状態に回復させる」ことですから，仮差押えが本執行に移行している
場合は，保全執行の取消しはできません。

## 4 仮差押解放金の供託金に対する権利実行

### (1) 本執行による取消権に基づく権利実行

　仮差押債権者は仮差押解放金について還付請求権を持たないので，仮差押
債権者が仮差押解放金に対して権利実行をしようとするときは，本案の勝訴
判決を得た上で，債務者の有する供託金取戻請求権に対して差押えをし，債
務者に差押命令が送達された日から1週間経過後に取立権を行使して仮差押
解放金の払渡請求をすることができます（平成2.11.13民四第5002号民事局長通達
第二・六・(2)・ア）。

### (2) 執行裁判所の支払委託による権利実行

　仮差押解放金の取戻請求権に対しては，仮差押債権者以外の債権者も差し
押さえ，又は仮差押えをすることができますので，差押えが競合したときは，
供託官は直ちに民事執行法156条2項及び3項の規定により執行裁判所に事
情届を提出し，当該供託金は執行裁判所の配当等の実施として支払委託に基
づいて払い渡すことになります（平成2.11.13民四第5002号民事局長通達第二・六・
(2)・イ）。

【参　考】

法務省民事局第四課監修『実務供託法入門』（金融財政事情研究会，1991年）

立花宣男，田原昭男編著『執行供託の理論と実務［新訂］』（民事法情報セン
　　ター，2009年）

裁判所職員総合研修所監修『民事保全法実務講義案［改訂版］』（司法協会，
　　2007年）

## 第2　供託の申請手続

仮差押解放金の供託

第二号様式・OCR用

〔 裁判上の保証及び仮差押・仮処分解放金 裁判上の保証及び仮差押・仮処分解放金の金銭供託の供託書 〕

（第2号様式　印規第32条）

| 字加入 | 字制除 | 係員印 | 受付印 | 調査 | 記録 | 頁 |
|---|---|---|---|---|---|---|

100000

民事執行法第22条

法令条項

救及び所び件の名件の名称
〇〇地方裁判所　支部
平成29年（ヨ）第10号　不動産仮差押命令申立事件

当事者　□原告　⦿申請人　⦿債権者　□被申請人　□債務者
丙川運輸株式会社

供託者

供託の事由たる事実
□訴訟費用の担保　□仮執行の担保　□仮執行を免れるための担保
□強制執行停止の保証　□強制執行取消の保証　□強制執行続行の保証
□仮差押の保証　□仮差押取消の保証　□仮処分の保証　□仮処分取消の保証
⦿仮差押解放金　□仮処分解放金
□その他

備考
仮差押債権者の住所
甲県乙市丙町三丁目3番3号

（注）1．供託金額の冒頭に¥記号を記入してください。なお，供託金額の訂正はできません。
2．本供託書は折り曲げないでください。

申請年月日　平成30年2月20日

供託所の表示　〇〇法務局

供託者の住所氏名
住所　甲県乙市丙町一丁目1番1号
（〇〇〇 - 〇〇〇〇）
氏名・法人名等　甲山産業株式会社

代表者等又は代理人住所氏名
代表取締役　甲山太郎
甲県乙市丙町二丁目2番2号　代理人　乙野次郎

被供託者の住所氏名
住所　（　　-　　）
氏名・法人名等

別紙のとおり
ふりがなは別紙継続用紙に記載してください。

供託金額　¥5,000,000

受理　年　月　日　印

供託者カナ氏名　コウヤマサンギヨウカブシキガイシヤ

※濁点，半濁点は1マスを使用してください。

80

第2　供託の申請手続

## 【仮処分解放金】

### 事　例14

仮処分解放金の供託とはどのような供託ですか。

### 回　答

仮処分解放金とは，債務者が仮処分の執行の停止又は既にされた執行の取消しを得るために，仮処分の執行目的物に代わるものとして供託すべき金銭のことで，仮処分債権者が還付請求権を取得する場合を一般型仮処分解放金，民法424条1項の規定による債務者が還付請求権を取得する場合を特殊型仮処分解放金といいます。

### 解　説

## 1　仮処分解放金の性質

仮処分解放金は，保全すべき権利が金銭の支払を受けることをもってその行使の目的を達することができるものであるときに限って定めることができ，債務者が供託すべき金銭の額は仮処分命令において定められます（民事保全法25条1項）。

仮処分解放金は供託されることによって，その供託金が仮処分の目的物に代わるという性質上，目的物に関する仮処分にのみ認められ，仮の地位を定める仮処分については，被保全権利自体が金銭の支払によっては債権者の満足が得られず，目的が達成されないため除かれています。

また，当該供託金が仮処分の目的物に代わることから，金銭で供託する必要があり，仮処分命令の担保のような有価証券の供託は認められていません。

仮処分解放金を供託した後，債務者は供託の事実を証明して執行取消決定を得た上，執行機関にこれを提出して執行処分の取消しを求めることになり

81

第2　供託の申請手続

ますが，この仮処分の執行を取り消す旨の決定は即時に効力を生じます（民事保全法57条2項，51条2項）。

## 2　仮処分解放金の第三者供託

　仮処分解放金の第三者供託は認められていません。法令上，供託を義務付けられ，又は供託する権利を有する者以外の者が供託をすることが認められるかどうかは，当該供託の性質によって異なります。第三者供託は，弁済供託や裁判上の保証供託については認められていますが，営業保証供託や仮差押解放金の供託については，その性質上認められていません。仮処分解放金も仮処分の目的物に代わるという性質からすると，弁済供託や裁判上の保証の供託とは異なります。物的担保の提供者たる地位に立たない第三者が自己の財産を目的物として任意に提供する旨を申し出てもこれに執行の効力を及ぼすことができないのと同様に，保全執行の手続の当事者でない第三者が仮処分解放金を任意に供託しても，これに仮処分の執行の効力を及ぼすことはできません。第三者供託が認められていないのは，このような理由によります。

## 3　仮処分解放金の被供託者欄への記載

　仮処分解放金が供託されると，当該供託金は仮処分の目的物に代わるものですから，その供託金還付請求権は仮処分債権者が取得し（平成2.11.13民四第5200号民事局長通達第二・七・(1)・イ），被供託者欄には仮処分命令（決定書）の当事者欄に記載された仮処分債権者を表示します。これを一般型仮処分解放金といいます。一方，民法424条1項の規定による詐害行為取消権の保全のための特殊型仮処分解放金の場合は，還付請求権を取得するのは仮処分の債権者ではなく詐害行為の債務者を表示することになります。

　そこで，仮処分解放金の供託の申請があった場合，その供託が一般型仮処

第2　供託の申請手続

分解放金又は特殊型仮処分解放金のいずれの仮処分解放金に係るものである
かは，裁判所が仮処分命令に定めた還付を請求することができる者（＝被供
託者）の表示内容によって判断することになります（前掲第5200号民事局長通達第
二・七・(1)・エ）。


## 4　仮処分解放金の権利行使

　仮処分解放金の供託後の法律関係については，一般型仮処分解放金か特殊
型仮処分解放金かで仮処分解放金に対する権利行使の方法は異なります。

### (1)　一般型仮処分解放金の権利行使

　一般型仮処分解放金が供託され，民事保全法57条1項の規定により，仮処
分の執行が取り消されたときは，仮処分の目的物に代わるものとして仮処分
解放金の供託金に仮処分の効力が及ぶので，仮処分債権者は当該供託金につ
いて停止条件付還付請求権を取得することになります。この場合において，
仮処分の本案の勝訴判決が確定したときは，供託金還付請求権について停止
条件が成就するので，仮処分債権者は執行文を要せず，還付請求権を行使し
て直接供託所に対して供託金の還付請求をすることができます（前掲第5200号
民事局長通達第二・七・(2)・ア・(ｱ)・a・①）。

　つまり，仮処分の目的物に仮処分の効力が及んでいる場合に本案訴訟の勝
訴判決が確定すると目的物の引渡しを受けることができるのと同様に，仮処
分債権者は本案訴訟の勝訴判決の確定により，一般型仮処分解放金を目的物
に代わるものとして優先的に供託金の払渡しを受けることができるのです。

### (2)　特殊型仮処分解放金に対する権利行使

　特殊型仮処分解放金の供託がされたときは，当該供託金について停止条件
付還付請求権を取得するのは詐害行為の債務者になります（民事保全法65条前
段）。仮処分の本案の勝訴判決が確定したときは，詐害行為の債務者の供託
金還付請求権について停止条件が成就するので，供託金還付請求権は確定的
に詐害行為の債務者に帰属することになりますが，この還付請求権は，仮処

第2　供託の申請手続

分の本案訴訟の勝訴判決が確定した後に，仮処分債権者が詐害行為の債務者に対する債務名義により，詐害行為の債務者が取得した還付請求権に対して強制執行をするときに限り，これを行使することができるとされています（民事保全法65条後段）。

　このように，一般型仮処分解放金では，その供託金は本案訴訟の勝訴判決の確定まで供託所に保管され，本案の勝訴判決の確定により仮処分債権者に払い渡されることになるところ，特殊型仮処分解放金では，本案訴訟の勝訴判決が確定しても仮処分債権者は当然には供託金を受け取ることはできず，詐害行為の債務者に対する債務名義に基づいて詐害行為の債務者の有する還付請求権を差し押さえ，差押債権者の取立権に基づいて供託所に対し払渡しを請求することになります。

　なお，仮処分債務者は供託金の取戻請求権を有しますが，取戻請求権上には仮処分の効力が及んでいるので，仮処分が存続する限り，債務者は取戻請求権を行使することができず，供託金を取り戻すためには，仮処分解放金の供託がされた後，本案の勝訴判決の確定以前に仮処分の申立てが取り下げられ供託原因が消滅するか，仮処分債権者が本案訴訟で敗訴することが必要です（前掲第5200号民事局長通達第二・七・(2)・イ・(イ)・a，b）。


【参　考】

八木一洋・関述之編著『民事保全の実務［第3版増補版］（上)』（金融財政事情研究会，2016年）

裁判所職員総合研修所監修『民事保全実務講義案［改訂版]』（司法協会，2007年）

立花宣男・田原昭男編著『執行供託の理論と実務［新訂]』（民事法情報センター，2009年）

第2　供託の申請手続

**一般型仮処分解放金の供託**
〔裁判上の保証及び仮差押・仮処分解放金〕
第二号様式（第13条第1項関係）裁判上の保証及び仮差押・仮処分解放金の金銭供託の供託書

（第2号様式）
印刷第32号

供託書・OCR用

| 係員印 | 受付 | 調査 | 記録 | 頁 / |

□手加入　□字削除

| 申請年月日 | 平成30年2月20日 |
| 供託所の表示 | ○○法務局 |

**供託者の住所氏名**
住所：甲県乙市丙町一丁目1番1号
氏名・法人名：甲山産業株式会社
（別添のとおり　ふたりめからは別紙継続用紙に記載してください。）
代表者等又は代理人住所氏名
代表取締役　甲山太郎
甲県乙市丙町二丁目2番2号　代理人　乙野次郎

**被供託者の住所氏名**
住所：甲県乙市丙町三丁目3番3号
氏名・法人名：丙川三郎
（別添のとおり　ふたりめからは別紙継続用紙に記載してください。）

**供託金額**
| 十億 | 億 | 千万 | 百万 | 十万 | 万 | 千 | 百 | 十 | 円 |
|---|---|---|---|---|---|---|---|---|---|
| | | ¥ | 5 | 0 | 0 | 0 | 0 | 0 | 0 |

受理　　年　月　日　　印

法令条項　民事保全法第25条

裁判所の名称等
○○地方裁判所
平成29年（ヨ）第10号　不動産仮処分命令申立事件

当事者の名称等
□原告　☑申請人　□債権者　支部
□被告　□被申請人　□債務者
被供託者　　供託者

供託の原因たる事実
□訴訟費用の担保　□仮執行の担保　□仮執行を免れるための担保
□強制執行停止の保証　□強制執行取消の保証　□強制執行続行の保証
□仮差押の保証　□仮差押取消の保証　□仮処分取消の保証
☑仮処分解放金　□仮処分の保証
□その他

備考

（注）1　供託金額の冒頭に￥記号を記入してください。なお、供託金額の訂正はできません。
2　本供託書は折り曲げないでください。

供託者カナ氏名
半濁点は1マスを使用してください。
| コ | ウ | サ | ン | ギ | ヨ | ウ | カ | ブ | シ | キ | ガ | イ | シ | ヤ |

100000

85

第2 供託の申請手続

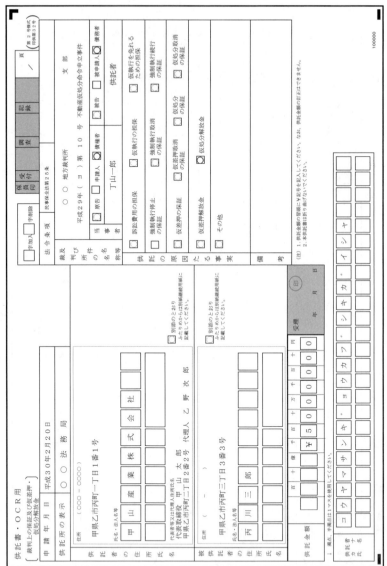

## Ⅲ 営業保証供託

【宅地建物取引業の開始と供託】

### 事例15

宅地建物取引業者が事業を開始するに当たり，どのような供託をする必要があるか説明してください。

### 回答

宅地建物取引業者は，事業を開始する際，営業保証金として，主たる事務所につき1,000万円，その他の事務所ごとに500万円の割合による金額の合計額を，その主たる事務所の最寄りの供託所に供託しなければなりません。

ただし，宅地建物取引業保証協会に対して弁済業務保証金分担金を納付し同協会の社員となった場合は，自ら供託をする必要はありません。

【宅地建物取引業者の営業開始までの流れ】

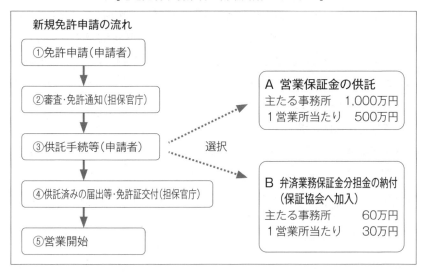

第2　供託の申請手続

### 解　説

## ❶　営業保証供託とは

### (1)　制度の概要

　宅地建物取引業，割賦販売業，旅行業，前払式支払手段（商品券やプリペイドカード）発行業等のように取引の相手方が不特定多数であり，取引活動も広範かつ継続的な業種においては，これらの業者がその取引の相手方に対して，取引上の損害を与えるおそれがあり，その影響が大きくなることが予測されます。そこで，営業活動により損害を受けた被害者やこれらの業者と営業上の取引を通じて債権を取得した相手方を保護するため，それぞれの営業を規制する法令において，供託制度を利用した営業保証という担保制度が設けられています。

### (2)　供託の目的物

　営業保証供託の目的物には，金銭，有価証券又は振替国債が認められています。

　供託できる有価証券の種類及び価額は，それぞれの根拠法令において定められており，同一種類の有価証券であっても，その評価額は異なる場合がありますので，当該有価証券が供託のできる種類であるか，また，当該有価証券の額面評価額がいくらに定められているか，根拠法令に照らし合わせて確認する必要があります。

### (3)　管轄となる供託所

　営業保証供託の管轄については，供託法上には特に規定がないため，営業の種類ごとに，それぞれの根拠法令で定まっています。その多くは，「営業を行う者の主たる事務所の最寄りの供託所」と規定しています。

88

第 2　供託の申請手続

## ❷　宅地建物取引業者が行う供託の概要

### ⑴　宅地建物取引業法の目的

　宅地建物取引業法は，宅地建物取引業を営む者について免許制度を実施し，その事業に対し必要な規制を行うことにより，その業務の適正な運営と宅地及び建物の取引の公正とを確保するとともに，宅地建物取引業の健全な発達を促進し，もって購入者等の利益の保護と宅地及び建物の流通の円滑化とを図ることを目的としています（宅地建物取引業法 1 条）。

### ⑵　宅地建物取引業

　宅地建物取引業とは，宅地及び建物の売買，交換のほか，これらの売買，交換又は賃借の代理，媒介を業とするものです（宅地建物取引業法 2 条 2 号）。

　宅地建物取引業者は，事業開始に当たり，宅地建物取引業者と宅地建物取引業に関し取引をする者のその取引によって生じるおそれがある債権を担保するため，主たる事務所につき1,000万円，その他の事務所ごとに500万円の割合による金額の合計額を営業保証金として，主たる事務所の最寄りの供託所に供託する必要があります（同法25条 1 項， 2 項，同法施行令 2 条の 4 ）。

　ただし，弁済業務保証金制度により，宅地建物取引業保証協会に対して，弁済業務保証金分担金を納付し同協会の社員となった場合は，上記の営業保証金を自ら供託する必要はありません（宅地建物取引業法64条の13）。

### ⑶　免許権者

　宅地建物取引業を営もうとする者は， 1 つの都道府県内にのみ事務所を設置する場合は，当該都道府県知事の免許を受けなければならず，複数の都道府県にまたがって事務所を設置する場合は，国土交通大臣の免許を受けなければなりません（宅地建物取引業法 3 条）。

　ただし，事業開始の供託をした後，事務所の移転，新設，廃止等設置場所に変更が生じた場合は，それに伴い，免許権者が変更となる場合があります。

　例えば，大阪府内に本店を置く業者が，東京都内に新たに支店を開設した場合は，事務所が複数の都道府県にまたがることになるため，免許権者が国

89

第2 供託の申請手続

土交通大臣へ変更となります。この場合は，国土交通大臣への免許申請は，主たる事務所がある大阪府を通じて地方整備局長に提出することになります。

一方，大阪府内に本店を置く業者が，本店を東京都へ移転した場合は，大阪府知事から新たな本店所在地である東京都知事免許に免許権者が変更となります。

(4) **弁済業務保証金制度**

宅地建物取引業者の経済的負担を軽減するための制度として，宅地建物取引業者が，宅地建物取引業保証協会に対して弁済業務保証金分担金を納付して同協会の社員となった場合には，当該業者は営業保証金の供託を免除されるとする「弁済業務保証金制度」が設けられています。当該制度の対象となる事業者は，弁済業務保証金分担金として，主たる事務所につき60万円，その他の事務所ごとに30万円の割合による金額の合計額を保証協会に納付することとなります。同協会では，この分担金の額を納付の日から1週間以内に供託しなければなりません（宅地建物取引業法64条の7，64条の9，同法施行令7条）。

(5) **有価証券の種類及び価額**

宅地建物取引業者が営業保証金として供託することができる有価証券の種類は，国債証券，地方債証券，国土交通大臣が指定した社債券その他の債権と定められており，株券は認められておりません（宅地建物取引業法施行規則15条の2）。

また，有価証券を営業保証金に充てる場合における当該有価証券の価額は有価証券の区分に従い，額面金額と同一額，額面金額に一定の割合を乗じた額等それぞれ異なります（同法施行規則15条）。

(6) **関係根拠法令**

ア 関係根拠法令

宅地建物取引業法（昭和27年法律第176号）25条ないし30条，64条の7，64条の8，64条の11，64条の13ないし64条の15，64条の23，64条の24，宅地建物取引業法施行令（昭和39年政令第383号）2条の4，7条，宅地建物取引業法施行規則（昭和32年建設省令第12号）15条，15条の2，15条の4，15条の

90

第2　供託の申請手続

4の2

イ　供託手続規則

宅地建物取引業者営業保証金規則（昭和32年法務省・建設省令第1号），宅地建物取引業保証協会弁済業務保証金規則（昭和48年法務省・建設省令第2号）

# 第2　供託の申請手続

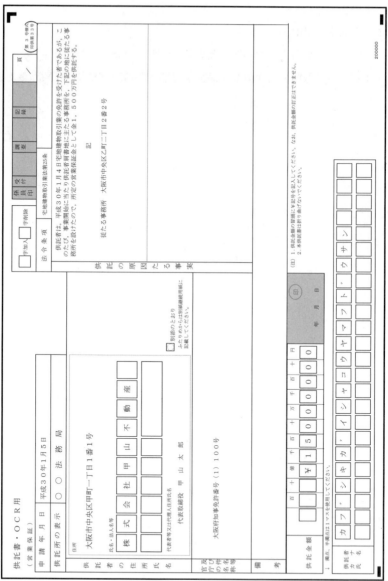

第2　供託の申請手続

## 【旅行業の開始と供託】

**事 例16**

旅行業を開始したいのですが，登録を受けるに当たって，営業保証金の供託をする必要がありますか。

**回 答**

　旅行業務の区分が第一種，第二種，第三種旅行業務及び地域限定旅行業務であれば，旅行業者の主たる営業所の最寄りの供託所に，国土交通省令で定める額を営業保証金として供託する必要があります。

　ただし，旅行業協会に弁済業務保証金分担金を納付し，旅行業協会の社員として加入した場合は，自ら供託をする必要はありません。

　なお，営業保証金を供託する場合は，金銭，有価証券又は振替国債による申請が可能です。

【旅行業の開始と供託】

**解 説**

## 1　前　提

(1)　旅行業法

　旅行業法は，旅行業等を営む者について登録制度を実施し，併せて旅行業等を営む者の業務の適正な運営を確保するとともに，その組織する団体の適正な活動を促進することにより，旅行業務に関する取引の公正の維持，旅行

第2　供託の申請手続

の安全の確保及び旅行者の利便の増進を図ることを目的としています（旅行業法1条）。

## (2)　旅行業等の区別

### ア　旅行業

　旅行業とは，報酬を得て，旅行者のため，運送又は宿泊のサービス提供を受けることについて，代理して契約を締結し，媒介をし，又は取次ぎをする行為等を行う事業をいいます（旅行業法2条1項）。具体的には，旅行業法2条1項各号に定められており，航空券の販売，旅館の紹介や貸切りバスを利用したツアーの販売などが旅行業に該当します。

　一方，専ら運送サービスを提供する者のため，旅行者に対する運送サービスの提供について，代理して契約を締結する行為は旅行業に該当しません（旅行業法2条1項）。そのため，航空運送代理店や観劇・イベント・スポーツ観戦等の入場券のみを販売するプレイガイドなどは旅行業に該当しません。

　旅行業は，業務の範囲によって，第一種旅行業務，第二種旅行業務，第三種旅行業務，地域限定旅行業務に区別されます（旅行業法4条1項3号，旅行業法施行規則1条の3）。

### イ　旅行業者代理業

　旅行業者代理業とは，報酬を得て，旅行業を営む者のため，旅行業法2条1項1号から8号までに掲げる行為について代理して契約を締結する行為を行う事業をいいます（旅行業法2条2項）。

### ウ　旅行サービス手配業

　平成30年1月4日に「通訳案内士法及び旅行業法の一部を改正する法律」が施行されたことに伴い，旅行サービス手配業（ランドオペレーター業務）の登録制度が始まりました。

　旅行サービス手配業とは，報酬を得て，旅行業者（外国の旅行業者を含む。）の依頼を受け，運送又は宿泊の手配，全国通訳案内士及び地域通訳案内士以外の有償によるガイドの手配や免税店における物品販売の手配を

第2　供託の申請手続

する行為を行う事業をいいます（旅行業法2条6項）。

## ❷　旅行業の開始

　旅行業又は旅行業者代理業を営もうとする者は，観光庁長官の行う登録を受けなければならず（旅行業法3条），旅行業の登録を受けた者を旅行業者といいます（同法6条の4第1項）。

　旅行業務は比較的小さな設備で取り扱うことができますが，その取扱額は必ずしも少なくありません。

　そこで，旅行業者は，旅行業の開始に当たって，旅行業者や旅行業者代理業者と旅行業務に関し取引をした旅行者の保護を図るため，以下の(1)又は(2)のいずれかの対応を取らなければなりません。

### (1)　営業保証金の供託

ア　供託金額

　旅行業者と旅行業務に関し取引をした者の債権を保全するため，旅行業者は，事業開始に当たって，新規登録の申請時に添付した書類に記載した年間取引見込額に応じ，業務の範囲ごとに国土交通省令で定める額の営業保証金を供託しなければなりません（旅行業法7条1項，8条1項，旅行業法施行規則6条の2第2項1号）。

　なお，旅行業者代理業及び旅行サービス手配業にあっては，営業保証金の供託をする必要はありません。

第2　供託の申請手続

## 【旅行業務等の区分と営業保証金】

| 旅行業務等の区分 | 業　務　範　囲 | | | | 営　業　保　証　金　等 | |
| --- | --- | --- | --- | --- | --- | --- |
| | 企　画　旅　行 | | 受注型 | 手配旅行 | 供託金額（最低額） | 登録行政庁 |
| | 募　集　型 | | | | | |
| | 海　外 | 国　内 | | | | |
| 第一種 | ○ | ○ | ○ | ○ | 7,000万円 | 観光庁長官 |
| 第二種 | × | ○ | ○ | ○ | 1,100万円 | 都道府県知事※ |
| 第三種 | × | △ | ○ | ○ | 300万円 | 都道府県知事※ |
| 地域限定 | × | △ | △ | △ | 100万円 | 都道府県知事※ |
| 旅行業者代理業 | 旅行業者から委託された業務 | | | | － | 都道府県知事※ |
| 旅行サービス手配業 | ランドオペレーター業務 | | | | － | 都道府県知事※ |

○：地域の限定なく実施及び取扱いができる
△：原則として，営業所のある市町村とそれに隣接する市町村等に限り実施及び
　　取扱いができる
×：実施及び取扱いができない
※：主たる営業所の所在地を管轄する都道府県知事

## イ　供託管轄

　営業保証金の供託は，旅行業者の主たる営業所の最寄りの供託所にしなければなりません（旅行業法8条7項）。

　ここでいう「主たる営業所」とは，原則として旅行業者が法人の場合は登記簿上の本店，個人の場合は住所を指します。ただし，旅行業者が法人の場合に，主務官庁が本店以外の営業所を当該取引関係の中心たる営業所と判断し，登録申請を受理している場合にあっては，主務官庁に登録された営業所を「主たる営業所」として供託することができます（昭和59年度全国供託課長会同決議受入2問・供託関係先例集(7)103頁）。

　なお，この場合，適法な管轄の供託所にする供託であることを明らかにするため，供託書の備考欄にその旨登録したことを記載するとともに，その登録を証する書面の写しを添付して申請することを要します。

　「最寄りの供託所」とは，原則として主たる営業所の所在地の属する市

区町村の供託所を指しますが，時間的，距離的により便宜な供託所がある場合には，その市区町村の属する行政区画内である場合に限り，この供託所を最寄りの供託所として差し支えないとされています。

ウ　登録と業務開始

　　旅行業者は第一種旅行業務にあっては観光庁長官から，また，第二種旅行業務，第三種旅行業務及び地域限定旅行業務にあっては都道府県知事から，それぞれ旅行業の登録をした旨の通知を受けた日から14日以内に，上記の供託を行い，供託書正本の写しを添付して，観光庁長官又は主たる営業所の所在地を管轄する都道府県知事に所定の届出をした後でなければ，業務を開始することはできません（旅行業法7条，旅行業法施行規則1条の2）。

エ　供託の目的物

　　供託の目的物は金銭のほか，有価証券や振替国債が認められています（旅行業法8条6項，旅行業法施行規則8条）。

　　なお，有価証券の額面評価額は，その有価証券の種類によって異なるため注意が必要です（旅行業法施行規則9条参照）。

(2)　**旅行業協会に加入**

ア　旅行業協会

　　旅行業法3章に規定された協会を旅行業協会といいます。旅行業協会では，旅行者からの旅行業務に対する苦情の解決，旅行業務の取扱いに従事する者に対する研修，弁済業務等を行います（旅行業法42条参照）。

イ　弁済業務保証金分担金

　　旅行業者が旅行業協会に社員として加入しようとする場合は，加入しようとする日までに弁済業務規約で定める額の弁済業務保証金分担金を旅行業協会に納付し，納付を受けた旅行業協会は，その納付の日から7日以内に当該納付額に相当する額の弁済業務保証金を供託しなければなりません（旅行業法47条，49条）。

　　そして，旅行業者は，この分担金の納付により，上記(1)の営業保証金の供託をする必要がなくなり，取引の相手方の債権は当該弁済業務保証金に

第2 供託の申請手続

よって担保されることになります（旅行業法48条）。


## ３　関係根拠法令及び供託手続規則

### (1)　関係根拠法令

　旅行業法（昭和27年法律第239号）７条から９条まで，15条から18条の２まで，20条，47条から51条まで，53条，54条，旅行業法施行規則（昭和46年運輸省令第61号）７条から９条まで

### (2)　供託手続規則

　旅行業者営業保証金規則（平成８年法務省・運輸省令第１号），旅行業協会弁済業務保証金規則（平成８年法務省・運輸省令第２号）

第2 供託の申請手続

旅行業法に基づく供託（新規登録に係る営業保証金の供託（金銭））
第三号様式（営業保証）　営業保証金の金銭供託の供託書

供託書・OCR用

| | |
|---|---|
| 申請年月日 | 平成３０年１月５日 |
| 供託所の表示 | ○○法務局 |

供託者の住所氏名

住所　大阪市中央区上町１－９

氏名・法人名等　株式会社甲山旅行社
代表取締役　甲山太郎

代表者等又は代理人住所氏名

官及び庁の件名称等　国土交通大臣登録番号第１００号

備考　□別紙のとおり
ふたりめからは別紙継続用紙に記載してください。

供託金額

| 百億 | 十億 | 億 | 千 | 百 | 十 | 万 | 千 | 百 | 十 | 円 |
|---|---|---|---|---|---|---|---|---|---|---|
| | | ¥ | 7 | 0 | 0 | 0 | 0 | 0 | 0 | 0 |

年　月　日　　印

法令条項　旅行業法第７条第１項

供託の原因たる事実

供託者は、平成３０年１月４日下記の主たる営業所において登録業務範囲が第一種旅行業務である旅行業者の登録を受けた者であるが、事業開始に当たり、年間取引見込額である金１億円に対応する営業保証金７，０００万円を供託する。

記

主たる事務所　供託者届書に同じ。

字加入　字削除　　係員印　受付　調査　記録　頁　／

（注）1. 供託金額の冒頭に¥記号を記入してください。なお、供託金額の訂正はできません。
2. 本供託書は折り曲げないでください。

1. 用紙は、平成用紙ローマ字を使用してください。

供託者カナ氏名　カブシキガイシャコウザンリョコウシャ

（第３号様式）
（印規第３３号）

200000

第2　供託の申請手続

## 【営業保証金の保管替え】

### 事　例17

　私は，A県で旅行業を経営していた者ですが，今般，事業を拡大するため営業所（又は住所地）をB県に移転し，現在B県庁で営業開始の事務手続を進めています。

　そのため，最寄りの供託所がA供託所からB供託所に変わることになりました。

　そこで，B県庁から，B供託所で営業保証金を供託する必要がある旨の説明を受けたのですが，移転前に，これまでA供託所に供託していた営業保証金を一旦取り戻し，B供託所に改めて供託申請をする必要があるのでしょうか。それとも何か他の手続があるのでしょうか。

### 回　答

　「保管替え」の手続により，旧営業所（又は住所地）を管轄する供託所の供託金を新営業所（又は住所地）を管轄する供託所に，供託所間の内部手続で移管することができるので，A供託所で一旦，供託金を取り戻し，B供託所で改めて供託申請をする必要はありません。

　「保管替え」の手続の際に添付及び提示が必要な書類は，供託規則21条の3第3項により，供託金払渡請求の規定が準用されます。

### 解　説

### 1　保管替えの意義等

　営業上の保証供託は，実体法規にそれぞれ規定されているとおり，原則として事業者の営業所（又は住所地）の最寄りの供託所が管轄供託所とされます。その事業者が供託後に営業所（又は住所地）を移転したため管轄供託所に変更

100

第2　供託の申請手続

が生じた場合には，供託物が金銭であれば，新営業所（又は新住所地）の最寄りの供託所に，供託物を移管する手続が認められています。これによって，新営業所（又は住所地）の最寄りの供託所に新たに供託することなく，供託所の内部手続によって，旧営業所（又は住所地）最寄りの供託所に既に供託されている供託金を，新営業所（又は住所地）の最寄りの供託所に移管することを「保管替え」といい，宅地建物取引業法29条，家畜商法10条の6，積立式宅地建物販売業法26条1項，割賦販売法22条の2第1項，前払式支払手段発行保証金規則3条，旅行業法18条の2第1項等に規定されていますが，その手続の細目に関しては，供託規則21条の3から第21条の5まで及び供託事務取扱手続準則52条から54条までに規定されています。

　なお，供託実務においては，宅地建物取引業者が保証供託をした後，主たる営業所（又は住所地）を移転し，最寄りの供託所に変更を生じた場合は，同一都道府県の管轄内であっても，営業保証金について保管替えの手続を要するとされています（昭和41.12.8民事甲第3302号民事局長認可6問）。ただし，宅地建物取引業者の主たる営業所（又は住所地）が市町村合併等によって行政区画の変更が生じた場合により，その最寄りの供託所がX支局からY支局に変更になった場合には，主たる営業所（又は住所地）移転の事実がないので，営業保証金について保管替えの手続をすることはできないとされています（昭和42.4.24民事甲第976号民事局長変更指示）。その他，同様に，宅地建物取引業者の主たる営業所（又は住所地）の所在地に供託所が新たに設置された場合において，その者が既に他の供託所にしている営業保証金を新設供託所に保管替えをすることはできないとされています（昭和49.8.27民事局第四課長電報回答）。

101

第2　供託の申請手続

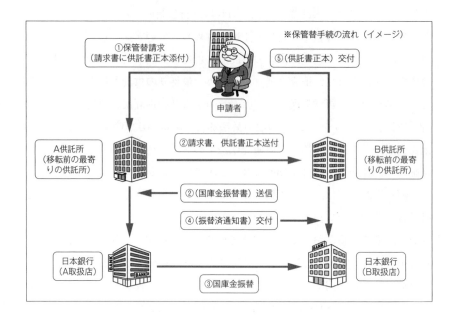

## 2　保管替えの請求について

　供託金の保管替えは，供託者の請求によって行われます。保管替えを請求しようとする者は，供託金保管替請求書（以下「請求書」という。）（規則第24号書式（別紙①参照））を営業保証金を供託している供託所（移転前のA供託所）に提出しなければなりません（規則21条の3第1項）。請求書には，請求者の住所及び氏名等の記載を要しますが，住所欄には移転後の新住所を記載し，保管替えの事由欄に旧住所を記載します。ただし，請求書の住所欄に旧住所を記載していても，保管替えの事由欄で新住所との関連が明らかな場合は，そのまま受理して差し支えないとされています。

　また，数回にわたって供託されている供託金については，一括して保管替えを請求することができます（規則21条の3第2項）。

　なお，保管替えを請求するには次のような要件を備えていなければなりま

第2 供託の申請手続

せん。

① 実体法の規定により保管替えが許容されていること。

② 営業保証金供託をした事業者が，主たる営業所（又は住所地）を移転したことにより，法令で定められている最寄りの供託所に変更が生じた場合であること。

③ 営業保証金が金銭で供託されていること。

④ 供託金について，差押え，譲渡又は質入れがないこと。

## 3 保管替えに必要な書類

### (1) 供託書記載変更申請書　　　1通

保管替請求に当たって，供託者は，その氏名（商号），住所（本店）の変更について，供託書記載変更の申請をすることができます。供託書記載変更申請をしておけば，将来，供託金の取戻しをする際に，当該変更証明書の提出を省略することができます。

申請書の様式は，別紙②のとおりです。変更を証する書面は，保管替請求書の添付書類を援用することになります。

### (2) 供託金保管替請求書　　　1通

### (3) 添付書類

ア 供託書正本

イ 作成後3か月以内の印鑑証明書

ウ 請求者が法人の場合，作成後3か月以内の資格証明書

エ 請求者が法人の場合，本店移転を証する書面（登記事項証明書。作成後3か月以内であれば，ウの資格証明書と兼ねることができます。）

オ 主たる営業所（又は住所地）の変更を証する書面（担保官庁の証明書等，業種により不要の場合もあり。）

カ 代理人請求の場合，委任状

キ 申請人の担当者名・電話番号等，連絡先を書いたメモ（保管替え先のB供

103

第2 供託の申請手続

託所から申請者への連絡用)

ク 郵便切手等

※ 以下のとおり，郵便切手等が必要になります（郵送料は，供託の件数等によって異なります。）

(ア) A供託所から保管替え先であるB供託所への書類等の送付料（書留）

(イ) 保管替え先のB供託所から申請者へ供託書正本を返還する際，申請者が郵送での返還を希望する場合の送付料（返信用封筒を含む。）

（別紙①）

| 供託金保管替請求書 | （第24号書式）（印供第16号） | 係員印 | 受付 | | 調査 | | 照合 | | 送付 | | 元帳 | |
|---|---|---|---|---|---|---|---|---|---|---|---|---|
| 請 求 年 月 日 | 平成 ○○ 年 ○○月 ○○日 | 受 付 番 号 | 第 | | | 号 | | 平成 年 月 日 | | | | |
| 供託所の表示 | ○○ 法務局 | 整 理 番 号 | 第 | | | 号 | | 認可 ㊞ | | | | |

| 請求者の住所氏名印 | ○○県○○市○○町1丁目1番1号 **株式会社 ○○観光案内** 代表取締役 ○○ ○○ 印 （代理人による請求のときは，代理人の住所氏名をも記載し，代理人が押印すること。） | 法 令 条 項 | 旅行業法18条の2 |
|---|---|---|---|
| | | 供 託 年 月 日 | 平成 ○○ 年 ○○ 月 ○○日 |
| | | 供 託 番 号 | 平成 ○○ 年度金第 ○○○○ 号 |
| | | 供 託 金 額 | ￥3,000,000 円 |
| 備考 | 供託年月日 平成○年○月○日 供託番号 平成○年度金第○号 供託金額 ￥1,500,000円 以上一括して保管替えを請求する。 （※2回目以降の供託を記載） | 保管替えを受ける 供 託 所 の 表 示 | ○○地方法務局 |
| | | 保 管 替 え の 事 由 | 平成○年○月○日，○○県○○市○○町2丁目2番2号から主たる営業所（又は住所地）を移転したため。 |

上記供託金を保管替えする。
平成 年 月 日
法務局
供託官 印

第2　供託の申請手続

（別紙②）

---

### 【供託書記載変更申請書】

供　託　所　　○○地方法務局

供　託　番　号　　平成○○年度金第　○○○○　号

供託者の氏名　　（商号又は名称）
　　　　　　　　　　○　　○　　○　　○
官庁の名称及び件名等
　（変更前）　○○県知事
　（変更後）　○○県知事
変更すべき事項
　（供託書上の住所：○○県○○市○○町○○番地）
平成○○年○○月○○日，○○県○○市○○町○○番地へ住所変更


　変更事項については，保管替請求書に添付の証明書を援用する。


　平成○○年○○月○○日


　　申請人
　　　住所（本店）
　　　　○○県○○市○○町○○番地


　　　氏名（商号又は名称）
　　　　○　　○　　○　　○　　　　　印


　○○地方法務局　御中

　上記変更申請を受理する。
　　平成○○年○○月○○日
　　　　　○○地方法務局　供託官　○　○　○　○　　　印

---

105

第2　供託の申請手続

# Ⅳ　執行供託

## 【執行供託とは】

### 事　例18

執行供託とは，どのような供託ですか。

### 回　答

執行供託とは，執行手続において，供託所をして執行の目的物の管理と執行当事者への交付を行わせるため，執行機関又は執行当事者が執行の目的物を供託所に供託することをいいます。

### 解　説

執行手続においては，執行機関又は執行当事者が執行の目的物を供託所に供託し，供託所がその目的物の管理と執行当事者への交付を行う場合があります。これを執行供託といい，この供託では，供託所は執行補助機関として機能することになります。つまり，執行供託の特徴は，執行手続の一環として執行の目的物の保管と執行当事者への交付を内容とするもので，執行手続の円滑化と第三債務者の免責・保護を目的とするものです。

執行供託の種類としては，民事執行手続に関するもの，保全執行手続に関するもの，滞納処分に関するもの，強制執行等と滞納処分との手続の調整に関するもの等があり多岐にわたっていますが，供託手続において主要と思われるものは，次のとおりです。

(1)　債権に対する強制執行手続に関するもの

民事執行手続とは，債権者の申立てによって，裁判所が債務者の財産を差し押さえて換価し，債権者に分配（配当）するなどして，債権者に債権を回収させる手続です。

106

第2　供託の申請手続

　金銭債権に対する強制執行がされた場合，債権者による執行裁判所への申立てを受け，執行裁判所は債権差押命令を発令し，債務者と第三債務者に送達されます。債権の差押命令は，第三債務者に送達されたときに生ずるとされ（民事執行法145条4項），第三債務者は本来の債権者である執行債務者に対する弁済を禁止されます（同条1項）。差押債権者は，債務者に差押命令が送達された日から1週間が経過したときは，被差押債権を自ら取り立てることができます（民事執行法155条1項）が，第三債務者は債権者が取立命令を得て取立てに来るまでは差押債権者に支払をすることができず，債務の免責を得ることができません。そこで，金銭債権に対する強制執行において，第三債務者は当該金銭債権の全額に相当する金銭を債務の履行地の供託所に供託することができるとされています（民事執行法156条1項）。また，当該金銭債権に対して複数の差押えが送達され差押えが競合したときは，その債権の全額に相当する金銭を，差押え後に配当要求を受けたときは差し押さえられた部分に相当する金銭を債務の履行地の供託所に供託しなければならないとされています（同条2項）。

## (2)　保全執行手続に関するもの

## ①　仮差押えの執行に基づく供託

　金銭債権に対して仮差押えの執行がされた場合には，第三債務者は本来の債権者である執行債務者に対する弁済を禁止されます（民事保全法50条1項）。しかし，民事保全法50条5項が民事執行法155条を準用していないため，仮差押債権者は第三債務者に対して被仮差押債権の支払を請求することができません。そのため，第三債務者は支払を請求されることはありませんが，債務の免責を得られることができないという不安定な立場に置かれることになります。そこで，この仮差押えの執行については，民事保全法50条5項により民事執行法156条が準用され，第三債務者は，金銭債権の全額又は仮差押債権額に相当する金銭を供託できるとされています。

　なお，仮差押えの執行がされた金銭債権について更に差押えがされ，差押え等が競合した場合には，第三債務者は民事保全法50条5項により準用

107

第2　供託の申請手続

される民事執行法156条2項により，債権の全額に相当する金銭を供託しなければならないとされています。

② 仮差押解放金

　仮差押命令を発令するときには，仮差押えの執行の停止を得るため，又は既にした仮差押えの執行の取消しを得るために，債務者が供託すべき金額を定めなければなりません（民事保全法22条1項）。これを仮差押解放金といいます。仮差押解放金は仮差押命令そのものを取り消すものではく，仮差押えの存続を前提として，その執行のみを停止し，又は取り消すものであると解されており，債務者が仮差押解放金を供託したことを証明したときには，仮差押えの執行は取り消されます（民事保全法51条1項）。一方，仮差押執行の効力は，債務者の有する供託金取戻請求権の上に及び，債権者が本執行の債務名義を得たときは，この供託金取戻請求権につき供託官を第三債務者として債権執行の手続を取ることとなります。

③ 仮処分解放金

　仮処分解放金は，保全すべき権利が金銭の支払を受けることをもってその行使の目的を達することができるものであるときに限り，仮処分の執行の停止を得るために，仮処分命令において定められている金銭を供託することができます（民事保全法25条1項）。

(3)　**強制執行等と滞納処分との手続に関するもの**

　金銭債権について，滞納処分による差押えと強制執行による差押えとがされる等，異なる手続における差押えが競合した場合に，その調整を行う法律として，「滞納処分と強制執行等との手続の調整に関する法律」があります。

　強制執行による差押えがされている金銭債権について滞納処分による差押えがされて競合が生じたときは，第三債務者は，その債権の全額に相当する金銭を供託しなければならないとされています（滞調法36条の6）。

　一方，滞納処分による差押えがされている金銭債権について強制執行による差押えがされて競合が生じたときは，第三債務者は，その債権の全額に相当する金銭を供託することができます（滞調法20条の6）。

108

第2　供託の申請手続

　また，滞納処分は仮差押えの執行がされている債権に対してもすることができるので，第三債務者は，仮差押えの執行と滞納処分による差押えが競合したときは，滞納処分による差押えが先行する場合に限らず，仮差押えの執行が先行する場合であっても，その債権の全額に相当する金銭を供託することができるとされています（滞調法20条の9第1項，20条の6第1項）。

(4)　その他の執行供託

①　配当留保供託

　不動産の強制競売手続において，配当等を受けるべき債権者の債権に一定の法律的障害事由があるときは，裁判所書記官は，配当等を留保して，その配当等の額に相当する金銭を供託しなければならないとされています（民事執行法91条1項）。

②　不出頭供託

　民事執行手続において，配当等を受けるべき債権者がその受領のために裁判所に出頭しなかったときは，裁判所書記官は配当等の額に相当する金銭を供託しなければなりません（民事執行法91条2項）。

③　執行官が行う供託

　動産を目的とする強制執行または担保権の実行としての競売が一時停止された場合，執行停止された差押物につき，著しい価格の減少を生ずるおそれがあるときなど，執行官がその差押物を売却して，その売得金を供託しなければなりません（民事執行法137条2項）。また，仮差押えの執行がされた動産についても同様とされています（民事保全法49条3項）。

④　強制管理の管理人が行う供託

　不動産の強制管理の方法による強制執行が一時停止された場合，配当等の実施を除き，強制管理手続を継続することができます（民事執行法104条1項前段）。この場合，管理人は配当等に充てるべき金銭を供託してその事情を執行裁判所に届け出る必要があり（同条1項後段），執行裁判所はその供託事由が消滅したときに配当等を実施することとされています（民事執行法109条）。これは，強制管理の方法により仮差押えが執行された場合に

109

第2　供託の申請手続

も準用されています（民事保全法47条4項）。

## 【執行官のする執行供託】

### 事　例19

保全執行上の動産の売得金の供託とはどのような供託ですか。

### 回　答

　保全執行上の執行官が行う供託には，①仮差押金銭等の供託，②仮差押動産の売得金の供託及び③仮差押えの執行が取り消された動産の売得金の供託などがありますが，このうち保全執行上の動産の売得金の供託とは，仮差押え中の動産が著しい価額の減少を生ずるおそれがあるとき，又はその保管のために不相応な費用を要するときなどに動産執行の売却の手続により動産を売却してその売得金を執行官がする供託のことをいい，この供託は執行供託に分類されます（民事保全法49条3項）。

　この供託には供託所の管轄の定めがなく，供託者（執行官）は任意の供託所で供託ができますが，執行官の所属する地方裁判所の管轄区域内の供託所にされるのが通例です。

### 解　説

## １　動産に対する仮差押えの執行

　民法上の動産は，土地及びその定着物以外の物並びに無記名債権をいいますが（民法86条2項，3項），民事執行法の動産は民法上の動産のほか，登記することができない土地の定着物（例えば庭石，石燈，鉄塔，建築中の建物等），土地から分離する前の天然果実で1か月以内に収穫することが確実であるもの

110

第2　供託の申請手続

及び裏書きの禁止されている有価証券（株券，手形，小切手，倉荷証券等）以外
の有価証券も動産としています（民事執行法122条1項）。

　動産は価額において巨額にのぼるものもありますが，一般的には価値が低
く，また，権利関係も複雑でないことから，これらに対する執行機関は執行
官とされています（民事執行法122条）。

　仮差押えの対象となるのは，執行官が債務者の占有する動産（民事執行法
123条1項）及び債権者若しくは第三者が債務者の財産として任意に提出した
動産（民事執行法124条）であり，執行官は目的物を占有する方法により仮差
押えの執行を行います（民事保全法49条1項）。

　この場合，執行官は，債務者が占有していると認められる動産については，
債務者の所有に属するか否かを調査する必要はなく，外形上第三者の所有で
あることが明白でない限り，仮差押えの執行を行うことができます。

　また，動産の仮差押命令は，目的物を特定しないで発することができます
ので（民事保全法21条ただし書），その場合は，執行官が債権者の申立ての範囲
内において仮差押えの執行すべき動産を選択することになります。


## 2　売得金の供託手続等

　仮差押えをした動産について，腐敗しやすいなどの理由により著しい価額
の減少を生ずるおそれがあるとき，又はその保管のために不相応に高額な費
用を要するときは，執行官は，当事者の申立てがなくても緊急換価し，その
売得金を供託することになっています（民事保全法49条3項）。また，この動産
の緊急換価は執行裁判所の換価命令によらず，執行官が独自に判断して行う
ことができます。

　例えば，仮差押物がスイカ等の果実や生鮮食品等のように保管しておいた
のでは著しい価額の減少を生ずるおそれがあるときや，温度調節や管理が容
易ではない熱帯魚等のようにその保管のために不相応に高額な費用を要する
ときは，執行官が仮差押物をそのまま保管しておくと著しい価額の低下や執

111

第2 供託の申請手続

行費用の増加等を来すことになり，結局，仮差押債権者や債務者等利害関係人にとって不利益となるため，こうした場合には，執行官は仮差押物を売却することができることになります。

この供託は，執行官が売得金の保管方法として行う保管供託の一つですので，被供託者は存在しません。そのため，仮差押債権者や債務者は，この供託金に対して直接権利を行使することができず，執行官が取戻請求権を有するだけであるため，被供託者（還付請求権者）の記載を要しません。

執行官は，配当等を実施すべき場合には，供託原因消滅を理由としてこの供託金を取り戻し，その後は配当等の実施の手続によることになります。


【参　考】

立花宣男監修・野海芳久『雑供託の実例雛形集』（日本加除出版，2004年）

裁判所職員総合研修所監修『民事保全実務講義案［改訂版］』（司法協会，2007年）

古島正彦・園部厚『書式　債権・その他財産権・動産等執行の実務』（民事法研究会）

八木一洋・関述之『民事保全の実務［第3版増補版］』（金融財政事情研究会，2015年）

登記研究編集室『実務供託法入門［新訂］』（テイハン，2015年）

法務省民事局『十一訂供託事務必携』（2017年）

立花宣男・田原昭男編著『執行供託の理論と実務［新訂］』（民事法情報センター，2010年）

第2　供託の申請手続

# 仮差押え不動産に対する保管供託（民事保全法第49条第3項の供託）

第四号様式（第13条第1項関係）その他の金銭供託の供託書

**供託書・OCR用**

| 申請年月日 | 平成30年1月25日 | 供託カード番号 |
|---|---|---|
| 供託所の表示 | ○○法務局 | （カードご利用の方は記入してください） |

供託者
住所　甲県乙市丙町三丁目3番3号
氏名・法人名等

甲　地　方　裁　判　所　乙　支　部

行　政　官　司　法　太　郎

代表者等又は代理人住所氏名

☐別添のとおり
ふたりめからは別紙供託者用紙に記載してください

被供託者
住所
氏名・法人名等

☐別添のとおり
ふたりめからは別紙供託者用紙に記載してください
☐供託通知書の発送を請求する。

| 百億 | 十億 | 億 | 千万 | 百万 | 十万 | 万 | 千 | 百 | 十 | 円 |
|---|---|---|---|---|---|---|---|---|---|---|
| 供託金額 | | | | ¥ | 3 | 0 | 1 | 5 | 0 | |

受理
年　月　日
☐供託カード発行

法令条項　民事保全法第49条第3項

供託の原因たる事実
債権者○○農業協同組合、債務者株式会社丙園間の申地方裁判所乙支部平成30年（ヨ）第1号動産仮差押申事件において仮差押えの執行をした動産（スイカ）について著しい価額の減少を生ずるおそれがあるため、1月2日に売却した。
その売得金30,150円を、民事保全法第49条第3項の規定により供託する。

☐供託により消滅すべき質権又は抵当権
☐反対給付の内容

備考

（注）1．供託金額の冒頭に￥記号を記入してください。なお、供託金額の訂正はできません。
　　　2．本供託書は折り曲げないでください。

☐字加入　☐字削除

| 供託者カナ氏名 | コ | ウ | セ | イ | カ | ン | ジ | ョ | ウ | オ | ツ | シ | ブ | ｜ | コ | ｜ | ウ | カ | ン | ツ |
|---|---|---|---|---|---|---|---|---|---|---|---|---|---|---|---|---|---|---|---|---|
| | カ | サ | シ | オ | サ | エ | フ | ド | ｜ | サ | ン | ｜ | ｜ | ホ | カ | ン | | | | |

受付印　調査　記録

（第4号様式）
（印刷第34号）

頁　／

020000

第2　供託の申請手続

## 【強制管理の管理人がする執行供託】

### 事　例20

　不動産の強制管理の方法による仮差押えの供託とはどのような供託で
すか。

### 回　答

　民事保全法47条4項に基づき，強制管理の開始決定により差し押さえた不
動産からの収益（賃料等）から不動産に課される租税・公課，管理人の報酬
及びその他の費用を控除した残額（配当すべき金額）を管理人がする供託のこ
とをいい，この供託は執行供託に分類されます。

　また，この供託には供託所の管轄の定めがなく，供託者（管理人）は，任
意の供託所で供託ができますが，管理人の所属する地方裁判所の管轄区域内
の供託所にされるのが通例です。

### 解　説

### 1　不動産に対する仮差押えの執行

　民事保全法では，不動産に対する仮差押えの執行方法について，登記をす
る方法と強制管理を行う方法の2つを認めており，かつ，これらを併用する
ことも認めています（民事保全法47条1項）。具体的には，貸ビル及び賃貸マン
ション等に対して仮差押えを執行する場合等に用いられています。

### 2　強制管理の管轄

　強制管理の方法による不動産の仮差押えの執行は，不動産の所在地を管轄

114

第2 供託の申請手続

する地方裁判所が保全執行裁判所となります（民事保全法47条5項，民事執行法44条）。したがって，仮差押命令を発した裁判所とは異なる裁判所が強制管理の開始決定をすることがあります。

## ❸ 強制管理による執行

強制管理とは，不動産を売却してその売却代金を債権者に配当等をする強制競売手続とは異なり，不動産を売却することなく，裁判所が選任した管理人が不動産から生ずる天然果実を換価し，又は法定果実を取り立てて，執行債権の弁済に充てる不動産執行です。

強制管理の執行は，執行裁判所が開始決定において債権者のために不動産を差し押さえる旨を宣言し，これを債務者に送達することであり，債務者に対し収益の処分を禁止するとともに債務者が賃貸料の請求権その他の当該不動産の収益に係る給付を求める権利を有するときは，債務者に対して当該給付をする義務を負う者に対し，その給付の目的物を管理人に交付すべき旨を命ずることになります（民事保全法47条5項，民事執行法93条1項）。

## ❹ 強制管理による仮差押えの執行における供託

仮差押えによる強制管理には配当等の手続はありませんが，本執行と同じように執行裁判所の選任した管理人によって管理が行われます。また，仮差押えによる強制管理は本執行の場合と異なり，管理人は配当等を実施することができないと解されていますので，管理人は取り立てた収益（不動産賃料等）から分与命令による分与及び不動産に課される租税その他公課及び管理人の報酬その他光熱費等の費用を控除した残額を供託し，その事情を保全執行裁判所に届け出なければならないとされています（民事保全法47条5項，民事執行法107条1項）。

なお，管理人は執行裁判所が任命しますが，執行官が任命される事例が多

115

第2 供託の申請手続

いようです。その場合は，供託者欄には「甲地方裁判所執行官甲野太郎」と
記載します。


【参 考】

昭和55年9月6日民四第5333号民事局長通達

吉岡誠一編著『よくわかる供託実務［新版］』（日本加除出版，2011年）

立花宣男・田原昭男編著『執行供託の理論と実務［新訂]』（民事法情報セン
ター，2009年）

裁判所職員総合研修所監修『民事保全実務講義案［改訂版]』（司法協会，
2007年）

新日本法規編集部編『現行供託総覧(2)書式』（新日本法規，1971年）

第2　供託の申請手続

強制管理の方法による不動産に対する仮差押えの執行における金銭の供託（民事保全法第４７条第４項の供託）

第四号様式（第13条第1項関係）その他の金銭供託の供託書

（第４号様式）
（規則第34号）

頁　／

供託書・OCR用

| □字加入 | □字削除 | 係員印 | 受付印 | 調査 | 記録印 |

法令条項　民事保全法第４７条第４項

| 申請年月日 | 平成３０年２月２０日 |
| 供託所の表示 | ○○法務局 |

供託カード番号（　　　　　）
カードご利用の方はご記入してください。

供託者の住所氏名等
住所（○○○－○○○○）
甲県乙市丙町一丁目１号
氏名・法人名等　甲地方裁判所乙支部執行官　司法太郎
（代表者等又は代理人住所氏名）
□別紙のとおり　ふたりめからは別紙継続用紙に記載してください。

被供託者の住所氏名等
住所（　　－　　）
氏名・法人名等
□別紙のとおり　ふたりめからは別紙継続用紙に記載してください。

供託の原因たる事実
　供託者は、甲地方裁判所平成29年（又）不動産仮差押強制管理事件の管理人であるが、強制管理中の債務者所有の甲県乙市丙町四丁目３番１４号所在甲乙ビルの賃料及び野菜業実株式会社から、平成29年12月分の賃料２０万円を取り立てたので、これより管理費用金５万円を控除し、残金１５万円について、民事保全法第４７条第４項の規定により供託する。

□供託により消滅すべき質権又は抵当権
□反対給付の内容

備考

供託金額
| 百億 | 十億 | 億 | 千万 | 百万 | 十万 | 万 | 千 | 百 | 十 | 円 |
|---|---|---|---|---|---|---|---|---|---|---|
| | | | ¥ | 1 | 5 | 0 | 0 | 0 | 0 | |

受理
年　月　日
□供託カード発行
印

（注）1．供託金額の訂正に斜線を記入してください。なお、供託金額の訂正はできません。
　　　2．本欄は折り曲げないでください。

供託者
カナ氏名
| コ | ウ | チ | ホ | ウ | サ | イ | バ | ン | シ | ョ | オ | ツ | シ | ブ | シ | ツ | コ | ウ | カ | ン |
| カ | ナ | タ | ロ | ウ | | | | | | | | | | | | | | | | |

1．濁点、半濁点は1マスを使用してください。

020000

117

第2 供託の申請手続

## 【裁判所書記官がする執行供託】

### 事 例21

　裁判所書記官がする①民事執行法91条1項（配当留保供託），②同条2項（不出頭供託）及び③民法494条による剰余金の供託とはどのような供託ですか。

### 回 答

① 配当留保供託

　不動産に対する強制競売手続において，裁判所書記官は，一定の法律的障害事由により債権者に直ちに配当することができない場合に配当等の額に相当する金銭を供託所に供託し，障害事由が消滅したときに当該供託金について改めて配当等を実施することになっています。これが裁判所書記官がする配当留保供託です（民事執行法91条1項）。

② 債権者の弁済金に係る不出頭供託

　通常の不動産に対する強制競売手続においては，配当留保供託の事由がない限り，債権者は配当期日等に配当金等の交付を受けることになるが，配当等を受けるべき債権者がその受領のために執行裁判所に出頭しない場合があります。

　そこで，このような場合，裁判所書記官は出頭しなかった債権者の配当金等を供託しなければならないとされています。これが裁判所書記官がする不出頭供託です。

③ 債務者の剰余金に係る弁済供託

　不動産の強制競売等における弁済金交付の手続（民事執行法84条2項，111条，142条2項）において剰余金が生じた場合は，債務者に交付することになりますが，債権者と同様に債務者がその受領のために執行裁判所に出頭しない場合があります。しかし，債務者の剰余金については，債権者の弁

第2 供託の申請手続

済金のような供託の根拠となる規定が存在しないため，裁判所書記官がこの剰余金を供託しようとする場合は，民法494条を根拠とすることになります。これが裁判所書記官がする剰余金の供託です。

### 解 説

## **1** 裁判所書記官による配当留保供託

配当を受けるべき債権者の債権に次のような法律的障害事由があるときは，債権者に配当等の額を交付することができず，裁判所書記官は配当を留保してその額に相当する金銭を供託しなければならないとされています（民事執行法91条1項）。

(1) 停止条件付き又は不確定期限付きであるとき。

(2) 仮差押債権者の債権であるとき。

(3) 民事執行法39条1項7号又は183条1項6号に掲げる文書が提出されているとき。

(4) その債権に係る先取特権，質権又は抵当権の実行を一時禁止する裁判の正本が提出されているとき。

(5) その債権に係る先取特権等につき仮登記又は民事保全法53条2項に規定する仮処分による仮登記がされたものであるとき。

(6) 仮差押え又は執行停止に係る差押えの登記後に登記された先取特権等があるため配当額が定まらないとき。

(7) 配当異議の訴えが提起されたとき。

配当留保供託は，上記の障害事由が消滅するまで供託所で保管し，障害事由が消滅したときに改めて配当等を実施するための供託であるので（民事執行法92条1項），供託書中の被供託者欄の記載及び供託通知は要しません。

また，停止条件が成就し，あるいは仮差押債権者が本案訴訟において勝訴して執行力ある確定判決を得る等により障害事由が消滅したときは，当該供

119

第2　供託の申請手続

託金は執行裁判所の配当等の実施としての支払委託の手続によって払い渡されます（民事執行法92条1項，昭和55.9.6民四第5333号民事局長通達第二・一・1・㈠・⑵）。

## ❷　債権者の弁済金に係る不出頭供託

### ⑴　裁判所書記官による不出頭供託

　不出頭供託とは，執行手続において配当等を受けるべき債権者（知られていない抵当証券の所持人を含む。）がその受領のために執行裁判所に出頭しない場合に，執行裁判所の裁判所書記官等が配当等の額に相当する金銭を供託するものです（民事執行法91条2項）。

　不動産に対する強制競売手続において，債権者は配当留保供託の事由がない限り，配当期日の終了後又は弁済金の交付日に配当金等の交付を受けることができますが（民事執行法84条，85条），そのために債権者は執行裁判所に出頭する必要があります。債権者が配当等の受領のために執行裁判所に出頭しないと執行裁判所は配当金等を交付できませんが，そのような場合において，執行裁判所が配当等の実施をできることになるまでの間，弁済金等を保管するのは会計上適当ではありません。そこで，配当等の実施機関である裁判所書記官が供託することになっているのです。

　このように，不出頭供託は配当留保供託とは異なり，裁判所に出頭しなかった債権者に対する弁済のための供託の性質を有していますので，被供託者（不出頭者）に対する供託通知を要します。また当該供託金は被供託者（不出頭者）から供託所へ直接還付請求することによって払い渡されます（民事執行法92条1項，昭和55.9.6民四第5333号民事局長通達第二・一・1・㈡⑶）。

### ⑵　不出頭供託の供託手続

　不出頭供託の供託者は「○○裁判所　裁判所書記官○○」（民事執行規則61条）であり，被供託者は出頭しない債権者となります。また，供託は債権者ごとに各別にしなければならず，供託書には，被供託者欄は出頭しない債権

第2　供託の申請手続

者を記載し，知られていない抵当証券の所持人に対して供託する場合は，「何郡市区何町○○番地宅地○○平方メートルの何番抵当権（債務者何某）の抵当証券の所持人」と記載します。

　また，本供託は弁済供託の性質を有することから，管轄供託所は債務履行地，つまり執行裁判所の所在地の供託所になり，被供託者に対する供託の通知が必要になります。供託通知用の郵便切手代は，執行裁判所が不出頭債権者に対する債務を負っているわけではないとの理由により，執行裁判所の費用ではなく不出頭債権者に対する配当等の額から控除される取扱いであり，郵便切手代が控除された旨は供託の原因たる事実欄に記載されることになります。

## ❸　債務者の剰余金に係る弁済供託

### (1)　民事執行法を根拠に供託することの可否

　民事執行法84条2項は剰余金を債務者に交付する旨を定めていますが，前記2の不出頭供託と同様，債務者が剰余金の交付日に出頭しない場合に剰余金をどうするかという問題が生じます。

　民事執行法91条2項は，配当等の受領のために執行裁判所に出頭しなかった債権者に対する配当等の額に相当する金銭の供託についてのものであり，しかも「配当等」とは，売却代金の配当又は弁済金の交付のことをいい（民事執行法84条3項），剰余金の交付は含んでいないのであるから，債務者が受領のために執行裁判所に出頭しない場合には，適用されず，民法494条に基づき供託することにより債務者に対する剰余金交付債務を免れることができるのであるから，類推適用の余地もないとする取扱いです（平成元.12.22民四第5516号民事局第四課長通知）。また，民事執行法91条2項を根拠に供託された場合は受理すべきではないとの先例もあります。

### (2)　民法494条を根拠に供託することの可否

　弁済供託の供託原因の有無について，剰余金交付の債務は取立債務と考え

121

第2 供託の申請手続

られています。また，裁判所書記官から弁済金交付の日時及び場所があらか
じめ裁判所書記官から通知されていることをもって「口頭の提供」はされて
いると捉え，民法494条の定める供託の要件は満たしていると解されるので，
弁済供託として受理することが可能です（前掲第5516号民事局第四課長通知）。


【参　考】
登記研究編集室編『実務供託法入門［新訂］』（テイハン，2015年）
裁判所書記官研修所監修『民事執行実務講義案［改訂版］』（司法協会，
　2000年）
立花宣男監修・野海芳久『雑供託の実例雛形集』（日本加除出版，2004年）
立花宣男監修『実務解説　供託の知識167問』（日本加除出版，2006年）

# 第2 供託の申請手続

配当等の実施における不出頭供託（民事執行法第91条第2項の供託）

第四号様式（第13条第1項関係）その他の金銭供託の供託書

**供託書・OCR用**

（裏）

第4号様式
印刷第334号

020000

| 申請年月日 | 平成30年2月20日 | 供託カード番号 |
|---|---|---|
| 供託所の表示 | ○○法務局 | （カードご利用の方は記入してください。） |

供託者
住所 甲県乙市丙町一丁目1番1号
氏名・法人名等 甲山太郎
代表者等又は代理人住所氏名

地方裁判所
裁判所書記官
民事〇部
甲山太郎

□ 別添のとおり
ふたりめからは別紙継続用紙に記載してください。

被供託者
住所 甲県甲市乙町二丁目36番地
氏名・法人名等 丁野五郎

□ 別添のとおり
ふたりめからは別紙継続用紙に記載してください。
□ 供託通知書の発送を請求する。

供託金額 ¥250000

□ 手書加入 □ 字削除

| 法令条項 | 民事執行法第91条第2項 |
|---|---|

供託の原因たる事実

債務者乙野工業株式会社、債務者丙川三郎の申立地方裁判所平成29年（ヌ）第180号不動産強制競売事件について、債権者である甲県甲市乙町二丁目36番地丁野五郎は、平成30年2月2日の配当期日に出頭しなかったので、同人に対する配当額金25万円を供託する。

□ 供託により消滅すべき質権又は抵当権
□ 反対給付の内容

備考

（注）1.供託金額の冒頭に￥記号を記入してください。なお、供託金額の訂正はできません。
2.本供託書は折り曲げないでください。

受理　　　年　月　日（印）

□ 供託カード発行

□ 欄は、半角用はマス目を使用してください。

供託者カナ氏名

123

# 第2　供託の申請手続

**配当異議申出による配当留保供託（民事執行法第91条第1項の供託）**
第四号様式（第13条第1項関係）その他の金銭供託の供託書

（第4号様式）
（供託規34号）

供託書・OCR用

| | |
|---|---|
| 申請年月日 | 平成30年2月20日 |
| 供託所の表示 | ○○法務局 |

供託カード番号（　　　　　）
カード利用の方は記入してください。

供託者の住所氏名
住所（○○○-○○○○）
甲県乙市丙町一丁目1番1号
氏名・法人名等　甲地方裁判所　裁判所書記官　民事　甲山太郎
代表者又は代理人住所氏名

被供託者の住所氏名
住所（　-　）
氏名・法人名等

供託金額　￥300000

□ 字加入　□ 字削除　□ 訂正付　□ 審査　□ 同時　□ 記録　□ 調査　□ 点検　買 /

法令条項　民事執行法第91条第1項

供託の原因たる事実
債権者乙山工業株式会社、債務者丙川三郎間の甲地方裁判所平成29年（ク）第180号不動産強制競売事件において、債権者乙山工業株式会社は、平成30年1月26日の配当期日において、配当要求債権者丁谷四郎の債権について配当異議を申立て、同年2月2日丁谷四郎を相手に甲地方裁判所に配当異議の訴えを提起した。
そこで、丁谷四郎が受けるべき配当の額に相当する金30万円を民事執行法第91条第1項の規定により供託する。

□ 供託により消滅すべき質権又は抵当権
□ 反対給付の内容

備考

（注）1.供託金額の冒頭に￥を記入してください。なお、供託金額の訂正はできません。
2.本供託書は折り曲げないでください。

受理　年　月　日　印

供託者カ氏名

第2　供託の申請手続

# 配当等の実施における債務者の不出頭供託（民法第494条の供託）

第四号様式（第13条第1項関係）その他の金銭供託の供託書

## 供託書・OCR用

| | |
|---|---|
| 申請年月日 | 平成30年2月20日 |
| 供託所の表示 | ○○法務局 |
| 供託者の住所氏名・法人名等 | 住所　甲県乙市丙町一丁目1番1号　氏名・法人名等　甲裁判所書記官　甲山太郎　代表者等又は代理人住所氏名 |
| 被供託者の住所氏名 | 住所　甲県甲市乙町二丁目36番地　氏名・法人名等　丙川三郎 |

供託カード番号（カードご利用の方は記入してください。）

□ 別添のとおり（ふたり以上は別紙継続用紙に記載してください。）

□ 別添のとおり（ふたり以上は別紙継続用紙に記載してください。）
◎ 供託通知書の発送を請求する。

供託金額　億千百十万千百十円　￥24918

受理　年月日　供託カード発行

□ 手加入　□ 字削除

法令条項　民法第494条

供託の原因たる事実

被供託者乙野工業株式会社、債務者丙川三郎間の甲地方裁判所平成29年（ヌ）第180号強制競売事件について、平成30年2月2日午後金交付手続（支払場所：供託者普管地）である甲県甲市乙町二丁目36番地内川三郎は剰余金受領のために当裁判所に出頭しなかったので、同人に対する剰余金の額から通知のための郵便費用82円を差し引いた額に相当する剰余金249、918円を供託する。

係員印　受付
調査
記録

□ 供託により消滅すべき質権又は抵当権
□ 反対給付の内容

備考

（注）1.　供託金額の冒頭に￥記号を記入してください。なお、供託金額の訂正はできません。
　　　2.　本供託書は折り曲げないでください。

供託者カード氏名　コウ・チ・ホ・ウ・サ・イ・バ・ン・シ・ョ・シ・ョ・キ・カ・ン・コ・ウ・ヤ・マ・タ・ロ・ウ　シン・ン・ラ・イ・シ・ョ・ウ・ジ・ョ・ウ・キョウ・カ・ン・サ・イ・バ・ン・シ・ョ

（注）　濁点・半濁点は1マスを使用してください。

第四号様式（印刷用34号）

第2　供託の申請手続

## 【権利供託とは】

### 事　例22

　甲は，金銭消費貸借契約に基づき，乙に対し，100万円の貸金債務を負っていますが，丙から甲を第三債務者として債権差押えを受け，裁判所から債権の差押命令が送達されました。甲はどのようにして債務を弁済すればいいですか。

### 回　答

1　差押えを受けた債権の債務者（第三債務者）である甲はその債権者（執行債務者）である乙に対する弁済が禁止されます（民事執行法145条1項）。この支払の差止めに背いて甲が乙に100万円を弁済したとしても，執行債権者である丙に対してはこの弁済をもって対抗することはできない（民法481条1項）ため，丙から甲に100万円の弁済請求があった場合，甲は丙に対しても100万円を支払わなければなりません。

2　丙は差押えの効果として，差押え後1週間を経過すれば取立てを行うことができます（民事執行法155条1項）。これに応じて甲が丙に100万円を支払えば甲は債務の免責を受けることができます。また，貸金債務の金額である100万円を債務の履行地を管轄する法務局に供託することもでき（民事執行法156条1項），この供託（権利供託）によって免責を受けることができます。

## 第2 供託の申請手続

**【本件の関係図】**

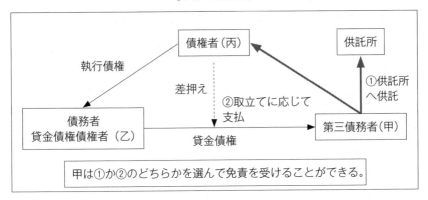

### 解 説

## 1 権利供託

　差押えとは，債権者の権利を実現するために，国が債務者の財産の処分を禁止することをいい（民事執行法93条1項，145条1項），その対象は不動産（同法93条1項），動産（同法122条），債権（同法143条）が挙げられます。差押えの対象が債権である場合，差し押さえられた債権の債務者は第三債務者と呼ばれ，差押命令を受けた場合，第三債務者から差押債権の債権者（執行債権の債務者，以下「債権者」という。）への支払は禁止されます（同法145条1項）。

　差押命令は，債務者と第三債務者に送達されることとなっており（同条3項），差押えの効力は，差押命令が第三債務者に送達された時点で生じます（同条4項）。この差押命令に反して第三債務者が債務者に弁済をした場合には，債権者はその弁済によって生じた損害を第三債務者に請求することができる（民法481条1項）とされているため，第三債務者は債務者に弁済することによって債務の免責を受けることはできません。

　債権者は差押命令が債務者に送達されてから1週間が経過したときには，差押えされた債権の取立てをすることができるようになり（民事執行法155条

127

## 第2　供託の申請手続

1項），第三債務者から支払を受けたときには，債権及び執行費用の弁済を受けたものとみなされ（同条2項），第三債務者はこの支払によって免責を受けることができます。

他方で，第三債務者は債権者の取立てによらず，債務額を供託することもできます。この供託は差押命令が送達された段階で行うことができます（同法156条1項）。供託は債務の履行地を管轄する供託所に行う必要があり，履行地の定めがない場合には，債権者（本事例では「乙」。）の住所地が債務履行地となります（民法484条後段）。

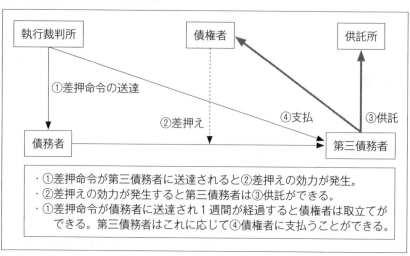

つまり，第三債務者は債権者の取立てに応じて支払うか，又は，債務履行地の供託所に供託するか，のどちらかを選んで免責を受けることができます。供託によって免責を受けることができる，という性質の供託になることから民事執行法156条1項による供託を権利供託と呼びます。

第2　供託の申請手続

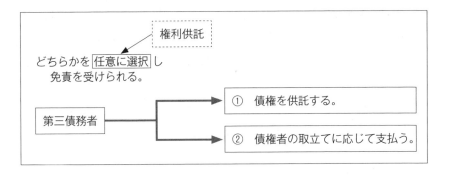

## 2　権利供託のパターン

　民事執行法156条1項による供託を行う場合には，以下の3つのいずれかのパターンの供託を行うことになります。差押金額と債務金額のいずれでもない金額の供託を行うことはできません。

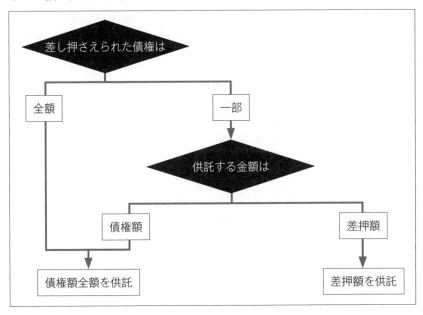

第2　供託の申請手続

①　差押命令を受けたのが金銭債権の全部である場合において，民事執行法156条1項の供託を行う場合には，債権額全額に相当する金銭を供託することになります。債権額の一部のみを供託することはできません。

②　差押命令を受けたのが金銭債権の一部である場合において，民事執行法156条1項の供託を行う場合には，第三債務者は債権額全額を供託するか，差押金額に相当する金額のみを供託するかのどちらかを選ぶことができます。

　　差押え相当額を供託する場合は，債権額の残余金については差押えの対象ではないことから第三債務者から債務者に直接弁済することになります。

③　差押金額にかかわらず，債権額の全額を供託することもできます。この場合には，差押金額を超える部分については弁済供託（民法494条）の性質を帯びることとなります。債務者はこの差押えに係らない金額については供託受諾を原因として還付請求することができ，供託受諾がされる前であれば第三債務者は供託不受諾を原因として取戻請求することができます。

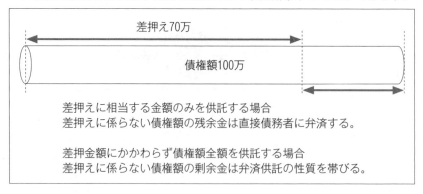

130

第2　供託の申請手続

## 3　権利供託と義務供託

　ここまでで解説したのは，あくまで同一の金銭債権に対して1つの差押えがなされた場合になります。同一金銭債権に対して1つの差押えがされている場合は，民事執行法156条1項の権利供託か，直接債権者に支払うかを，第三債務者が任意に選ぶことができますが，同一金銭債権に対して複数の差押えがなされた場合については以下のとおりです。

　例えば，100万円の金銭債権に対して50万円の差押えがされているときに，別の50万円の差押えがされたとします。この場合には，差押えの合計金額が債権金額を超えていないため，1つの差押えのみがなされている場合と同様に権利供託か，債権者への支払うかを任意に選ぶことができます。一方で，70万円の差押えがされているときに，別の50万円の差押えがされた場合には，差押えの合計金額が債権金額を超えることになります。このような場合には第三債務者は直接債権者に支払うことができず，債務の免責を受けようとする場合には同条2項による供託をしなければなりません。同条1項の権利供託に対して，こちらは供託をしなければ免責を受けることができないことから義務供託と呼ばれます。

　なぜ，差押金額が債権金額を超えると供託をしなければならなくなるのでしょうか。その理由は第三債務者の任意の支払を認めると一部の債権者が支払を受けられなくなるおそれがあるからです。同一債権に差押えが複数個あったとしても，その債権額以内であれば，第三債務者が任意に支払をしたとしても，いずれかの債権者が弁済を受けられなくなるおそれはありませんが，債権金額を超えた場合には，第三債務者の判断によって一部の債権者を害するおそれがあることから，免責を受けるために供託を義務付け，裁判所の判断によって各債権者に配当するという手続が取られるのです。

131

第2　供託の申請手続

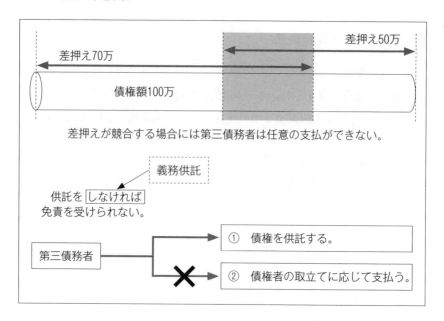

## 4　権利供託後の手続

　第三債務者は，民事執行法156条1項の規定によって権利供託をした後は，執行裁判所に事情届を届け出なければなりません（同条3項）。この事情届が提出されると，執行裁判所は配当等を実施し，債権者の配当額が決定されます（同法166条1項）。もっとも，権利供託の場合には，既に説明したとおり，差押金額が債権額（供託された金額）を超えないため，配当に参加した全ての債権者に対して各人の差押金額が交付され，もしも余剰金が生じた場合には債務者に交付されることになります。

　裁判所は配当等を実施した後は，供託所に対して支払委託を行うとともに，配当金を受領する債権者等に配当の証明書を交付します。債権者等はこの配当の証明書を持って供託所で払渡請求を行うことで配当金を受け取ることが可能です。

第2　供託の申請手続

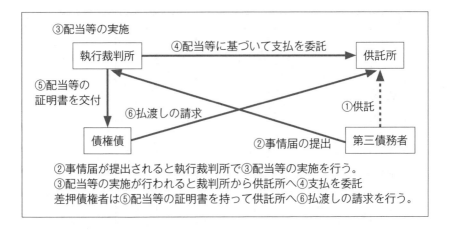

## 金銭債権について全額差押えられた場合の供託

第四号様式(第13条第1項関係)その他の金銭供託の供託書

供託書・ＯＣＲ用　(雑)

字加入　字削除　係員印　受付　調査　記録　頁 ／　(第４号様式 印供第３４号)

| | |
|---|---|
| 申請年月日 | 平成３０年　4月　1日 |
| 供託所の表示 | ○　○　法　務　局 |
| 供託カード番号 | (　　　) カードご利用の方は記入してください。 |
| 供託者の住所氏名 | 住所 大阪市中央区谷町二丁目１番１７号<br>氏名・法人名等 甲<br>代表者等又は代理人住所氏名<br>□別添のとおり ふたりめからは別紙継続用紙に記載してください。 |
| 被供託者の住所氏名 | 住所<br>氏名・法人名等<br>□別添のとおり ふたりめからは別紙継続用紙に記載してください。<br>□供託通知書の発送を請求する。 |
| 供託金額 | ¥1000000 |
| 法令条項 | 備考欄のとおり |
| 供託の原因たる事実 | 供託者は，神戸市中央区波止場町1番1号乙に対し，平成29年4月1日付け金銭消費貸借契約に基づく金100万円の貸金債務(弁済期：平成30年4月1日，支払場所：供託者住所地)を負っていたが，上記貸金債権について下記の差押命令が送達されたので，貸金債権の全額に相当する金100万円を供託する。<br>記<br>差押命令の表示<br>大阪地方裁判所平成30年(ル)第100号，債権者京都市上京区荒神口通河原町東入上生洲町197　丙，債務者神戸市中央区波止場町1番1号　乙，第三債務者供託者とする債権差押命令，執行債権額金120万円，差押債権額金100万円，平成30年3月22日送達。 |
| □供託により消滅すべき質権又は抵当権 | |
| □反対給付の内容 | |
| 備考 | 民事執行法第１５６条第１項 |

年　月　日　(印)　□供託カード発行

(注)　1．供託金額の冒頭に¥記号を記入してください。なお，供託金額の訂正はできません。
2．本供託書は折り曲げないでください。

↓　濁点，半濁点は１マスを使用してください。

供託者カナ氏名：コウ

020000

第2　供託の申請手続

## 【義務供託とは】

### 事　例23

　私は，住宅のリフォームを神戸市の乙川工務店株式会社に依頼し，同社と500万円の建築工事請負契約を締結しました。既に，工事は完了し，月末には請負代金を支払うことになっていたのですが，一昨日，この請負代金支払債務について，大阪市の丙村金融株式会社を債権者とする差押債権額400万円の差押命令が私宛てに郵送されてきました。そして，昨日，同じ債務に，今度は東京都千代田区の丁川金融株式会社を債権者とする差押債権額200万円の差押命令が郵送されてきました。

　私には，この請負代金を誰にいくら支払ってよいのか分かりません。そこで，法律に詳しい知人に相談すると，こうした場合，供託しなければならないと言われました。私は，どのような供託をすればよいのでしょうか。

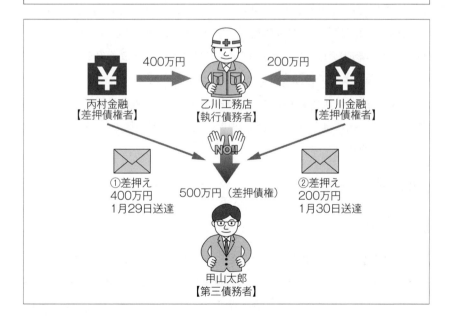

135

第2　供託の申請手続

## 回　答

　乙川工務店株式会社（債務者）に対して債務名義を有する丙村金融株式会社及び丁川金融株式会社（債権者）が，裁判所に申立てをして，債務者があなたに対して有している請負代金債権を差押えたものと思われます。あなたのように，差押えを受けた債権（差押債権）の債務者のことを第三債務者といいます。

　第三債務者は，差押債権について，差押債権者が提起した取立訴訟（民事執行法157条1項）の訴状の送達を受けるまでに，更に他の債権者の差押え又は仮差押えの執行がされ，その各差押債権額の合計が債権の額を超える（差押え等の競合が生じた）ときは，その債権の全額に相当する金銭を債務履行地（弁済供託と同じく最小行政区画である市区町村と解されます。）の供託所に供託しなければなりません（同法156条2項）。もし，債務履行地の市区町村に供託所がない場合は，その市区町村が属する都道府県内の最寄りの供託所に供託することとなります（昭和23.8.20民事甲第2378号民事局長通達・供託関係先例集(1)367頁）。

　具体的には，請負代金の弁済期に，債務履行地（契約に定めがあればその地，定めがなければ建築会社の本店のある神戸市）の供託所に，法令条項を「民事執行法156条2項」として供託することとなります。

　なお，弁済期に遅れて供託をする場合には，遅延損害金を加算する必要がありますので，注意してください（昭和55年度全国供託課長会同決議一7(7)・供託関係先例集(6)353頁）。

## 解　説

### 1　はじめに

　金銭債権を差し押えた債権者は，差押命令が債務者に対して送達された日から1週間が経過したときは，その債権を取り立てることができます（民事執行法155条1項）。しかし，第三債務者がこの取立てに任意に応じないときは，

136

第2　供託の申請手続

債権者は取立権を行使するため，第三債務者に対して，差し押えた債権に係る給付を求める訴え（取立訴訟）を提起することができます（民事執行法157条1項）。

　第三債務者は，この取立訴訟の訴状が送達されるまでに，本問のように差押え等の競合が生じた場合にはその債権の全額に相当する金銭を，配当要求があった旨を記載した文書の送達（民事執行法154条2項）を受けた場合には，差し押えられた部分に相当する金額を，民事執行法156条2項の規定により供託しなければなりません。第三債務者が供託をしなければ，その負担する債務について免責を受けることができないという意味で，この供託は「義務供託」と呼ばれています。

## ２　差押えの競合とは

　差押えの競合とは，図1のように同一の債権に対して複数の差押えがされ，その合計額が差押えに係る金銭債権の額を超える場合をいいます。図2のように同一の金銭債権に対して複数の差押えがされても，その差押金額の合計額が差押えに係る金銭債権の額の範囲内であれば，差押えの競合は生じず，民事執行法156条1項の規定により権利供託ができますが，供託義務を負うものではありません。

137

第2　供託の申請手続

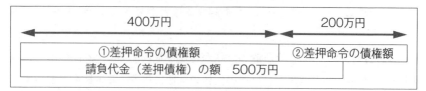

【図1　差押えの競合が生じる場合】

【図2　差押えの競合が生じない場合】

## 3　義務供託の意義

　もし，第三債務者が供託をせずに，自己の債権者である執行債務者に弁済をした場合はどうなるのでしょうか。民法481条1項は，「支払の差止めを受けた第三債務者が自己の債権者に弁済したときは，差押債権者は，その受けた損害の限度において更に弁済すべき旨を第三債務者に請求することができる。」としています。つまり，第三債務者は自己の債権者である執行債務者に弁済をしても，差押債権者に対しては対抗できず，請求があれば，二重払いをする必要があるということになります。

　また，本問のように差押債権者が複数おり，差押債権が競合する場合，第三債務者は弁済するに当たり，各債権の優劣や誰に正当な受領権があるのか等を判断する必要があり，第三債務者に二重払いの危険を伴う過度な負担を強いることになります。

　さらに，差押債権者間においても，第三債務者が債権者平等の原則に反して一方の債権者に弁済を行うと，本来は，債権額に応じて按分されるべき他方の債権者への弁済が困難となるなど不公平が生じるおそれがあります。

第2　供託の申請手続

このため，差押債権が競合する場合には，被差押債権の弁済において，第三債務者が執行債務者に直接弁済によることを禁止し，弁済に代えて被差押債権に相当する金銭を供託させることによって，これを執行裁判所の管理に委ね，各差押債権者に公平に配分することとされています。

そして，各差押債権者への配分は，執行裁判所の配当手続により支払委託に基づく供託金の払渡しという方法で実現されます（民事執行法166条1項1号）。

## 4　義務供託の効果

第三債務者の供託義務は，民事執行法上の手続協力義務であり，例えば，弁済期が未到来であるとか，第三債務者の弁済が反対給付の履行との同時履行関係にあるときは，たとえ差押えが競合したとしても供託義務が生じることはありません。弁済期が到来したり，反対給付が履行されるなど第三債務者に債務履行義務が生じてはじめて供託義務が生じることになります。

第三債務者が供託をすると，配当加入遮断効が生じ，以後，被差押債権に差押え等がされたとしても，その債権者が配当を受けることができなくなります（民事執行法165条1号）。このように，この供託は差押債権者等にとって重要な意味を持ちますから，第三債務者が供託をしたときは，その事情を執行裁判所に届け出なければなりません（民事執行法156条3項）。そして，この事情届には供託書正本を添付する必要があります（民事執行規則138条2項）。

この事情届により，執行裁判所による配当が実施され（民事執行法166条1項1号），執行裁判所から供託所に支払委託書が送付されるとともに，各債権者には配当額を記載した証明書が交付されます（規則30条1項）。各債権者はこれを添付して供託金払渡請求をし（規則30条2項），配当額を受け取ることになります。

139

## 第2 供託の申請手続

**金銭債権について差押えが競合した場合の供託**

第四号様式・OCR用
（第13条第1項関係）その他の金銭供託の供託書

供託書・OCR用

| | | |
|---|---|---|
| 申請年月日 | 平成30年1月31日 | 供託カード番号（ ） カード利用の方は記入してください。 |
| 供託所の表示 | ○○法務局 | |

供託者の住所氏名
住所　兵庫県豊岡市寿町○番○号
氏名・法人名等　甲山太郎
代表者等又は代理人氏所氏名

被供託者の住所氏名
住所
氏名・法人名等

□ 別添のとおり
ふりがなから以下別添継続用紙に記載してください。

□ 別添のとおり
ふりがなから以下別添継続用紙に記載してください。

□ 供託通知書の発送を請求する。

供託金額　億千百十万千百十円
¥ 5 0 0 0 0 0 0

年　月　日
印
□ 供託カード発行

供託者カナ氏名
コウヤマ　タロウ

□ 晴れ・半晴はマスを使用してください。

---

□ 訂正加入　□ 字削除

法令条項　民事執行法第156条第2項

供託原因たる事実

差押命令の表示
1 神戸地方裁判所平成30年（ル）第1100号。債権者大阪市中央区谷町二丁目。債務者乙川商事株式会社。第三債務者供託者乙川工務店株式会社。執行債権額金400万円。差押債権額金400万円。
2 神戸地方裁判所平成30年（ル）第1110号。債権者東京都千代田区九段南一丁目○番○号丁山金融株式会社。債務者乙川工務店株式会社。第三債務者供託者乙川工務店株式会社。執行債権差押命令。差押債権額金200万円。平成30年1月30日送達。

記

供託者は、神戸市中央区波止場町○番○号乙川工務店株式会社に対し、平成29年（弁済期：平成30年10月25日付け建築工事請負契約に基づく金500万円の請負代金支払債務（弁済期：平成30年1月31日。弁済場所：乙川工務店株式会社本店）を負っていたが、これについて下記の差押命令が相次いで送達されたので、債権の全額に相当する金500万円を供託する。

供託により消滅すべき質権又は
□ 抵当権
□ 反対給付の内容

備考

（注）1. 供託金額の冒頭に¥記号を記入してください。なお、供託金額の訂正はできません。
2. 本供託書は折り曲げないでください。

第4号様式
（印刷第34号）
頁　　／
調査
記録
受付　係員印
020000

第2　供託の申請手続

## 【金銭債権の一部に対する強制執行の差押え】

### 事例24

1　金銭債権の一部が差し押さえられたとき，第三債務者はどのような供託をしたらよいですか。
2　金銭債権の一部が差し押さえられて供託した場合，差押金額を超える供託金はどのように取り扱われますか。

### 回答

1　金銭債権の一部に対する差押えがされた場合，第三債務者は，差押金額のみを供託することも，債権の全額を供託することもできます（民事執行法156条1項）。
2　差押金額を超える供託金は弁済供託として取り扱われます。したがって，執行債務者（被供託者）は，供託を受諾して還付請求をすることができ，また，第三債務者（供託者）は，供託の不受諾を理由として取戻請求をすることができます（民法496条1項）。

### 解説

### 1　金銭債権の一部に対する差押え

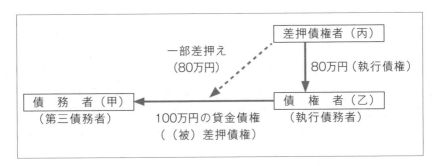

第2 供託の申請手続

　民事執行法156条1項は，金銭が差し押さえられた場合，第三債務者は，その金銭債権の全額を債務の履行地の供託所に供託することができると規定しています。これを「権利供託」といいます。

　第三債務者は，債権の全額の差押えを受けた場合には当然全額を供託することができますが，債権の一部の差押えを受けた場合には全額を供託することも，その差押えにかかる全額を供託することもできます。

　このように選択が認められる理由は，権利供託が第三債務者の利益保護のために認められていることにあります。差押金額のみの供託しか認めないとすると，第三債務者は差押金額を差押債権者に支払うか又はこれを供託し，残余金額は執行債務者に支払う必要が生じます。本来であれば債権者に債務の全額を支払えば免責されるはずが，第三債務者にとって二度手間となってしまいます。このような不利益を避けるために，債権全額の供託が認められています。

　他方，差押えを原因として権利供託が認められる以上，供託金額は差押金額に限定されるのが合理的であり，残余金額についてはその債権者に直接弁済して免責を得たとしても何ら不都合ではないことから，差押金額のみを供託することも認められています。これは，複数の差押え等があってその差押金額の合計額が被差押債権の額を超えない場合も同様であります。なお，差押金額未満の金額の供託をすることができないことは当然であるとともに，債権の全額と差押金額との範囲内の適宜の金額を供託することもできません。

## 2　差押えに係る金額のみの供託

　甲は乙に対し，金銭消費貸借契約に基づく金100万円の貸金債務を負っていたところ，差押債権者丙，債務者乙，第三債務者を甲とする債権額金80万円，差押債権額80万円とする債権差押命令が甲に送達された場合には，甲は差押金額に相当する金銭である80万円を供託することができます（昭和55.9.6民四第5333号民事局長通達第二・四・1・㈠・(1)・イ）。

第2　供託の申請手続

　これは全額差押えで全額供託する場合と同様に，全て執行供託になります。すなわち，第三債務者が供託したときは，その事情を執行裁判所に届け出なければなりません（民事執行法156条3項）。

　また，この第三債務者の供託により，配当加入遮断の効果が生じます。つまり，執行裁判所は，供託所に対して支払委託をする一方，差押債権者等に支払証明書を交付するので，差押債権者等は，これを供託金払渡請求書に添付して（規則30条）供託金の還付を受けることになります。すなわち，差押債権者等が供託所に対して直接還付請求をすることができないため，供託書の被供託者欄の記載は要しません。

## ❸　債権の一部につき差押えがされ，債権全額を供託する場合

　甲は乙に対し，金銭消費貸借契約に基づく金100万円の貸金債務を負っていたところ，債権者丙，債務者乙，第三債務者を甲とする債権額金80万円，差押債権額80万円の差押命令が甲に送達された場合は，差押えに係る金銭債権の全額に相当する金銭である100万円について供託することができます。差押えの効力の及んでいない部分については，弁済供託であると解されており，執行債務者の還付請求を可能にするため，同人を被供託者として供託書に記載し，同人宛てに供託通知をしなければなりません（民法495条3項）。供託官にこの供託通知書を発送することを請求する場合には，供託書に供託通知書及び郵券を付した封筒を添付する必要があります（OCR用供託書を提出する場合は郵券のみでよい）。

　なお，被供託者（執行債務者）は，差押えの効力の及んでいない部分につき供託を受諾して供託の還付請求をすることができます。

　また，第三債務者（供託者）も，差押えの効力の及んでいない部分の供託金については，供託府受諾を原因として取戻請求をすることができます。

143

# 第2　供託の申請手続

## 金銭債権が差し押さえられた場合の供託（一部が差し押さえられ、差押金額のみを供託する場合）

第四号様式・OCR用
第13条第1項関係　その他の金銭供託の供託書

（第4号様式）
（印現第3.4号）

供託書・OCR用
（控）

| 供託カード番号 | | | |
|---|---|---|---|
| カードを利用の方は記入してください。 | | | |

**申請年月日**　平成20年4月25日
**供託所の表示**　〇〇法務局

**供託者の住所氏名・法人名等**
住所　甲県乙市丙町一丁目1番1号
氏名・法人名等　甲　山　太　郎
代表者等又は代理人住所氏名

**被供託者の住所氏名**
住所
氏名・法人名等

□別添のとおり
ふりがなからは別紙継続用紙に記載してください。

□別添のとおり
あらかじめふりがなは別紙継続用紙に記載してください。
□供託通知書の発送を請求する。

**供託金額**
| 億 | 千 | 百 | 十 | 万 | 千 | 百 | 十 | 円 |
|---|---|---|---|---|---|---|---|---|
| | | | ¥ | 8 | 0 | 0 | 0 | 0 | 0 |

年　月　日
□供託カード発行　印

高速・半角の1マスを使用してください。
供託書カナ氏名　コウヤマタロウ

**法令条項**　民事執行法第156条第1項

**供託の原因たる事実**
供託者は、申県丙市丁町二丁目2番2号乙野次郎に対し、平成18年4月25日付けの金銭消費貸借契約に基づく金100万円の貸金債務（弁済期：平成20年4月25日、弁済場所：乙野次郎住所）を負っていたが、上記貸金債権について下記の差押命令が送達されたので、差押債権額に相当する金80万円を供託する。

記

**差押命令の表示**
〇〇地方裁判所平成20年（ル）第596号、債権者乙野太郎、第三債務者甲野次郎、第三債務者乙県丁市丙町三丁目3番3号内村三郎、債務者乙野次郎、差押債権命令、執行債権額金80万円、差押債権額金80万円、平成20年4月16日送達。

□供託により消滅すべき質権又は抵当権
□反対給付の内容

**備考**

（注）1. 供託金額の冒頭に¥記号を記入してください。なお、供託金額の訂正はできません。
2. 本供託書は折り曲げないでください。

（供託所記録　員司　受付　調査　頁／　020000）

# 金銭債権が差し押さえられた場合の供託（一部が差し押さえられ全額を供託する場合）

第四号様式（第13条第1項関係）その他の金銭供託の供託書

供託書・OCR用
（兼）

第4号様式
（印刷第34号）

頁 ／ 

020000

| | |
|---|---|
| 申請年月日 | 平成20年4月25日 |
| 供託所の表示 | ○○法務局 |

供託カード番号（カードご利用の方はご記入してください。）

**供託者の住所氏名等**
住所　甲県乙市丙町一丁目1番1号
氏名・法人名等　甲　山　太　郎
代表者又は代理人住所氏名

□ 別添のとおり
ふたりめからは別紙継続用紙に記載してください。

**被供託者の住所氏名等**
住所　甲県丙市丁町二丁目2番2号
氏名・法人名等　乙　野　次　郎

□ 別添のとおり
ふたりめからは別紙継続用紙に記載してください。
☑ 供託通知書の発送を請求する。

供託金額　¥ 1 0 0 0 0 0 0

法令条項　民事執行法第156条第1項

**供託の原因たる事実**

供託者は、被供託者に対し、平成18年4月25日付けの金銭消費貸借契約に基づく金100万円の貸金債務（弁済期：平成20年4月25日、弁済場所：乙野太郎住所）を負っていたが、上記貸金債権について下記の差押命令が送達されたので、貸金債権の全額に相当する金100万円を供託する。

記

差押命令の表示
○○地方裁判所平成20年（ル）第596号、債権者乙県丁市丙町三丁目3番3号丙村花子、債務者被供託者、第三債務者供託者、執行債権額金80万円、差押債権額金80万円、平成20年4月16日送達。

□ 供託により消滅すべき質権又は抵当権
□ 反対給付の内容

備考

（注）1.供託金額の冒頭に¥記号を記入してください。なお、供託金額の訂正はできません。
　　　2.本供託書は折り曲げないでください。

供託者方氏名　コ　ウ　ヤ　マ　タ　ロ　ウ
（用紙は白色又はコ～ム色を使用してください。）

年　月　日
□ 供託カード発行

第2 供託の申請手続

## 【金銭債権に仮差押えがされた場合】

### 事 例25

　金銭債権について仮差押えの執行がされた場合には，第三債務者はどのような供託をしたらよいですか。

### 回 答

　仮差押えの態様によって，第三債務者ができる供託は，以下の2つのパターンに分けられます。

　①　仮差押えの執行が金銭債権の全額についてされた場合

　②　仮差押えの執行が金銭債権の一部についてされた場合

　①の場合は，仮差押えの執行に係る金銭債権の全額に相当する金銭を供託することができます。具体的には，下図の仮差押金額が100万円の場合に，金銭債権の100万円全額を供託することができます。

　②の場合は，仮差押金額又は金銭債権の全額に相当する金銭を供託することができます（民事保全法50条5項による民事執行法156条1項を準用。平成2.11.13民四第5002号民事局長通達参照）。具体的には，下図の仮差押金額が30万円の場合，30万円を供託することもできますし，金銭債権全額の100万円を供託することもできます。30万円を供託した場合は，仮差押えの効力が及んでいない残額70万円については，履行期までに，債権者に弁済しなければならないことになります。

146

第2　供託の申請手続

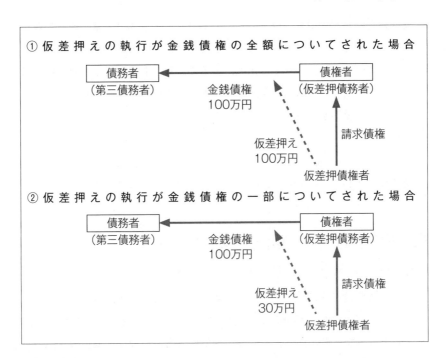

## 解説

### 1　差押えと仮差押えとの対比について

差押えと仮差押えについては下図のような違いがあります。

|  | 根拠法令 | 意　義 | 債務名義の要否 | 取立権の有無 |
|---|---|---|---|---|
| 差押え | 民事執行法 | 確定した権利の実現 | 必要 | 有 |
| 仮差押え | 民事保全法 | 権利の実現に備えた現状の維持・確保 | 不要 | 無 |

第2 供託の申請手続

　仮差押えはあくまでも「仮」のものであり，その意義は債権の現状を維持
及び確保することにあります。また，「仮」のものであることから，仮差押
えの申立ては差押えの申立てに比べ，要件が緩和されています。具体的には，
仮差押えの申立てには債務名義が不要であり，被保全債権の存在及びその債
権の保全の必要性が確認できる疎明資料を裁判所に提出すれば足りることに
なります。

　そして，仮差押債権者は取立権を有しないので，直接第三債務者から弁済
を受けることができないのが差押えとの大きな違いになります。

## 2　仮差押えの執行を原因とする供託について

　仮差押えの執行がされた金銭債権については，民事保全法50条1項より，
第三債務者の債務者に対する弁済は一切禁止されています。

　しかし，民事保全法50条5項が民事執行法155条を準用していないため，
本来の債権者たる仮差押債務者も仮差押債権者も，被仮差押債権の支払いを
請求することはできません。そのため，第三債務者は当該支払の履行を強制
されることはありませんが，債務不履行責任は負うという点で第三債務者は
非常に不安定な立場に置かれることになります。

　以上の理由から，第三債務者に権利供託が認められています。第三債務者
が遅延損害金の発生という債務不履行の責任を免れ，かつ仮差押債権者と本
来の債権者たる仮差押債務者の双方に対抗できるような形で債務を免れよう
とすれば，実際問題としてそうせざるを得ないということになります。

　ところで，この権利供託の根拠法令は民事保全法50条5項及び民事執行法
156条1項とされています。しかしながら，この意味するところは差押えの
場合における民事執行法第156条1項の意味と全く異なっています。

　つまり，差押えの場合の供託と異なり，仮差押えの第三債務者によって権
利供託がされても，直ちに配当等の手続に移行するものではなく，また配当
加入遮断効もありません。これは，民事保全法50条5項は民事執行法165条

148

及び166条を準用していないためです。換言すると、仮差押えの場合の供託は執行供託の体裁はとるものの、その性質としては「債務者に対する弁済が禁じられているため、弁済の代わりに供託する」という側面が強くなっているのです。

## 3 供託書の書き方等について

差押えの場合との大きな違いは「被供託者の住所氏名」欄に仮差押債務者を必ず記載することです。

これは、仮差押えの執行がされた場合の供託が弁済供託としての側面が強く、仮差押債務者が還付請求権を有することに起因するものです。

## 4 仮差押えが取り下げられた場合

仮差押債権者が仮差押えを取り下げると、保全執行裁判所において取下げを受理したときに、最初から仮差押えがされていなかったのと同じ状態になります。

そのため、以下のような流れになります。

(1) **第三債務者が供託する前に仮差押えが取り下げられた場合**

第三債務者は本来の契約どおりに弁済期が到来したら、仮差押債務者（第三債務者にとっての債権者）に弁済すれば済みます。

(2) **第三債務者が供託をした後に仮差押えが取り下げられた場合**

被供託者たる差押債務者は、供託金全額について還付請求することができます。この場合「還付請求権を有することを証する書面」として還付請求書に添付する書類は、保全執行裁判所が発行する「取下げ及び執行取消証明書」です。

## 第2　供託の申請手続

仮差押えの執行が金銭債権の一部にされ、その仮差押債権額に相当する金銭を供託する場合

**供託書・OCR用**　（様）

（第4号様式）（印規第34号）
020000

頁　1／

| 記録 | 調査 | 受付 | 係員印 | 受付印 |

| 字加入 | 字削除 |

---

| 申請年月日 | 平成29年4月30日 |
| 供託所の表示 | ○○法務局 |

供託カード番号（　　）（カードご利用の方は必ず記入してください。）

**供託者の住所氏名**
住所　甲県乙市丙町一丁目1番1号
氏名・法人名等　甲山太郎
代表者等又は代理人住所氏名

別添のとおり
ふりがなからは別用紙継続用紙に記載してください。

**被供託者の住所氏名**
住所　甲県丙市丁町二丁目2番2号
氏名・法人名等　乙野次郎

別添のとおり
ふりがなからは別用紙継続用紙に記載してください。
供託通知書の発送を請求する。

| 供託金額 | 千 | 百 | 十 | 億 | 千 | 百 | 十 | 万 | 千 | 百 | 十 | 円 |
| --- | --- | --- | --- | --- | --- | --- | --- | --- | --- | --- | --- | --- |
| | | | | | | | ¥ | 3 | 0 | 0 | 0 | 0 | 0 |

供託カ十氏名　コウヤマタロウ

年　月　日発行
□供託カード発行
印

---

**法令条項**　民事保全法第50条第5項、民事執行法第156条第1項

**供託の原因たる事実**
供託者は、被供託者に対し、平成28年8月19日付けの金銭消費貸借契約に基づく金100万円の貸金債務（弁済期：平成29年4月30日まで、弁済場所：乙野次郎住所）を負っていたが、上記貸金債権額について下記の仮差押命令が送達されたので仮差押債権額に相当する金30万円を供託する。

記

仮差押命令の表示
○○地方裁判所平成29年（ヨ）第28号、債権者乙県丁市丙町三丁目3番3号村上三郎、債務者被供託者、第三債務者供託者とする債権仮差押命令、執行債権額30万円、仮差押債権額30万円、平成29年4月1日送達。

**備考**

□ 供託により消滅すべき質権又は抵当権
□ 反対給付の内容

（注）
1　供託金額の冒頭に¥記号を記入してください。なお、供託金額の訂正はできません。
2　本供託書は折り曲げないでください。

1　黒色、年濃4のマスを使用してください。

150

第2　供託の申請手続

仮差押えの執行が金銭債権の全額にされ、その全額を供託する場合

供託書・OCR用

（第4号様式）
（印紙第34号）

頁　／

| | 記　録 | 調　査 | 受付 | 係員印 | | 字加入　字削除 |

法令条項　民事保全法第50条第5項、民事執行法第156条第1項

供託の原因たる事実

供託者は、被供託者に対し、平成28年8月19日付けの金銭消費貸借契約に基づく金100万円の貸金債務・平成29年4月30日まで、弁済場所：乙野次郎の住所）を負っていたが、上記貸金債権の全額に相当する金100万円が仮差押えされたので、貸金債権の全額に相当する金100万円を供託する。

記

仮差押命令の表示
　○○地方裁判所平成29年（ヨ）第283号、債権者甲県乙市丙町二丁目3番3号甲野太郎、債務者被供託者、第三債務者供託者、平成29年4月1日送達。
　債権額金100万円、仮差押債権額金100万円、執行令状平成29年4月1日送達。

□仮差押により消滅すべき質権又は抵当権
□反対給付の内容

備考

（注）　1　供託金額の冒頭に￥記号を記入してください。なお、供託金額の訂正はできません。
　　　　2　本供託書は折り曲げないでください。

申請年月日　平成29年4月30日

供託所の表示　○○法務局

供託カード番号（　　　　）
カードご利用の方は記入してください。

供託者の住所氏名
　住所　甲県乙市丙町一丁目1番1号
　氏名・法人名等　甲　山　太　郎
　代表者等又は代理人住所氏名

□別添のとおり
　ふたりめからは別紙継続用紙に記載してください。

被供託者の住所氏名
　住所　甲県丙市丁町二丁目2番2号
　氏名・法人名等　乙　野　次　郎

□別添のとおり
　ふたりめからは別紙継続用紙に記載してください。
□供託通知書の発送を請求する。

供託金額

| 百十億 | 千 | 百 | 十万 | 千 | 百 | 十 | 円 |
|---|---|---|---|---|---|---|---|
| ￥ 1 | 0 | 0 | 0 | 0 | 0 | 0 | 0 |

（印）
年　月　日
□供託カード発行

供託者カナ氏名　コ ウ ヤ マ タ ロ ウ

※　半濁点はマスを使用してください。

020000

151

# 第2　供託の申請手続

## 仮差押えの執行が金銭債権の一部にされ、金銭債権の全額に相当する金銭を供託する場合
第四号様式(第13条第1項関係)その他の金銭供託の供託書

（第4号様式）
印刷第34号

供託書・OCR用　　（控）

| 申請年月日 | 平成29年4月30日 |
|---|---|
| 供託所の表示 | ○○法務局 |
| 供託カード番号 | カードご利用の方は記入してください。 |

□ 手加入　□ 字削除

| 係員印 | 受付印 | 調査 | 記録 | 頁　　／ |
|---|---|---|---|---|

**供託者の住所氏名・法人名等**
- 住所　甲県乙市丙町一丁目1番1号
- 氏名・法人名等　甲山太郎
- 代表者等又は代理人住所氏名

☑ 別添のとおり　□ ふりがなは別紙続紙用紙に記載してください。

**被供託者の住所氏名**
- 住所　甲県丙市丁町二丁目2番2号
- 氏名・法人名等　乙野次郎

□ 別添のとおり　□ ふりがなは別紙続紙用紙に記載してください。　☑ 供託通知書の発送を請求する。

**供託金額**

| 百億 | 十億 | 億 | 千万 | 百万 | 十万 | 万 | 千 | 百 | 十 | 円 |
|---|---|---|---|---|---|---|---|---|---|---|
| | | ¥ 1 | 0 | 0 | 0 | 0 | 0 | 0 | 0 | 0 |

**供託の原因たる事実**

| 法令条項 | 民執法第50条第5項、民事執行法第156条第1項 |
|---|---|

供託者は、被供託者に対し、平成28年8月19日付けの金銭消費貸借契約に基づく金100万円の貸金債務(弁済期:平成29年4月30日まで、弁済場所:乙野次郎住所)を負っていたが、上記貸金債権について下記の仮差押命令が送達されたので、貸金債権の全額に相当する金100万円を供託する。

記

仮差押命令の表示
○○地方裁判所平成29年(ヨ)第283号　債権者乙県丁市丙町三丁目3番3号丙村三郎、債務者被供託者、第三債務者供託者、執行債権額金30万円、仮差押債権額金30万円、平成29年4月1日送達

**備考**

□ 供託により消滅すべき質権又は抵当権
□ 反対給付の内容

年　月　日　　印　　□供託カード発行

供託者カナ氏名　コウヤマタロウ

1. 黒色・手書はマスを使用してください。

(注) 1. 供託金額の冒頭に¥記号を記入してください。なお、供託金額の訂正はできません。
2. 本供託書は折り曲げないでください。

020000

152

第2　供託の申請手続

## 【金銭債権に仮差押えと差押えが競合した場合（遅延損害金を中心に）】

### 事例26

　甲社は，乙社から建築資材を購入し，その売買代金300万円を平成29年9月30日に乙社に持参して支払う義務を負っていました。その代金支払債務について，甲社を第三債務者として，①同年9月15日に請求債権額を350万円とする仮差押命令（仮差押債権者A，仮差押金額300万円），②同年11月20日に請求債権額を300万円とする差押命令（差押債権者B，差押債権額300万円）が，それぞれ送達されました。

　甲社としては，上記代金債務の支払日に弁済しなかったものの，その時点では仮差押命令が送達されていたのみであったので，何の対応もせずにいたところ，上記差押命令が送達されました。この場合，甲社は，どのように対応すべきでしょうか。

### 回答

　甲社は，被（仮）差押債権（300万円）の支払日の翌日である平成29年10月1日から供託する日までの年6分（商事法定利率）の遅延損害金を付して供託する必要があります。

【本件関係図】

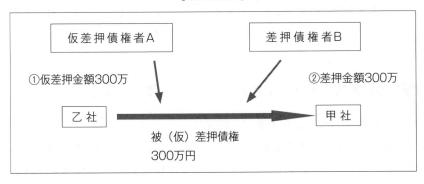

153

第2　供託の申請手続

### 解説

## 1　義務供託とは

　各差押金額の合計が債権の額以下である場合には，第三債務者は，差押債権者の取立てに応じて，直接，差押債権者に対して，差し押さえられた債権の支払をすることができますし，民事執行法156条1項により，法務局に供託することもできます（権利供託）。一方，各差押金額の合計が債権の額を超え，差押えが競合する場合には，同条2項により，差し押さえられた部分に相当する金銭を供託しなければなりません。

　すなわち，第三債務者は，差押えがされた金銭債権について，差押債権者が提起した取立訴訟（同法157条1項）の訴状の送達を受けるときまでに，①更に他の差押え又は仮差押えが執行され，各差押金額の合計が金銭債権の額を超えるときは，差押え等の競合となり，その債権の全額に相当する金銭を，②配当要求があった旨を記載した文書の送達を受けたときは，差し押さえられた部分に相当する金銭を供託しなければなりません。

## 2　遅延損害金及び利息に対する（仮）差押えの効力

### (1)　利息債権に対する（仮）差押えの効力

　差押えの効力は，差押命令が第三債務者に送達されたときに生じます。そして，この差押命令の効力は，差押命令送達後に発生する利息に及ぶと解さ

れています。これは，差押え後に発生する利息債権が元本債権に付従するという考えによるものです（民法87条2項）。

したがって，元本債権を差し押さえた場合，将来発生する利息債権に対しても，その差押えの効力が及ぶことになりますが，既に生じている利息債権（差押えの効力発生前に生じている利息債権）は，元本債権とは独立の支分債権であることから，別に差押えをしない限り，差押えの効力は及びません（大判大正5.3.8民録22輯537頁）。

(2) 遅延損害金に対する（仮）差押えの効力

遅延損害金に対する差押えの効力については，①元本債権の差押えの効力は差押えの効力発生後に生じる遅延損害金のみに及ぶとする説（限定説）と，②差押えの効力発生前に生じた遅延損害金にも及ぶとする説（包括説）の2つの説があります。

両説は，元本債権の差押えの効力が，その効力発生後に生ずる遅延損害金に及ぶという点については同じですが，限定説ではその効力発生前に生じた遅延損害金には及ばないのに対し，包括説では及ぶという点に違いがあります。つまり，限定説であれば，元本債権のほか差押命令の送達日から供託日までの遅延損害金を供託する必要があるのに対し，包括説では，元本債権のほか，弁済期の翌日から供託日までの遅延損害金を供託する必要があります。

## ３ 供託実務上の問題

### (1) 弁済期到来後の差押え

金銭債権の差押えは，その弁済期到来前にされているケースがほとんどですから，その取扱いに問題が生じることは少ないと思われます。しかし，弁済期の経過後に差押えがなされた場合には，遅延損害金を付して供託すべきか，が問題となります。

この場合，包括説によると弁済期の翌日から供託日までの遅延損害金を付して供託することになりますが，「既に発生している利息や遅延損害金をも

第2　供託の申請手続

差し押さえようとする場合には，差押命令にその旨明記しなければならず，当然に及ぶものではない。」と解する限定説によると，差押命令が送達された日から供託日までの遅延損害金を付して供託するか，弁済期の翌日から供託日までの遅延損害金を付した上で，弁済期の翌日から差押命令が送達された日の前日までの遅延損害金を弁済供託とみなして，被供託者を記載した供託をすることになります。

(2)　**給料債権について**

　給料債権について差押えがされ，第三債務者から供託される場合，差押えに係る過去の給料を数か月まとめて供託するケースがありますが，この場合も遅延損害金は必要となるのでしょうか。この点，供託実務の取扱いは，給与債権等の継続的給付についての差押えの競合による供託については，給与が遅配しているなど給与債務の履行遅滞が明らかな場合を除き，給与支払日経過後の遅延損害金を付さない供託申請を受理して差し支えないとされています。これは，給与債権は一般に取立債権であると解されているため，債務者が遅延の責めを免れるためには口頭の提供を要することになると考えられるところ，履行の時期及び場所が確定していて，このことを債権者も承知しており，債権者が受取に行けばいつでも弁済を受けられることが社会的に確立，慣行化している給与債権については民法493条ただし書の口頭の提供を要せず，債務者は支払の準備をしておくだけで遅滞の責めを免れると解されているところから，債務者は給与支払の履行期の経過によって直ちに履行遅滞の責めを負うものではないとされているからです。

第2　供託の申請手続

## 4　本問の検討

　本問では，差押債権者Bが差押えをした時点では，既に被差押債権（商品代金債権）の弁済期が経過しており，Bの差押えのみを考えるとすると，上記限定説では差押命令の送達日の翌日（11月21日）以降の遅延損害金のみを供託することになり，包括説では，弁済期の翌日（10月1日）以降の遅延損害金を供託する必要があります。

　しかし，本問の場合は，仮差押債権者Aの仮差押えの執行が当該差押えと競合している事案であり，先行のAの仮差押えの執行の効力は，弁済期前に生じていていて，両説のいずれによっても支払日の翌日（10月1日）以降の遅延損害金にその効力が及んでいます。このような場合，限定説によっても，差押債権者Bとの関係においても，差押えの効力は弁済期以降の遅延損害金に及ぶと考えられます。

　よって，甲社は支払日の翌日の10月1日から供託日までの年6分（商事法定利息）の遅延損害金を付さなければなりません。

157

## 第2 供託の申請手続

金銭債権について仮差押えと差押えが競合した場合の供託（遅延損害金含む）

第四号様式（第13条第1項関係）その他の金銭供託の供託書

供託書・OCR用

| 申請年月日 | 平成29年11月22日 |
|---|---|
| 供託所の表示 | ○○法務局 |

供託者の住所氏名
住所 甲県乙市丙町一丁目1番1号
氏名・法人名等 株式会社甲山組
代表者等又は代理人住所氏名

被供託者の住所氏名
住所
氏名・法人名等

供託金額 ¥30261377

供託カード番号（　　　　　　）
カードご利用の方は記入してください。

□ 別紙のとおり
ふたりめからは別紙継続用紙に記載してください。

□ 別紙のとおり
ふたりめからは別紙継続用紙に記載してください。

□ 供託通知書の発送を請求する。

年　月　日
□ 供託カードで発行

供託の原因たる事実
別紙のとおり

法令条項
民事保全法の条例等
民事執行法第156条第2項

□ 供託により消滅すべき質権又は抵当権
□ 反対給付の内容

備考

（注）1. 供託金額の冒頭に¥記号を記入してください。なお、供託金額の訂正はできません。
　　　2. 本供託書は折り曲げないでください。

供託者カナ氏名　カブシキガイシヤコウヤマグミ

□字加入　□字削除

供託官受付印

記録　調査　受付印

1／2頁

（第4号様式）
（印刷第34号）

020000

第2　供託の申請手続

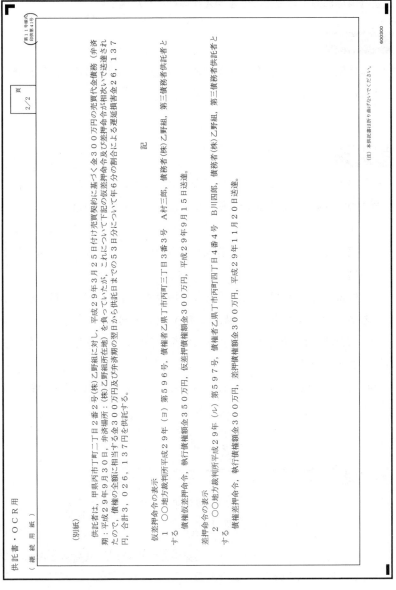

(別紙)

供託者は、甲県丙市丁町二丁目2番2号 (株) 乙野組に対し、平成29年3月25日付け売買契約に基づく金300万円の売買代金債務 (弁済期：平成29年9月30日、弁済場所：(株) 乙野組所在地) を負っていたが、これについて下記の仮差押命令及び差押命令が相次いで送達されたので、債権の全額に相当する金300万円及び弁済期の翌日から供託日までの53日分について年6分の割合による遅延損害金26,137円、合計金3,026,137円を供託する。

記

仮差押命令の表示
1　○○地方裁判所平成29年 (ヨ) 第596号、債権者乙県丁市丙町三丁目3番3号　A村三郎、債務者 (株) 乙野組、第三債務者供託者とする。
　債権仮差押命令、執行債権額350万円、仮差押債権額300万円、平成29年9月15日送達。

差押命令の表示
2　○○地方裁判所平成29年 (ル) 第597号、債権者乙県丁市丙町四丁目4番4号　B川四郎、債務者 (株) 乙野組、第三債務者供託者とする。
　債権差押命令、執行債権額300万円、差押債権額300万円、平成29年11月20日送達。

第2　供託の申請手続

## 【金銭債権に対する複数の仮差押えが執行された場合】

### 事例27

　金銭債権について複数の仮差押えの執行がされた場合には，第三債務者はどのような供託をしたらよいですか。

### 回答

　複数の仮差押えの送達を受けた場合，第三債務者ができる供託は，各仮差押金額の合計額と金銭債権額と態様によって，以下の2つのパターンに分けられます。

① 仮差押えが重複するが，各仮差押金額の合計額が金銭債権額を超えない場合

② 仮差押えが重複しており，各仮差押金額の合計額が金銭債権額を超える場合（いわゆる仮差押えの執行が「競合」した場合）

　①の場合は，仮差押金額の合計額又は金銭債権の全額に相当する金銭を供託することができます。

　②の場合は，仮差押えの執行に係る金銭債権の全額に相当する金銭を供託することができます。

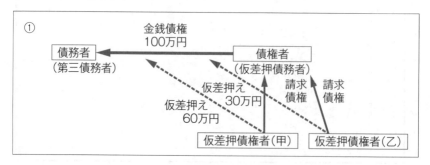

160

第2　供託の申請手続

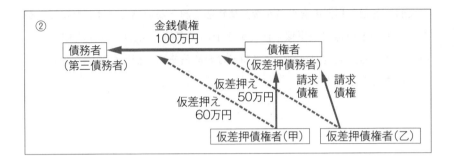

## 解説

### 1　仮差押えが競合した場合の供託について

　仮差押えの「競合」とは，仮差押えが重複し，各仮差押金額の合計額が仮差押えの執行に係る金銭債権の額を超える場合をいいます。このとき，各仮差押えの効力は金銭債権の全額に及ぶことになります。

　ところで，この場合に民事保全法50条5項により民事執行法156条2項が準用され，第三債務者に供託義務が発生するか否かが問題となります。

　この点，民事執行法156条2項が供託義務を負わせている趣旨は，取立権を有する各差押債権者から請求を受けた第三債務者が自らの判断で各差押債権者への弁済をすると，第三債務者が差押債権者間の優劣関係や按分関係を誤ることで公平な分配が阻害されるおそれがあるため，供託の方法によって，執行裁判所の責任に基づく公平な配当手続の実施を担保することにあります。

　一方，仮差押債権者は，当該仮差押債権の取立権を有しない（前問参照）ため，そもそも仮差押えが競合しても，差押えの競合又は差押えと仮差押えとの競合のように各差押債権者間の公平な分配が問題となる余地はありません。

　よって，仮差押えがされた場合の第三債務者がすべき供託は，民事執行法156条2項を準用した義務供託ではなく，他の仮差押えとの競合の有無にかかわらず，常に民事執行法156条1項を準用した権利供託となります。

161

第2　供託の申請手続

　なお，各仮差押えの合計額が金銭債権額を超えない場合には，仮差押えが
1件の場合と同様に民事保全法50条5項が民事執行法156条1項を準用して
いることから，仮差押金額の合計額又は金銭債権の全額に相当する金銭を供
託することができます。

第2　供託の申請手続

**仮差押えが重複するが、各仮差押金額の合計額が金銭債権額を超えない時に、金銭債権の全額に相当する金銭を供託する場合**

第4号様式
（印紙第34号）

記録　1／2頁

## 供託書・OCR用

| 申請年月日 | 平成29年4月30日 | 供託カード番号 |
|---|---|---|

（カードご利用の方は記入してください。）

字加入　字削除　係員印　受付　調査　記録

**供託所の表示**　○○法務局

**供託者の住所氏名**
- 住所　甲県乙市丙町一丁目1番1号
- 氏名・法人名等　甲山太郎
- 代表者等又は代理人住所氏名

□別紙のとおり（ふたつめからは別紙継続用紙に記載してください。）

**被供託者の住所氏名**
- 住所　甲県丙市丁町二丁目2番2号
- 氏名・法人名等　乙野次郎

□別紙のとおり（ふたつめからは別紙継続用紙に記載してください。）
◎供託通知書の発送を請求する。

**供託金額**　¥1,000,000
（百十億千百十万千百十円）
コ　ウ　リ　ウ　キ　ン　ガ　ク

年　月　日
□供託カード発行

**法令条項**　民事保全法第50条第5項、民事執行法第156条第1項

**供託の原因たる事実**

供託者は、被供託者に対し、平成28年8月19日付けの金銭消費貸借契約に基づく金100万円の貸金債務（弁済期：平成29年4月30日まで、弁済場所：乙野次郎住所）を負っていたが、上記貸金債権について下記の仮差押命令が相次いで送達されたので、貸金債権の全額に相当する金100万円を供託する。

記
仮差押命令の表示
1　○○地方裁判所平成29年（ヨ）第283号、債権者甲県乙市丙町三丁目3番3号村井三郎、第三債務者被供託者とする債権仮差押命令、執行債権額金60万円、仮差押金6万円、平成29年4月1日送達
2　○○地方裁判所平成29年（ヨ）第197号、債権者甲県乙市丙町五丁目5番5号丁川四郎、第三債務者被供託者とする債権仮差押命令、執行債権額金30万円、仮差押金30万円、平成29年4月3日送達。

**仮差押命令の表示**

**供託により消滅すべき質権又は抵当権**

**反対給付の内容**

**備考**

（注）　1　供託金額の冒頭に¥記号を記入してください。なお、供託金額の訂正はできません。
2　本供託書は折り曲げないでください。

020000

## 第2　供託の申請手続

仮差押えが重複するが、各仮差押金額の合計額が金銭債権額を超えない時に、仮差押金額の合計額を供託する場合

第4号様式
(印刷第334)
1/2頁
020000

**供託書・OCR用**（維）

| | |
|---|---|
| 申請年月日 | 平成29年4月30日 |
| 供託所の表示 | ○○法務局 |

供託カード番号
（カードご利用の方は記入してください。）

□字加入　□字削除

供託官受付印　記録　調査　受付

法令条項　民事保全法第50条第5項、民事執行法第156条第1項

**供託者の住所氏名等**
住所　甲県乙市丙町一丁目1番1号
氏名・法人名等　甲山太郎
代表者等又は代理人住所氏名

□別添のとおり
ふりがなからは別添継続用紙に記載してください。

**被供託者の住所氏名等**
住所　甲県丙市丁町二丁目2番2号
氏名・法人名等　乙野次郎

□別添のとおり
ふりがなからは別添継続用紙に記載してください。
◎供託通知書の発送を請求する。

供託金額　¥900000
（百億十億億千万百万十万万千百十円）
¥ 9 0 0 0 0 0

**供託の原因たる事実**

供託者は、被供託者に対し、平成28年8月19日付けの金銭消費貸借契約に基づく金100万円の貸金債務（弁済期：平成29年4月30日まで、弁済場所：乙野次郎住所）を負っていたが、上記貸金債務について下記の仮差押命令が相次いで送達されたので、仮差押権額の合計額に相当する金90万円を供託する。

仮差押命令の表示
1　○○地方裁判所平成29年（ヨ）第283号、債務者乙県丁市丙町三丁目1番3号丙村三郎、債務者被供託者、仮差押権額60万円、平成29年4月1日送達
3　○○地方裁判所平成29年（ヨ）第197号、債務者甲県乙市丙町五丁目5番5号丁川四郎、第三債務者被供託者とする債権仮差押命令、執行債権額30万円、平成29年4月3日送達

□供託により消滅すべき質権又は抵当権
□反対給付の内容

備考

（印）　年　月　日
□供託カード発行

(注)　1.供託金額の冒頭に¥記号を記入してください。なお、供託金額の訂正はできません。
2.本供託書は折り曲げないでください。

供託者カナ氏名　コウヤマタロウ
（濁点・半濁点はマスを使用してください。）

164

第2　供託の申請手続

仮差押えが競合する場合

供託書・OCR用

（第4号様式）
（供託規則4号）

頁　1/2　記録　調査　受付　係員印

0200000

| □字加入　□字削除 | | |
| --- | --- | --- |
| 法令条項 | 民事保全法第50条第5項、民事執行法第156条第1項 | |

| 申請年月日 | 平成29年4月30日 |
| --- | --- |
| 供託所の表示 | ○○法務局 |

供託カード番号
（カードご利用の方は記入してください。）

**供託者の住所・氏名・法人名等**

住所　甲県乙市丙町一丁目1番1号

氏名・法人名等　甲山太郎

代表者等又は代理人住所氏名

**被供託者の住所・氏名・法人名等**

住所　甲県丙市丁町二丁目2番2号

氏名・法人名等　乙野次郎

□別紙のとおり
ふたりめからは別紙続用紙に記載してください。

□別紙のとおり
ふたりめからは別紙続用紙に記載してください。
◎供託通知書の発送を請求する。

申　年　月　日
□供託カードを発行

**供託の原因たる事実**

供託者は、被供託者に対し、平成28年8月19日付けの金銭消費貸借契約に基づく金100万円の貸金債務（弁済期：平成29年4月30日まで、弁済場所：乙野次郎の住所）を負っていたが、上記貸金債権について下記の仮差押命令が相次いで送達されたので、貸金債権の全額に相当する金100万円を供託する。

記

仮差押命令の表示

1　○○地方裁判所平成29年（ヨ）第283号、債権者乙県丁市丙町二丁目3番3号丙村二郎、債務者供託者とする債権仮差押命令、執行債権額金60万円、仮差押債権令第197号、平成29年4月1日送達。

2　○○地方裁判所平成29年（ヨ）第197号、債権者甲県乙市丙町五丁目5番5号丁川四郎、債務者供託者とする第二債務者供託者、仮差押債権額金50万円、執行債権額金50万円、平成29年4月3日送達。

□供託により消滅すべき質権又は抵当権

□反対給付の内容

備考

| 供託金額 | 百億 | 十億 | 億 | 千万 | 百万 | 十万 | 万 | 千 | 百 | 十 | 円 |
| --- | --- | --- | --- | --- | --- | --- | --- | --- | --- | --- | --- |
| | | | | ¥ | 1 | 0 | 0 | 0 | 0 | 0 | 0 |

供託者カナ氏名

コ ウ ヤ マ タ ロ ウ

↑供託者は、半角カナを使用してください。

(注)　1　供託金額の冒頭に¥記号を記入してください。なお、供託金額の訂正はできません。
　　　2　本供託書は折り曲げないでください。

第2　供託の申請手続

## 【銀行預金に対して強制執行の差押えがされた場合】

### 事 例28

預金債権100万円に対し，差押命令①（差押債権額80万円）と差押命令②（差押債権額60万円）が第三債務者に対して相次いで送達されました。金融機関等の第三債務者が供託するべき預金元金と利息の範囲を教えてください。なお，両差押命令とも，預金利息に関する記載はありません。

### 回 答

預金債権に対して差押えが競合した場合，第三債務者は，①預金元金全額，②先行の差押債権額に対する先行の差押命令送達日から後行の差押命令送達日の前日までの間の利息，③後行の差押命令送達日から供託時までの預金元金全額に対する利息の合計額を供託しなければなりません。

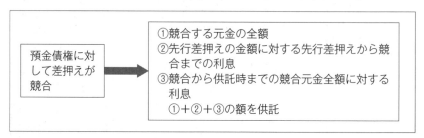

### 解 説

預金債権に対する差押えに基づく執行供託をする場合，しばしば問題となるのが，差押えの効力が及ぶ範囲です。そこで，差押命令が第三債務者に送達された後に預金口座へ入金があった場合や，差押えの効力が預金利息に対して及ぶ範囲についてを中心に解説するとともに，供託書の記載方法等について説明します。

第2　供託の申請手続

# １　預金元金に対して差押えの効力が及ぶ範囲について

## (1)　差押効の拡張

　差押効の拡張とは，債権の一部が差押え等された場合において，その残余の部分を超えて差押え等がされ，競合状態になったときに各差押え等の効力が，その債権全部に及ぶようになることをいいます（民事執行法149条）。

　事例では，差押命令①と差押命令②の差押金額の合計額が140万円となり，預金元金額を超えるため，差押えの競合が生ずることになります。この場合，差押効の拡張により，両差押命令の効力は預金元金全体に及ぶことになります。そのため，第三債務者は差押えの金額にかかわらず，預金元金100万円全額を供託する必要があります。

　差押効の拡張は，各差押え等の効力を被差押債権全部に及ぼすことで，債権者間の平等な配当を確保するために認められたものであり，差押え同士の競合のみでなく，差押えと仮差押えが競合した場合や，仮差押え同士が競合した場合にも生じます。

## (2)　差押えの効力は将来債権に及ぶか否か

　預金債権に対する差押えの効力は，第三債務者である金融機関等に差押命令が送達されたときに存在している預金と，その預金を元本として，差押命令送達後に発生する利息に及ぶとされており，差押命令送達後に入金された預金，すなわち将来債権には及ばないと解されています。そのため，差押命令の第三債務者への送達日と口座への入金日との日付の前後によって，差押えの効力が及ぶ預金の範囲に差異が生じることになります。

　上記事例で，差押命令①の送達と差押命令②の送達との間に，20万円の入金があった場合，差押命令①の効力は差押命令送達時の預金100万円のみに対して及び，差押命令①送達後に入金された20万円には及びません。一方，差押命令②は20万円入金後に送達されたため，20万円に対しても効力が及びます。差押命令①と差押命令②は競合関係にありますが，その競合する預金元金の範囲は，当初の預金額である100万円であり，供託義務が生じている

167

第2　供託の申請手続

のは，この100万円のみになります。20万円については，差押命令②の効力しか及んでいないことから供託の義務はなく，差押命令②の債権者からの取立てに応じることもできますが，実務上は権利供託として100万円と併せて供託されることが多くなっています。

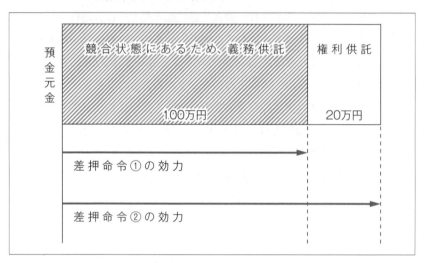

## 2　差押えの効力が及ぶ預金利息の範囲について

　差押えの効力は，差押命令送達後に発生する利息に及ぶとされています。これは，差押えの効力は従たる権利である利息にも及ぶと解するためです。一方，差押命令送達以前に生じている利息（既発生利息）については，元本債権とは別の独立した債権であることから，差押命令の中で既発生利息を差し押さえていない限り，差押えの効力は及びません。

　差押えの効力が及ぶ預金利息の範囲について問題となるのは，差押命令送達以降に発生する利息です。1(1)で述べたとおり，差押えが競合した場合，各差押えの効力は債権全部に及ぶことから，預金元金100万円に対する，差押えの競合以降に生じる利息について供託義務を負うことについて問題はありません。問題となるのは，先行の差押命令送達時以降，後行の差押命令送達時までに発生する利息の取扱いについてです。これについては，先行の差

168

第2　供託の申請手続

押えの効力が及んでいる既発生の利息に対しても後行の差押えの効力が及ぶとする説（以下「包括説」という。）と，差押えの効力は限定部分以上に及ばないとする説（以下「限定説」という。）があります。先例（昭和56.2.13民四第842号民事局長回答）は，包括説に準じることを原則としています。つまり，上記事例の場合では，預金元金全額である100万円及び第三債務者への差押命令①の送達日から差押命令②の送達日前までの差押額80万円に対する利息，差押命令が競合することになる差押命令②の送達日以降の預金元金全額に対する利息を供託することになります。これは，強制執行制度の趣旨である債権者平等主義（債権者間の平等な配当）の確保を重視したこと，限定説を用いた場合は，多数の差押えが順次なされたようなときに，複雑な法律関係を生ずることになるためであると考えられます。

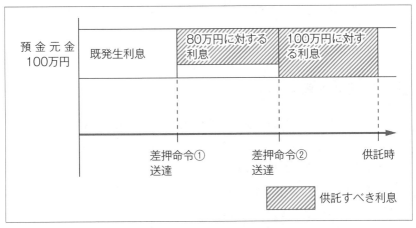

ただし，先例では，預金元金100万円及び差押えの競合以降の利息の合計額のみについて供託申請があった場合でも，これを受理して差し支えないとされています。また，差押命令送達当時の既発生利息を含んだ供託申請があった場合も，民事執行法156条1項及び同条2項を根拠として受理して差し支えないとされています。これは，第三債務者が不利益を被ることを回避するためであると考えられます。仮に，既発生利息の供託を認めない場合は，第三債務者は差押えの効力が及んでいる部分を供託し，差押えの効力が及ん

第2　供託の申請手続

でいない部分は執行債務者に支払うという二度の免責行為を行わなければならず，第三債務者が免責を得るための負担が大きくなります。そのため，差押えの効力が及んでいない既発生利息が存在していた場合でも，第三債務者が，その既発生利息を含めて供託することにより，一度の供託で完全な免責を得ることを認める必要があるといえます。この供託の差押えの効力が及んでいない既発生利息部分は，弁済供託の性質を有していることから，執行裁判所による配当は行われず，執行債務者が還付による払渡請求を行います。

## 3　遅延損害金について

預金債権は，取立債権であると解されており，普通預金はもとより，定期預金で満期が到来しても，履行遅滞となることはありません。そのため，遅延損害金は発生しません。

## 4　供託書の記載について

1(2)，及び2で述べたとおり，先行の差押え後，後行の差押え前に入金された預金及び既発生利息は義務供託ではなく，権利供託になります。そのため，それらをまとめて供託する場合は，供託書に記載すべき根拠法令は「民事執行法第156条第1項及び第2項」となります。特に，既発生利息を供託する場合は，執行債務者が払渡請求を行うことができるよう，「被供託者」欄に執行債務者の住所氏名を記載し，被供託者に対して供託通知書を送付する必要があります。

また，「供託の原因たる事実」欄の記載については，いつの時点での預金元金をいくら差し押さえているのか，差押えの効力が及ぶ範囲，差押えの競合関係等を明記する必要があります。

170

第2　供託の申請手続

## 預金債権について差押えが競合した場合の供託
第四号様式（第13条第1項関係）　その他の金銭供託の供託書

供託書・OCR用
（裏）

| | |
|---|---|
| 申請年月日 | 平成20年4月25日 |
| 供託所の表示 | ○○法務局 |

供託カード番号
（カード利用の方は記入してください。）

供託者の住所氏名・法人名等
住所
甲県乙市丙町一丁目1番1号
氏名・法人名等
甲銀行株式会社
代表者等又は代理人住所氏名
代表取締役　甲山太郎

被供託者の住所氏名
住所
氏名・法人名等

□ 別添のとおり
ふたりめからは別紙供託継続用紙に記載してください。

□ 別添のとおり
ふたりめからは別紙供託継続用紙に記載してください。
□ 供託通知書の発送を請求する。

供託金額
| 百億 | 十億 | 億 | 千万 | 百万 | 十万 | 万 | 千 | 百 | 十 | 円 |
|---|---|---|---|---|---|---|---|---|---|---|
| | | | ¥ | 1 | 0 | 0 | 0 | 0 | 2 | 6 |

供託者カナ氏名
コウギンコウカブシキガイシヤ

印　年月日　□供託カード発行

法令条項　民事執行法第156条第2項

供託原因たる事実

供託者は、甲県丙市丁町二丁目2番2号乙野次郎に対し、金100万円の普通預金支払債務（支払日：定めなし、支払場所：供託者の○の支店（支店所を記載）：供託者が弁済いで送達されたので、上記元金100万円と、元金80万円に対する下記2差押命令送達日以降下記2差押命令送達日前日までの元金日までの利息金22円、合計金1,000,026円を供託する。

記

差押命令の表示
1　○○地方裁判所平成20年（ル）第596号。債権者乙県丁市戊町一丁目3番3号内村三郎、第三債務者供託者とする債権差押命令金80万円、執行債権額金80万円、平成20年4月1日送達。
2　○○地方裁判所平成20年（ル）第597号。債権者乙県丁市丙町四丁目4番4号丁川四郎、債権者乙野次郎、第三債務者供託者とする債権差押命令金60万円、執行債権額金60万円、平成20年4月1日送達。

□ 供託により消滅すべき質権又は抵当権
□ 反対給付の内容

備考

（注）　1　供託金額の冒頭に¥記号を記入してください。なお、供託金額の訂正はできません。
　　　　2　本供託書は折り曲げないでください。

（第4号様式）
（印供第34号）
020000
頁　／

係員印　受付印　調査　記録

□加入　□字削除

# 第2 供託の申請手続

**預金債権について差押えが競合した場合の供託**

第四号様式・OCR用
（第13条第1項関係）その他の金銭供託の供託書

供託書・OCR用

（裏）

| 申請 年 月 日 | 平成20年4月25日 |
|---|---|
| 供託所の表示 | ○○ 法務局 |

供託カード番号
（カード利用の方は記入してください。）

**供託者**
住所　甲県乙市丙町一丁目1番1号
氏名・法人名等　甲銀行株式会社
代表者又は代理人住所氏名　代表取締役 甲山太郎

別添のとおり
ふりがなから以下別紙継続用紙に記載してください。

**被供託者**
住所
氏名・法人名等

別添のとおり
ふりがなから以下別紙継続用紙に記載してください。
供託通知書の発送を請求する。

| 供託金額 | ￥ | 1 | 2 | 0 | 0 | 0 | 3 | 0 |
|---|---|---|---|---|---|---|---|---|
| | 千 | 百 | 十 | 億 | 千 | 百 | 十 | 万 | 千 | 百 | 十 | 円 |

年 月 日　供託カード発行　㊞

□ 手書加入　□ 字削除

備考欄のとおり

**供託の原因たる事実**

供託者は、甲県丙町一丁目2番2号乙野次郎に対し、金120万円の普通預金支払債務（支払日：定めなし、支払場所：供託者の○○支店）を負っていたが、これについて下記の差押命令が相次いで送達されたので、上記に記した元本120万円と、元金4円及び元金100万円に対する下記1差押命令送達日前まで・下記2差押命令送達日以降供託日までの完全弁済までの利息金2円、合計金1,200,030円を供託する。
なお、下記1差押命令の送達金額は100万円、下記2差押命令の送達金額は120万円である。

記

差押命令の表示
1 ○○地方裁判所平成20年（ル）第596号、債権者乙野三郎、三丁目3番3号丙村三郎、債務者乙野次郎、第三債務者供託者、差押債権命令・執行債権額金80万円、差押債権額80万円、平成20年4月16日送達。
2 ○○地方裁判所平成20年（ル）第597号、債権者乙野四郎、四丁目4番4号丁川四郎、債務者乙野次郎、第三債務者供託者、差押債権命令・執行債権額金60万円、差押債権額60万円、平成20年4月18日送達。

**法令条項**
民事執行法第156条第1項及び第2項

□ 供託により消滅すべき質権又は抵当権
□ 反対給付の内容

**備考**

（注）1．供託金の額欄に▼印を記入してください。なお、供託金額の訂正はできません。
2．本供託書は折り曲げないでください。

□ 署名・氏名は1マスを使用してください。
供託者カタカナ氏名　コウ　ギン　コウ　カブ　シキ　カイ　シャ

記録
調査
審査
受付
（第4号様式
印刷第34号）

頁 ／

020000

第2　供託の申請手続

## 【給与債権に扶養債権に基づく差押えとそれ以外の差押えが競合した場合】

### 事　例29

　甲山商事株式会社では，従業員乙野次郎の給与に対して，①強制執行（扶養義務に係る定期債権）による差押えがされ，債権者に直接支払っていましたが，この度，②強制執行（一般債権）による差押えがされました。この場合，どのような供託をすればいいですか。

### 回　答

　給与等の額から法定控除額を差し引いた残額（以下「控除後の額」という。）の2分の1（ただし，上記金額が月額66万円を超える場合は，その残額から33万円を控除した金額。）を限度として，扶養義務に係る定期債権額（以下「扶養債権」という。）と一般債権の差押可能額〔控除後の額の4分の1（ただし，上記金額が月額44万円を超える場合は，その残額から33万円を控除した金額。）〕の合計額を供託することができます（なお，上記の66万円を超える場合は，供託しなければなりません。）。

### 解　説

## 1　権利供託と義務供託

　民事執行法156条1項は，第三債務者は，差押えに係る金銭債権の全額に相当する金銭を債務の履行地の供託所に供託することができると規定しています。第三債務者としては，差押債権者の取立てに応じるか，供託により免責を得るかは第三債務者の選択に委ねられていることから，同条1項に基づく供託は権利供託といわれています。

　一方，民事執行法156条2項では，第三債務者は，取立訴訟の訴状の送達を受ける時までに差押えが競合したときその債権の全額に相当する金銭を，

173

第2　供託の申請手続

配当要求書の送達を受けたときは差押え部分に相当する金銭を，債務の履行地の供託所に供託しなければならないと規定しています。第三債務者の執行関係からの離脱を図ること，執行手続の適正を確保する見地から第三債務者に供託を義務付けたものであるとされ，第三債務者としては，供託が債務を免れる唯一の方法であるとともに他に選択の余地はないものであることから，同条2項に基づく供託は義務供託と呼ばれています。

　義務供託の存在理由については，「差押えの競合や配当要求等により債権者が競合し，被差押債権の額が債権者の債権のすべてを満足させるのに不足する場合には，第三債務者に自主的に弁済させることとすると，第三債務者としては，弁済に当たり，重複差押えの有無，各債権の優劣，誰が正当な受領権者であるか等について適正な判断を下す必要が生じるが，このように第三債務者の責任において弁済をさせることは，第三債務者にきわめて重大な手続上の負担を負わせるとともに，第三債務者を二重弁済の危険にさらす結果となる。また，執行手続の適正の確保の面からみても，差押債権者が競合する場合に，その1人に被差押債権の全額が弁済されると，他の債権者への公平な弁済のための原資の確保が不可能又は困難になるおそれがある。そこで，このような場合には，被差押債権の弁済を第三債務者の自主的な行動に委ねることなく，第三債務者に対して執行債権者に直接弁済することを禁止し，弁済に代えて被差押債権の額に相当する金銭を提供させ，これを執行裁判所の支配下においたうえ，執行裁判所の配当手続によってこれを各債権者に公平に分配する必要がある。」（吉野衛・三宅弘人『注釈民事執行法(6)』（金融財政事情研究会，1995年）489，490頁）とされています。

## 2　一般債権と扶養債権の差押可能範囲について

　給与債権の差押えについて，民事執行法152条1項は，その支払期に受けるべき給付の4分の3に相当する部分（その額が標準的な世帯の必要生計費を勘案して政令で定める額を超えるときは，政令で定める額に相当する部分。）は，差し押さ

第2　供託の申請手続

えてはならないと規定しています。

　また，この政令に定める額について，民事執行法施行令2条1項1号及び同条2項は，支払期が毎月と定められている場合及び賞与及びその性質を有する給与に係る債権等の額は33万円（支払期が毎月と定められている。）と定めています。

　そして，特例として扶養義務等に係る定期金債権を請求する場合について，民事執行法151条の2第1項は，債権者が民法752条の規定による夫婦間の協力及び扶助の義務，760条の規定による婚姻から生ずる費用の分担の義務，766条（749条，771条及び788条において準用する場合を含む。）の規定による子の監護に関する義務及び877条から880条までの規定による扶養の義務に係る確定期限の定めのある定期金債権で確定期限が到来していないものについても，債権執行を開始することができると規定し，扶養債権による差押えの場合は，確定期限の到来後に弁済期が到来する給料その他継続的給付に係る債権のみ差し押さえることができるとされています。さらに，民事執行法152条3項は，同条1項（給与，賞与等）及び2項（退職手当及びその性質を有する給与に係る債権）の適用については，これらの規定中「4分の3」とあるのは，「2分の1」とすると規定しています。

　以上から言い換えると，本事例における差押可能な範囲は，一般債権については，控除後の額の4分の1（ただし，控除後の額が44万円を超えるときには，同額から33万円を控除した額），また，扶養債権については，控除後の額の2分の1（ただし，控除後の額が66万円を超えるときには，同額から33万円を控除した額。）となります。

175

第2 供託の申請手続

これらを，図示すると以下のとおり場合分けができます。

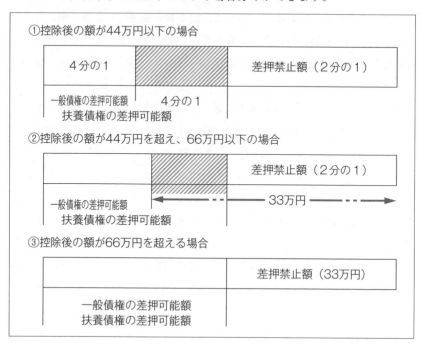

なお，一般債権の差押金額については，通常，差押債権額が差押可能額を超えるため，差押可能額と一致します。

## 3 差押えと差押えとが競合する場合について

義務供託を行わなければならない要件とされる差押えの競合とは，例えば，2つの差押えが重複してされた場合，第一の差押えによる差押金額と第二の差押えによる差押金額との合計が，その差押えの対象となった債権額を超える場合をいいます。

したがって，重複して差押えがされたが，その差押えの合計額が差押えの対象になった債権額以下の場合であるとか，配当要求の終期である取立訴訟の訴状の送達の後に差押えの競合が生じた場合には，民事執行法上の差押え

第2　供託の申請手続

の競合となりません。これらの場合にする供託は，民事執行法156条1項の
いう権利供託となります。

　ここで，事例についてみると，一般債権と扶養債権とでは，図③の場合を
除き，その差押えの範囲が異なっているため，扶養債権の差押可能額のうち，
一般債権の差押可能額を超えた額（図①②の ///////// 部分）については，2つ
の差押えが重複してされたとはいえず，差押えの競合が生じていないと考え
ます。なお，図③の場合には，一般債権と扶養債権との差押えの範囲が同じ
であるので，当然に2つの差押えが重複し，差押えの競合が生じています。

　以上を整理すると，図①及び図②の場合で， ///////// 部分を含めて供託す
る際には，同法156条1項の権利供託及び2項の義務供託となり，図③の場
合は，同条2項の義務供託となります。


## **4**　**記載例について**

(1)　扶養債権等に基づく差押えとそれ以外の差押えが競合した場合

(2)　(1)の事例について，扶養債権等に基づく差押えに扶養・定期金債権があ
　　る場合

(3)　上記(2)のうち確定債権支払済みの場合

(4)　(3)の事例について扶養債権等に基づく差押えとそれ以外の差押えが競合
　　しその合計額が控除後の額（44万円以下の場合）の2分の1を超える場合

(5)　(4)の供託の後，同月支給される賞与の際，扶養債権等に基づく差押えの
　　差押可能額の残額について供託する場合

177

# 第2　供託の申請手続

**(1) 扶養債権等に基づく差押えとそれ以外の差押えが競合した場合の供託**

第四号様式（第13条第1項関係）その他の金銭供託の供託書

---

供託書・OCR用

| | |
|---|---|
| 申請年月日 | 平成29年4月25日 |
| 供託所の表示 | ○○法務局 |

供託者
住所　甲県乙市丙町一丁目1番1号
氏名・法人名等　甲山商事株式会社
代表者等又は代理人住所氏名　代表取締役　甲山太郎

供託カード番号（　　　　）
（カードご利用の方は記入してください。）

被供託者
住所　別添のとおり
ふたり以上は別紙継続用紙に記載してください。
氏名・法人名等　別添のとおり
ふたり以上は別紙継続用紙に記載してください。
□供託通知書の発送を請求する。

供託金額　￥1,000,000

供託の原因たる事実　別紙記載のとおり

別紙記載の範囲
①について
給与支給額から法定控除額を控除した残額の2分の1
（ただし、上記残額が月額66万円を超えるときは、その残額から33万円を控除した額）
②について
給与支給額から法定控除額を控除した残額の4分の1
（ただし、上記残額が月額4万円を超えるときは、その残額から33万円を控除した額）

法令条項　民事執行法第156条第1項、第2項

備考　備考欄記載のとおり
□供託により消滅すべき質権又は抵当権
□反対給付の内容

（注）1　供託金額の冒頭に￥記号を記入してください。なお、供託金額の訂正はできません。
2　本供託書は折り曲げないでください。

3字加入　65字削除

調査　記録

供託者カナ氏名　コウザンショウジカブシキガイシャ

（注）半濁点は1マスを使用してください。

保管付記　備考欄記載のとおり

（第4号様式）
印供託第34号

1/2

020000

第十一号様式（第１３条第１項・第３項関係）供託書（継続用紙・その他）

供託書・ＯＣＲ用
（継続用紙・給与債権執行②）

第１１号様式
印規第５２号

## 第２　供託の申請手続

2/2 頁

（供託の原因たる事実）

供託者は、　　　　　　従業員である甲県乙市丙町二丁目２番２号　乙野次郎
に対し平成 ２ ９ 年 ４ 月分の給与（支給日平成 ２ ９ 年 ４ 月 ２ ５ 日、支給場所　供託者本店）金 ３００，０００ 円を支払うべき債務を負っている

るところ、同人の供託者に対する給与債権について給与支給額から法定控除額を控除した額の４分の１（ただし、同残額の４分の３に相当する額が

66

３３万円を超えるときは、その超過額）を差し押さえる旨の下記差押命令が相次いで送達されたので、給与支給

2

額から法定控除額 １００，０００ 円を控除した額が４４万円を超えるときは、同残額から

３３万円を控除した金 １００，０００ 円（に相当した額）を供託する。

| 事件の表示 | 債権者 | 債務者 | 第三債務者 | 債権額 | 差押債権額 | 送達年月日 |
|---|---|---|---|---|---|---|
| ○○裁判所○○支部平成２８年（ル）第１１１号 | 甲県乙市丙町三丁目３番３号　丙川京子 | 乙野次郎 | 供託者 | 金１００万円 | 金１００万円 | 平成２８年４月１４日 |
| ○○裁判所○○支部平成２８年（ル）第１５０号 | 甲県乙市丙町三丁目４番４号　丙田株式会社 | 乙野次郎 | 供託者 | 金１００万円 | 金５０万円 | 平成２８年６月３０日 |

（注）本供託書は折り曲げないでください。

600300

# 第2 供託の申請手続

(2) (1)の事例について、扶養債権に基づく差押えに扶養・定期金債権がある場合の供託

第四号様式（第13条第1項関係）その他の金銭供託の供託書

**供託書・OCR用**

| 記録 | 調査 | 気付 | 認識 | 頁 1/3 |
| --- | --- | --- | --- | --- |

（第4号様式）
印供則第4号

020000

| 字加入 | 3 | 字削除 | 65 |
| --- | --- | --- | --- |

（補）

申請年月日　平成29年4月25日

供託所の表示　○○法務局

供託カード番号（カードご利用の方はご記入ください。）

供託者の住所氏名
住所　甲県乙市丙町一丁目1番1号
氏名・法人名等　甲山商事株式会社
代表者等又は代理人住所氏名
代表取締役　甲山太郎

被供託者の住所氏名
住所　別添のとおり　ふたりめからは別紙続用紙に記載してください。
氏名・法人名等　別添のとおり　ふたりめからは別紙続用紙に記載してください。
□供託通知書の発送を請求する。

供託金額

| 百億 | 十億 | 億 | 千万 | 百万 | 十万 | 万 | 千 | 百 | 十 | 円 |
| --- | --- | --- | --- | --- | --- | --- | --- | --- | --- | --- |
| | | | | ¥ | 1 | 1 | 5 | 0 | 0 | 0 |

法令条項　別紙記載のとおり

備考欄記載のとおり

供託の原因たる事実

別紙（1）中の差押の範囲
①について
給与支給額から法定控除額を控除した残額の4分の1
（ただし、上記残額が月額44万円を超えるときは、その残額から33万円を控除した額）
②について
給与支給額から法定控除額を控除した残額の2分の1
（ただし、上記残額が月額66万円を超えるときは、その残額から33万円を控除した額）

□供託により消滅すべき質権又は抵当権
□反対給付の内容

備考　民事執行法第156条第1項、第2項

（注）1. 供託金額の冒頭に¥記号を記入してください。なお、供託金額の訂正はできません。
　　　2. 本供託書は折り曲げないでください。

供託者カード氏名（半濁点は1マスを使用してください。）
コウザンシヨウジカブシキガイシヤ

第2　供託の申請手続

供託書・OCR用
（継続用紙・給与債権執行②）

第十一号様式（第13条第1項・第3項関係）供託書（継続用紙・その他）

2／3　頁

（第11号様式）印規第52号

（供託の原因たる事実）別紙（1）

供託者は、　従業員である甲県乙市丙町二丁目2番2号　乙野次郎

に対し平成[2][9]年[　][4]月分の給与（支給日平成[2][9]年[　][4]月[2][5]日、支給場所　供託者本店）金[　][2][5][0],[0][0][0]円を支払うべき債務を負っているところ、同人の供託者に対する給与債権について給与支給額から法定控除額を控除した額の4分の1（ただし、同残額の4分の3に相当する額が33万円を超えるときは、その超過額）を差し押さえる旨の下記差押命令が相次いで送達されたので、給与支給額から法定控除額[2][0],[0][0][0]円を控除した額の4分の1（ただし、控除した額が44万円を超えるときは、同残額から33万円を控除した額）に相当する金[1][1][5],[0][0][0]円を供託する。

記

| 事件の表示 | 債権者 | 債務者 | 第三債務者 | 債権額 | 差押債権額 | 送達年月日 |
|---|---|---|---|---|---|---|
| ① ○○裁判所 ○○支部 平成28年（ル）第111号 | 甲県乙市丙町三丁目4番4号 丙田株式会社 | 乙野次郎 | 供託者 | 金100万円 | 金100万円 | 平成28年4月14日 |
| ② ○○裁判所 ○○支部 平成28年（ル）第150号 | 甲県乙市丙町三丁目3番3号 丙川　京子 | 乙野次郎 | 供託者 | 別紙（2）のとおり | 別紙（2）のとおり | 平成28年6月30日 |

（注）本供託書は折り曲げないでください。

600300

## 第2 供託の申請手続

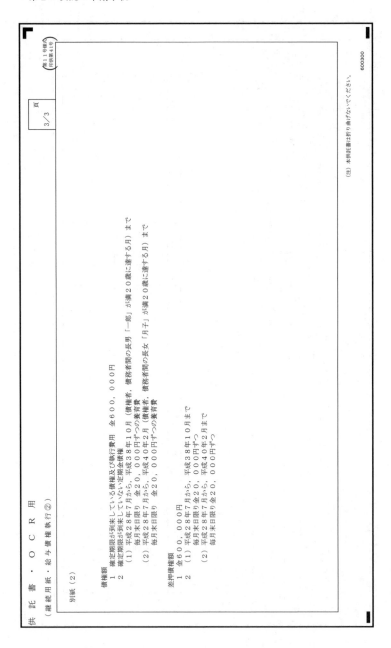

# 第2 供託の申請手続

## (3) (2)のうち確定債権支払済みの場合の供託
第四号様式 (第13条第1項関係) その他の金銭供託の供託書

### 供託書・OCR用

| | |
|---|---|
| 申請年月日 | 平成29年4月25日 |
| 供託所の表示 | ○○法務局 |

供託者の住所氏名
住所 甲県乙市丙町一丁目1番1号
氏名・法人名等 甲山商事株式会社
代表者等又は代理人住所氏名 代表取締役 甲山太郎

被供託者の住所氏名
別紙のとおり
ぶら下がらない別紙継続用紙に記載してください。

別紙のとおり
ぶら下がらない別紙継続用紙に記載してください。
供託通知書の発送を請求する。

供託金額 ¥9,750,000

供託カード番号
カードご利用の方は記入してください。

供託者カード氏名 コウサンショウジカブシキガイシヤ

年 月 日
□供託カード発行

3字加入 65字削除

備考欄記載のとおり

**供託の原因たる事実**

別紙、(1)中の差押の範囲
①について
給与支給額から法定控除額を控除した残額の4分の1
(ただし、上記残額が月額44万円を超えるときは、その残額から33万円を控除した額)
②について
給与支給額から法定控除額を控除した残額の2分の1
(ただし、上記残額が月額6万円を超えるときは、その残額から33万円を控除した額)

別紙記載のとおり

**法令条項** 民事執行法第156条第1項

□供託により消滅すべき質権又は抵当権
□反対給付の内容

**備考**
今回供託する金額は、①について、給与支給額の4分の1の額7,500円、②の額4,000円について、差押債権1につき支払額97,500円を供託する。

(注) 1. 供託金額の冒頭に¥記号を記入してください。なお、供託金額の訂正はできません。
2. 本供託書は折り曲げないでください。

1. 丸点は1マスを使用してください。

## 第2　供託の申請手続

第十一号様式（第13条第1項・第3項関係）供託書（継続用紙・その他）

供託書・OCR用
（継続用紙・給与債権執行②）

（第11号様式 印西第52条）

2／3　頁

（供託の原因たる事実）

供託者は、　　　従業員である甲県乙市丙町二丁目2番2号　乙野次郎

に対し平成 ② ⑨ 年 ［　］ ④ 月分の給与（支給日平成 ② ⑨ 年 ［　］ ④ 月 ② ⑤ 日、支給場所　供託者本店）金　250,000 円を支払うべき債務を負っている

るところ、同人の供託者に対する給与債権について給与支給額から法定控除額を控除した額の4分の1（ただし、同残額の4分の1に相当する額が33万円を超えるときは、その超過額）を差し押さえる旨の下記差押命令が送達されたので、給与支給額から法定控除額 20,000 円を控除した額の4分の1（ただし、控除した額が44万円を超えるときは、同残額から33万円を控除した額）に相当する金　97,500 円を供託する。

66
2

記

| 事件の表示 | 債権者 | 債務者 | 第三債務者 | 債権額 | 差押債権額 | 送達年月日 |
|---|---|---|---|---|---|---|
| ① ○○裁判所○○支部 平成28年(ル)第111号 | 甲県乙市丙町三丁目4番4号 丙田株式会社 | 乙野次郎 | 供託者 | 金100万円 | 金100万円 | 平成28年4月14日 |
| ② ○○裁判所○○支部 平成28年(ル)第150号 | 甲県乙市丙町三丁目3番3号 丙川京子 | 乙野次郎 | 供託者 | 別紙（2）の とおり | 別紙（2）の とおり | 平成28年6月30日 |

（注）本供託書は折り曲げないでください。

600300

第2　供託の申請手続

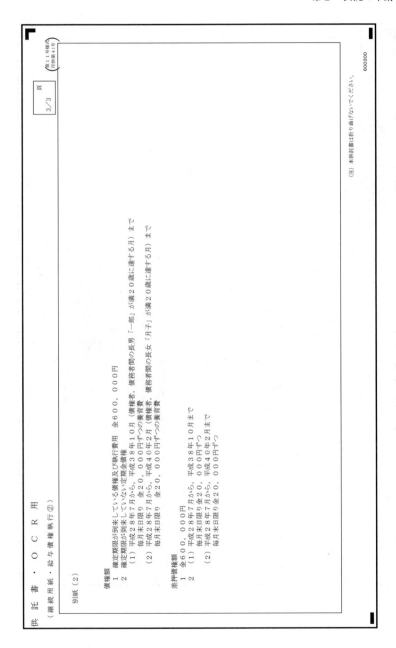

別紙（2）

債権額
1　確定期限が到来している債権及び執行費用　金600,000円
2　確定期限が到来していない定期金債権
　(1) 平成28年7月から、平成38年10月（債権者、債務者間の長男「一郎」が満20歳に達する月）まで
　　　毎月末日限り　金20,000円ずつの養育費
　(2) 平成28年7月から、平成40年2月（債権者、債務者間の長女「月子」が満20歳に達する月）まで
　　　毎月末日限り　金20,000円ずつの養育費

差押債権額
1　金600,000円
2　(1) 平成28年7月から、平成38年10月まで
　　　毎月末日限り金20,000円ずつ
　(2) 平成28年7月から、平成40年2月まで
　　　毎月末日限り金20,000円ずつ

## 第2 供託の申請手続

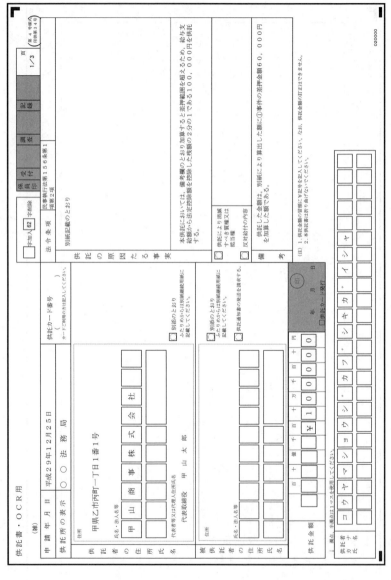

第2　供託の申請手続

第十一号様式（第13条第1項・第3項関係）供託書（継続用紙・その他）

供託書・ＯＣＲ用
（継続用紙・給与債権執行②）

（供託の原因たる事実）別紙（1）

供託者は、＿＿＿＿＿＿＿＿従業員である甲県乙市丙町二丁目2番2号　乙野次郎

に対し平成 ② ⑨ 年 ① ② 月分の給与（支給日平成 ② ⑨ 年 ① ② 月 ② ⑤ 日、支給場所 供託者本店）金 ２４０，０００ 円を支払うべき債務を負ってい

るところ、同人の供託者に対する給与債権について給与実給額から法定控除額を控除した額の4分の1（ただし、同残額の4分の3に相当する額が33万円を超えるときは、その超過額）を差し押さえる旨の下記差押命令が相次いで送達されたので、給与支給額から法定控除額 ４０，０００ 円を控除した額の4分の1（ただし、控除した額が44万円を超えるときは、同残額から33万円を控除した金 ５０，０００ 円に相当した額）に相当する金 ５０，０００ 円を供託する。

記

| 事件の表示 | 債権者 | 債務者 | 第三債務者 | 債権額 | 差押債権額 | 送達年月日 |
|---|---|---|---|---|---|---|
| ① ○○裁判所○○支部平成28年（ル）第111号 | 甲県乙市丙町三丁目3番3号 丙川京子 | 乙野次郎 | 供託者 | 別紙（2）のとおり | 別紙（2）のとおり | 平成28年4月14日 |
| ② ○○裁判所○○支部平成28年（ル）第150号 | 甲県乙市丙町三丁目4番4号 丙田株式会社 | 乙野次郎 | 供託者 | 金100万円 | 金100万円 | 平成28年6月30日 |

（注）本供託書は折り曲げないでください。

2／3頁

（第11号様式）（印紙第52号）

600300

# 第2 供託の申請手続

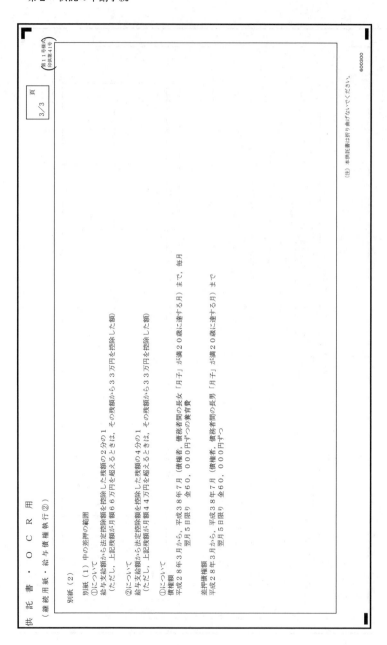

第2 供託の申請手続

(5)(4)の供託の後，同月支給される賞与の際，扶養債権等に基づく差押可能額の残額についての供託
第四号様式（第13条第1項関係）その他の金銭供託の供託書

供託書・OCR用

| | | 廉受付印 | 調査 | 記録 | 1/3頁 |
| --- | --- | --- | --- | --- | --- |

（第4号様式）
（同欄第34号）

字加入 62 字削除

| 申請年月日 | 平成29年12月25日 |
| --- | --- |
| 供託所の表示 | ○○法務局 |

供託カード番号（カードご利用の方はご記入ください。）

供託者の住所氏名
　住所　甲県乙市丙町一丁目1番1号
　氏名・法人名等　甲山商事株式会社
　代表者又は管理人住所氏名　代表取締役　甲山太郎

被供託者の住所氏名
　住所　□別添のとおり　ふせんがないときは別紙継続用紙に記載してください。
　氏名・法人名等　□別添のとおり　ふせんがないときは別紙継続用紙に記載してください。
　□供託通知書の発送を請求する。

供託金額　￥100,000

法令条項　民事執行法第156条第1

供託の原因たる事実　別紙記載のとおり

ただし，別紙（1）には平成29年12月分給与とあるが，今回供託する金額は平成29年12月期の賞与である。
なお，供託金額は備考欄のとおりであるが，本供託において，①事件の差押金額60,000円のうち，すでに平成29年12月分給与の額50,000円が支払済みであり，その残額10,000円を加算して算出した額に加算した額100,000円を供託する。

| | |
| --- | --- |
| □供託により消滅すべき質権又は抵当権 | |
| □反対給付の内容 | |

備考
供託した金額は，別紙により算出した額である。

本供託は，別紙のとおり①事件の差押金額60,000円を加算した額である。

（注）1．供託金の額欄に￥記号を記入してください。なお，供託金額の訂正はできません。
　　　2．本供託書は折り曲げないでください。

供託者カナ氏名　コウヤマシヨウジカブシキガイシヤ

□供託金の一部発行

※点，半濁点は1マスを使用してください。

# 第2　供託の申請手続

第十一号様式（第13条第1項・第3項関係）供託書（継続用紙・その他）

供託書・ＯＣＲ用
（継続用紙・給与債権執行②）

2／3 頁

第11号様式
印規第5号

（供託の原因たる事実）別紙（1）

供託者は、　　　従業員である甲県乙市丙町二丁目2番2号　乙野次郎に対し平成 2 9 年 1 2 月分の給与（支給日平成 2 9 年 1 2 月 2 5 日、支給場所　供託者本店）金 440,000 円を支払うべき債務を負っているところ、同人の供託者に対する給与債権について給与支給額から法定控除額を控除した額の4分の1（ただし、同残額の4分の3に相当する額が33万円を超えるときは、その超過額）を差し押さえる旨の下記差押命令が相次いで送達されたので、給与支給額から法定控除額 80,000 円を控除した額の4分の1（ただし、控除した額が44万円を超えるときは、同残額から33万円を控除した額）に相当する金 90,000 円を供託する。

記

| 事件の表示 | 債権者 | 債務者 | 第三債務者 | 債権額 | 差押債権額 | 送達年月日 |
|---|---|---|---|---|---|---|
| ① ○○裁判所○○支部平成28年(ル)第111号 | 甲県乙市丙町三丁目3番3号 丙川京子 | 乙野次郎 | 供託者 | 別紙(2)のとおり | 別紙(2)のとおり | 平成28年4月14日 |
| ② ○○裁判所○○支部平成28年(ル)第150号 | 甲県乙市丙町三丁目4番4号 丙田株式会社 | 乙野次郎 | 供託者 | 金100万円 | 金100万円 | 平成28年6月30日 |

(注)　本供託書は折り曲げないでください。

第2　供託の申請手続

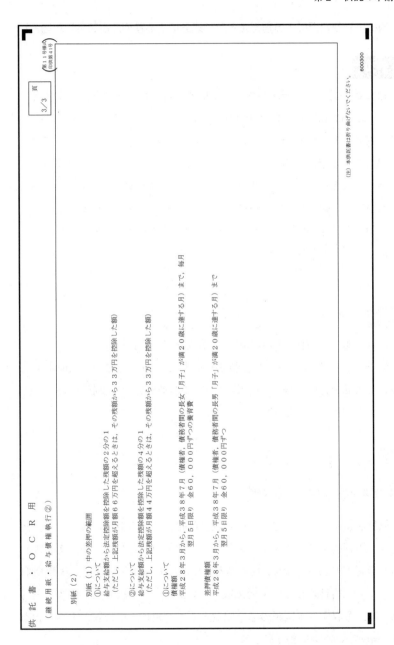

供託書・OCR用
（継続用紙・給与債権執行②）

3/3　頁

（第11号様式）
（印刷第41号）

別紙（2）
別紙（1）中の差押の範囲
①について
給与支給額から法定控除額を控除した残額の2分の1
（ただし、上記残額が月額66万円を超えるときは、その残額から33万円を控除した額）
②について
給与支給額から法定控除額を控除した残額の4分の1
（ただし、上記残額が月額44万円を超えるときは、その残額から33万円を控除した額）
①について
債権額
平成28年3月から、平成38年7月（債権者，債務者間の長女「月子」が満20歳に達する月）まで、毎月
翌月5日限り　金60,000円ずつの養育費

差押債権額
平成28年3月から、平成38年7月（債権者，債務者間の長男「月子」が満20歳に達する月）まで
翌月5日限り　金60,000円ずつ

（注）本供託書は折り曲げないでください。

第2　供託の申請手続

【給与債権に強制執行による差押えと滞納処分による差押えが競合した場合】

### 事　例30

　　当社に対し従業員乙野次郎が有している給与債権に①滞納処分による
差押え（差押債権額100万円，差押可能額55,000円，送達日：平成29年10月10日）
が送達され，10月分給与（支払日：毎月25日）の差押可能部分については
滞納処分庁に直接支払いましたが，11月に入り，②強制執行の差押え
（差押債権額100万円，送達日：平成29年11月10日），③強制執行の差押え（差押
債権額150万円，送達日：平成29年11月11日）が相次いで送達されました。給
与支給額から法定控除額を控除した額は20万円です。11月分はどこにど
う支払うことになりますか。

### 回　答

　①　10月分給与と同様に55,000円を滞納処分庁に支払う方法
　②　滞納処分による差押えと強制執行の差押えの競合部分（50,000円）に
　　ついて供託を行い，残額5,000円について滞納処分庁に支払う方法
のいずれかを選択することができます。

### 解　説

## １　差押えの効力の及ぶ範囲

　民事執行法においては，給料その他継続的給付に係る債権に対する差押え
の効力は，差押債権者の債権及び執行費用の額を限度として，差押えの後に
受けるべき給付に及ぶ（民事執行法151条）とされています。また，国税徴収
法においても，給料若しくは年金又はこれらに類する継続収入の債権の差押
えの効力は，徴収すべき国税の額を限度として，差押え後に収入すべき金額
に及ぶ（国税徴収法66条）と規定されています。

192

## ② 差押禁止債権について

　給料債権等の継続的給付債権は，債務者の生計維持の観点から一定の範囲において差押えをすることが禁止されています。強制執行の差押えにおける差押禁止範囲は民事執行法に，滞納処分による差押えにおける差押禁止範囲は国税徴収法に規定されています。

### (1)　民事執行法における差押禁止

　①債務者が国及び地方公共団体以外の者から生計を維持するために支給を受ける継続的給付に係る債権（民事執行法152条1項1号），②給料，賃金，俸給，退職年金及び賞与並びにこれらの性質を有する給与に係る債権（同条1項2号），③退職手当及びその性質を有する給与に係る債権（同法152条2項）の3つが差押禁止債権として規定されています。

　上記債権は，その支払期に受けるべき給付の4分の3に相当する部分の差押えが禁止されています。ただし，①と②についてはその額が標準的な世帯の必要生計費を勘案して民事執行法施行令で定める額を超えるときは，その定める額に相当する部分を差し押さえることはできません。民事執行法施行令2条では，賞与及びその性質を有する給与に係る債権については33万円，民事執行法152条1項各号に規定の債権（賞与を除く）については支払期の区分に応じて異なり，支払期が毎月であれば33万円が差押禁止部分と規定されています。

　なお，上記「支払期に受けるべき給付」の額は，名目額ではなく，法定控除額（所得税，地方税，社会保険料に相当する額）を控除した手取り額となると解されています。通勤手当は「支払期に受けるべき給付」には含まれません。

### (2)　国税徴収法における差押禁止

　給与については，①給料，賃金，俸給，歳費，退職年金及びこれらの性質を有する給与に係る債権，②賞与及びその性質を有する給与に係る債権，③退職手当及びその性質を有する給与に係る債権の3つが規定されています（国税徴収法76条）。

第2　供託の申請手続

　上記債権のうち，①の差押禁止範囲は，給与支給額（1,000円未満を切捨て）から以下のa～e（それぞれ1,000円未満を切上げ）の額を引いた額となります。なお，通勤手当は①の債権に分類されます。

　a：所得税に相当する額

　b：道府県民税及び市町村税に相当する額

　c：社会保険料に相当する額

　d：滞納者については1か月につき10万円，生計を一にする配偶者その他
　　　の親族については1人につき1か月45,000円として計算した合計額

　e：上記a，b，c，dの合計額を控除した額の100分の20に相当する額
　　　（ただし，dの2倍に相当する額を超えるときは，そのdの2倍に相当する額）

⑶　差押えの競合範囲

　民事執行法に規定の差押禁止範囲と国税徴収法に規定の差押禁止範囲は上記のとおり計算方法が異なり，基本的に一致しません。競合する範囲は，両者の額の重なっている部分のみであり，残りの多い方の額については片方の差押えのみが及ぶと解されています。


## ❸　滞納処分による差押えと強制執行の差押えの競合するケース

　国税徴収法8条においては，国税は一般に全ての公課その他の債権に先立って徴収すると規定されています（国税優先の原則）。本事例では，当初，滞納処分による差押えのみがされており，この場合は，滞納処分庁に直接支払うことで足りていましたが，他の差押えが先行してされていたり，又は後から他の差押えがされる場合が十分想定されるところです。こういった場合においても，国税の徴収を一定程度担保するため，滞納処分による差押えと強制執行の差押えが競合した場合は「滞納処分と強制執行等との手続の調整に関する法律」により手続が規定されています。以下，⑴～⑷に，それぞれのケースで選択し得るないしはすべき手続について触れていくこととします。

第2　供託の申請手続

(1)　①強制執行の差押え

②滞納処分による差押え

強制執行の差押額＜滞納処分による差押額　のケース

【図1】

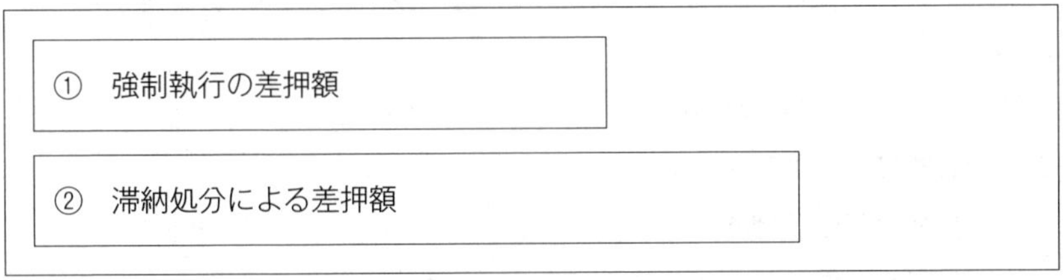

| | |
|---|---|
| ①　強制執行の差押額 | |
| ②　滞納処分による差押額 | |

　滞納処分による差押えが後からされており，かつ滞納処分による差押えの額の方が大きい場合は，競合部分につき供託をする必要があります（滞調法36条の6第1項，義務供託）。ただし，滞納処分による差押えのみしか及んでいない部分については供託することができないため，滞納処分庁に直接支払う方法を採ることになります。

　なお，供託を行った後は，供託者は供託書正本を添付し執行裁判所に事情届を行わなければなりません。これによって，供託された金額について執行裁判所が各債権者（滞納処分庁含む）への配分を決める手続に進みます。

(2)　①強制執行の差押え

②滞納処分による差押え

強制執行の差押額＞滞納処分による差押額　のケース

【図2】

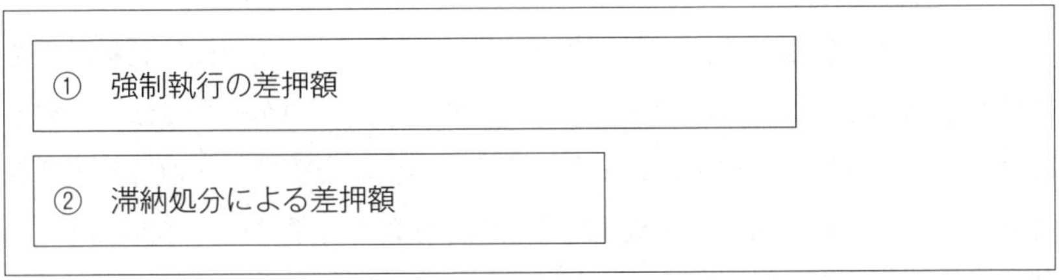

| | |
|---|---|
| ①　強制執行の差押額 | |
| ②　滞納処分による差押額 | |

195

第 2　供託の申請手続

　滞納処分による差押えが後からされており，かつ滞納処分による差押えの
額の方が小さい場合も，競合部分につき供託をする必要があります（滞調法
36条の 6 第 1 項，義務供託）。ただし，(1)とは異なり，強制執行の差押えのみが
及んでいる部分については供託をすることができます（民事執行法156条 1 項。
ただし，強制執行の差押えが複数送達され競合しているときは民事執行法156条 2 項によ
る義務供託。）。

　供託を行った後の流れは(1)のケースと同様です。

(3)　①滞納処分による差押え

　　②強制執行の差押え

　　　強制執行の差押額＜滞納処分による差押額　のケース

【図 3 】

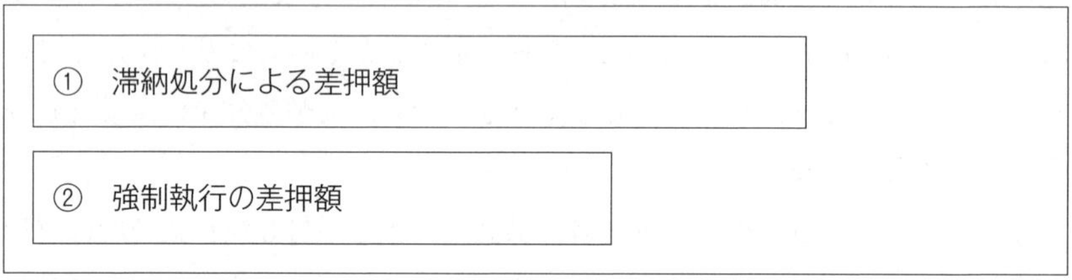

| ①　滞納処分による差押額 |
| --- |
| ②　強制執行の差押額 |

　強制執行の差押えが後からされている場合（(3)，下記(4)のケース），供託は義
務的ではありません。このケースにおいては，滞納処分庁に差押額を全額支
払うか，任意での供託をすることになります。供託をする場合は競合部分の
み可能です（滞調法20条の 6 第 1 項）。供託をした場合，残りの滞納処分による
差押えのみが及んでいる部分については供託できず，滞納処分庁に直接支払
うことになります。

　なお，供託を行った後は，供託者は(1)，(2)のケースと同様に供託書正本を
添付し事情届を行わなければなりません。ただし，このケースでは，滞納処
分庁に対して事情届を行うことになります。事情届を受けた滞納処分庁は執
行裁判所に事情届通知を行います。滞納処分庁は差押額について供託所に直
接還付請求をします。

196

第 2　供託の申請手続

(4)　①滞納処分による差押え

　②強制執行の差押え

　　強制執行の差押額＞滞納処分による差押額　のケース

【図 4 】

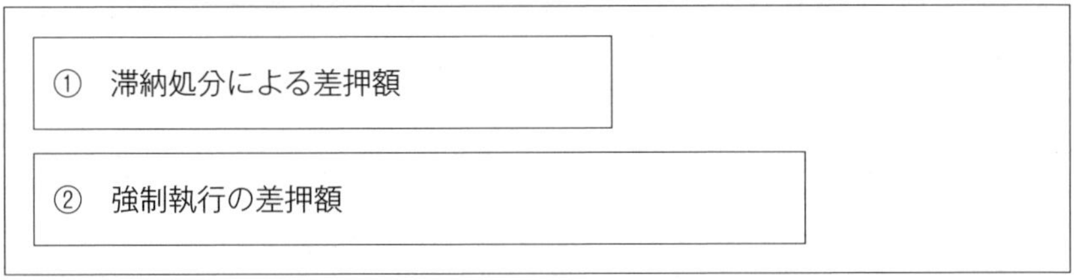

```
┌─────────────────────────────────────────────┐
│  ┌─────────────────────────────────┐         │
│  │ ①　滞納処分による差押額          │         │
│  └─────────────────────────────────┘         │
│  ┌─────────────────────────────────────┐     │
│  │ ②　強制執行の差押額                  │     │
│  └─────────────────────────────────────┘     │
└─────────────────────────────────────────────┘
```

　強制執行の差押えが後からされ，滞納処分による差押えの額の方が小さい場合では，(3)のケースと同じく供託は義務的ではありません。供託をする場合は，①競合部分について供託をする（滞調法20条の 6 第 1 項）か，②競合部分と強制執行の差押部分を併せて供託する（滞調法20条の 6 第 1 項，民事執行法156条 1 項。ただし，強制執行の差押えが複数送達され競合しているときは民事執行法156条 2 項による義務供託）ことができます。滞納処分による差押部分については，滞納処分庁に直接支払う方法を採ることもできます。

　供託を行った後の流れは(3)と同様ですが，滞納処分庁が還付請求を行った残額については執行裁判所が各債権者への配分を決めることとなります。


## 4　本事例の検討

　本事例では，滞納処分による差押可能額は55,000円であり，強制執行の差押えの差押額は差押禁止部分を除いた50,000円（20万円÷ 4 ）です。また，先行する滞納処分による差押えと強制執行の差押えは50,000円の部分で競合しています。

　さて， 3 では滞納処分による差押えと強制執行の差押えがされた場合のそれぞれのケースについて，どういった支払をすることになるのか触れてきま

第2 供託の申請手続

した。本事例は滞納処分が先行し，かつ滞納処分の差押額の方が大きいため，
(3)のケースに該当しています。この場合の採ることのできる支払方法は，回
答で述べたとおり，①滞納処分庁の取立てに応じ，差押額全額（55,000円）
を支払う方法，②競合部分（50,000円）を供託し，滞納処分による差押えの
みが及んでいる残額（5,000円）を滞納処分庁の取立てに応じる方法のいずれ
かということになります。

# 第2 供託の申請手続

(1)①強制執行の差押え②滞納処分による差押 強制執行の差押額<滞納処分による差押額の場合の供託(債権が給料債権である場合)
第四号様式(第13条第1項関係) その他の金銭供託の供託書

## 供託書・OCR用

| 字加入 | 字削除 | 保管団 | 受付 | 調査 | 記録 | 頁 1/2 (第4号様式)(印紙貼る用) |

020000

| 申請年月日 | 平成29年4月25日 |
| 供託所の表示 | ○○法務局 |

**供託者の住所氏名**
住所 甲県乙市丙町一丁目1番1号
氏名・法人名等 甲山商事株式会社 代表取締役又は代理人住所氏名 甲山太郎

供託カード番号（カードご利用の方は記入してください。）

**被供託者の住所氏名**
住所 別添のとおり（あらかじめ別紙継続用紙に記載してください。）
氏名・法人名等 別添のとおり（あらかじめ別紙継続用紙に記載してください。）
供託通知書の発送を請求する。

**供託金額** ¥5,000,000

**供託の原因たる事実** 別紙のとおり

**法令条項** 別紙のとおり 備考欄記載のとおり

滞納処分による差押えた額について、給与支給額(ただし、1,000円未満の端数を切り捨てた額)から国税徴収法第76条に基づく差押禁止額175,000円を控除した残額の75,000円を差し引さているので、強制執行による差押債権額50,000円の範囲で競合する。

供託により消滅すべき質権又は抵当権
反対給付の内容

滞納処分と強制執行等との手続の調整に関する法律第36条の6第1項

**備考**

(注) 1. 供託金額の冒頭に¥記号を記入してください。なお、供託金額の訂正はできません。
2. 本供託書は折り曲げないでください。

供託者カード氏名

1. 黒点、半濁点は1マスを使用してください。

供託カード発行 印 年月日

## 第2　供託の申請手続

第十一号様式（第１３条第１項・第３項関係）供託書（継続用紙・その他）

供託書・ＯＣＲ用
（継続用紙・給与債権執行②）

2/2 頁

（供託の原因たる事実）

供託者は、　　　　　従業員である甲県乙市丙町二丁目２番２号　乙野次郎

に対し平成 ２９ 年 ４ 月分の給与（支給日平成 ２９ 年 ４ 月 ２ ５ 日、支給場所　供託者本店）金 ２５０，０００ 円を支払うべき債務を負っている

るところ、同人の供託者に対する給与債権について給与支給額から法定控除額を控除した額の４分の１（ただし、同額の４分の３に相当する額が３３万円を超えるときは、その超過額）を差し押さえることができるので、給与支給額から法定控除額 ５０，０００ 円を控除した額の４分の１（ただし、控除した額が４４万円を超えるときは、同額から３３万円を控除した額）に相当する金 ５０，０００ 円を供託する。

記

| 事件の表示 | 債権者 | 債務者 | 第三債務者 | 債権額 | 差押債権額 | 送達年月日 |
|---|---|---|---|---|---|---|
| ○○裁判所○○支部 平成２９年（ル）第1111号 | 甲県乙市丙町三丁目３番３号 丙川三郎 | 乙野次郎 | 供託者 | 金１００万円 | 金１００万円 | 平成29年4月14日 |

滞納処分による差押えの表示

滞納処分庁が乙野次郎の滞納処分にかかる国税（平成２７年度所得税額金９万円、延滞税額金６千円、合計額金９万６千円）について滞納処分をし、第三債務者供託者、差押債権者滞納処分庁、差押債権額金９万６千円、平成２９年４月１８日差押通知書送達。

（注）本供託書は折り曲げないでください。

第2　供託の申請手続

(2)①強制執行の差押え②滞納処分による差押え　強制執行の差押額の場合＞滞納額＞滞納処分による差押額の場合の供託（債権が給料債権である場合）

第四号様式（第13条第1項関係）　その他の金銭供託その他の供託書

供託書・ＯＣＲ用

| 申請年月日 | 平成29年4月25日 |
|---|---|
| 供託所の表示 | ○○法務局 |

供託者の住所氏名
住所　甲県乙市丙町一丁目1番1号
氏名・法人名等　甲山商事株式会社
代表者等又は代理人住所氏名　代表取締役　甲山太郎

供託カード番号（　　　　）
カードご利用の方は記入してください。

被供託者の住所氏名
住所　別添のとおり
ふりがなは別紙継続用紙に記載してください。
氏名・法人名等　別添のとおり
ふりがなは別紙継続用紙に記載してください。
□供託通知書の発送を請求する。

供託金額
百十億千百十万千百十円
￥5000000
年月日　月日
□供託カード発行

供託の原因たる事実
別紙のとおり

滞納処分による差押えについては、給与支給額（ただし、1，000円未満の端数を切り捨てた額）から国税徴収法第76条に基づく差押禁止額210，000円を控除した残額の40，000円を差し押さえているので、強制執行による差押債権額40，000円の範囲で競合する。

□供託により消滅すべき質権又は抵当権
□反対給付の内容

法令条項
別紙のとおり

備考
滞納処分と強制執行等との手続の調整に関する法律第36条の6第1項
民事執行法第156条第1項

（注）1．供託金額の冒頭に￥記号を記入してください。なお、供託金額の訂正はできません。
2．本供託書は折り曲げないでください。

□字加入　□字削除　□備考欄記載のとおり

保管番号印　受付印　調査　記録
1/2
（第4号様式）
（印刷第34号）
020000

一瀬点　半濁点は1マスを使用してください。
供託者の氏名　コウザンショウジカブシキガイシャ

第2　供託の申請手続

第十一号様式（第13条第1項・第3項関係）供託書（継続用紙・その他）

供託書・OCR用
（継続用紙・給与債権執行②）

（第11号様式）
印刷第519

2/2

（供託の原因たる事実）

供託者は、　　　　従業員である甲県乙市丙町二丁目2番2号　乙野次郎

に対し平成29年4月分の給与（支給日平成29年4月25日、支給場所　供託者本店）金250,000円を支払うべき債務を負ってい

るところ、同人の供託者に対する給与債権について給与支給額から法定控除額を控除した額の4分の1（ただし、同残額の4分の

3に相当する額が33万円を超えるときは、その超過額）を差し押さえる旨の下記差押命令が相次いで送達されたので、給与支給

額から法定控除額　50,000　円を控除した額の4分の1（ただし、控除した額が44万円を超えるときは、同残額から

33万円を控除した額に相当する額　50,000　円を供託する。

記

| 事件の表示 | 債権者 | 債務者 | 第三債務者 | 債権額 | 差押債権額 | 送達年月日 |
|---|---|---|---|---|---|---|
| ○○裁判所○○支部平成29年(ル)第111号 | 甲県乙市丙町三丁目3番3号　丙川三郎 | 乙野次郎 | 供託者 | 金100万円 | 金100万円 | 平成29年4月14日 |

滞納処分による差押えの表示
甲県乙市丙町乙丁目1番1号○○税務署長が乙野次郎の滞納処分にかかる国税（平成27年度所得税額金9万円、延滞税額金6千円、合計額金9万6千円）について差押え、第三債務者供託者、差押債権額金9万6千円、平成29年4月18日差押通知書送達。

(注)　本供託書は折り曲げないでください。

第2　供託の申請手続

(3)①滞納処分による差押え②強制執行の差押え 強制執行の差額＜滞納処分による差押額＜滞納処分の場合の供託（債権が給料債権である場合）
第四号様式　その他の金銭供託の供託書

供託書・ＯＣＲ用
（甲）

| | |
|---|---|
| 申請年月日 | 平成２９年４月２５日 |
| 供託所の表示 | ○○法務局 |
| 供託カード番号 | （カード利用の方は記入してください。） |

供託者の住所氏名・法人名等

住所　甲県乙市丙町一丁目１番１号
氏名・法人名等　甲山商事株式会社
代表者等又は代理人住所氏名　代表取締役　甲山太郎

被供託者の住所氏名・法人名等

□別紙のとおり
□ふたりめからは別紙継続用紙に記載してください。

供託の原因たる事実

別紙のとおり
□別紙のとおり
□ふたりめからは別紙継続用紙に記載してください。
□供託通知書の発送を請求する。

供託金額

¥5,000,000

年　月　日
□供託カード発行

法令条項　別紙のとおり
字加入　□字削除

滞納処分と強制執行の手続の調整に関する法律第２０条の６第１項

供託により消滅
すべき質権又は
担保権　□
反対給付の内容　□

備考

（注）　1. 供託金額の冒頭に¥記号を記入してください。なお、供託金額の訂正はできません。
　　　　2. 本供託書は折り曲げないでください。

供託者カナ氏名　コウザンシヨウジカブシキガイシヤ

020000
（甲四号様式）
第4号様式
（印紙第34号）
頁　1/2

203

# 第2　供託の申請手続

第十一号様式（第13条第1項・第3項関係）供託書（継続用紙・その他）

**供託書・OCR用**
（継続用紙）

（別紙）

供託者は、従業員である甲県乙市丙町二丁目2番2号乙野次郎に対して平成29年4月分の給与（支給日：平成29年4月25日、支給場所：供託者本店）金250,000円を支払うべき債務を負っているところ、これについて下記のとおり、滞納処分による差押えと国税徴収法第76条に基づく差押禁止額175,000円を控除した残額の75,000円を、強制執行による差押えと滞納処分による差押えが競合し、給与支給額から50,000円を法定控除した残額とみなし、後行の強制執行による差押債権額5である50,000円を差し押さえる旨の差押命令が送達され、先行する滞納処分による差押えとが、後行の強制執行による差押債権額0,000円の範囲で競合することとなったので、金50,000円を供託する。

1　滞納処分による差押えの表示
　　甲県丙市乙町一丁目1番1号○○税務署長が乙野次郎の滞納処分にかかる国税（平成27年度所得税額金9万円、延滞税額金6千円、合計額金9万6千円）について乙野次郎に差押え、第三債務者供託者、差押債権額金9万6千円、平成29年4月18日差押通知書送達。

2　強制執行による差押えの表示
　　○○地方裁判所平成29年（ル）第123号、債権者乙県丁市丙町三丁目3番3号内村三郎、債務者乙野次郎、第三債務者供託者とする債権差押命令、執行債権額金6万円、差押債権額金6万円、平成29年4月21日送達。

（第11号様式）
（印紙欄4分）

2／2　頁

600300

（注）本供託書は折り曲げないでください。

# 第2 供託の申請手続

(4)①滞納処分による差押え②強制執行の差押額＞滞納処分による差押額の場合の供託（債権が給料債権である場合）

第四号様式（第13条第1項関係）その他の金銭供託の供託書

## 供託書・OCR用

（株）

| 申請年月日 | 平成２９年４月２５日 | 供託カード番号 |
|---|---|---|

供託所の表示　○○法務局

（カードご利用の方は記入してください。）

**供託者の住所氏名等**
住所　甲県乙市丙町一丁目１番１号
氏名・法人名等　甲山商事株式会社
代表者等又は代理人住所氏名　代表取締役　甲山太郎

**被供託者の住所氏名等**
住所　別添のとおり
氏名・法人名等　別添のとおり
ふたりめからは別紙継続用紙に記載してください。
供託通知書の発送を請求する。

**供託金額**　¥５００００

| 百 | 十 | 億 | 千 | 百 | 十 | 万 | 千 | 百 | 十 | 円 |
|---|---|---|---|---|---|---|---|---|---|---|
| | | | | | ¥ | ５ | ０ | ０ | ０ | ０ |

**供託の原因たる事実**　別紙のとおり

字加入　字削除　備考欄記載のとおり

**法令条項**　別紙のとおり

供託により消滅すべき質権又は抵当権
反対給付の内容

**備考**
滞納処分と強制執行等との手続の調整に関する法律第２０条の６第１項
民事執行法第１５６条第１項

(注)　1.供託金額の冒頭に¥記号を記入してください。なお、供託金額の訂正はできません。
　　　2.本供託書は折り曲げないでください。

↑網点は1マスを使用してください。

供託者カード氏名　コウザンショウジカブシキガイシャ

係員印　受付　調査　記録
頁　1/2
（第4号様式）（印供第34号）
020000

第2　供託の申請手続

第十一号様式（第13条第1項・第3項関係）供託書（継続用紙・その他）

供託書・OCR用

（継続用紙　）

（別紙）

供託者は、従業員である甲県乙市丙町三丁目2番2号乙野次郎に対して平成29年4月分の給与（支給日：平成29年4月25日、支給場所：供託者本店）金25,000円を支払っているところ、これについて下記のとおり、滞納処分による差押えと、強制執行による差押えとが競合し、差押禁止額210,000円を控除した残額の40,000円を、国税徴収法第76条に基づく給与支給額から国税額を控除した残額の4分の1である50,000円を差押えと、強制執行による差押えについては、給与支給額から50,000円を供託する。

1　滞納処分による差押えの表示
甲県丙市乙町一丁目1番1号○○税務署長が乙野次郎の滞納処分にかかる国税（平成27年度所得税額金9万円、延滞税額金6千円、合計額金9万6千円）について滞納処分による差押え、差押通知書送達。

2　強制執行による差押えの表示
○○地方裁判所平成29年（ル）第123号、債権者乙県丁市丙町三丁目3番丙村三郎、債務者乙野次郎、第三債務者供託者とする債権差押命令、執行債権額金6万円、差押債権額金6万円、平成29年4月21日送達。

（注）本供託書は折り曲げないでください。

第 2 　供託の申請手続

## 【金銭債権に対して強制執行による差押え後に滞納処分による差押えが競合した場合】

### 事　例31

甲は乙に対して金銭消費貸借契約に基づく金100万円の貸金債務を負っていますが，乙の債権者丙から強制執行による差押命令（50万円）が送達され，続いて，乙の滞納国税についてＡ税務署長から差押通知書（差押債権額60万円）が送達され差押えの競合が生じました。この場合，第三債務者である甲はどのような供託ができるでしょうか。

### 回　答

第三債務者甲は，差し押さえられた金銭債権（被差押債権）の全額に相当する金銭を債務履行地を管轄する供託所に供託しなければならず（滞調法36条の6第1項，義務供託），先に滞納処分による差押えが送達されたときのように，滞納処分庁の取立てに応じることはできません。

また，第三債務者は，供託書正本を添付して，書面をもってその事情を執行裁判所に届け出なければなりません（滞調法36条の6第2項，滞調規則43条2項）。

207

第2　供託の申請手続

【本件関係図】

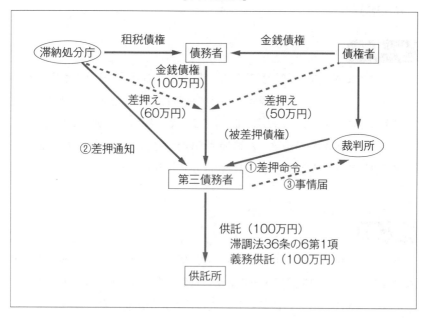

解　説

## 1 強制執行による差押えの後に滞納処分による差押えがされ競合が生じた場合における第三債務者の供託義務

　金銭債権について，滞納処分による差押えと強制執行による差押えとがされる等，異なる手続における差押えが競合した場合に，その調整を行う法律として，滞調法があります。ここでいう競合とは，各差押金額の合計額が被差押債権の額を超えることをいいます。
　強制執行による差押えがされている債権に対し，滞納処分による差押えがされたときは，差押債権者は，滞納処分による差押えに係る部分（60万円）だけでなく，差押えに係る債権の全額（100万円）について取立てができなく

なります。これは徴収職員等の取立権についても同様です。また，債権の一部について強制執行による差押えがされている場合（50万円）であっても，その残余の部分を超えて滞納処分による差押え（60万円）がされたときは，強制執行による差押えの効力はその債権全部に及びます（滞調法36条の4，強制執行による差押えの効力の拡張・図1）。つまり，本事例では，丙の差押金額は50万円でしたが，滞納処分による差押えとの競合によりその効力は差押債権全額の100万円に及ぶことになります。第三債務者は，差し押さえられた金銭債権の全額に相当する金銭を，債務履行地を管轄する供託所に供託しなければなりません（滞調法36条の6第1項）。

【図1　差押えが一部競合した場合の効力（滞調法36条の4）】

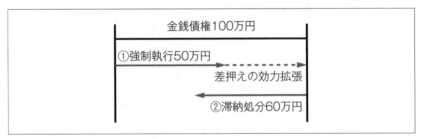

また，次の下図2から4のように，①の強制執行による差押えが先行していれば，たとえ②の滞納処分による差押えで競合が生じていなくても，その次の③の差押えまたは仮差押え等が執行されて，これらの差押え等が競合したときも供託しなければなりません（昭和55.9.6民四第5333号民事局長通達第三・三・1・(二)・(2)・ア後段）。

第2　供託の申請手続

【図2】

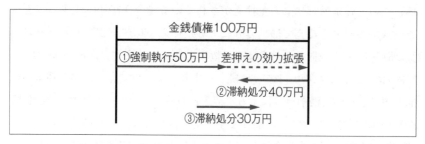

【図3】

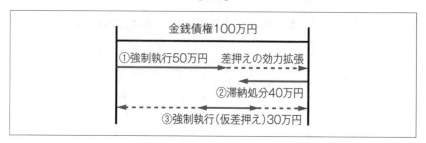

【図4】

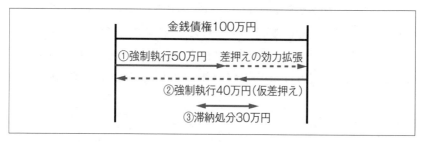

＊　◄─────►で表示された部分は，全て差押えの競合により効力が拡張されたことを表す。

　これは，3番目の差押え等がされ競合が生じると，強制執行による差押え又は仮差押えの執行の効力は，その当初の差押えの時点に遡って債権全額について生じ，債権全額について強制執行が先行するものとして取り扱われる

210

第2　供託の申請手続

からです。

## ❷　滞調法36条の6第1項の義務供託の性質

　滞調法36条の6第1項の義務供託の性質として，手続上先行する「強制執行による差押債権者」（以下「差押債権者」という。）の取立てを認めると，これにより強制執行手続は終了してしまい，租税債権は実体法上差押債権に優先する地位を有するとされていることと矛盾することになってしまいます（租税の優先性，国税徴収法8条，地方税法14条）。そこで，差押債権者の取立てを制限し，滞納処分による差押えを強制執行手続に取り込み，その手続において競合する差押債権と租税債権とを実体上の優劣に従って公平に分配するために，第三債務者に供託義務を課したのです。そのためには強制執行による差押えの効力を債権全体に及ぼしておく必要があります。差押えの効力の拡張は，差押えが担保権の実行又は行使によるものであっても（滞調法36条の13で準用する同法36条の4），仮差押えの執行であっても（滞調法36条の12で準用する同法36条の4）同様です。

　このように，強制執行による差押えが先にされた場合には，第三債務者は当然に供託義務を負い，差押債権者及び徴収職員等のどちらにも取立て権は認められず，第三債務者がどちらかに支払ったとしても，債務の弁済の責めを免れることはできません。

　これに対し，金銭債権の一部について滞納処分による差押えがされ，次いで強制執行による差押えがされ，更に滞納処分による差押えにより競合した場合（滞調法36条の6第1項），最初の滞納処分による差押えの部分を除外した残余の部分について供託義務を負うことになります。これは最初の滞納処分による差押えをした徴収職員等は差し押さえた部分について取立権を有しており（国税徴収法67条1項），第三債務者は，徴収職員等から取立てがあれば，それに応じて支払をしなければならないからです。なお，その残額である50万円については供託義務が課されます（滞調法36条の6第1項）。

211

第2　供託の申請手続

　また，この権利関係を全体として見た場合，①の滞納処分による差押えと②の強制執行による差押えとが競合し，次に②の強制執行による差押えと③の滞納処分が，滞納処分による差押え（50万円）の残余の額（100万円－50万円）において競合しているので，債権全額を供託する場合には，滞調法20条の６第１項を根拠とするか，同項及び同法36条の６第１項の双方の規定を根拠として供託することが可能です（前掲第5333号通達第三・三・１・㈠・⑸後段）。

【図5】

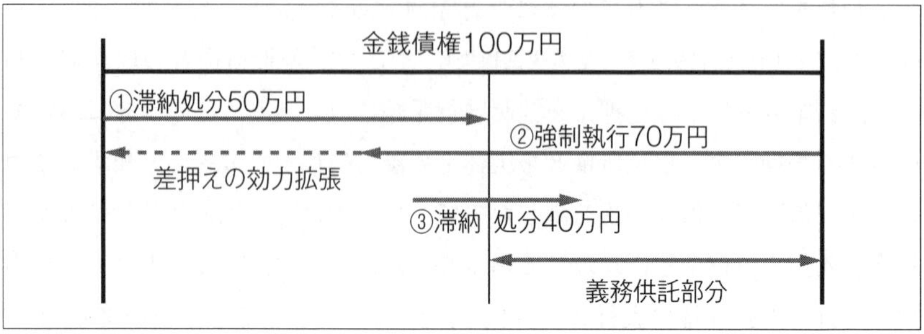

①50万円を供託する場合
　滞調法36条の６第１項
②100万円全額供託する場合
　滞調法20条の６第１項又は滞調法20条の６第１項及び同法36条の６第１項に基づく権利供託

## 3　事情届

　滞調法36条の６第１項の供託をした第三債務者は，供託書正本を添付して，書面でその事情を執行裁判所に届け出なければなりません（滞調法36条の６第２項，滞調規則43条２項）。この事情届があったときは，裁判所書記官は，事情届が執行裁判所に提出された旨を書面で徴収職員等に通知しなければなりません（滞調法36条の６第３項，滞調規則43条３項）。第三債務者から事情届が執行裁判所に提出されたときは，執行裁判所において配当等の手続が行われ，供

第2　供託の申請手続

託金の払渡しは，執行裁判所の配当等の実施として支払委託に基づいてすることになります（前掲第5333号通達第三・三・1・(二)・(2)・イ）。

## 4　配当加入遮断効

　滞調法36条の6第1項の規定による供託は，配当要求の終期に関する民事執行法165条の適用について，同法156条2項の規定による供託とされるので（滞調法36条の9），供託をした時点で民事執行法165条1号の規定により配当加入遮断効が生じ，配当等を実施できます。

　なお，本条の供託義務は，強制執行による差押債権者が提起した取立訴訟（滞調法36条の7）の訴状が第三債務者に送達された時までに滞納処分による二重差押えをした場合に生じます。よって，取立訴訟提起後は，滞納処分による差押え又は交付要求をしても配当を受けることはできません。

　また，強制執行による転付命令が第三債務者に送達される時までに，転付命令に係る債権について滞納処分による差押えがされたときは，転付命令は滞納処分による差押えに係る部分だけでなく全額についてその効力が生じないと解されています（滞調法36条の5）。

## 5　後にされた滞納処分による差押えが解除された場合

　差押えが先行し，その後滞納処分による差押えがされて競合が生じ，差押えの効力が差押債権全体に拡張された後，滞納処分による差押えが解除された場合でも，一旦拡張された差押えの範囲が縮まることはなく，100万円の被差押債権に対して100万円の差押えがあったのと同様，差押債権者と差押債務者が支払委託に基づき払渡請求をすることになります。

213

第2　供託の申請手続

## 6　金銭債権の一部について強制執行による差押えがされている場合に，残余の範囲内で滞納処分による差押えがあったとき

　強制執行と滞納処分が競合しない場合には滞調法の適用はありません。つまり，差押債権者及び徴収職員等は，第三債務者に対してそれぞれ直接に差し押さえた金銭債権を取り立てることができます。

　この場合，第三債務者は徴収職員等の取立てには応じなければなりませんが，被差押債権から滞納処分による差押金額を除いた部分，又は強制執行による差押金額に相当する金銭を供託することもできるとされています（前掲第5333号通達第三・三・1・(二)・(3)）。ただし，滞納処分による差押金額を除いた残余の額を供託する場合は，強制執行による差押部分以外の部分は弁済供託部分であるので，この部分の払渡請求者は債務者の還付請求によって行われることとなるため，被供託者の記載及び供託通知の必要があります。

【図6】

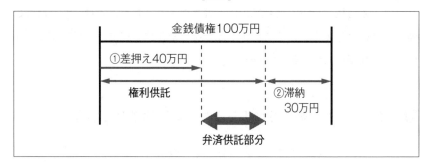

第2 供託の申請手続

## 金銭債権について滞納処分による差押えと強制執行による差押えとが競合した場合の供託（強制執行による差押えが先行する場合）
第四号様式（第13条第1項関係）その他の金銭供託の供託書

**供託書・OCR用**

（第4号様式）
印紙第34号

| 頁 | 記録 | 調査 | 受付 | 供託印 |
|---|---|---|---|---|
| 1/2 | | | | |

☐ 加入 ☐ 字削除

法令条項 備考欄記載のとおり

| 申請年月日 | 平成30年3月1日 |
|---|---|
| 供託所の表示 | ○○法務局 |

供託カード番号（カードご利用の方は記入してください。）

供
託
者
の
住
所
氏
名

住所 甲県乙市丙町一丁目1番1号
氏名・法人名等 甲山太郎
代表者等又は代理人住所氏名

供
託
の
原
因
た
る
事
実

供託者は、甲県丙町丁町二丁目2番2号乙野次郎に対し、平成30年1月30日付けの金銭消費貸借契約に基づく金100万円の貸金債務（弁済期＝平成30年3月1日）を負っているが、乙野次郎の住所地について別紙記載のとおり、強制執行による差押えと滞納処分による差押えとが競合したので、債権の全額である金100万円を供託する。

被
供
託
者
の
住
所
氏
名

☐ 別添のとおり
あらかじめには別紙継続用紙に記載してください。

住所
氏名・法人名等

☐ 別添のとおり
あらかじめには別紙継続用紙に記載してください。

☐ 供託通知書の発送を請求する。

| 供託金額 | 百十億 | 千百十万 | 千百十円 |
|---|---|---|---|
| | ¥ | 1 0 0 0 0 | 0 0 |

☐ 供託により消滅すべき質権又は抵当権
☐ 反対給付の内容

備
考

法令条項 滞納処分と強制執行等との手続の調整に関する法律第36条の6第1項

（注）1 供託金額の冒頭に￥記号を記入してください。なお、供託金額の訂正はできません。
2 本供託書は折り曲げないでください。

☐ 年 月 日
☐ 供託カード発行

供託者カナ氏名

半角白1マスを使用してください。

☐ 1マスに1文字
コウヤマタロウ

020000

第2　供託の申請手続

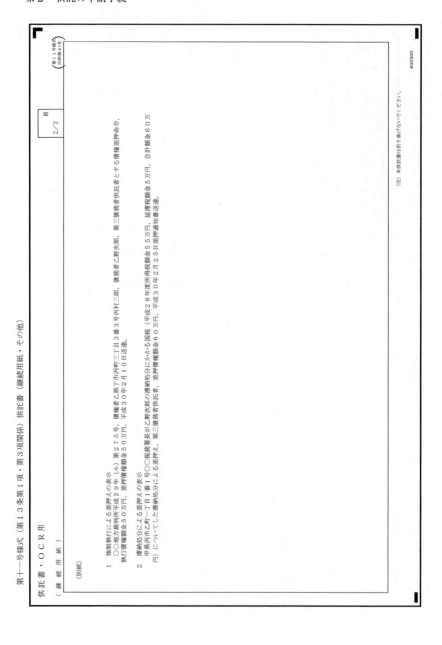

第 2　供託の申請手続

**【滞納処分による差押え後に強制執行による差押えがされ競合した場合】**

### 事 例32

　滞納処分による差押えがされている債権に対し，強制執行による差押えがされた場合，第三債務者の取るべき手段について説明してください。

### 回 答

　①第三債務者は，「滞納処分と強制執行等との手続の調整に関する法律」20条の6第1項により差し押さえられた債権全額に相当する金銭を債務の履行地を管轄する供託所に供託することができます。

　②供託せずに，滞納処分のよる差押えがされた部分については徴収職員の取立てに応じ，それ以外の部分については，強制執行の差押債権者の取立てに応じるか民事執行法による供託をすることができます。

### 解 説

　債権について滞納処分による差押えと強制執行による差押えが競合した場合に両者を調整する法律として滞調法があります。

　なお，滞調法適用の対象となるのは差押えが競合した場合，つまり，滞納処分による差押金額と強制執行による差押金額の合計額が，対象となった債権額を超える場合であり，各差押金額の合計額が対象となった債権額を超えない場合には，同法の適用はありません。

## ■1　滞納処分による差押えのみの場合

　第三債務者が滞納処分による差押えのみを受けた場合については，供託ができるという規定がなく，供託はできません。

217

第2　供託の申請手続

　この場合，第三債務者は滞納処分のよる差押えがされた部分については徴収職員の取立てに応じ，それ以外の残余部分については本来の債権者に支払うことになります。

## 2　滞納処分による差押えと仮差押えの執行が競合した場合

　滞納処分は，国税徴収法140条により仮差押えがあってもその執行は妨げられないので，滞納処分による差押えと仮差押えの執行が競合した場合，その先後に関係なく，徴収職員の取立てに応じ，残額がある場合は民事保全法50条5項で準用する民事執行法156条1項により権利供託することができます。

　または，滞調法20条の9第1項及び同法36条の12第1項で準用する同法20条の6第2項により，全額に相当する金銭を供託することもできます。

## 3　差押えの効力について

　滞納処分による差押えと強制執行による差押えが競合するとき，滞調法20条の4により，強制執行による差押えの効力は拡張し，債権の全部に及ぶとされている。これは，強制執行による差押債権者の権利保全を図るためであります。

　これに対し，国税徴収法8条により租税債権は一般債権に対して優先して徴収することができることから，滞納処分による差押えの効力は拡張する必要がないため，定めもないです。

第2　供託の申請手続

## 4　滞納処分による差押えと強制執行による差押えが競合した場合

(1)　滞納処分による差押え後，さらに強制執行による差押えがされ，差押えが競合した場合

　第三債務者は，滞納処分による差押えについては徴収職員の取立てに応じ，残額を民事執行法156条1項を根拠条文として供託する，若しくは，強制執行による差押債権者の取立てに応じてもよいです。または，滞納処分と強制執行による差押えとの競合が生じているので，滞調法20条の6第1項を根拠として，第三債務者は金銭債権の全額に相当する金銭を供託することもできます。

(2)　債権の一部について滞納処分による差押え後，強制執行による差押えと強制執行による差押え又は仮差押えの執行とが競合した場合

　第三債務者は，滞納処分による差押えについては徴収職員の取立てに応じ，残額は民事執行法156条2項を根拠として供託しなければなりません。または，滞調法20条の6第1項及び民事執行法156条2項を根拠として全額に相当する金銭を供託することもできます。

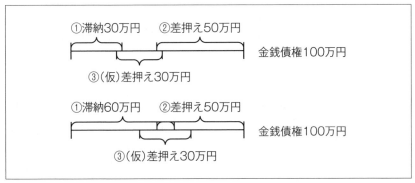

第2　供託の申請手続

(3) **債権の一部について滞納処分による差押え後，強制執行による差押えがされ，さらに滞納処分による差押えがされて差押えが競合している場合**

　第三債務者は，最初の滞納処分による差押えについては徴収職員の取立てに応じ，残額は滞調法36条の6第1項を根拠として供託しなければなりません。または，滞調法20条の6第1項及び同法36条の6第1項を根拠として全額に相当する金銭を供託することもできます。

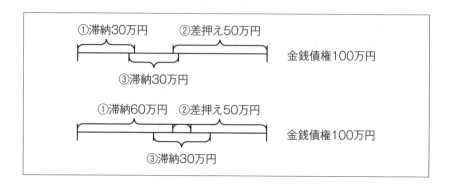

第2　供託の申請手続

# 滞納処分による差押後さらに強制執行による差押えがされ、差押えが競合した場合

供託書・OCR用
第四号様式(第13条第1項関係)その他関係の金銭供託の供託書

（第4号様式　印刷兼34号）

頁 ／

020000

| 半加入 | 半削除 |
|---|---|

□ 半加入　□ 半削除

**申請年月日**　平成29年5月1日

**供託所の表示**　○○法務局

**供託カード番号**　（カードご利用の方は記入してください。）

**供託者の住所・法人名等**
住所　甲県乙市丙町二丁目2番2号
氏名・法人名等　甲　山　太　郎
代理人等住所又は代理人住所氏名名

**被供託者の住所・氏名等**
住所
氏名・法人名等

**供託金額**
| 百 | 十 | 億 | 千 | 百 | 十 | 万 | 千 | 百 | 十 | 円 |
|---|---|---|---|---|---|---|---|---|---|---|
| | | ￥1 | 0 | 0 | 0 | 0 | 0 | 0 | 0 | 0 |

供託者カナ氏名　コ　ウ　ヤ　マ　タ　ロ　ウ

（注）1　供託金額の冒頭に￥記号を記入してください。なお、供託金額の訂正はできません。
　　　2　本供託書は折り曲げて使用しないでください。

---

**法令条項**　備考欄記載のとおり

**供託の原因たる事実**

記

1　滞納処分による差押えの表示
　所得税45万円、延滞税5万円、合計50万円
　県県乙市丙町一丁目1番1号○○税務署長が乙野次郎に対し、平成27年度所得税45万円、延滞税5万円、差押債権額、差押通知書
　知事送達、第三債務者乙野次郎

2　強制執行による差押えの表示
　○○地方裁判所平成29年（ル）第25号、債権者乙野次郎、第三債務者とする債権差押命令、債権額金60万円
　甲内村三郎、差押債権額金60万円、平成29年4月17日差押通達

供託により消滅すべき質権又は抵当権

反対給付の内容

**法令条項**
滞納処分と強制執行等との手続の調整に関する法律第20条の6第1項

**備考**
滞納処分と強制執行等との手続の調整に関する法律第20条の6第1項

供託者は、甲県乙市丁町三丁目3番乙野次郎に対し、平成28年5月1日付けの金銭消費貸借契約に基づく金100万円の貸金債務を、平成29年5月1日について乙野次郎は住所が（弁済期：平成29年）処分による差押えと強制執行による差押えとが競合したので、下記の滞納金100万円を供託する。

別添のとおり
ふたりのからは別紙継続用紙に記載してください。

供託通知書の発送を請求する。

年　月　日
（供託カード発行）

221

第2　供託の申請手続

## 【金銭債権に滞納処分による差押えと仮差押えの執行が競合した場合】

### 事例33

　金銭債権について滞納処分による差押えと仮差押えの執行が競合した場合，第三債務者はどのようにすればよいですか。

### 回答

　第三債務者は，仮差押えの執行と滞納処分による差押えが競合したときは，滞納処分による差押えが先行する場合に限らず，仮差押えの執行が先行する場合であっても，徴収職員等による取立てに応じて弁済することができます。また，第三債務者は，徴収職員等の取立てに応じることなく，被差押債権の全額に相当する金銭を債務の履行地の供託所に供託することもできます（いわゆる権利供託）。

　なお，この供託をしたときは，第三債務者は，その事情を徴収職員等に届け出なければなりません。

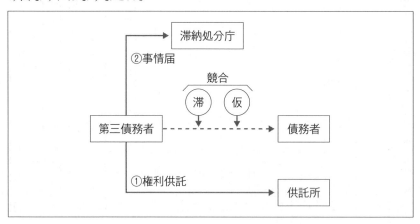

222

第2　供託の申請手続

解　説

## 1　滞納処分の優先

　国税の滞納処分とは，国税が滞納となった場合に，国税債権の満足を図るためにされる強制換価手続であり，裁判所による強制執行等によることなく，徴収職員が自らの権限で執行できる手続であるとされています。滞納処分は，仮差押えの執行がされている債権に対してもすることができ（国税徴収法140条），また，仮差押命令は，滞納処分による差押えがされている債権に対しても発することができます（滞調法20条の9第1項，20条の3第1項）。

　滞納処分による債権の差押えは，第三債務者に対し，徴収職員が債権差押通知書を送達することによって行います（国税徴収法62条1項）。その差押えの効力は，債権差押通知書が第三債務者に送達されたときに生ずるものとされており（同条3項），この点は，強制執行による差押えの場合と同じであります（民事執行法145条3項，4項）。

　しかし，滞納処分による差押えが先行する場合はもちろん，仮差押えの執行が先行する場合であっても，滞納処分は，仮差押えによってその執行を妨げられないため（国税徴収法140条），徴収職員等は，滞納処分による差押えと仮差押えの執行との先後関係を考慮することなく，その取立権（同法67条1項）を行使することができます。

　したがって，滞納処分による差押えと仮差押えの執行が競合した場合であっても，第三債務者は，徴収職員等の取立てに応じて弁済して差し支えありません。なお，この場合，金銭債権に残額があれば，民事保全法50条5項で準用する民事執行法156条1項により供託（権利供託）することができます。

　　(注)　ここで，滞納処分による差押えと仮差押えの執行との競合とは，両者が重複し，各（仮）差押金額の合計額が（仮）差押えの執行に係る金銭債権の額（下記関係図で100万円）を超える場合をいう。競合する場合，仮差押えの執行（同図で50万円）の効力が拡張され，債権全額（同図で

223

第2　供託の申請手続

100万円）に及ぶこととなる（滞調法20条の9第1項で準用する同法20条の4，同法36条の12第1項で準用する同法36条の4）。両者が重複しても，各（仮）差押金額の合計額が上記金銭債権の額を超えない場合には，競合は生じません。

【関係図】

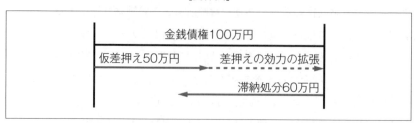

## 2 滞納処分による差押えと仮差押えの執行との競合による権利供託

　滞納処分による差押えと仮差押えの執行が競合した場合には，強制執行による差押えと仮差押えの執行が競合した場合とは異なり，第三債務者に供託義務は生じません。

　しかし，第三債務者は，その債権の全額に相当する金銭を債務の履行地の供託所に供託することにより，免責を得ることができるとされています（滞納処分による差押えが先行する場合は滞調法20条の9第1項で準用する同法20条の6第1項，仮差押えの執行が先行する場合は同法36条の12第1項で準用する同法20条の6第1項）。

　この供託は，第三債務者の保護のために認められた権利供託であり，その性質については，仮差押債務者を被供託者とする一種の弁済供託であって，その仮差押債務者の有する供託金還付請求権の上に仮差押えの執行の効力及び滞納処分による差押えの効力が及んでいると解されています。したがって，被供託者（債務者）に対して供託通知をしなければなりません（昭55.9.6民四第5333号民事局長通達第三・三・2・㈠，民法495条3項，規則16条，準則33条）。

第2　供託の申請手続

## ❸　事情届

　第三債務者は，この供託をしたときは，滞納処分による差押えをした徴収職員等に対して，その事情を届け出なければなりません（滞納処分による差押えが先行する場合は滞調法20条の9第1項で準用する同法20条の6第2項，仮差押えの執行が先行する場合は同法36条の12第1項で準用する同法20条の6第2項）。

　なお，この事情の届出は書面ですることを要し（滞調令32条，12条の11第1項，同令12条の5第1項），これには供託書正本を添付しなければならないこととされています（滞調令32条，12条の11第1項，12条の5第2項）。

## ❹　供託金の払渡手続

　このようにしてなされた供託の供託金に対しては，滞納処分による差押えの金額に相当する部分については，徴収職員等の取立権（国税徴収法67条1項）に基づく還付請求によって払渡しがされることになります（前掲第5333号通達第三・三・2・㈡・⑴）。また，それ以外の部分については，仮差押債権者が被供託者（債務者）の有する供託金還付請求権に対して本執行としての差押えをしたときに，執行裁判所の配当等の実施としての支払委託に基づいて払渡しがされることになるが，仮差押えの効力が効力を失った場合には，被供託者（債務者）の還付請求によって払い渡すことになります（前掲第5333号通達第三・三・2・㈡・⑵）。

## ❺　関連問題（両者が重複するが競合しない場合）

　滞納処分による差押えと仮差押えの執行が重複する場合であっても，競合しない（各（仮）差押金額の合計額が被差押債権の額を超えない）場合には，第三債務者は，滞納処分による差押えがされている部分の金額については，供託が認められず，徴収職員等の取立てに応じて弁済しなければなりません（国税

225

第2　供託の申請手続

徴収法67条 1 項)。

　なお，その残額については，民事保全法50条 5 項で準用する民事執行法
156条 1 項により権利供託をすることができます。この場合には，第三債務
者は，民事保全法50条 5 項で準用する民事執行法156条 3 項により，仮差押
命令を発した執行裁判所に事情の届出をする必要があります。

第2 供託の申請手続

**金銭債権について滞納処分による差押えと仮差押えの執行とが競合した場合の供託**

第四号様式

供託書・OCR用 （供）

（第4号様式）
印刷第34号

頁 ／

020000

| 係員印 | 受付 | 調査 | 記録 |
|---|---|---|---|

字加入　字削除　備考欄記載のとおり

法令条項　滞納処分と強制執行等との手続の調整に関する法律第20条の9第1項、第20条の6第1項

| 申請年月日 | 平成29年9月25日 |
|---|---|
| 供託所の表示 | ○○法務局 |
| 供託カード番号 | （カードご利用の方は正しく記入してください。） |

供託者
住所　甲県乙市丙町一丁目1番1号
氏名・法人名等　甲山太郎
代表者等又は代理人住所氏名

被供託者
住所　甲県丙市丁町二丁目2番2号
氏名・法人名等　乙野次郎

□ 別添のとおり　あらかじめ左記別紙連続用紙に記載してください。

供託の原因たる事実

供託者は、被供託者に対し、平成27年8月25日付けの金銭消費貸借契約の基づく金200万円の返還債務（弁済期：平成29年9月25日、弁済場所：被供託者(住所)）を負っているが、これについて別紙記載のとおり、滞納処分による差押えと仮差押えの執行とが競合したので、債権の全額である金200万円を供託する。

| 供託金額 | ¥ | | 2 | 0 | 0 | 0 | 0 | 0 | 0 |
|---|---|---|---|---|---|---|---|---|---|
| | 百 | 十億 | 千 | 百 | 十万 | 千 | 百 | 十 | 円 |

□ 供託により消滅すべき質権又は抵当権
○ 反対給付の内容

備考

(注)　1．供託金額の冒頭に¥記号を記入してください。なお、供託金額の訂正はできません。
　　　2．本供託書は折り曲げないでください。

□ 別添のとおり　あらかじめ左記別紙連続用紙に記載してください。
○ 供託通知書の発送を請求する。

年　月　日　（印）
□ 供託カード発行

供託者カード氏名　コ　ウ　ヤ　マ　タ　ロ　ウ
上欄は、半濁点はマスを使用してください。

第2　供託の申請手続

第十一号様式（第13条第1項・第3項関係）供託書（継続用紙・その他）

供託書・OCR用
（継続用紙）

（別紙）

頁　2/2

1　滞納処分による差押えの表示
　甲県乙市乙町一丁目2番1号乙野次郎が○○税務署長が乙野次郎の滞納処分の滞納処分にかかる国税（平成27年度所得税額金40万円、延滞税額金5万円、合計額金45万円）についてした滞納処分による差押え、差押債権額金45万円。第三債務者供託え、第三債務者供託者、債務者被供託者、第三債務者供託者とする債権仮差押命令、平成29年9月1日差押通知書送達。

2　仮差押命令の表示
　○○地方裁判所平成29年（ヨ）第110号、債権者丙県丁市丙町三丁目1番3号丙村三郎、債務者被供託者、債務者乙野次郎、第三債務者供託者、平成29年9月21日送達。執行債権額金200万円、仮差押債権額金200万円、平成29年9月21日送達。

第11号様式
印第41号

600300

（注）本供託書は折り曲げないでください。

第 2　供託の申請手続

【金銭債権に確定日付のある債権譲渡通知と強制執行による差押えとの混合
供託】

### 事 例34

　甲は一般社団法人乙に対して広告請負代金110万円の支払債務（支払
日：平成29年12月1日）を負っていたところ，その広告請負代金について，
次の順序で各書面の通知あるいは送達を受けました。
1　確定日付（平成29年11月1日付け）のある債権譲渡通知（通知日：同月2
　日，譲渡人一般社団法人乙，譲受人丙，譲渡金額110万円）
2　債権差押命令の送達（送達日：平成29年11月6日，差押債権者丁，執行債
　務者一般社団法人乙，第三債務者甲，差押債権額180万円）
3　債権差押命令の送達（送達日：平成29年11月10日，差押債権者戊，執行債
　務者一般社団法人乙，第三債務者甲，差押債権額190万円）
4　詐害行為取消等請求事件の訴状送達（送達日：平成29年11月15日，原告
　丁，被告丙）
　この場合，甲が一般社団法人乙，丙，丁及び戊の全員の関係で完全に
債務を免れるためには，どうすればよいですか。

### 回 答

　甲は，民法494条に基づく債権者不確知供託及び民事執行法156条2項（義
務供託）を法令条項として併記し，一般社団法人乙に対する上記広告請負代
金債務の履行地に供託すべきものと考えます。
　換言すると，甲は，債務を完全に免れるに以下の供託を行う必要があると
ころ，甲の二重負担の危険を避けるために一括供託を認めようとするもので
す。
1　上記4の詐害行為取消等請求事件の判決が確定しないことにより真の債
　権者が一般社団法人乙と丙のいずれであるか確知できないという理由に基

229

第2　供託の申請手続

づく債権者不確知供託

2　上記2及び3の債権差押命令に関しては，上記4の詐害行為取消等請求
　事件において丙の勝訴が確定することを停止条件とする義務供託

　なお，甲は上記供託を行った後に，上記2の執行裁判所に対し民事執行法
156条3項に基づく事情届を提出することを要します。

### 解　説

## 1　混合供託の意義と性質等

### (1)　意　義

　一例を挙げると，債務者甲は，債権者一般社団法人乙から甲乙間の金銭債
権を丙に譲渡した旨の通知を受けた後に，乙を債務者とする強制執行等によ
る差押命令（差押債権者を丁及び戊とする。）の送達を相次いで受けた。その後
に，差押債権者の一人丁が前記債権譲渡の無効を主張して訴訟を継続させて
いる場合において，甲が乙，丙，丁及び戊との関係で債務を免れるためには，
供託実務上民法494条（弁済供託）及び民事執行法156条2項（義務供託）の双
方を法令条項として供託すべきであるとされています。この供託は，実務上
「混合供託」又は「競合供託」（以下「混合供託」という。）と呼ばれています
（昭和41.11.28民事甲第3264号民事局長認可1・供託関係先例集(4)221頁，昭和41.12.27民
事甲第3683号民事局長認可払渡1・供託関係先例集(4)244頁，昭和43.12.20民事甲第3635
号民事局長認可9・供託関係先例集(5)69頁）。

### (2)　性質等

　混合供託の性質等について，事例の内容を基に説明をしていきます。

ア　民法494条による債権者不確知供託

　　本事例の場合，乙，丙間において直接債権の帰属について法律上の紛争
　があるというわけではなく，乙の債権者丁が丙を被告として，乙丙間の債
　権譲渡が詐害行為であるとして民法424条に基づく詐害行為取消訴訟を提
　起しているという事実関係です。前記訴訟の結果によっては，乙，丙間の

第2　供託の申請手続

債権譲渡の効力が無効とされます。

　一方で，詐害行為取消権の行使は，裁判所に請求しなければならないとされており，取消しの効果は，取消しを命ずる判決の確定により発生するものとされています。このことを前提として，本事例が債権者不確知にあたるといえるのかどうか，検討します。

　まず，債権者不確知の状態にあるとは，例えば，債権に譲渡禁止特約が付されているにもかかわらず，債権者が当該債権を譲渡した際に，譲渡禁止特約について譲受人の善意・悪意が不明な場合が考えられます。譲受人が譲渡禁止特約を知っているかどうか明らかでない場合は，債務者が弁済しようとしたときに，債権者が譲渡人又は譲受人のいずれであるかが不明確といえます。

　これに対して，本事例の場合は前述のとおり詐害行為取消権という裁判所への請求を要する特殊な形成権であり，その効果は，取消判決の確定によってはじめて生じるものです。詐害行為取消判決が確定したことにより，債権譲渡が遡及して無効となるわけなので，詐害行為取消訴訟の行く末が弁済者が供託しようとする時点における債権の帰属に遡って影響を及ぼすこととなります。また，詐害行為取消しの遡及効の結果として，確定前に債権譲受人に対してした弁済の効力は，原則として民法478条の債権の準占有者に対する弁済の問題として取り扱われるものと考えます。つまり，弁済者が詐害行為取消訴訟が提起されていることを知っていた場合にまで，当該弁済者が常に同条の善意無過失者としての保護を与えられることになるのか疑問があります。よって，このような場合には弁済者を保護するために債権者不確知供託を認める実質的な必要があると考えます。

　先例の中にも，債務者が債権者から債権譲渡通知を受領した後に，当該債権譲渡の詐害行為取消訴訟を本案とする処分禁止の仮処分の送達を受けたことを理由として被供託者を債権譲渡人又は譲受人とする債権者不確知供託を有効と解せられるとしたものがあります（昭和51.1.26民四第1045号民事局長回答，供託関係先例集(6)65頁）。

231

第2　供託の申請手続

イ　民事執行法156条2項による執行供託

　　本事例では，乙の差押債権者である丁及び戊が乙の債権を差し押さえていることから，甲が債権者不確知を理由とする供託をしたとしても差押債権者である丁及び戊に対しては，債権者不確知の供託による免責の効果を主張することはできません。

　　詐害行為取消権の行使が認められないことが確定した場合は，債権譲渡が有効ということになりますので，丁及び戊の差押えは結果として空振りとなります。よって，甲は丁及び戊に何ら債務を負担することはありません。

　　しかし，詐害行為取消権の行使が認められることが確定した場合は，真の債権者が譲渡人一般社団法人乙ということになり，一般社団法人乙との関係で民法494条の弁済供託をしても，その弁済の効果を丁及び戊に主張することはできません。この場合，丁及び戊に対しても債務消滅の効果を主張するには，別途，民事執行法156条2項に基づいて債権額に相当する金銭110万円を供託する必要があり，結局，甲は二重負担の危険を負うことになります。

　　このような甲の二重負担を解消し，その利益を保護する必要性から，債権譲渡が有効であるか無効であるかが確定するまでの間，民法494条と民事執行法156条2項を供託根拠条項として併記した上で行う混合供託が認められています。

ウ　丁及び戊の差押えの効力

　　本事例において，丁及び戊が差押命令を得た時点では，債権は譲受人たる丙に帰属しているとするほかないのであって，この債権を譲渡人たる一般社団法人乙を債権者として差し押さえることができるのかといった疑問が生じます。

　　この点について判例では，工事が完成する前の請負代金債権に対して転付命令を得た事案につき，その転付命令が有効となることを認めています（大判明治44.2.21民録17輯62頁）。つまり，条件付きの債権でも差押えが可能

232

と考えられています。本事例の場合は，債権の帰属が問題となっていることから，前記の条件付債権と全く同じには考えられないところ，債権の帰属について条件が付されていると考えることもできることから，両者の間には共通点があると考えられます。

　よって，丁及び戊が行った差押えの効力には問題がないと考えられます。

エ　詐害行為の相対的効力

　詐害行為取消しの効力は，相対的であるといわれており，取消しの効果は，訴えを提起した丁と被告とされている丙との間でのみ生じ，債権譲渡人である一般社団法人乙に対しては既判力を生じないとされています。取消しの効果がこのようなものであると，そもそも取り消されても債権譲渡人である一般社団法人乙に対する関係では債権譲渡が無効となる効果を生じないのに，詐害行為取消権者である丁が債権譲渡人である一般社団法人乙をその債権の主体としてこれを差し押さえることができるか疑問視する向きもあり，学説の中にも，判例の相対効の理論を前提とした場合，このような疑問が生じることをほのめかす見解があるようです（内田貴『民法Ⅲ　債権総論・担保物権』（東京大学出版会，1996年）291頁）。

　しかし，取消しの効果は，全ての債権者の利益のために効力を生ずると規定されており（民法425条），例えば，詐害行為が不動産の譲渡であったような場合は，不動産の名義を一旦債務者（不動産の譲渡人）の下に回復し，全ての債権者のために配当換価の手続を取るという扱いがなされます（最判昭和53.10.5判時912号58頁）。この場合，詐害行為たる譲渡の対象となった財産が再び債務者の責任財産に帰属するという効果が生じていると解するほかないのであり（内田貴『民法Ⅲ　債権総論・担保物権』（東京大学出版会，1996年）290頁），詐害行為取消の効力が相対効だからといって，債権者がこれを執行手続上，債務者の責任財産として取り扱うことを妨げるほどの意味はないと考えられます。

　これにより，丁及び戊が行った差押えの効力には詐害行為取消しの相対効との関係でも問題がないと考えられます。

第2　供託の申請手続

オ　アとイを法令条項とする供託の可否

　　上記により，甲は，丁及び戊の差押えが有効である事を前提として民事執行法156条2項の執行供託を民法494条の債権者不確知供託と併せて混合供託として一括して行うことができると考えます。

　　この混合供託のうち，執行供託の部分は，詐害行為取消の効果発生を停止条件とするものとなります。甲は，丁からの債務履行要求に対して，供託によって債務が消滅したことを主張できます。

## 2　供託申請上の留意点

### (1)　供託書の記載

ア　法令条項欄

　　上記1の(2)のオで示したとおり，民法494条と民事執行法156条2項を併記します。

イ　被供託者欄

　　弁済供託においては，被供託者欄に債権者を表示するところ，執行供託においては，執行裁判所が供託金の還付請求権者を決定する（民事執行法84条1項）ことから，当該欄に差押債権者を表示する必要はありません。

　　よって，本事例においては，供託書の被供託者欄には，一般社団法人乙又は丙と記載することになります。

ウ　供託の原因たる事実欄

　　供託の原因たる事実欄には，債権が特定できる程度にその内容を記載し，債権者不確知の原因となった事実（本事例においては，債権譲渡の内容及び差押債権者丁から丙に対し詐害行為取消等請求事件が提起されていることから当該債権の帰属について争いがある旨）を記載します。さらに，債権差押命令の内容（裁判所名，事件番号，当事者の住所氏名，差押債権額，送達年月日等）を記載します。記載例については，別紙のとおりです。

234

第2　供託の申請手続

## (2)　管轄供託所

　弁済供託は，債務履行地の供託所にこれをしなければならないとされています（民法495条1項）。債権者不確知供託の場合には，弁済すべき債務が持参債務で，債権者（被供託者欄に記載される一般社団法人乙又は丙）の住所が異なるときは，被供託者のいずれかの債務履行地に所在する供託所に供託することができるとされています（昭和38.6.22民事甲第1794号民事局長認可1・供託関係先例集(3)304頁）。

　一方，執行供託においては，被差押債権の債務履行地の供託所にこれをしなければならないとされています（民事執行法156条1項，2項）。

　したがって，混合供託の場合は上記双方の供託の組合せとなることから，本事例においては債権譲渡が無効（詐害行為取消等請求事件において丁の勝訴が確定した。）と判断され，執行供託として有効になる場合を想定し，一般社団法人乙に対する広告請負代金債務の履行地を管轄する供託所に供託すべきこととなります。

## (3)　事情届

　混合供託は，執行供託の性質を有していることから，甲は本件供託を行った後執行裁判所に対して事情届を行うことを要します（民事執行法156条3項，民事執行規則138条）。

# 3　供託金払渡手続の概要

## (1)　本件事例において一般社団法人乙と丙との間の債権譲渡が有効（詐害行為取消等請求事件において丙の勝訴が確定した。）である場合

　この場合，被供託者の一人である丙が還付請求権を行使して供託金払渡しを受けることとなります。還付を受ける権利を有することを証する書面（規則24条1項1号）としては，事例中4の訴訟において丙の勝訴が確定したことを証する判決，これに準ずる和解，調停調書（以下この項において「丙の勝訴を証する判決等」という。）又は承諾書等が該当します。この内容について検討す

235

第2　供託の申請手続

ることとします。

　まず，丙の勝訴を証する判決等による場合，判決，和解又は調停の効力が
丙と丁の間のみならず一般社団法人乙と戊に対しても及んでいることが必要
です。言い換えると，訴訟手続の場合は丙が原告として一般社団法人乙，丁
及び戊を被告とする供託金還付請求権の存在確認訴訟を提起する必要があり
ます。また，調停手続の場合は丙が申立人として一般社団法人乙を相手方，
丁及び戊を利害関係人（民事調停法11条）とする供託金還付請求権の調停手続
を申し立てる必要があります（法務省民事局第四課職員編『供託実務先例解説［新
版］』（商事法務研究会，1985年）174〜175頁）。

　これに対し，承諾書による場合は，丙が一般社団法人乙，丁及び戊の承諾
書を添付する必要があります。譲渡人のみならず差押債権者との関係でも確
定していることを要するからです。

⑵　**本件事例において一般社団法人乙と丙との間の債権譲渡が無効**（詐害行
為取消等請求事件において丁の勝訴が確定した。）**である場合**

　この場合，執行供託に付されていた停止条件が成就することとなるので，
執行裁判所の配当等の実施としての支払委託に基づいて丁又は戊が供託金の
払渡しを受けることとなります。具体的には丁又は戊は，供託規則第29号書
式に基づく証明書の交付を受けて，この書面を還付を受ける権利を有するこ
とを証する書面（規則24条1項1号）として供託金払渡請求書に添付して供託
金の払渡請求を行うことになります（規則30条1項，2項）。

　なお，一般社団法人乙が供託金の払渡しを受けることも考えられるところ，
この場合においては，事例中4の訴訟において丁の勝訴が確定したことを証
する判決，これに準ずる和解，調停調書並びに丁及び戊の差押えの執行が取
り下げられたこと又は差押命令を取り消す決定が効力を生じたことを証する
書面の添付を要することになります（昭和50.12.19民四第7161号民事局長回答，昭
和55.9.6民四第5333号民事局長通達第二・四・1・㈠・⑶・イ）。

236

# 金銭債権に確定日付のある債権譲渡通知と強制執行による差押えと競合した場合の供託

**供託書・OCR用**

第四号様式（第13条第1項関係）　その他の金銭供託の供託書

|  |  |
|---|---|
| 申請年月日 | 平成29年12月1日 |
| 供託所の表示 | ○○法務局 |
| 供託カード番号 | （カードを利用の方は記入してください。） |

**供託者の住所氏名**
- 住所　甲県乙市丙町一丁目1番1号
- 氏名・法人名等　甲野　太郎
- 代表者等又は代理人住所氏名

**被供託者の住所氏名**
- 住所　甲県丙市丁町二丁目2番2号
- 氏名・法人名等　一般社団法人　乙山協会

**供託金額**　￥1,100,000

供託カード発行

- □ 別添のとおり　ふたりめからは別紙継続用紙に記載してください。
- □ 別添のとおり　ふたりめからは別紙継続用紙に記載してください。
- □ 供託通知書の発送を請求する。

---

**調査　受付　記録**　頁 1/2
（第4号様式）印紙第34号　020000

| | |
|---|---|
| 供託印 | 法令条項　民法第494条、民事執行法第156条第2項 |

**原因事実**

供託者は、被供託者一般社団法人乙山協会に対し、平成29年3月1日付け応告請負契約に基づき請負代金10万円の債務（未済）平成29年12月1日、支払場所、被供託者（住所）を争っているところ、平成29年11月1日付け内容証明郵便にて上記一般社団法人乙山協会から当該債権を被供託者に譲渡した旨の通知を受け、その後、下記のとおり当該債権に対する差押命令が競合して送達され、上記債権譲渡に対する訴訟が○○地方裁判所平成29年(ワ)第700号事件で訴訟継続中である。よって、債権者を確知できず、また一般社団法人乙山協会と本債権者との場合には差押えが競合するので供託する。

記

差押命令の表示

1　○○地方裁判所平成29年(ル)第745号、債権者甲県己市辛町四丁目4号丁町四郎、債務者一般社団法人乙山協会、第三債務者供託者とする債権差押命令、執行債権額金180万円、差押債権額金180万円、平成29年11月6日送達。

2　○○地方裁判所平成29年(ル)第746号、債権者甲県己市辛町五丁目5番号戊海五郎、債務者一般社団法人乙山協会、第三債務者供託者とする債権差押命令、執行債権額金190万円、差押債権額金190万円、平成29年11月10日送達。

- □ 供託により消滅すべき質権又は抵当権
- □ 反対給付の内容

**備考**

（注）
1. 供託金額の冒頭に￥記号を記入してください。なお、供託金額の訂正はできません。
2. 本欄左側は折り曲げないでください。

供託者カード氏名　コウノ　タロウ　／　イッパンシャダンホウジン

## 第2　供託の申請手続

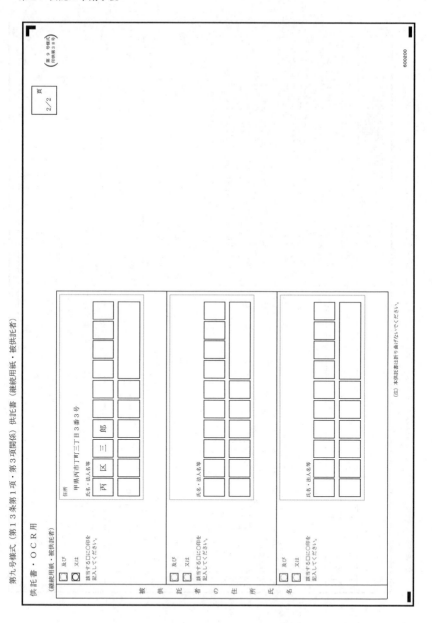

第 2 　供託の申請手続

**【金銭債権に譲渡禁止特約がある金銭債権が債権譲渡された後，滞納処分の差押えが送達された場合の供託，債権譲渡前に強制執行による差押えがなされていた場合】**

## 事 例35

　甲社は，乙社に対して金2,000万円（弁済期日：平成29年9月30日）建設請負契約に基づく支払債務を負っているところ，丙社を譲受人とする確定日付のある債権譲渡通知書（譲渡金額2,000万円）が平成29年8月5日に送達されました。しかし，当該債権には，譲渡禁止の特約が付されています。なお，譲受人丙の善意・悪意は不明です。

　また，本債務については，滞納者を乙社とする差押金額1,000万円のA税務署の滞納処分による差押え（平成29年8月11日送達）及び滞納者を同じく乙社とする差押金額1,500万円のB税務署の滞納処分による差押え（平成29年8月20日送達）がなされています。

①　このような場合，どのように対応すればよいですか。

②　債権譲渡通知書が送達される前に，債権差押命令の送達（送達日：平成29年7月31日，差押債権者C，執行債務者乙社，第三債務者甲社，執行債権額1,600万円，差押債権額1,500万円）があった場合はどうですか。

## 回 答

①について

　甲社は，債権者不確知を原因とする民法494条の弁済供託をすることができます。しかし，甲社は，債権者不確知の供託をしただけでは債権者との関係では債務を免れたとしても，滞納処分庁に対しては，その債務の消滅を主張することはできないため，実務上，供託書の備考欄等に，なお書きとして滞納処分による差押えの表示を行います。

239

第2 供託の申請手続

②について

　甲社は，滞調法36条の6第1項及び民法494条を供託の法令条項として併記し，債権全額について債権者不確知供託と執行供託の混合供託をすることができます。

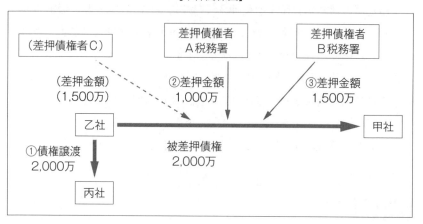

解　説

## 1 民法494条の供託について

　債務者が金銭その他の財産の給付を目的とする債務を負担する場合に，債務を履行しようとしても，債権者が履行を拒む（受領拒否），又は債権者の住

第2　供託の申請手続

所不明その他債権者側の事由によって履行をなし得ない（受領不能），あるいは債権者の死亡による相続人の不明等のため債権者に過失なくして債権者が誰であるか知ることができない（債権者不確知）などの事情によって債務の履行ができないことがあります。このような場合，債務の目的物を供託することによって，その債務を免れることができます。

　本問のようなケースの場合は，「債権者不確知」と考えられます。債権者不確知とは，弁済者の過失なくして債権者が誰であるかを確知することができないことをいいますが，その確知することができない理由は，例えば，債権者が死亡し相続が開始されたが，その相続人が誰であるか不明である等の事実上の不明であると，あるいは，債権の帰属について，例えば，債権者甲とその債権の譲受人乙との間で債権譲渡の有無又は効力について争いがあって，いずれが債権者であるかを確知することができない等の法律上の理由であるとを問わないとされています。


## ❷　債権者不確知と滞納処分の差押えの競合について

　供託の有効要件の一つとして，供託が根拠法令に基づくものであることが挙げられます。つまり，供託者が供託するためには，法令に供託が義務付けされているか，又は供託を許容する旨の根拠規定が存在しなければなりません。

　一方，金銭債権について，滞納処分による差押えがされた場合，その前に強制執行による差押えがなされ，又は，その後に強制執行による差押えがなされない限り，いくら滞納処分による差押え同士が競合したとしても，根拠法令がなく，第三債務者が供託することはできません。

　ついては，債権者不確知と滞納処分による差押えの競合については，供託者たる第三債務者は，単に債権者不確知のみを根拠として供託することになります。

　しかし，実際，第三債務者は「債権者不確知」の供託をしただけでは，債

241

第2　供託の申請手続

権者との関係では債務を免れたとしても，滞納処分庁に対してその債務の消
滅を主張し得ないので，滞納処分庁からの取立てがあった場合には，その債
務を履行しなければならず，二重払いのおそれを負ったままということにな
りかねません。そこで実務上は，供託書の備考欄等に，なお書きとして滞納
処分庁による差押えの表示をすることによって，滞納処分庁を「利害関係
人」として位置づけ，滞納処分庁からの承諾書又は差押えの解除を証する書
面の添付がない限り還付請求に応じない取扱いをしています。

　なお，この備考欄等に記載された滞納処分による差押えに基づいて，供託
金の還付請求権を取り立てることはできませんので，実務上は改めて供託金
還付請求権を差し押さえた上で，供託金還付請求権に対し取立権を行使する
ことになります。

## ③　混合供託について

　債権者が債務者に対し，譲渡禁止特約のある金銭債権を譲渡した旨の通知
をした場合や，債権譲渡通知があった後，譲渡取消しの通知があり債権譲渡
について争いがある場合等において，さらに，譲渡人又は譲受人を債務者と
する強制執行等による差押えが第三債務者に送達された場合は，第三債務者
は民法494条及び民事執行法156条1項又は同条2項を根拠として供託できる
ことになります。

　例えば，債権譲渡について，譲渡人Xと譲受人Yとの間にその効力をめ
ぐって争いがある上に，譲渡の後に，Xの債権者Zから当該債権に対して差
押えがされ，差押命令が第三債務者に対して送達されることがあるとします。
譲渡債権額を例えば100万円とすると，第三債務者としては，譲渡人Xと譲
受人Yとの関係で債権者不確知を理由とする100万円の弁済供託をし，その
後に債権譲渡が有効とされ，真実の債権者がYであるとされたときは，差押
命令は目的債権譲渡後にされたことになるから無効となり問題はありません。
しかし，債権譲渡は無効であり譲渡人Xが真実の債権者であるとされたとき

242

は，Ｘとの関係で民法494条規定の供託をしても，その弁済の効果をＸの債権者Ｚに対しては主張することができないので，Ｘとの関係でも債務消滅の効果を得ようとするのであれば，民事執行法156条１項に基づき被差押債権額100万円を別途供託しなければならないことになり，これでは第三債務者が二重払いの危険を負うことになります。

そこで，第三債務者は，債権者がＸＹのいずれかであるか確知できないことを理由に，被供託者をＸ及びＹとし，さらに差押債権者Ｚの差押えが送達されたとして，供託根拠条文を民法494条及び民事執行法156条１項として100万円を供託することができます。

このように，民法494条及び民事執行法156条の双方を供託の法令条項としてする供託は，実務上「混合供託」と呼ばれ，実務上認められている供託方法です（加えて，滞納処分による差押えと競合する場合の法令条項は，民法494条及び滞調法36条の６第１項となります。）。

## ４ 本問について

①について

上記のとおり，いくら滞納処分による差押えが競合したとしても，第三債務者が供託をすることを可能とする根拠は存在しません（滞納処分による差押えが一つであるときも同様です。）。

したがって，甲の負ってる譲渡禁止の特約が付された建設請負代金2,000万円について，乙が丙に譲渡し，その後Ａ税務署及びＢ税務署から滞納処分によって差押えがされただけでは，民事執行法による差押えとは異なり，供託原因は認められないことになり，差押えを理由とする供託はすることができません。

よって，民法494条に基づき，第三債務者甲は，被供託者を乙又は丙とする債権者不確知による供託をすることになります。この場合，Ａ税務署，Ｂ税務署からの差押えについては，備考欄等になお書きとして表示します。

243

第2 供託の申請手続

②について

　金銭債権について強制執行による差押えと滞納処分による差押えが競合する場合において，強制執行による差押えが滞納処分による差押えに先行するときは，第三債務者はその債権の全額に相当する金銭を債務履行地の供託所に供託しなければなりません（滞調法36条の6第1項）。

　本問の場合，譲渡禁止特約が付されているため，債権譲渡が有効かどうか事実上の疑義が生じていることから債権者不確知事由が生じ，先行する強制執行による差押えの及んでいない部分を譲受人丙に支払って差し支えないか，あるいは債権譲渡の効力は生じていないものとして，強制執行による差押えと滞納処分による差押えの効力は債権全額に及んでいるのか不明となります。

　そこで，このような場合には滞調法36条の6第1項及び民法494条を供託の法令条項として併記し，債権の全額について債権者不確知と執行供託の混合供託をすることになります。

第2 供託の申請手続

金銭債権に対して債権譲渡通知が送達された後、滞納処分による差押えがなされた場合

供託書・OCR用 （第4号様式 印刷第34号）

頁 1/3

| 調査 | 記録 |
| --- | --- |

| 受付 | 係員印 |
| --- | --- |

□字加入 □字削除　　受付番号

| 法令条項 | 民法第494条 |
| --- | --- |

供託の原因たる事実　　別紙のとおり

□供託により消滅すべき質権又は抵当権
□反対給付の内容

備考　別紙のとおり

(注) 1. 供託金額の冒頭に¥記号を記入してください。なお、供託金額の訂正はできません。
2. 本供託書は折り曲げないでください。

申請年月日　平成29年○月○日

供託所の表示　○○法務局

供託カード番号（　　　）
カード利用の方は記入してください。

供託者の住所氏名
住所　甲県乙市丙町一丁目1番1号
氏名・法人名等　甲山株式会社

代表者又は代理人住所氏名
代表者取締役　甲山太郎

□別添のとおり
ふたりからは別紙継続用紙に記載してください。

被供託者の住所氏名
住所　甲県乙市丙町二丁目2番2号
氏名・法人名等　乙野組株式会社

☑別紙のとおり
ふたりからは別紙継続用紙に記載してください。
☑供託通知書の発送を請求する。

供託金額

| 百 | 十 | 億 | 千 | 百 | 十 | 万 | 千 | 百 | 十 | 円 |
| --- | --- | --- | --- | --- | --- | --- | --- | --- | --- | --- |
| | | | ¥ | 2 | 0 | 0 | 0 | 0 | 0 | 0 |

年　月　日　印
□供託カード発行

供託者カナ氏名　コウヤマ カブシキ カイシャ
上記点は、半角点は半角1マスを使用してください。

020000

## 第2 供託の申請手続

第九号様式・OCR用
（継続用紙・被供託者）

供託書・被供託者
（継続用紙・被供託者）

（第9号様式）（印採第38号）
頁 2/3
600200

被供託者の住所氏名

及び
又は
該当する□に○印を記入してください。

住所　甲県丙市丁町三丁目3番3号
氏名・法人名等　丙川　株式会社

及び
又は
該当する□に○印を記入してください。
氏名・法人名等

及び
又は
該当する□に○印を記入してください。
氏名・法人名等

（注）本供託書は折り曲げないでください。

246

第2　供託の申請手続

第十一号様式（第13条第1項・第3項関係）供託書（継続用紙・その他）

供託書・OCR用
（継続用紙　）

頁　3/3

（第11号様式）
印供第41号

600300

（別紙）
（供託の原因たる事実）
供託者は、被供託者（株）乙野組に対し、金2000万円の建設請負代金債務（弁済期：平成29年9月30日、支払場所：被供託者所在地）を負っているが、当債権に関して、平成29年8月5日、被供託者に対し、下記の確定日付のある債権譲渡通知書が送達された。
しかしながら、上記債権には譲渡禁止の特約が付されており、これについて、譲受人である丙川（株）の善意・悪意が不明であり、当該債権譲渡が有効か無効か判断できないことから、供託者の過失なくして真の債権者を確知できないので供託する。

記

債権譲渡通知書の表示
譲渡金額　　金2000万円
譲渡人　　　（株）乙野組
譲受人　　　丙川（株）
送達年月日　平成29年8月5日

（備考）
なお、本債務について、次の滞納処分による差押通知書が送達されている。

1　滞納処分による差押の表示
滞納処分庁　甲県乙市丙町三丁目2番1号　A税務署
差押債権額　金1000万円
滞納者　　　被供託者（株）乙野組
第三債務者　供託者
送達年月日　平成29年8月11日

2　滞納処分による差押の表示
滞納処分庁　甲県甲市丙町二丁目2番2号　B税務署
差押債権額　金1500万円
滞納者　　　被供託者（株）乙野組
第三債務者　供託者
送達年月日　平成29年8月20日

（注）本供託書は折り曲げないでください。

## 第2 供託の申請手続

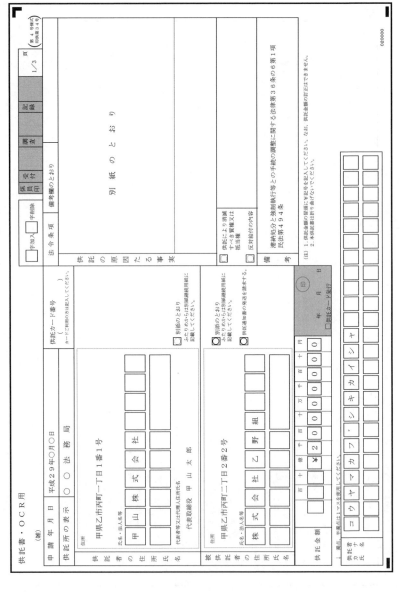

第2 供託の申請手続

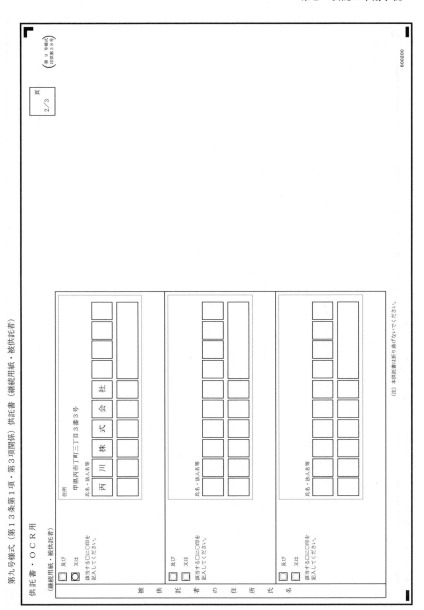

249

## 第2　供託の申請手続

第十一号様式（第13条第1項・第3項関係）供託書（継続用紙・その他）

供託書・OCR用
（継続用紙）

（第11号様式）
印刷第4号

頁　3/3

600300

（別紙）
（供託の原因たる事実）
供託者は、被供託者(株)乙野組に対し、金2000万円の建設請負代金債務（弁済期：平成29年9月30日、支払場所：被供託者所在地）を負っているが、当該債権に関して、供託者に対し下記の各書面が相次いで送達されたが、上記債権には譲渡禁止の特約が付されており、これについて、譲受人である丙川(株)の善意・悪意が不明であり、当該債権譲渡が有効か無効か判断できず、かつ、その効力の如何により差押えの効力の及ぶ範囲に影響するので、債権の全額に相当する金2000万円を供託する。

記

1　差押命令の表示
○○地方裁判所平成29年(ル)第360号、債権者乙県乙市丙町二丁目2番1号　C谷三郎、債務者被供託者(株)乙野組、第三債務者供託者とする債権差押命令1600万円、執行債権額1500万円、送達年月日平成29年7月31日

2　債権譲渡通知書の表示
譲渡金額　金2000万円　譲渡人(株)乙野組　譲受人丙川(株)　送達年月日平成29年8月5日

3　滞納処分による差押の表示
滞納処分庁　甲県乙市丙町三丁目2番1号　A税務署
差押債権額　金1000万円
滞　納　者　被供託者(株)乙野組
第三債務者　供託者
送達年月日　平成29年8月11日

4　滞納処分による差押の表示
滞納処分庁　甲県甲市丙町二丁目2番2号　B税務署
差押債権額　金1500万円
滞　納　者　被供託者(株)乙野組
第三債務者　供託者
送達年月日　平成29年8月20日

（注）本供託書は折り曲げないでください。

第2 供託の申請手続

## V 選挙供託

### 【選挙供託 (没収供託)】

**事 例36**

　没収供託という供託制度があると聞きましたが，どのような制度ですか。また，具体的にどのようなものがありますか。

**回 答**

　没収供託とは，ある一定の法の目的を実現するために，一定の事由が生じたときは供託物に対する供託者の所有権を剥奪して，これを国家又は地方公共団体に帰属させることとする供託制度です。

　主なものとして，選挙供託，裁判所による緊急停止命令の執行免除のための供託があります。

**解 説**

　一般に「没収」とは，一定の物の所有権を剥奪してこれを国家又は地方公共団体に帰属させる行政処分であるとされており，「没収供託」とは，これを目的とする供託制度です。すなわち，ある一定の法の目的を実現するために，一定の事由が生じたときは供託物に対する供託者の所有権を剥奪して，これを国家又は地方公共団体に帰属させる仕組みが取られるものであり，供託制度の特殊な利用方法の一つです。

### **1** 選挙供託

⑴　選挙供託とは，公職の選挙に立候補の届出をするためにする供託であり，立候補の濫用を防止するため，立候補をするのに一定の金額の供託を義務

251

第2 供託の申請手続

付け，一定の得票数に満たなかった場合や途中で立候補を辞退した場合に，国又は地方公共団体にその供託金が没収される（公職選挙法93条）こととなる供託です。

(2) **選挙供託の種類**

ア 衆議院議員選挙（小選挙区選出）

イ 衆議院議員選挙（比例代表選出）

ウ 参議院議員選挙（選挙区選出）

エ 参議院議員選挙（比例代表選出）

オ 都道府県知事の選挙

カ 都道府県議会議員の選挙

キ 指定都市の長の選挙

ク 指定都市の議会議員の選挙

ケ 指定都市以外の市の長の選挙

コ 指定都市以外の市の議会議員の選挙

サ 町村長の選挙

(3) **立候補の届出等**

公職の候補者となろうとする者（立候補届出人）又は候補者を推薦しようとする者（推薦届出人）は，当該選挙の期日の公示又は告示があった日に，郵便等によることなく，文書（届出書）でその旨を当該選挙長に届け出る必要があり，この届出をするには，立候補しようとする公職の区分に応じ，法定額の金銭又はそれに相当する額面の国債証書（振替国債を含む。）を供託しなければなりません（公職選挙法86条，86条の4，92条）。そして，上記の供託をしたことを証する書面（供託書正本）を添付書類として，当該選挙長に立候補の届出をした後でなければ，選挙運動をすることができないとされています（同法129条）。

また，衆議院及び参議院の比例代表選出議員の選挙においては，一定の要件を満たす政党その他の政治団体（名簿届出政党）が，その名称並びにその所属する者の氏名及びそれらの者の間における当選人となるべき順位を記載し

た名簿を選挙長に届け出ることにより，当該名簿登載者を当該選挙における候補者とすることができますが，これらの場合も，名簿による立候補の届出をしようとする政党その他の政治団体は選挙の区分に応じ，法定額の金銭またはそれに相当する額面の国債証書（振替国債を含む。）を供託しなければならず，供託をしたことを証する書面（供託書正本）を添付書類として，当該選挙長に立候補の届出をした後でなければ，選挙運動をすることができないとされています（同法86条の2第1項，86条の3第1項，92条，129条）。

なお，参議院（選挙区選出）議員又は地方公共団体の議会の議員の選挙については，当該選挙の期日の公示又は告示があった日に届出をした当該候補者が，その選挙における議員の定数を超える場合において，その日後，当該候補者が死亡し又は公職の候補者たることを辞したものとみなされたときは，参議院（選挙区選出）議員又は都道府県若しくは市の議会議員の選挙は，その選挙の期日前3日までに，町村の議会議員の選挙の場合は，期日前2日までに，候補者の届出（補充立候補の届出）をすることができます（同法86条の4第5項）。

## (4) 供託所の管轄

選挙供託については，供託所の土地管轄の定めがないため，選挙の区別及び選挙住民の地域のいかん等に関わりなく，全国どこの供託所にでも申請することができます。ただし，立候補届出日又は補充立候補届出期間の末日が，土曜日，日曜日その他の休日に当たる場合は，特に法務局又は地方法務局の長が指定する供託所においてのみ選挙供託事務を取り扱うことになりますので，他の供託所で申請することはできません（昭和31.1.23民事甲第144号民事局長回答）。

## (5) 「公示」と「告示」

「公示」とは，衆議院議員の総選挙と参議院議員の通常選挙の実施を天皇が国民に知らせることをいいます。これは天皇の国事行為として憲法に定められており，公示日当日の官報には，天皇の詔書が掲載されます。

「告示」とは，選挙管理委員会が選挙の実施を発表することをいいます。

第2　供託の申請手続

対象となる選挙は，地方自治体の首長や議会議員の選挙並びに国会議員の再選挙と補欠選挙です。国会議員の再選挙と補欠選挙については，天皇が国民に知らせるという形式をとらないので，「公示」ではありません。

⑹　「公示」又は「告示」前における選挙供託受理の可否

　供託は，一般に法令の規定により供託原因が発生しなければ，これをすることができません。供託書には，供託の原因たる事実及び供託を義務付け，又は許容した法令の条項を記載することとされています（規則13条2項5号）。そして，供託書に記載する供託の原因たる事実は，選挙供託であれば，選挙の期日とどのような公職についての選挙であるかを具体的に記載しなければなりません。

　そこで，選挙供託については，その供託原因発生の時期がいつであるかがまず問題となります。選挙供託は，選挙の行われる公職に立候補するためのものですから，供託原因発生の時期とは，選挙の行われることが衆議院の解散や地方公共団体の長の任期満了等，一定の事実の発生によって法律上確実になった時期となります。先例は，選挙の公示又は告示前においても選挙供託を受理して差し支えないとしています（前掲昭和31.1.23民事甲第144号等）。

　「公示」又は「告示」前に選挙供託の申請を行う場合，「供託の原因たる事実」欄に「供託者は，平成○○年○○月○○日に行われる予定の〜」と「予定の」という記載が必要になります。

254

第2　供託の申請手続

## (7)　各選挙供託の供託金及び各選挙期日の公示日又は告示日

| 選挙の種類 | 供託金 | 公示日又は告示日（期日前） |
|---|---|---|
| ア　衆議院議員選挙（小選挙区選出） | 300万円 | 12日前まで |
| イ　衆議院議員選挙（比例代表選出） | 600万円 | 12日前まで |
| ウ　参議院議員選挙（選挙区選出） | 300万円 | 17日前まで |
| エ　参議院議員選挙（比例代表選出） | 600万円 | 17日前まで |
| オ　都道府県知事の選挙 | 300万円 | 17日前まで |
| カ　都道府県議会議員の選挙 | 60万円 | 9日前まで |
| キ　指定都市の長の選挙 | 240万円 | 14日前まで |
| ク　指定都市の議会議員の選挙 | 50万円 | 9日前まで |
| ケ　指定都市以外の長の選挙 | 100万円 | 7日前まで |
| コ　指定都市以外の議会議員の選挙 | 30万円 | 7日前まで |
| サ　町村長の選挙 | 50万円 | 5日前まで |

※　イの衆議院議員選挙（比例代表選出）の供託金については，小選挙区と重複して立候補していないときの名簿登載者1人当たりの供託金額であり，小選挙区と重複して立候補している名簿登載者については，1人当たり300万円になります。

【例1】

推薦名簿6名のうち，小選挙区と重複して立候補している者が1名もいない場合

600万円×6＝3,600万円

【例2】

推薦名簿6名のうち，小選挙区と重複して立候補している者が1名いる場合

600万円×5＋300万円×1＝3,300万円

255

第2 供託の申請手続

## ❷ 裁判所による緊急停止命令の執行免除のための供託

### (1) 裁判所による緊急停止命令

　裁判所は，緊急の必要があると認めるときは，公正取引委員会の申立てにより，「私的独占の禁止及び公正取引の確保に関する法律」（以下「独占禁止法」という。）70条の4第1項に列挙されている規定に違反する疑いのある行為をしている者に対し，当該行為，議決権の行使若しくは会社の役員の業務の執行を一時停止すべきことを命じ，又はその命令を取り消し，若しくは変更することができます。

### (2) 供託による緊急停止命令の執行免除

　独占禁止法70条の4第1項による裁判について，裁判所の定める保証金，有価証券又は振替国債を供託して，その執行を免れることができます。その場合，裁判が確定したときは，裁判所は，公正取引委員会の申立てにより，供託に係る保証金又は有価証券の全部又は一部を没取することができます（独占禁止法70条の5）。

第2　供託の申請手続

## 【会社法142条2項に基づく供託（譲渡制限株式の指定買取人による供託）】

### 事例37

　株式会社S社は，譲渡制限株式を発行している会社です。

　このたび，株主Nが破産したため，Nの破産管財人Mが，Xに株式を売却しようとして，S社に対して，株式の譲渡承認請求を行いました。

　S社は，この譲渡を承認せず，新たに同株式の買取人としてS社の従業員持株会を指定しました。

　買取人の指定を受けた持株会としては，株式を購入するため，供託をしなければならないようですが，どうすればよいですか。

　なお，株券は発行されていません。

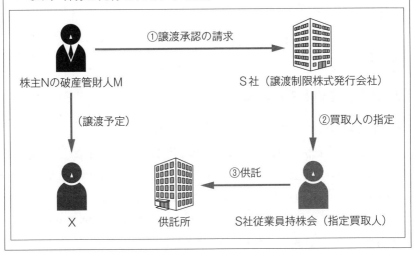

### 回　答

　指定買取人である株式会社S社従業員持株会は，譲渡等承認請求者である株主Nの破産管財人Mを被供託者として，会社法142条2項の規定に基づき

257

第2　供託の申請手続

算出した金額を株式会社S社の本店所在地の供託所（本店所在地に供託所がない場合は，最寄りの供託所（昭和23.8.20民甲第2378号民事局長通達））に供託しなければなりません。

　供託の内容は，別紙記載例のとおりです。なお，供託者は被供託者に対して供託を証する書面を交付しなければならないので（会社法142条2項後段），供託所からの供託通知書の発送は行いません。

　添付書類について，本事例では，供託者（指定買取人）が法人格のない団体であるため，団体の名称，主たる事務所，供託当事者能力の有無並びに代表者の資格及び氏名を確認できる書面が必要となります（規則14条3項）。具体的には，S社従業員持株会の規約や細則，理事会議事録等が考えられます。なお，代表者を決定した書面の日付が供託申請の前3か月以内（若しくは作成後3か月以内（規則9条））でなければ，現在も代表者に変更がない旨の付記等を要します。

## 解　説

## ■1　法令の定めと手続の流れ

### (1)　株式の譲渡について

　株式は原則，自由に譲渡できるとされています（会社法127条）が，定款でその譲渡については会社の承認を要する旨を定めることができます（会社法107条1項1号，108条1項4号）。これは，自社の株式が信頼関係にない者の手に渡らないようにするための手段の一つですが，このように譲渡に際して制限が付されている株式を「譲渡制限株式」といいます（会社法2条17号）。

　譲渡制限株式の株主がこれを譲渡しようとする場合，次のいずれかの方法によることが考えられます。①株主が同株式の発行会社に対して，譲渡に先立ちあらかじめ譲渡の承認請求を行う方法（会社法136条「譲渡承認請求」）と，②会社の承認を得る前に譲渡を行い，株式の譲受人から株式の発行会社に対して事後に承認を求める方法（会社法137条「取得承認請求」）です。以下では，

258

第2　供託の申請手続

これらを併せて「譲渡等承認請求」といいます。

　譲渡等承認請求は，対象となる株式の種類や数，譲受人の氏名又は名称を明らかにして行いますが，会社が承認をしない場合に，当該会社又は指定買取人が株式を買い取ることを併せて請求することができます（会社法138条1号ハ，2号ハ）。これは，会社の経営安定と株主の投下資本回収という各利益のバランスを考慮するものとして設けられた規定です。なお，譲渡等承認請求は，売買契約の申込みに当たる行為と解されています。

## (2)　株式の譲渡と供託の関係について

### ア　株式の売買代金の供託

　譲渡等承認請求を受けた会社は，株主総会（取締役会設置会社においては取締役会，定款に別段の定めがある場合はそれによる。）で譲渡を認めるかどうかを決定し，譲渡等承認請求を行った者（以下「譲渡等承認請求者」という。）に対して，決定内容を通知しなければなりません（会社法139条）。この通知は，請求があった日から2週間以内（定款でこれを短縮している場合は，その期間内）にしなければ，譲渡等を承認したものとみなされます（会社法145条1号）。ただし，会社と譲渡等承認請求者との合意により別段の定めをすることも可能です（会社法145条本文ただし書）。

　譲渡等を承認する場合，その後は譲渡人，譲受人及び株式発行会社の間で手続が進められるため，会社法142条に基づく供託は行われません。

　会社は株式の一部について譲渡等を承認し，一部について承認等をしないこともできます。

　譲渡等を承認しない株式については，株式発行会社は，譲渡等承認請求者の求めがあれば，自社で株式を買い取るか買取人を指定することになります（会社法140条）。そして，株式発行会社又は指定買取人は，譲渡等承認請求者に対して，対象株式の種類や数を明示して，株式を買い取る旨の通知を行い（以下「買取りの通知」という。），株式の代金（具体的には，「一株当たりの純資産額として法務省令で定める方法（※）により算定される額」×「対象株式の数で算出された額」）を株式発行会社の本店所在地を管轄する供託所に供託

259

第2　供託の申請手続

した上で，供託を証する書面を譲渡等承認請求者に交付することになります（会社法141条1項，2項，142条1項，2項）。なお，「供託を証する書面」としては，供託書正本又は供託証明書（規則49条）が考えられます。

※　「法務省令で定める方法」とは，「基準純資産額÷基準株式数×株式係数」により算出する方法です（会社法施行規則25条）。

　　また，買取りの通知及び供託を証する書面の交付は，株式発行会社が行う場合には不承認通知日から40日以内に，指定買取人が行う場合には不承認通知日から10日以内に（いずれも定款で日数が短縮されていれば，その期間内に）行う必要があり，これを怠れば，譲渡等を承認したものとみなされます（会社法145条2号，3号，会社法施行規則26条1号，2号）。買取りの通知だけを行い，供託を証する書面を交付しなかった場合も同様です。

　　なお，買取りの通知は売買契約の申込みに対する承諾の意思表示と解されており，通知を発した段階で，売買契約が成立するとされています。そして，被供託者（譲渡等承認請求者）が指定買取人からの買取りの通知を受けた後は，指定買取人の承諾を得ない限り，譲渡等承認請求を撤回することができません（会社法143条）。

イ　株券の供託

　　買取り通知及び供託を証する書面の交付を受けた譲渡等承認請求者は，売買の対象となっている株式が株券発行会社の株式である場合には，その株券を株券発行会社の本店所在地を管轄する供託所に供託し，買主（株式発行会社又は指定買取人）に通知しなければなりません（会社法141条3項，142条3項）。もし，供託を証する書面の交付を受けた日から1週間以内に譲渡等承認請求者がこの供託をしなければ，株券発行会社又は指定買取人は，成立した売買契約を解除することができるようになります（会社法141条4項，同142条4項）。ただし，ここでは単に解除原因が発生するにとどまるので，実際に解除をされなければ，1週間経過後であっても株券を供託することは可能といえます。

　　なお，株券を供託しなければならないのは，売買対象の株式が，株券発

260

行会社の株式である場合に限られるので，株券不発行会社の株式について
は，供託の必要はありません。現行法では，株券不発行が原則とされてお
り，株券を発行する旨の定款の定めがある会社を「株券発行会社」と呼ん
でいます（会社法117条7項）。また，株券は株式の発行から遅滞なく発行し
なければならないとされていますが，公開会社（注）でない株券発行会社
については，株主からの請求があるまでは，株券を発行しなくても差し支
えありません（会社法215条1項，4項）。

　したがって，実際に株券を発行していなくても定款に発行する旨の定め
がある会社は株券発行会社に当たるため，定款に株券発行の定めがあるか
どうかを確認しておく必要があります。

　（注）　公開会社とは，発行する全部又は一部の株式の内容として，譲渡
　　　　による株式の取得につき会社の承認を要する旨の定款の定めを設け
　　　　ていない会社をいいます（会社法2条5号）。

ウ　供託の性質

　上記ア及びイの供託は，会社等に株式の売買代金相当額の金銭供託をさ
せるとともに，株主等に株券を供託させることにより，相互の義務の履行
を確保するものなので，一種の保証供託と見ることができます。一方で，
売買代金相当額の金銭及び株券は，いずれも弁済の目的物として供託され
るという側面もあることから，あらかじめの弁済供託ということもできま
す。

　したがって，これらの供託は，保証供託と弁済供託の両方の性質を持つ
ものと解されています。

(3)　**株式の売買契約と価格の決定について**

　株式発行会社又は指定買取人が買取りの通知を発したことにより売買契約
が成立し，その後，契約の解除がなければ，株式の売買価格を決定する段階
になります。

　当事者間で価格交渉をするケースも多いですが，協議により決まらない場
合や，そもそも協議を行う予定がない場合でも，買取りの通知があった日か

第2　供託の申請手続

ら20日以内に，裁判所へ価格決定の申立てを行うことができます（会社法144条1項，2項，7項）。なお，買取りの通知のあった日から20日以内に裁判所への申立てを行わず，売買価格が決まらない場合には，供託金額が売買価格となります（会社法144条5項，7項）。

　売買価格が決定すれば，譲渡等承認請求者（売主）は供託金（売買代金）の還付請求を行うことになりますが，売買価格が供託金額より低価であった場合には，株式発行会社又は指定買取人（買主）はその差額の取戻請求が可能です。そして，供託された株券がある場合には，株式発行会社又は指定買取人（買主）が還付を受けることになります。

　なお，譲渡等承認請求者が供託すべき株券を供託しなかった場合でも，株式発行会社又は指定買取人に対して，直接株券を引き渡せば，売買代金である供託金の還付を請求することができるとされています。

第2　供託の申請手続

(4)　手続の流れ

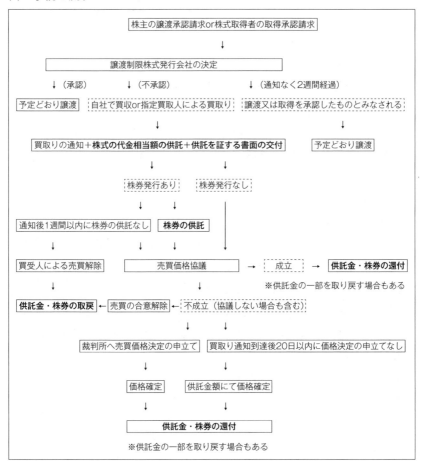

## 2　関連問題（供託書の記載方法）

　本問における供託書の記載方法（すなわち，会社法140条4項により株式買取人を指定した場合における供託書の記載方法）は，別紙のとおりとなりますが，一般的な記載例を例示します。

第2 供託の申請手続

(1) **指定買取人丙による金銭の供託**（注1）

　① 法令条項

　　会社法142条2項

　② 供託原因

　　供託者は，会社法140条4項の規定に基づき，甲県乙市丙町○丁目○
　　番○号A株式会社から，被供託者の所有する株式100株の買取人として
　　指定されたため，同法142条1項に基づき，被供託者に対して買取りの
　　通知をするため，同法142条2項の規定により算定した金額1,000万円を
　　供託する。

　③ 被供託者

　　株式取得者甲（注2）

（注1）　この供託をした場合は，供託者が当該供託を証する書面を譲渡等
承認請求者に交付しなければなりませんので（会社法142条2項後段），供託
者は被供託者に供託通知書を発送する必要はありません。

（注2）　被供託者としては，株主からの承認請求（会社法136条）の場合は，
「株主」を株式取得者からの承認請求（会社法137条）の場合は「株式取得
者」を記載する。

(2) **株式取得者甲による株券の供託**

　① 法令条項

　　会社法142条3項

　② 供託原因

　　供託者は，会社法137条1項（注1）の規定により，甲県乙市丙町○丁
　　目○番○号A株式会社に対し，同社の株式100株の譲渡の承認を求めた
　　ところ，平成○○年○月○日に同社の指定する被供託者から買取りの通
　　知を受けたので，上記株券を供託する。

　③ 被供託者

　　指定買取人丙（注2）

（注1）　株主からの承認請求の場合は，「会社法136条」と記載する。

264

第2　供託の申請手続

（注2）　譲渡等承認請求者である供託者は，被供託者に対し供託した旨を通知しなければなりません（会社法142条3項後段）。

　次に，株式の買取人が指定された場合ですが，株式会社が買取人を指定せずに，自ら株式を買い取ることもできます（会社法140条1項）。この場合の供託書の記載方法は以下のようになります。

(3)　**株式会社による金銭の供託**（注）

　①　法令条項

　　　会社法141条2項

　②　供託原因

　　　供託者は，会社法140条1項の規定により，被供託者の所有する株式100株を買い取ることとし，平成○○年○月○日に同法140条2項に規定する株主総会の決議がされたので，同法141条1項に基づき，被供託者に対し買取りの通知をするため，同法141条2項の規定により算出した所定の金額1,000万円を供託する。

　③　被供託者

　　　株主からの承認請求（会社法136条）の場合は「株主」を，株式取得者からの承認請求（会社法137条）の場合は「株式取得者」を記載します。

（注）　この供託をした場合は，供託者が当該供託を証する書面を譲渡等承認請求者に交付しなければなりませんので（会社法141条2項後段），供託者は被供託者に対し供託通知書を発送する必要はありません。

(4)　**株主又は株式取得者による株券の供託**（注1）

　①　法令条項

　　　会社法141条3項

　②　供託原因

　　　供託者は，会社法136条（株式取得者からの承認請求の場合は，会社法137条1項）の規定により，被供託者に対し株式100株の譲渡の承認を求めたところ，平成○○年○月○日に被供託者から買取りの通知を受けたので，上記株券を供託する。

265

第2　供託の申請手続

③　被供託者

　　株券発行会社を記載します。(注2)

　(注1)　株券不発行会社の場合は，株券の供託を要しません。

　(注2)　譲渡等承認請求者である供託者は，株券発行会社たる被供託者

　に対し供託した旨を通知しなければなりません（会社法141条3項後段）。


【参　考】

奥島孝康ほか編『新基本法コンメンタール　会社法1 ［第2版］（別冊法学

　セミナー242号)』（日本評論社，2010年）

相澤哲編著『一問一答　新・会社法［改訂版]』（商事法務，2009年）

新日本法規編集部編『現行　供託総覧(2)書式』（新日本法規出版，1971年）

立花宣男監修『供託の知識167問』（日本加除出版，2006年）

東京法務局ブロック管内供託実務研究会編『供託実務事例集』（日本加除出

　版，2014年）

及川まさえ「供託物払渡請求書に添付または提示すべき書面について⑵」

　『登記情報』452号44頁〜63頁

　『登記研究』601号205頁（質疑応答【7644】）

　『民事月報』21巻8号52頁〜59頁

第2　供託の申請手続

会社法第142条第2項に基づく供託（譲渡制限株式の指定買取人による供託）

（第4号様式　印刷第3.4号）

供託書・OCR用

| 申請年月日 | 平成30年○月○日 |
|---|---|
| 供託所の表示 | ○○法務局 |

供託カード番号（　　　　　　　　　）
（カードご利用の方は記入してください。）

供託者の住所氏名
氏名・法人名等
住所　滋賀県大津市○○三丁目○番○○号
株式会社S
代表者等又は代理人住所氏名
代表者　理事長　○○○○

□別添のとおり
ふたりめから以降は別紙継続用紙に記載してください。

被供託者の住所氏名
氏名・法人名等
住所　（〒○○○-○○○○）
滋賀県彦根市○○町○番○○号
○○ビルの○階　○○法律事務所
破産者N財産管財人
破産者　○○○○

□別添のとおり
ふたりめから以降は別紙継続用紙に記載してください。
□供託通知書の発送を請求する。

印　　年　月　日

供託金額　￥2,720,000円

□平加入　□字削除

法令条項　会社法第142条第2項

供託の原因たる事実
供託者は、会社法第140条第4項の規定に基づき、滋賀県大津市○○三丁目○番○○号株式会社Sから本株式会社の所有する株式420株の買取人として指定されたため、同法第142条第1項に基づき被供託者に対して買取りの通知をするため、同法第142条第2項の規定により算定した額金2,720,000円を供託する。

□供託により消滅すべき質権又は抵当権

□反対給付の内容

備考

（注）　1．供託金額の冒頭に￥印を記入してください。なお、供託金額の訂正はできません。
　　　　2．本供託書は折り曲げないでください。

供託者カナ氏名　カブシキガイシャ　エス　シヤチヨウ　リジチヨウ

□供託カード発行

020000

第2　供託の申請手続

## 【酒税法上の保証（担保）供託】

### 事　例38

　　酒類製造者としての経営の基礎が薄弱であるとして，税務署長から酒税法に基づく担保の提供を命じられましたが，担保として供託できる物は何がありますか。


### 回　答

　国税庁長官，国税局長又は税務署長は，酒税保全のため必要があると認めるときは，酒類製造者に対し，酒税につき担保の提供を命ずることができるとされています（酒税法31条）。一般的には酒税を滞納している場合や滞納処分を受けている場合等に担保の提供を命ずる取扱いですが，このほかに酒類製造者としての経営の基礎が薄弱であるとの理由から担保の提供を命じられることがあります。

　酒税法に基づく供託は，①国債及び地方債，②社債その他の有価証券で，国税庁長官，国税局長又は税務署長が確実と認めるもの及び③金銭を担保とすることができます。


### 解　説

## 1　酒税法上の担保の提供

　通常，酒類製造業者が次のいずれかに該当する場合には，「酒税の保全のため必要があると認めるとき」に該当するものとして，担保の提供を命じられることがあります。

(1)　現に酒税を滞納している場合

(2)　過去3年以内に酒税に係る滞納処分を受けている場合

(3)　今後1年間に課税移出する見込みの酒類に係る酒税額が製造場又は蔵置

268

第2　供託の申請手続

場1場当たり600万円超であり，かつ，次のいずれかに該当する場合

ア　製造免許に期限が付されている場合

イ　酒税法28条6項又は同法28条の3第4項の規定によるみなし製造者である場合

ウ　酒類製造者が法令等解釈通達第2編法10条10号関係の1（「経営の基礎が薄弱であると認められる場合」の意義）に該当する場合

## ❷　経営の基礎が薄弱であるとの理由から担保の提供を命ずる場合

上記1(3)ウの場合とは，事業経営のために必要な資金の欠乏，経済的信用の薄弱，製品又は販売設備の不十分，経営能力の貧困等，経営の物的，人的，資金的要素に相当な欠陥が認められ，酒類製造者の販売代金の回収に困難を来すおそれがある場合をいい，次の(1)から(5)に該当する場合には，税務署長等はその徴収を確保するために，納税者からの申請に基づくものではなく，徴税する側からの命令によって納税者に担保の提供を命じることがあります（酒税法31条1項）。

(1)　現に国税又は地方税を滞納している場合

(2)　申請前1年以内に銀行取引停止処分を受けている場合

(3)　最終事業年度における確定した決算に基づく貸借対照表の繰越損失が資本等の額を上回っている場合又は最終事業年度以前3事業年度の全ての事業年度において資本等の額の20％を超える額の欠損を生じている場合

(4)　酒税に関係のある法律に違反し，通告処分を受け，履行していない場合又は告発されている場合

(5)　申請製造所又は申請販売場の申請場所への設置が，建築基準法，都市計画法，農地法，流通業務市街地の整備に関する法律その他の法令又は地方自治体の条例の規定に違反しており，当該店舗の除却又は移転を命じられている場合

第2　供託の申請手続

## ❸　担保の種類等

　納税者が税法上の担保として提供できる担保の種類としては，①国債及び地方債，②社債その他の有価証券で国税庁長官，国税局長及び税務署長等が確実と認めるもの，③土地，④建物，立木及び登記される船舶並びに登録を受けた飛行機，回転翼航空機及び自動車並びに登記を受けた建設機械で保険に附したもの，⑤鉄道財団，工場財団，鉱業財団，軌道財団，運河財団，漁業財団，港湾運送事業財団，道路交通事業財団及び観光施設財団，⑥国税庁長官，国税局長又は税務署長が確実と認める保証人の保証，⑦金銭があります（国税通則法50条）。

　このうち供託可能なのは，国債，地方債，社債その他の有価証券，振替国債及び金銭です（国税通則法施行令16条）。

【参　考】

立花宣男監修『供託の知識167問』（日本加除出版，2006年）

富川泰敬『図解酒税（平成29年版）』（一般財団法人大蔵財務協会，2017年）

登記研究編集室編『実務供託法入門［新訂］』（テイハン，2015年）

新日本法規編集部編『現行供託総覧(2)書式』（新日本法規出版，1971年）

270

第2 供託の申請手続

## 酒税保全のための担保供託（酒税法第31条第1項の供託）
第四号様式（第13条第1項関係） その他の金銭供託の供託書

供託書・OCR用
（雑）

| 手削入 | 字削除 | 係員印 | 受付印 | 調査 | 記録 | 頁 一／ |

第4 号様式
（申告第3・4号）

020000

申請 年 月 日　平成30年5月31日

供託所の表示　○○法務局

供託カード番号
（　　　）
カードご利用の方は記入してください。

供託者の住所氏名
住所　（○○○-○○○○）
甲県乙市丙町二丁目2番2号
氏名・法人名等　樽川酒造株式会社
代表者等又は代理人住所氏名
代表者 代表取締役 樽川酒男

被供託者の住所氏名
住所　（　　）　一
氏名・法人名等　国

□ 別添のとおり
ふたりめからは別紙供続用紙に記載してください。

□ 別添のとおり
ふたりめからは別紙供続用紙に記載してください。

□ 供託通知書の発送を請求する。

法令条項　備考欄のとおり

供託の原因たる事実

供託者は、酒類製造者であるが、甲県乙市100番地ほか10筆の酒類製造場から平成30年4月1日以降に移出する酒類について所轄税務署長から下記のとおり指定して酒税の担保の提供を命じられたので供託する。

記

金額　10,000,000円
期間　平成30年4月1日より平成31年3月31日まで
期限　平成30年6月21日

□ 供託により消滅すべき質権又は抵当権
□ 反対給付の内容

供託金額　¥ 1 0 0 0 0 0 0 0

供託金額　ダ ル カ ワ シ ュ ゾ ウ カ ブ シ キ ガ イ シ ャ

備考
酒税法第31条第1項
国税通則法第50条第7号
国税通則法施行令第16条第1項
官庁の名称 乙税務署長

受理　　　年　　月　　日
□供託カード発行

（注）
1．供託金額の冒頭に¥記号を記入してください。なお、供託金額の訂正はできません。
2．本供託書は折り曲げないでください。

供託者カナ氏名
（商品・印鑑は1マスを使用してください）

271

第2　供託の申請手続

## 【相続税・贈与税法上の保証（担保）供託】

### 事　例39

相続税・贈与税の納税猶予制度に係る非上場株式の供託について教えてください。

### 回　答

先代経営者から，中小企業における経営の承継の円滑化に関する法律12条1項の認定を受けた会社（以下「認定会社」という。）の非上場株式等を取得した後継者（相続人又は受遺者）は，相続税・贈与税の特例を受けることができます。この特例の適用を受けるためには，認定会社の株式等納税猶予税額及び利子税の額に見合う担保を提供する必要があり，非上場会社の株式を担保として提供する場合には，その株式の株券を供託所に供託することになります。

### 解　説

### **1**　非上場株式に係る事業承継税制

我が国の経済の基盤を形成している中小企業について，代表者の死亡等に起因する経営の承継を円滑化し，中小企業・小規模事業者の持続的発展を図ることを目的として平成20年10月1日から中小企業における経営の承継の円滑化に関する法律（以下「経営承継円滑化法」という。）が施行されました。この経営承継円滑化法により，後継者が納付すべき相続税・贈与税のうち，一部が猶予及び免除される特例制度（非上場株式に係る事業承継税制）が認められています。

第2　供託の申請手続

## ２　特例を受けるための要件

(1)　**会社の主な要件**

ア　非上場会社であること

イ　中小企業者であること

ウ　従業員が１人以上であること

エ　資産保有型会社又は資産運用型会社で一定のものに該当しないこと

オ　風俗営業会社でないこと

カ　総収入金額がゼロではないこと

(2)　**先代経営者である被相続人の主な要件**

ア　会社の代表者であったこと

イ　相続開始直前において，被相続人及び被相続人と同族関係等のある者で総議決権数の50パーセント超の議決権数を保有し，かつ，後継者を除いたこれらの者の中で最も多くの議決件数を保有していたこと

(3)　**後継者である相続人等の主な要件**

ア　被相続人の親族であること

イ　相続開始から５か月後の時点で会社の代表者であること

ウ　相続開始の時において，後継者及び後継者と同族関係等がある者で総議決権数の50パーセント超の議決権数を保有し，かつ，これらの者の中で最も多くの議決権数を保有することとなること

## ３　担保の目的物

　国税に関して納税者は①国債及び地方債，②社債その他の有価証券で税務署長等が確実と認めるもの，③土地，④建物，立木，船舶，飛行機など，⑤鉄道財団，工場財団などの財団，⑥税務署長等が確実と認める保証人の保証，⑦金銭を担保として提供できることになっています（国税通則法50条）。

　このうち，国債，地方債，社債及び金銭を担保として提供する場合は，担

273

第2　供託の申請手続

保物を供託所へ供託することになっています（国税通則法施行令16条1項）。

## ❹　担保としての非上場株式

　非上場株式に係る特例を受けるためには，税務署へ提出する申告書のほか
に株式等納税猶予税額及び利子税の額に見合う担保を提供する必要がありま
す。一般的に担保として提供できるものは上記3のとおりですが，特例非上
場株式（贈与税の場合は，特例受贈非上場株式）等の全てを担保として提供した
場合には，株式等納税猶予税額及び利子税の額に見合う担保の提供があった
ものとみなされ，それ以上の担保を必要としません。

　なお，株券が発行されていない場合には，相続人等又は受贈者が所有する
非上場株式についての質権設定の承諾書及び印鑑証明書などを提出すること
により，株券を発行することなく非上場会社の株式を担保として提供するこ
とができます。

## ❺　非上場株式（有価証券）の供託手続

### ⑴　供託所の表示欄

　税法上の担保供託については，供託管轄に関する法律上の定めがなく，全
国どこの供託所においても，供託することが可能ですが，供託後に供託書正
本を所轄税務署に提出する必要があることから，その税務署所在地の最寄り
の供託所に供託することが望ましいと考えられます（国税通則法基本通達54条関
係「担保の提供等に関する細目」2条によりますと，税務官庁においても，同様の見解を
採っているものと考えられます。）。

### ⑵　法令条項欄

　非上場株式等についての相続税の納税猶予の担保として非上場会社の株券
を供託する場合には，「租税特別措置法70条の7の2」，「国税通則法50条2
号」及び「国税通則法施行令16条1項」を記載例のとおり記載します。

274

第 2　供託の申請手続

(3)　**供託の原因たる事実欄**

記載例のとおり記載します。

なお，供託書の被供託者械の表示は「国」とし，備考欄に「官庁の名称○○税務署長」と記載する必要があります。

(4)　**継続用紙**

ア　供託有価証券欄の有価証券の枚数及び総額面は訂正できません（規則6条6項）。

イ　「証券名称」欄には，有価証券の名称を省略することなく記載します。

ウ　無額面株券については，総額面を「0」とし，株券及びその株券の回記号，番号及び枚数を記載します（準則28条）。

エ　「附属利賦札」欄には，「なし」と記載します。


【参　考】

登記研究編集室編『実務供託法入門［新訂］』（テイハン，2015年）

立花宣男監修『供託の知識167問』（日本加除出版，2006年）

税務署「相続税の申告のしかた」（平成29年分）

税務署「贈与税の申告のしかた」（平成29年分）

275

## 第2 供託の申請手続

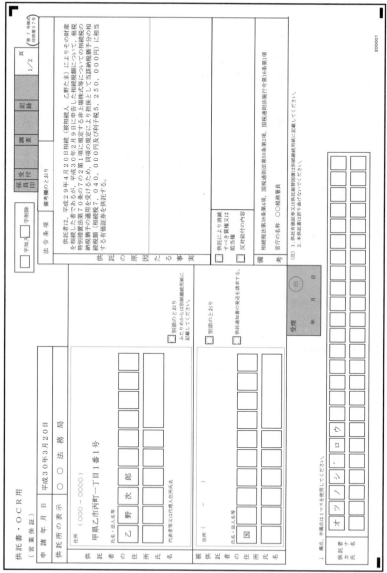

第2　供託の申請手続

第十号様式（第13条第1項関係）供託書（継続用紙・供託有価証券）

供託書・OCR用
（継続用紙）

（第10号様式）（印鑑第40号）

2/2 頁

## 供託有価証券

| 証券名称 | 枚数 | 総額面 | 内　訳 | | | | 備考 |
|---|---|---|---|---|---|---|---|
| | | | 額面 | 回記号 | 番号 | 附属利賦札 | |
| 株式会社乙野商会株券 | 5 0 | 2,500,000円 | 百株券 1株500円 | A | 自101 至150 | | |
| | | | | | | | |
| | | | | | | | |
| | | | | | | | |
| 計 | 5 0 | 2,500,000円 | | | | | |

（注）1．枚数及び金額の訂正はできません。
　　　2．本供託書は折り曲げないでください。

600400

## 第2 供託の申請手続

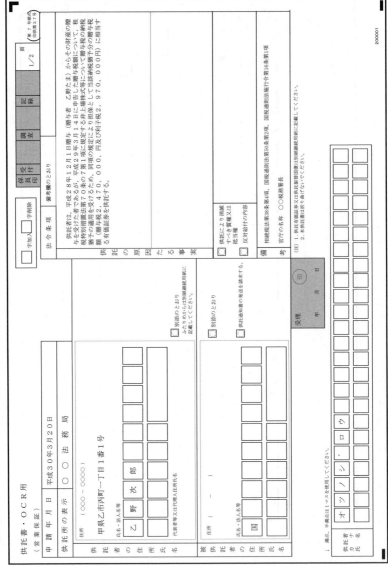

第2　供託の申請手続

第十号様式（第13条第1項関係）供託書（継続用紙・供託有価証券）

供託書・OCR用
（継続用紙）

（第10号様式）
（印棚40号）

2/2 頁

## 供託有価証券

| 証券名称 | 枚数 | 総額面 | 内訳 額面 | 回記号 | 番号 | 附属利賦札 | 備考 |
|---|---|---|---|---|---|---|---|
| 株式会社乙野商会株券 | 2 | 10,000,000 円 | 百株券 1株5万円 | A | 自001 至002 | | |
| | | | | | | | |
| | | | | | | | |
| | | | | | | | |
| 計 | 2 | 10,000,000 円 | | | | | |

（注）1. 枚数及び金額の訂正はできません。
　　　2. 本供託書は折り曲げ／ないでください。

600400

第2 供託の申請手続

## 【供託書備考欄への記載事項】

### 事 例40

　供託書の備考欄は，どのような場合に使用しますか。

### 回 答

　供託書の記載については，供託の種類ごとに定められた様式又は書式に従い，あらかじめ定められた項目の欄にそれぞれすることになります。

　しかし，①記載すべき事項につき該当の欄がないとき，②記載する欄が不足し，その該当欄に記載することができなくなったときは，「備考欄」に記載することになります（準則22条）。

　また，準則で個別に規定している場合，例えば，同準則26条で，同一の供託原因に基づいて金銭，有価証券及び振替国債を供託する場合にその旨を備考欄に記載すべきことを規定している場合等があります（準則26条，29条，30条）。

　さらに，通達・先例等によって，備考欄に記載すべき事項が別途示されている場合もあります（例えば，賃料前払の特約の記載，一部提供が有効である旨の記載等）。

　ただし，供託実務では，上記の例に限定されるのではなく，供託書上明らかにする必要がある事項については，適宜，備考欄に記載する取扱いをしています。

## 【備考欄を使用する場合】

　①該当欄のないとき又は該当欄に記載することができなくなったとき（準則22条）

　②準則に個別規定があるとき（準則26条，29条，30条）

　③通達・先例等によるとき

280

第2　供託の申請手続

④その他供託書上明らかにする必要がある事項

### 解　説

## 1　備考欄に記載を要する場合

　供託申請をする場合には，規則及び準則等により供託書の書式又は様式が定められており，記載事項についてもその記載箇所が定められています。

　しかし，供託書に記載すべき事項について，供託書に該当欄がない場合や該当欄があっても不足する場合があります。これらの場合について，準則22条では，「供託に関する書類で，書式又は様式の定めのあるものに記載すべき事項は，該当欄のないとき又は該当欄に記載することができなくなつたときは，備考欄に記載するものとする。」と規定しています。

　したがって，記載すべき事項について，①該当欄のないとき，又は②記載する欄が不足してその該当欄に記載することができなくなったときは，「備考欄」に記載することになります。

　また，同一の供託原因に基づいて金銭，有価証券及び振替国債を供託する場合におけるその旨の記載（準則26条），記名式有価証券を供託する場合に，裏書する旨又は譲渡証書を添付する旨の記載（準則29条1項），供託物の変換のため供託する場合における変換される供託物等の記載（準則30条）については，備考欄に記載すべきことを，準則で個別に規定しています。さらに，通達・先例等によって，備考欄に記載すべきとされている事項があります（賃料前払の特約事項の記載等）。

　ただし，供託実務では，上記の場合に限定することなく，供託書上明らかにする必要がある事項については，備考欄に簡潔かつ明確に記載する取扱いです。

281

第2　供託の申請手続

## ❷　備考欄の具体的記載例

供託書備考欄の具体的な記載例については，以下のようになります。

| 備考欄へ記載すべき事由 | 記載例 |
| --- | --- |
| 賃貸借契約に翌月分賃料前払の特約がある場合 | 賃料は翌月分前払である。 |
| 賃料増額請求がある場合で，契約の賃料と相違する金額を供託する場合 | ○○円の賃料増額請求に対し，供託者が相当と考える賃料の増額分△△円を加算して提供したものである。 |
| 家賃供託で共益費を含めて供託する場合 | 共益費金○○円を含めて供託する。 |
| 供託者である賃借人が死亡し，その相続人の1人からする供託の場合 | 賃借人Aは平成○年○月○日死亡し，その相続人は，B・C・Dであるが，Bが全相続人のために供託する。 |
| 遅延損害金を付して供託する場合 | 提供の遅れた○日分につき，年6分の割合による遅延損害金○○円を付して提供したものである。 |
| 供託すべき額に1円未満の端数があり，端数処理した場合 | 通貨の単位及び貨幣の発行等に関する法律3条による。 |
| 供託者が自己の債権と相殺した残額を供託する場合 | 供託者が被供託者に対して有する平成○年○月○日消費貸借契約に基づく貸金債権○○円（弁済期年月日）を自働債権として平成△年△月△日賃料債権と対等額で相殺する旨の意思表示をし，残額○円のみを提供した。 |
| 休眠抵当抹消のための弁済供託で，約定利息が利息制限法に抵触する場合（昭和39.3.27民事甲第769号認可） | 約定利息は，利息制限法を超えるので同法の制限利息に縮減した。 |
| 第三者（物上保証人，担保不動産の第三取得者及びそれらの包括承継人）が供託する場合 | 供託者は（承継の事由を記載）であり，第三者として供託するものである。 |
| 第三者が裁判上の担保供託をする場合 | 第三者として供託するものである。 |

第2　供託の申請手続

| | |
|---|---|
| 裁判上の担保供託で，複数の申立人が連帯して供託する場合 | 裁判所からの指示により，連帯して供託するものである。 |
| 裁判上の担保供託で，発令裁判所の所在地を管轄する地方裁判所と執行裁判所の所在地を管轄する地方裁判所とが異なる際，執行裁判所の所在地を管轄する地方裁判所の管轄区域内の供託所に供託する場合 | 執行裁判所の名称及び件名 |
| 民事保全法14条1項による裁判上の担保供託で同条2項により裁判所の許可を得て供託する場合 | 民事保全法14条2項の許可による供託 |
| 仮差押解放金の供託 | 仮差押債権者（住所） |
| 仮登記担保契約に関する法律に基づく清算金の供託 | 差押債権者（住所・氏名） |
| 土地区画整理法110条による清算金を支払ってはならない旨の仮処分を得た際に地方公共団体が，債権者不確知供託をする場合 | 仮処分の概要 |
| 選挙供託，税法上の担保供託等 | 官庁の名称 |
| 供託物を金銭及び有価証券又は振替国債で不足分を供託する場合 | 不足分○○円については，金銭（又は有価証券・振替国債）をもって供託する。 |

第2 供託の申請手続

## 【第三者供託】

### 事 例41

供託の申請は第三者もすることができるか説明してください。

### 回 答

弁済供託や裁判上の担保供託は，第三者も供託することができますが，営業保証供託，仮差押解放金の供託等は，第三者は供託することができません。

### 【供託の種類別第三者供託の可否】

| 供託の種類 | 第三者供託の可否 |
|---|---|
| ①弁済供託 | ○ |
| ②裁判上の保証供託 | ○ |
| ③営業保証供託 | × |
| ④仮差押え・仮処分解放金 | × |
| ⑤執行供託 | × |
| ⑥没収供託（選挙供託），保管供託 | × |

第2　供託の申請手続

**【第三者供託の記載例（供託書備考欄の記載）】**

| 供託の種類 | 備考欄の記載例 |
| --- | --- |
| 地代家賃弁済供託 | 供託者は，上記建物の賃借人滋賀県彦根市西今町58番地3彦根太郎に代わり第三者として供託する。 |
| 休眠担保権抹消のための弁済供託 | 供託者は，売買（贈与，相続）により所有権を取得した者であり，第三者として供託する。 |
| 仮差押えの保証供託 | 供託者は，上記事件の債権者である滋賀県大津市京町3丁目1番1号甲野太郎に代わり，第三者として供託する。 |
| 税法上の保証供託 | 供託者は，何某に代わり第三者として供託する（国税通則法41条）。 |

### 解　説

## 1　第三者供託とは

　供託手続を有効かつ適法に行うためには，供託者が供託手続を遂行するのに必要な資格，供託の当事者適格を有している必要があります。この当事者適格については，供託法に規定がないため，当該供託の根拠法令によって定まる実体上の関係によって決定されることになります。

　例えば，弁済供託にあっては債務者，保証供託にあっては法令上担保提供義務を負う者，民事執行法156条等に基づく執行供託にあっては第三債務者が，本来供託者となるべき者となりますが，供託の種類によっては，本人に代わって，本人以外の第三者が供託者となって供託をすることが認められる場合があります（いわゆる「第三者供託」）。第三者による供託がされると，本人自身が供託した場合と同様の効果が発生することとなります。

　第三者による供託は，全ての種類の供託につき認められるものではなく，弁済供託や裁判上の保証供託については認められていますが，営業上の保証供託，仮差押解放金の供託等においては，その性質上認められていません。

　以下，供託の種類ごとに第三者による供託申請の可否について説明します。

285

第2　供託の申請手続

## ❷　供託の種類と第三者供託

### ⑴　弁済供託

ア　弁済供託における第三者の供託当事者適格について

　　弁済供託において，供託者となるべき者は，原則として，弁済をすべき本来の債務者ですが，民法474条の規定に基づき，第三者による弁済が有効であるとされる場合には，第三者は，債務者のために弁済をすることができる範囲において供託者となることができるので，供託者としての当事者適格を有するということができます。

イ　第三者による弁済供託の効果について

　　この第三者による弁済供託は，本人自身が供託した場合と同様の効果が生ずるので，第三者が弁済供託をした場合には，本人について債務弁済の効果が生じることになります（民法494条）。

ウ　第三者による弁済供託における供託書の記載方法

　　第三者が供託者として弁済供託を行う場合には，供託書中に供託に係る債務を特定するために債務者本人を明らかにし，第三者として供託する旨を明記する必要がありますが，必ずしも第三者による弁済が許される事由，すなわち，当事者が反対の意思表示をしていないこと，第三者が法律上の利害関係を有すること，法律上の利害関係はないが債務者の意思に反していないことを記載しなくてもよいとされています（昭和53年度全国供託課長会同決議1問・供託関係先例集⑹169頁）。

### ⑵　裁判上の保証供託

　　裁判上の保証供託とは，ある当事者の一定の訴訟行為や裁判所の処分によって相手方に生じる可能性のある損害を担保するために，当事者が供託所に金銭又は有価証券を供託することをいいます。

　　例えば，裁判所が保全命令を発する場合，緊急性を要することから被保全権利及び保全の必要性についての立証は疎明で足り，債務者の意見は聴かれることなく，債権者の主張，立証のみで審理判断が下されることになります

286

が，後の訴訟手続において，被保全債権が存在しなかったことなどが判明することもあり得ます。そこで，保全命令を発する前提として，立担保命令等により債権者に担保を立てさせ，債務者は債権者が供託した金銭又は有価証券について，他の債権者に先立ち弁済を受ける権利を有することとし（民事保全法4条2項，民事訴訟法77条），債務者が違法又は不当な保全命令の執行等によって損害を被った場合，その担保として供託された金銭をもって損害の賠償に充てることとされています。したがって，この場合，保証供託における供託者は，裁判所から担保の提供を命ぜられた仮差押債権者であり，被供託者は仮差押債務者となります。ところが，実務上，担保の提供を命ぜられた当事者に資力がない等の理由で，その親族や代理人等の第三者が当事者に代わって供託を希望することがあるようです。

　この裁判上の保証供託の目的は，上記でも述べたように，後の訴訟手続において被供託者が被る可能性のある損害を供託物によって担保することです。したがって，第三者による保証提供を認めても，第三者が物上保証をしたことになり，当事者が担保提供をした場合と同様に，被供託者は，他の債権者に先立って弁済を受ける権利を有し，その実行については，損害賠償請求権の存在及び賠償額を証する確定判決等を添付して，供託金の還付請求を受けることになる（平成9.12.19民四第2257号民事局長通達・供託関係先例集(8)301頁）ので，第三者による供託が，被供託者に被担保債権の担保の点で何ら不利益を与えるものではありません。

　以上のことから，裁判所の立担保命令等によって，担保提供を命ぜられた当事者が供託者となるのが原則ですが，裁判所が相当と認める場合に限り，第三者が当事者本人に代わって供託することができるとされています（大判大正2年1月30日民録19輯21頁，昭和18.8.13民事甲第511号民事局長通達・供託関係先例集(1)333頁，八木一洋・関述之編著『民事保全の実務［第3版増補版］（下）』（金融財政事情研究会，2015年）19頁，20頁）。

　立担保を許可された第三者が裁判上の保証供託をする場合は，供託者欄に「第三者の住所氏名」を供託者として記載し，裁判所の名称及び件名等の当

287

第2　供託の申請手続

事者欄に「当事者の氏名」を，備考欄に「当事者の住所」と「第三者として供託する」旨を記載する必要があります（前掲『民事保全の実務［第3版増補版］』21頁）。

## (3)　営業保証供託

　営業保証供託とは，不特定多数の顧客を相手に取引をする事業を営もうとする者に対し，その営業取引上の債権を取得する相手方やその営業活動により損害を被ることのある被害者を保護するために，各根拠法令により，一定の金銭，有価証券又は振替国債を供託することを義務付けているものです。したがって，当該業者との取引により債権を取得した者は，当該供託物について，他の一般債権者に優先して払渡しを受ける権利を有することとなります。営業保証供託の各根拠法令の多くのものは，当該事業を「営もうとする者は営業保証金を供託しなければならない」などと規定するのみで，当該業者に代わって第三者が供託すること，を認める規定はありません。

　供託実務においては，「営業保証の供託には，営業者の信用力を確認する目的があるから，第三者は供託することができない。」（昭和38.5.27民事甲第1569号民事局長認可2問・供託関係先例集(3)288頁）とされており，さらに，「（営業保証供託について）第三者が当事者に代わって供託をする旨を供託書に明記し，かつ担保官庁の承認がある場合でも受理できない。」（昭和39年度全国供託課長会同決議10問・供託関係先例集(3)413頁）とされていることから，第三者による営業保証供託は認められていません。

## (4)　執行供託

### ア　金銭債権に対する強制執行手続に関するもの

　金銭債権が差し押さえられた場合には，第三債務者は，その金銭債権の全額を債務の履行地の供託所に供託することができます（民事執行法156条1項）。また，第三債務者は，差し押さえられた金銭債権について，差押債権者が提起した取立訴訟の訴状が第三債務者に送達される時までに，さらに差し押さえられ又は仮差押えの執行がされてこれらの競合が生じたときは金銭債権の全額に相当する金銭を，配当要求がされたときは差し押さ

えられた部分に相当する金銭をそれぞれ債務の履行地の供託所に供託しなければなりません（民事執行法156条2項）。

　民事執行法に基づく執行供託については，供託の基礎となっている実体上の法律関係は，専ら執行手続上のものですから，同法が供託を義務付け又は許容した執行手続上の当事者以外の第三者が供託当事者となることはできず，第三者による供託は許されないものと解されています。

イ　保全執行手続に関するもの

(ア)　金銭債権に対して仮差押えの執行がされた場合

　　第三債務者は，金銭債権の全額又は仮差押債権額に相当する金銭を債務の履行地の供託所に供託することができます（民事保全法50条5項，民事執行法156条）。この供託は民事執行法156条を準用していることから，上記アと同様の理由により，第三者による供託は許されないものと解すべきでしょう。

(イ)　仮差押解放金の供託

　　仮差押えを受けた債務者は，仮差押命令に定められている仮差押解放金（民事保全法22条1項）を供託することができます。仮差押解放金の供託がされると，当該供託金は仮差押えの目的物になるとされています（大判大正3.10.27民録20輯810頁，大決昭和7.7.26民集11巻1649頁）ので，債務者がこの仮差押解放金に相当する金銭を供託したことを証明したときは，保全執行裁判所は，仮差押えの執行を取り消さなければならないこととされています（民事保全法51条1項）。

　　なお，この取消決定は，確定を待たずに即時に効力を生ずることとされており（民事保全法51条2項），仮差押えの執行の効力は債務者の有する供託金取戻請求権の上に及ぶこととなります。

　　民事保全法には，第三者による仮差押解放金の供託に関する規定はありませんが，供託実務においては，第三者による仮差押解放金の供託はできない（昭和42年度全国供託課長会同決議3問・供託関係先例集(4)327頁）とされています。

第2　供託の申請手続

　また，高松高決昭和57.6.23（判時1057号76頁）においても同様の判断がされており，その理由として，①仮差押解放金の法的性質が，仮差押執行の代替物であることから，仮差押解放金の供託者は，保証供託者と異なり，物的担保提供者たる地位には立たないから，仮に第三者が自己の財産を仮差押執行の目的物として任意提供する旨申し出ても，債権者の債務者に対する債権保全のため，当該第三者の財産の上に仮差押えの効力を及ぼし得ないことと同様，仮差押解放金を第三者が提供することはできないため，また，②仮差押解放金の第三者供託を認めると，その供託により仮差押えの執行が取り消されるにもかかわらず，当該第三者の供託金取戻請求権は当該第三者の財産であり，債権者が債務者に対する本案訴訟の債務名義をもってこれに対し執行することはできない不当な結果となるためとされています。

(ウ)　仮処分解放金の供託

　裁判所は，保全すべき権利が金銭の支払を受けることをもってその行使の目的を達することができるものであるときに限り，債権者の意見を聴いて，仮処分の執行の停止を得るため，又は既にした仮処分の執行の取消しを得るために債務者が供託すべき金銭の額（以下「仮処分解放金」という。）を仮処分命令に定めることができます（民事保全法25条1項）。債務者がこの仮処分解放金に相当する金銭を供託したことを証明したときは，保全執行裁判所は，仮処分の執行を取り消さなければならないとされています（民事保全法57条1項）。仮処分解放金の供託は，仮処分命令を発した裁判所又は保全執行裁判所の所在地を管轄する地方裁判所の管轄区域内の供託所にしなければなりません（民事保全法25条2項，22条2項）。

　保全執行裁判所が仮処分命令において定めた仮処分解放金が供託された場合には，当該供託金は仮処分の目的物に代わるものですから，一般の仮処分にあっては，その供託金還付請求権は仮処分債権者が取得します（「一般型仮処分解放金」）が，民法424条1項の規定による詐

290

害行為取消権を保全するための仮処分にあっては，その供託金還付請
求権は同項の債務者たる詐害行為の債務者が取得します（「特殊型仮処
分解放金」）。

　　いずれにしても，(イ)仮差押解放金と同様の理由により，供託実務に
おいては，第三者による供託は認められていません。

## (5)　没取供託・保管供託

　没取供託とは，例えば，公職選挙法92条による公職の立候補のために行う
供託のように，立候補の濫用防止のため，候補者が一定の得票数に満たな
かった場合などに国又は地方公共団体がその供託金を没取するものです。

　保管供託とは，例えば，銀行等の業績が悪化して資産状態が不良となった
場合において，その財産の散逸を防止するため監督官庁が当該銀行等に財産
の供託を命ずるもの（銀行法26条）です。

　いずれも供託の性質上，第三者供託は許されないものとされています。

## (6)　税法上の保証（担保）供託

　国税に関する法律の規定による担保の提供に関する規定は，国税通則法50
条から54条までに置かれています。このうち，担保の種類については，国税
通則法50条に規定されていますが，その中で，金銭，振替国債，国債，地方
債，社債その他の有価証券で税務署長等が確実と認めるものを提供しようと
する者は，これを供託してその供託書の正本を国税庁長官等に提出しなけれ
ばならないとされています（国税通則法54条，国税通則法施行令16条）。

　例えば，所得税法137条の３第２項には「当該相続人が政令で定めるとこ
ろにより当該相続等納税猶予分の所得税額に相当する担保を供し」と規定す
るのみで，当該相続人に代わって第三者が担保を提供することの可否につい
ては規定がありません。

　一方で，国税に関する法律の規定により提供される担保の種類は，国税通
則法50条において定められているところ，その担保が第三者が所有するもの
であっても，納税者を通じて担保提供承認書，印鑑証明書その他必要な書類
を提出させる方法により担保の提供ができるものとされています（志場喜徳

第2 供託の申請手続

郎ほか編『国税通則法精解［平成28年改訂］』（大蔵財務協会，2016年）595頁）。

　また，担保の供されている国税がその納期限までに完納されないとき，又は担保の提供されている国税についての延納，納税の猶予等が取り消されたときは，担保として提供された金銭はその国税に充てられることとなります（国税通則法52条）。

　加えて，国税通則法41条には，国税は，これを納付すべき者のために第三者が納付することができると規定されています。

　所得税法の規定によると，本件の供託者となるべき者は原則的には当該相続人であると考えられます。

　しかし，税法上の担保供託の目的は，供託者の信用力を確認することではなく，徴収すべき税を担保することにあると考えられ，本人が供託しても第三者が供託しても，税の徴収を担保するという目的を達することができます。

　したがって，税法上の保証供託の性質は，裁判上の保証供託に近いものということができると思われます。

　また，税法上担保の提供を要する場合に第三者が所有するものを担保に供することができるとされていることや，国庫に一定額の収入を得させることは国税を納付すべき者以外の者による納付によっても達成することができるとして，第三者による国税の納付を認める国税通則法41条の趣旨から考えると，当該相続人以外の第三者も供託者としての当事者適格を有していると考えられます。

　以上のことから，第三者による税法上の保証供託を認めても差し支えないと考えます。

第 2 供託の申請手続

**【建物の賃料について⑴代理受領契約が締結されている場合，⑵離婚調停に
伴う財産分与により建物の所有権が移転している可能性がある場合におけ
る債権者不確知による供託の可否】**

### 事 例42

　　私（甲）は，建物Ａについて所有者乙との間で賃貸借契約を締結し，
引渡しを受けて居住しています。乙は，配偶者（丙）の親（丁）から経
済的援助を受けているとのことで，賃貸借契約において，賃料の振込先
として丁名義の銀行口座が指定されています。私はそのことを承認し，
これまで丁名義の銀行口座に賃料を振り込んできましたが，先日，乙及
び丙から次のとおり連絡がありました。

　　乙：「現在，丙と離婚の調停をしているので，丁名義の銀行口座には
　　　　賃料を振り込まないでほしい」

　　丙：「現在，乙と離婚の調停をしているので，乙から請求があっても，
　　　　乙には賃料を支払わないでほしい」

　　既に発生している賃料については支払済みですが，今後発生する賃料
については，誰に支払えばよいか判断することができないため，債権者
不確知による供託をしたいのですが，可能でしょうか。

　　なお，賃貸借契約の締結時には，乙が建物Ａの所有権登記名義人であ
ることを確認していますが，現在の所有権登記名義人が誰であるかは調
べていません。また，乙丙間の離婚調停の進捗状況や内容についても，
何も調べていません。

### 回 答

⑴　あなた（甲）と乙丁との関係においては，建物Ａの賃料債権は賃貸人で
　ある乙に帰属し，丁に帰属する余地はないことから，債権者不確知による
　供託をすることはできません。

293

第2　供託の申請手続

(2)　あなた（甲）と乙丙との関係においては，建物Ａの現在の登記名義人を調査すれば債権者を特定することができるので，債権者不確知による供託をすることはできません。

## 解　説

### **1** 債権者不確知を原因とする弁済供託

民法494条は，弁済供託の原因として，債権者が弁済の受領を拒んだこと（受領拒否）及び債権者が弁済を受領することができないこと（受領不能）に加えて，弁済者が過失なく債権者を確知することができないこと（債権者不確知）を掲げています。

債権者不確知を原因として供託をするためには，以下の2つの要件を満たす必要があります。

(1)　**債務者が債権者を確知できないこと**（不確知要件）

債権者が客観的には存在するが，誰が債権者であるかを債務者が確実に知ることができないことです。

(2)　**債権者を確知できないことについて債務者に過失がないこと**（無過失要件）

債務者が，善良な管理者の注意義務（善管注意義務）を果たしても，誰が債権者であるかを確実に知ることができないことです。

なお，善良な管理者の注意とは，「債務者の職業や社会的・経済的な地位などに応じて，取引上，当該の場合に抽象的な平均人として一般に要求される程度の注意」であり，この注意を欠くことが「抽象的軽過失」であるところ，民法上，単に注意又は過失というときは，これらを指しているものと解されています（遠藤浩編『基本法コンメンタール　債権総論［第4版新条文対照補訂版］（別冊法学セミナー185号）』（日本評論社，2005年）7頁以下）。

294

## 2 本件に関する検討

### (1) 乙丁間における代理受領契約について

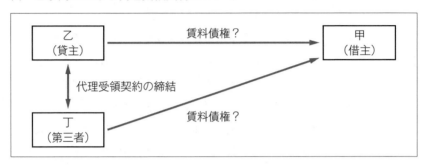

　賃料債権は，賃貸借契約の成立によって発生し，賃貸人がこれを取得します（民法601条）。本件において，建物Aの所有者は乙であり，乙が建物Aの賃貸人であることから，通常は，乙に賃料債権が帰属すると考えられます。しかし，本件賃貸借契約においては，賃料の振込先として丁名義の銀行口座が指定されているという事情があるため，丁に賃料債権が帰属する可能性を検討する必要があります。

　この点については，乙丁の間で賃料債権の代理受領契約が締結されていることが考えられます。代理受領とは，債権者が主として自らの債務の担保のため，弁済受領権限を第三者に与え，第三者が債務者から給付を受領することです（潮見佳男『債権総論Ⅱ［第3版］』（信山社，2005年）236頁）。判例において，債務者は，代理受領について承認した場合，代理受領権者の利益を害することのないようにすべき義務があるとされています（最判昭和44.3.4民集23巻3号561頁，前掲『債権総論Ⅱ［第3版］』237頁）。しかし，一方で，代理受領権者は取立権限を取得したにすぎないから，債務者が代理受領を承認しても，直接代理受領権者に対して債務を負担したものと解することはできないともされています（最判昭和61.11.20判時1219号63頁，前掲『債権総論Ⅱ［第3版］』237頁）。

　これらの判例を踏まえると，本件において，乙が丁に建物Aの賃料について代理受領権限を与え，甲がこれを承認したと解しても，丁は当該賃料の債

## 第2　供託の申請手続

権者とはなり得ないと考えられます。したがって，甲は，乙丁との関係においては，乙を債権者として扱えば足りるので，誰が債権者であるか確知できない状況にあるとはいえず，債権者不確知による供託をすることはできません。

なお，供託法9条において「供託者カ供託物ヲ受取ル権利ヲ有セサル者ヲ指定シタルトキハ其供託ハ無効トス」とされていることから，供託物を受領する権限を有する者であれば，その者が債権者でなくとも，被供託者として供託することが可能なのではないかという疑問が生じます。

この点については，供託規則5条が，供託物払渡請求権が譲渡・質入等の任意処分及び差押え・転付等の対象になることを当然の前提としていると解されることから，自己の名において供託物還付請求権の帰属主体となり得る者，すなわち，弁済供託においては，実体関係上の債権者でなければ，被供託者としての適格性は有しないと考えられます（遠藤浩・柳田幸三編『供託先例判例百選［第2版］（別冊ジュリスト158号）』（有斐閣，2001年）30頁以下）。

したがって，この観点からも，本件において，丁を被供託者とする供託をすることはできないといえます。

### (2) 乙丙間における離婚調停について

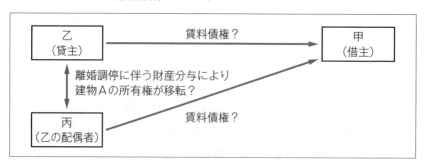

次に，乙と丙が離婚の調停中であるとのことから，当該離婚調停が，賃料債権の帰属に影響を及ぼすかどうかを検討します。

まず，離婚調停の法的性質について概観すると，離婚等の人事訴訟事件について訴えを提起しようとする者は，先に家庭裁判所に家事調停の申立てを

第2　供託の申請手続

しなければならず（家事事件手続法257条1項），調停は，当事者間の合意を調書に記載したときに成立したものとされ，調書の記載は，確定判決と同一の効力を有するものとされています（家事事件手続法268条1項）。また，当事者は，離婚調停の中で財産分与（民法768条）に関する協議をすることもでき，財産分与に関する処分は，確定判決と同一の効力を有するとされています（家事事件手続法268条1項，同法別表第2第4項）。

　次に，財産分与の法的性質について概観すると，財産分与とは，離婚の際に配偶者の一方から他方に対してなされる財産的給付であり，夫婦財産関係の清算及び離婚後の扶養の要素を含むとされています。また，夫婦が婚姻後に協力して形成または維持した財産は，夫婦の実質上の共同財産として，清算の対象となるとされ，清算の対象となるかどうかは，名義によって形式的に判断するのではなく，その財産の取得の経緯や対価等を考慮して実質的に判断されます（島津一郎・松川正毅編『基本法コンメンタール　親族［第5版］（別冊法学セミナー196号）』（日本評論社，2008年）89頁以下）。

　以上のことを踏まえると，本件においては，乙丙間の離婚調停の内容及び帰すうによって，乙の有する財産の全部又は一部が，丙に移転する可能性があるといえます。

　なお，甲に関係する乙の財産としては，建物Ａの所有権，建物Ａに関する既発生の賃料債権，建物Ａの賃貸人としての地位等が考えられますが，既発生の賃料債権は甲の弁済により消滅していること，賃貸人としての地位は，賃借権に対抗力が備わっている場合には，特段の事情のない限り，不動産所有権の譲渡により旧所有者から新所有者に当然に承継されることから（最判昭和39.8.28民集18巻7号1354頁，安永正昭ほか編『不動産取引判例百選［第3版］（別冊ジュリスト192号）』（有斐閣，2008年）98頁以下），以下は，建物Ａの所有権についてのみ検討することとします。

　さて，以上のとおり，本件においては，乙丙間の離婚調停による建物Ａの所有権の移転と，建物Ａの賃借人である甲に対する賃料債権の帰属が問題となるところ，この関係を，物権変動の第三者への対抗問題として捉えること

297

第2　供託の申請手続

が考えられます。

　この点に関しては，借地上に登記ある建物を所有する賃借人は，当該借地の所有権の得喪につき利害関係を有する第三者であるから，民法177条の規定上，当該借地の買主は，所有権の移転についてその登記を経由しなければこれを賃借人に対抗することができず，したがってまた，賃貸人の地位を主張することもできないとする判例があります（大判昭和8.5.9民集12巻1123頁，最判昭和49.3.19民集28巻2号325頁，前掲『不動産取引判例百選［第3版］』98頁以下）。

　したがって，本件においては，建物Aの所有権登記名義人が，甲に対して建物Aの賃料の支払を請求することができることとなります。

　そうすると，甲は，建物Aの登記を調査すればよいということになりそうですが，債権者不確知による供託の可否を判断するという観点からは，上記1(2)で述べた無過失要件を満たすために，甲は建物Aの登記を調査しなければならないか，また，その調査をすれば足りるかということが問題となります。

　この点に関しては，登記を調査しなかったために売主が登記簿上の名義人でないことを知らなかった買主は，善意であっても過失があるものと推定されるとの判例（大判大正5.3.24民録22輯657頁，佐久間毅『民法の基礎2　物権』（有斐閣，2010年）120頁），売主を登記簿上の所有者と認めて不動産を買い受けた者は，取得時効につき無過失で占有を開始したと事実上推定されるとの判例（大判昭和元.12.25民集5巻897頁，前掲『民法の基礎2　物権』120頁）が参考となります。これらの判例は，新たに不動産の取引に入る者が果たすべき注意義務の程度を示したものと考えられますが，不動産の賃借人が賃料の弁済において果たすべき注意義務も，同程度のものであると考えてよいと思われます。そうすると，当該賃借人が賃料の弁済に代えて債権者不確知により供託する場合に求められる注意義務も，同程度のものであると考えられます。

　このように考えると，本件においては，甲が建物Aの登記を調査し，現在の所有権登記名義人を確認しなければ，債権者を確知できないことについて過失がないとはいえず，債権者不確知による供託をすることはできないこと

第2 供託の申請手続

となります。

　また，反対に，甲が建物Ａの登記を調査した場合は，債権者不確知による供託をする要件としての注意義務を果たしたとはいえますが，登記の調査によって，賃料を支払うべき債権者を特定することができるので，やはり債権者不確知による供託をすることはできません。

　ところで，我が国における不動産登記には，公信力（実体的権利関係に合致しない登記を信頼して取引に入った者を保護する効力）が認められていないことから，不動産の賃貸人が登記を信頼して登記簿上の所有者に賃料を支払っても，無権利者に対する弁済となる可能性があるので，債務者保護の観点から，債権者不確知による供託を認める必要があるのではないかという疑問が生じます。

　この点については，上述のとおり，不動産の賃借人に賃料を請求するためには，対抗要件として当該不動産の所有権の登記を受けることが必要であり，賃借人は，所有権の登記がない者を賃料債権の債権者として扱う必要はないことから，賃借人が所有権の登記がない者を任意に賃貸人と認めて賃料を支払うことは格別，少なくとも，所有権の登記がない者を被供託者の１人として債権者不確知による供託をすることは認められないと考えます。供託先例においても，未登記建物についてのものではありますが，賃借人は，賃貸人から建物の所有権を取得したと称する者から賃料の請求を受けても，その者に所有権の登記がない以上，従前からの賃貸人に賃料を支払えば足り，債権者不確知による供託をすることはできないとしたものがあります（昭和37.3.14民事甲第695号民事局長認可４問・供託関係先例集(3)76頁以下）。

299

第3　供託物の払渡手続

第 **3**

# 供託物の払渡手続

## *1*　払渡手続

　供託の受理決定がされて供託が手続上有効に成立すると，供託物は供託所が保管するという状態になります。この供託関係を終了させる手続が供託物の払渡手続です。

　この供託物の払渡しには，「還付」と「取戻し」の2種類があります。

## *2*　供託物の還付手続

　供託物の還付は，被供託者，その承継人又は債権者等に対する払渡しをすることをいいます。また，その方法は，供託物払渡請求によってされます。

　なお，供託物の還付を受けようとする者は，供託物払渡請求書に必要な書類を添付又は提示して，供託所に提出することになります。

## *3*　供託物の取戻手続

　供託物の取戻手続は，供託の目的が供託不受諾，錯誤によって供託が初めから存在しないものや，供託後に供託原因が消滅したことによるものなど，供託関係が本来の目的を達しない状態のまま，供託者又はその承継人等が供託物払渡請求をすることをいいます。

301

第3　供託物の払渡手続

# *4*　供託物払渡請求方法

## (1)　供託物払渡請求書の提出（規則22条）

　供託物が金銭の場合は，供託金払渡請求書（規則25号書式）１通，供託物が有価証券の場合は，供託有価証券払渡請求書（規則26号書式）２通，供託物が振替国債の場合は，供託振替国債払渡請求書（規則26号の２書式）２通に所要事項を記載して提出することになります。

### （記載事項）

ア　払渡請求年月日欄は，現実に供託所に払渡請求書を提出する年月日を記載します。

イ　請求者の住所・氏名印欄

　①　個人の場合は，住所・氏名（代理人による請求のときは請求者の住所・氏名及び代理人の住所・氏名）を記載して押印します。

　②　法人又は法人でない社団若しくは財団で代表者若しくは管理人の定めのあるものである場合は，本店（主たる事務所）・商号（名称）及び代表者又は管理人の資格・氏名を記載します。

　③　国の場合は，各省各庁の庁（法務大臣何某の例による。）を代表者として表示します。また，国の出先機関の職員によって代理請求をする場合は，代理人の官署の名称及び氏名を記載して押印することになります。

ウ　供託番号欄は，アラビア数字で記載してください。

エ　元本金額欄は，アラビア数字で記載してください。

オ　元本合計額欄は，アラビア数字で記載してください。

カ　払渡請求事由及び還付取戻の別欄は，「還付」，「取戻」の該当個所に付してある数字を○で囲んでください。なお，その他の場合は，３．に具体的に請求事由を記載してください。

　なお，請求者が権利の承継人すなわち「転付債権者，取立債権者，譲受人，相続人，合併により存続する法人」等である場合には，「転付」，「取

302

立」,「譲受」,「相続」,「合併」等を付記します（昭和36.6.8民事甲第1195号民事局長回答）。

キ　供託金受領欄は，受取時に日付及び氏名を記載（代理人による受領の場合は，請求者の氏名及び代理人の氏名）して，請求者の住所・氏名印欄に押印した印を押してください。

　なお，法人又は法人でない社団若しくは財団で代表者若しくは管理人の定めのあるものである場合は，商号（名称）及び代表者又は管理人の資格・氏名を記載（代理人による受領の場合は，商号（名称）及び代表者又は管理人の資格・氏名及び代理人の氏名）します。

## (2) 添付又は提示書類

ア　還付請求

　還付請求手続に必要な書類は，供託の種類及び還付請求権者によって異なりますが，通常，以下の書類となります（規則24条）。

①　還付を受ける権利を有することを証する書面（規則24条1項1号）

　この書面については，確定判決，調停調書，和解調書，私署証書，戸籍謄本，承諾書，債務確認書等の書面を添付することになります。

②　反対給付があったことを証する書面（規則24条1項2号）

　副本ファイルに反対給付の内容が記録されている場合には，その内容を履行したことを証する書面を添付することになります（法10条）。

③　印鑑証明書（規則26条）

　印鑑証明書は，市町村長又は登記所が作成したもので作成後3か月以内のものになります（規則9条）。

　ただし，払渡しを請求する者が個人である場合で，その者が提示した運転免許証，個人番号カード，在留カード，その他官庁又は公署から交付を受けた書類その他これに類するもの（氏名，住所及び生年月日の記載があり，本人の写真が貼付されたもの限る。）により，その者が本人であることを確認することができるとき，又は，法令の規定に基づき印鑑を登記所に提出することができる者以外の者が供託金の払渡しを請求する場合

第3　供託物の払渡手続

（その額が10万円未満である場合に限る。）で，供託規則30条1項に規定する
証明書を添付したとき，又は，還付請求者が登記ある法人で，供託所と
当該法人の証明をすべき登記所が同一の法務局，地方法務局又は支局
（法務大臣が指定したものを除く。）である場合に，払渡請求者の印鑑につき
登記官の確認（簡易確認）があるとき，又は，供託官が作成した依頼書
に基づき作成された印鑑証明書の提出があるとき（平成20.2.18民商第631
号民事局長通達），又は，払渡請求者が官庁又は公署である場合は，印鑑
証明書の添付を省略することができます。

④　資格証明書（規則14条1項，27条3項）

払渡請求者が登記された法人であるときは，登記所の作成した代表者
の資格を証する書面を提示することになります。

また，登記された法人以外の法人の代表者が払渡しを請求する場合は，
官庁又は公署が作成した代表者の資格を証する書面を添付することにな
ります。

なお，法人でない社団又は財団であって，代表者又は管理人の定めの
ある場合は，当該社団又は財団の定款又は寄附行為及び代表者又は管理
人の資格を証する書面を添付することになります。

⑤　代理権限証書（規則27条1項）

代理人によって供託物の払渡しを請求する場合は，代理人の権限を証
する書面を供託物払渡請求書に添付することになります。ただし，支配
人その他登記のある代理人については，登記所が作成した代理人である
ことを証する書面を提示することになります。

なお，官庁又は公署の作成に係る代理権限証書は，作成後3か月以内
のものになります（規則9条）。

イ　取戻請求

取戻請求手続に必要な書類は，供託の種類及び取戻請求権者によって異
なりますが，通常，以下の書類となります（規則25条）。

①　取戻しを受ける権利を有することを証する書面（規則25条1項）

304

第3　供託物の払渡手続

供託の目的が錯誤その他の理由により初めから無効であること，あるいは，供託原因が消滅したこと等の取戻しをする権利を有することを証する書面を添付しなければなりません。

ただし，弁済供託において，供託不受諾を理由に取戻請求をする場合など，副本ファイルの記録により，取戻しをする権利を有することが明らかであるときは，証する書面は必要ありません。

② 印鑑証明書（規則26条）

取戻請求に添付する印鑑証明書については，還付請求とほぼ同じです。

なお，供託規則14条4項前段の規定により供託官に提示した委任による代理権限証書に供託事務取扱手続準則附録8号の2様式による印判を押し，かつ，供託官の職印を押したものを供託物払渡請求書に添付したときは，印鑑証明書の添付を省略することができます。

③ 資格証明書，代理権限証書

取戻請求に提示又は添付する資格証明書，代理権限証書は，還付請求と同じです。

# 5　電子情報処理組織による払渡請求

供託金，供託金利息又は供託振替国債の払渡しの請求は，情報通信技術利用法3条1項の規定により，オンラインにより行うことができます（規則38条）。

オンラインによる払渡請求は，必ず電子署名を付与することが必要となります（規則39条）。

また，供託金等の払渡請求をする場合は，申請用総合ソフト等を用いて行う必要があります。

なお，申請者情報の登録，申請用総合ソフトのダウンロード，申請書情報の作成，申請書情報の送信，添付書面情報の送信等については，オンライン

305

第3　供託物の払渡手続

による供託の場合と同じになります。

# *6*　事　例

## I　弁済供託
### 【債権者不確知による弁済供託の還付】

事　例43

　　金銭債権が甲から乙に譲渡されたのですが，債権譲渡の効力に疑義が
あるとして，被供託者を甲又は乙とする債権者不確知による弁済供託が
されています。その後，その供託金の還付請求権の帰属をめぐる甲と乙
との間の訴訟において乙が勝訴したため，乙から還付を受ける権利を有
することを証する書面として当該訴訟の確定判決の正本を添付した還付
請求がありました。
　　ところが，当該訴訟の口頭弁論終結前に，甲が訴外丙に還付請求権を
譲渡し，甲から供託所に対して，その旨の譲渡通知が送達されています。
　　この場合，乙の還付請求は認可されるのでしょうか。

回　答

　甲から還付請求権を譲り受けた丙は，還付請求権についての利害関係人に
該当します。したがって，乙が，甲と乙との間における訴訟の勝訴判決に基
づき還付請求をするに当たっては，還付請求権が当該訴訟の口頭弁論終結後
に丙に譲渡された場合を除き，還付を受ける権利を有することを証する書面
として，当該訴訟の確定判決等とともに，丙からの承諾書等をも添付しなけ
ればならず，同承諾書等の添付のない還付請求が認可されることはありませ
ん。

306

第3 供託物の払渡手続

【関係図】

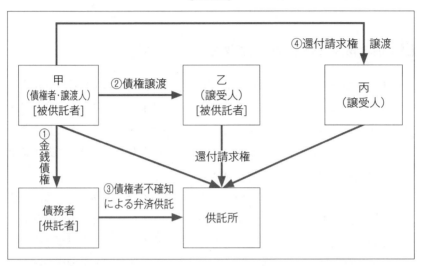

解　説

## 1 被供託者を甲又は乙とする債権者不確知による弁済供託の還付請求について

　供託物の還付を受けようとする者は，供託書副本ファイルの記録から還付を受ける権利を有することが明らかな場合を除き，払渡請求書に還付を受ける権利を有することを証する書面を添付しなければならないとされています（規則24条1項1号）。

　被供託者を甲又は乙とする債権者不確知による弁済供託にあっては，供託書副本ファイルの記録から還付を受ける権利を有する者が明らかではないため，還付請求をする者は，払渡請求書に還付を受ける権利を有することを証する書面を添付しなければなりません。

　この場合における還付を受ける権利を有することを証する書面としては，甲と乙との間の訴訟の確定判決，調停調書，和解調書，認諾調書等，又は，

第3　供託物の払渡手続

一方が他方を還付請求権者と認めた承諾書等が挙げられます。

## 2　供託物還付請求権の利害関係人について

　本事例においては，甲の還付請求権が訴外丙に譲渡されていることから，乙が還付請求をするに当たり，還付を受ける権利を有することを証する書面として甲と乙との間の訴訟の確定判決の正本のみを添付することで足りるのか，すなわち，甲の還付請求権を譲り受けた丙の関与なくして乙の還付請求を認可できるのかどうかが問題となります。

　先例においては，AからBへの債権譲渡の効力に疑義があるところ，同債権について，Aを差押債務者とする差押命令が送達されたとして混合供託がされている事案につき，Bが還付請求をするに当たり払渡請求書に添付すべき還付を受ける権利を有することを証する書面は，AとBとの間における訴訟の確定判決の正本等のみでは足りず，利害関係人である差押債権者をも相手方とした確定判決の正本等又は同人の承諾書が必要であるとされています（昭和41.12.27民事甲第3683号民事局長認可払渡1問・供託関係先例集(4)244頁）。

　また，被供託者をA又はBとする債権者不確知による弁済供託について，Aを差押債務者として還付請求権に対する差押命令が供託所に送達されているところ，上記供託金の還付請求権の帰属をめぐるAとBとの間の訴訟においてBが勝訴したため，Bから還付を受ける権利を有することを証する書面として上記確定判決のみを添付して還付請求がされたが，供託官がこれを却下した事案について，供託金の差押債権者は還付請求権についての利害関係人に当たることから，Bが供託金の還付を受けるためには差押債権者の承諾書等をも添付する必要があるとして，上記却下処分を適法とした判例があります（長崎地判平成24.8.27判タ1385号129頁）。

　同判例においては，供託物の還付請求権についての利害関係人とは，還付請求権について直接的な利害関係を有する者をいうとされています。そして，被供託者をA又はBとする債権者不確知による弁済供託における還付請求権

第3　供託物の払渡手続

を差し押さえた債権者はこれに当たると解されています。また，上記先例によれば，混合供託における供託の目的たる債権を差し押さえた債権者も利害関係人に当たるとされています。一方，還付請求権の譲受人が利害関係人に当たるか否かについては，明確に述べた先例や判例等が見当たりません。

しかし，利害関係人であるか否かを判断するに当たっては，上記判例における差押債権者と還付請求権の譲受人とで取扱いを異にする理由がないことから，同人もまた利害関係人に当たると判断することができ，本事例においては，払渡請求書に利害関係人である丙の承諾書等をも併せて添付する必要があるということになります。

## ❸　確定判決の効力が及ぶ者の範囲について

上記判例においては，被供託者Bは被供託者Aとの間においてBが供託金還付請求権を有することを確認する判決を得ています。ところが，Aの還付請求権を差し押さえた債権者は，訴訟における当事者ではなく，また，補助参加等もしていないことから，同人には上記確定判決の既判力や参加的効力が及びません（民事訴訟法115条，46条）。このことから，同判決においては，Bが添付した確定判決の正本は差押債権者との関係においてもBが還付請求権を有することを証するものということはできないとされています。

本事例における譲受人丙も，上記判例における差押債権者と同様に，甲と乙との間の訴訟の当事者ではなく，補助参加等もしていないことから，丙には当該訴訟の確定判決の既判力等が及びません。また，民事訴訟法115条1項3号によると，当事者の口頭弁論終結後の承継人には確定判決の効力が及ぶことになりますが，丙は口頭弁論終結前に甲から還付請求権を譲り受けていることからこれに該当せず，結論は変わりません。

したがって，本事例における甲と乙との間の確定判決は乙が丙との関係においても還付請求権を有することを証するものとはいえないため，乙が還付請求をするに当たっては，払渡請求書に還付を受ける権利を有することを証

309

第3　供託物の払渡手続

する書面として利害関係人である丙からの承諾書等をも添付する必要があり
ます。

## **4**　まとめ

　被供託者を甲又は乙とする債権者不確知による弁済供託において，一方の
被供託者から還付請求権を譲り受けた者は還付請求権についての利害関係人
に該当します。したがって，当該供託につき還付請求権の譲受人がある場合
において，譲渡人ではない被供託者が被供託者間における訴訟の勝訴判決に
基づき還付請求をするに当たっては，還付請求権が当該訴訟の口頭弁論終結
後に譲渡された場合を除き，還付を受ける権利を有することを証する書面と
して，当該訴訟の確定判決等とともに譲受人からの承諾書等をも添付する必
要があります。

　以上のことから，本事例における乙からの還付請求は，払渡請求書に還付
を受ける権利を有することを証する書面が添付されていないことから，認可
されることはありません。

310

第3　供託物の払渡手続

## 【供託の当事者が死亡した場合の払渡し】

### 事 例44

　父が亡くなり，遺品を整理していたところ，被供託者として父の名が記載された供託通知書を見つけました。この供託金を私が受け取るにはどのような手続が必要ですか。

### 回 答

　被供託者が死亡した場合は，その相続人が供託金の払渡しを請求することができます。この場合，供託金払渡請求書に，一般的な必要書類のほか，還付を受ける権利を有することを証する書面（規則24条1項1号）として相続を証する書面を添付しなければなりません。

### 解 説

　供託当事者（供託者，被供託者等）が払渡請求をしないまま死亡した場合，その供託物払渡請求権の承継人である相続人等が，供託物の払渡しを請求することができます。

　この場合，供託物払渡請求書に，一般的な必要書類のほか，取戻しをする権利を有することを証する書面（規則25条1項），還付を受ける権利を有することを証する書面（同24条1項1号），又は，払渡しを受ける権利を有することを証する書面（同35条3項）として，相続を証する書面（払渡請求権の承継を証する書面）を添付しなければなりません。その相続を証する書面とは，具体的には以下のとおりです。

### 1　法定相続の場合

(1)　相続が発生したことを証し，全ての法定相続人の存在を明らかにする書

311

第3 供託物の払渡手続

類として，被相続人が生まれてから亡くなるまでの除籍謄本又は戸籍謄本
及び相続人全員の戸籍謄抄本，又は，法定相続情報一覧図の写し

　なお，供託物払渡請求権が有価証券のような不可分債権の場合は，共同
相続人のうちの1人が全ての相続人のために払渡しの請求をすることがで
き（民法428条），その場合は，請求者が法定相続人のうちの1人であるこ
とを証するもので足りるので，他の全ての法定相続人の存在を明らかにす
るものでなくてもよいとされています（昭和42.4.24民事甲第976号民事局長認
可2問・供託関係先例集(4)298頁）。

---

**法定相続情報一覧図の写しとは**

　平成29年5月29日から，全国の登記所（法務局）において，各種相続登記
に利用することができる「法定相続情報証明制度」がスタートしました。こ
の制度を利用することで，各種相続手続で戸籍謄本の束を何度も出し直す必
要がなくなります。相続人が登記所に対し，被相続人が生まれてから亡くな
るまでの戸籍謄本等及びその戸籍謄本等の記載に基づいて作成した法定相続
情報一覧図を提出して申出をすると，登記官がその内容を確認し，法定相続
情報一覧図を保管します。そして，その法定相続情報一覧図の写しに認証文
を付して交付します（別添法定相続情報一覧図の写しの例を参照）。

---

(2)　供託書に記載された者が除籍謄本又は戸籍謄本に記載された被相続人で
　あることを証する書面として，被相続人の住民票の除票（本籍地の記載のあ
　るもの）又は戸籍の附票

(3)　払渡請求者が戸籍に記載された相続人であることを証明する書面として，
　請求者の住民票（本籍地の記載のあるもの）又は戸籍の附票。ただし，それら
　が同一人であることが確認できる場合には，住民票等の住所を証する書面
　は必要ありません（昭和37.5.31民事甲第1485号民事局長認可13問・供託関係先例集
　(3)112頁，昭和41.9.22民事甲第2589号民事局長認可2問・供託関係先例集(4)209頁）

312

第3 供託物の払渡手続

## **2** 相続放棄者がいる場合

前記1(1)ないし(3)の各書面及び家庭裁判所の相続放棄を証する書面


## **3** 特別受益者 (相続分を受けることのできない受遺者又は受贈者。民法903条2項) がいる場合

前記1(1)ないし(3)の各書面及び特別受益者が作成した相続分がない旨の証明書 (特別受益者の印鑑証明書を添付)


## **4** 協議による遺産分割の場合

前記1(1)ないし(3)の各書面及び遺産分割協議書 (全ての法定相続人の印鑑証明書を添付)


## **5** 裁判所の調停, 裁判等による遺産分割の場合

(1) 調停調書又は確定した審判書正本等
(2) 調停調書又は確定した審判書正本等に記載された被相続人の表示と供託書に記載された被相続人の表示とが一致しない場合, 又は, 調停調書又は確定した審判書正本等に記載された相続人の表示と供託物払渡請求書に記載された請求者の表示とが一致しない場合は, それらが同一人であることを証する書面


## **6** 遺言による場合

(1) 効力のある遺言書。なお, 公正証書によらない遺言書の場合は, 家庭裁判所の検認を受けていることを要します (民法1004条1項, 2項)。

313

第3　供託物の払渡手続

(2)　供託書に記載された被供託者（遺言者）の死亡を証する書面として，遺
　　言者の死亡時の除籍謄抄本又は戸籍謄抄本，及び遺言者の住民票の除票
　　（本籍地の記載のあるもの）又は戸籍の附票等
(3)　遺言書に記載された遺言者の表示と供託書に記載された被供託者の表示
　　とが一致しない場合，又は，遺言書に記載された受遺者等の表示と供託物
　　払渡請求書に記載された請求者の表示とが一致しない場合は，それらが同
　　一人であることを証する書面


## 7　特別縁故者の場合

(1)　特別縁故者（民法958条の3）であることを証する家庭裁判所の確定した
　　審判書正本
(2)　審判書正本に記載された被相続人の表示と供託書に記載された被供託者
　　の表示とが一致しない場合，又は，審判書正本に記載された特別縁故者の
　　表示と供託物払渡請求書に記載された請求者の表示とが一致しない場合は，
　　それらが同一人であることを証する書面


## 8　相続人のあることが明らかでない場合

(1)　家庭裁判所の選任した相続財産管理人（民法951条，952条）であることを
　　証する書面として，相続財産管理人選任の審判書正本
(2)　審判書正本に記載された被相続人の表示と供託書に記載された被供託者
　　の表示とが一致しない場合，又は，審判書正本に記載された相続財産管理
　　人の表示と供託物払渡請求書の請求者の表示とが一致しない場合は，それ
　　らが同一人であることを証する書面

第3 供託物の払渡手続

## 【法定相続情報一覧図の写しの例】

法定相続情報番号 0000 - 00 - 00000

# 被相続人 法務太郎 法定相続情報

最後の住所
○県○市○町○番地
最後の本籍
○県○郡○町○番地
出生 昭和○年○月○日
死亡 平成○年○月○日
（被相続人）
法 務 太 郎

住所 ○県○市○町○番地
出生 昭和○年○月○日
（長男）
法 務 次 郎 （申出人）

住所 ○県○市○町○番地
出生 昭和○年○月○日
（長女）
法 務 優 子

住所 ○県○市○町○番地
出生 昭和○年○月○日
（配偶者）
法 務 花 子

住所 ○県○市○町○番地
出生 昭和○年○月○日
（養子）
法 務 三 郎

以下余白

作成日：平成○年○月○日
作成者：○○○士 ○ ○ ○ 印
（事務所：○県○市○町○番地）

これは，平成○年○月○日に申出のあった当局保管に係る法定相続情報一覧図の写しである。

平成○年○月○日
○○法務局○○出張所

登記官 ○○ ○○ 職印

注）本書面は，提出された戸除籍謄本等の記載に基づくものである。相続放棄に関しては，
本書面に記載されない。また，相続手続以外に利用することはできない。

整理番号 S00000 1／1

315

第3　供託物の払渡手続

## 【債権の一部弁済受領の留保をした供託受諾の可否】

### 事 例45

　家賃の値上げを要求したところ折り合いがつかず，借家人が値上げ前の金額で供託をしています。金額について納得がいかないので家賃の一部として供託金を受け取りたいのですが，それは可能でしょうか。

### 回 答

　債権額に争いがある場合，供託金払渡請求書に「供託受諾。ただし家賃一部弁済受領の留保をする。」の例のように，一部留保の供託受諾を記載して供託金の払渡請求ができます。

### 解 説

　受領拒否を理由とする弁済供託において債権額に争いがある場合に，債務者（供託者）が債務の全額として供託した金額を債権者（被供託者）が受領したときは，別段の留保の意思表示をした等特段の事情のない限り，債務者は完全に免責されるとするのが通説・判例です（最判昭和33.12.18民集12巻16号3323頁）。

　本事例の場合でも，賃貸人（被供託者）が，別段の留保の意思表示等をすることなく還付請求によって供託金を受領すると，その債権に対する弁済供託の効力を認めたものと解され，賃借人（供託者）が賃料全額の支払債務を免責されるおそれがあります。

## 1　留保を認める供託受諾

　しかし，債権者（賃貸人・被供託者）と債務者（賃借人・供託者）の間で債権の額について争いがある場合に，債権者が自己の主張を維持するためには，

316

第3　供託物の払渡手続

紛争が解決するまで供託物を受領できないという状態が続くことになり，債権者にとって不利益が大きいだけでなく，経済的にも妥当ではありません。

そこで，この点に関し，判例では次のように示しており，供託実務においても，留保付供託受諾（留保付還付請求）を認め，「供託受諾，ただし債権額（地代・家賃）の一部に充当する。」旨の留保を付した払渡しを認可して差し支えないとされています（昭和34.10.2民事甲第2184号民事局長回答・供託関係先例集(2)231頁，昭和35.3.30民事甲第775号民事局長回答・供託関係先例集(2)277頁，昭和42.1.12民事甲第175号民事局長認可・供託関係先例集(4)253頁）。

① 　債権者は，債権全額に対する弁済として債務者のなした供託金額が債権額に足りない場合において，債権者が債務者に対して当該供託金を債権の一部に充当する旨通知し，かつ，供託所に対してその留保意思を明らかにして還付を受けたときは，当該供託金は債権の一部の弁済に充当されたと解すべきである（最判昭和38.9.19民集17巻8号981頁）。

② 　金額に争いがある債権について全額に対する弁済を供託原因として供託した金額が債権者の主張する額に足りないのに，債権者がその供託金を受領した場合であっても，当該供託金を受領するまで，一貫して供託金額をこえる金額を請求する訴訟が維持続行されているときは，その請求の金額中供託金額をこえる部分については，留保の意思表示がされていると解すべきで，その部分の債務は消滅しない（最判昭和42.8.24民集21巻7号1719号）。

## 2　留保を認めない供託受諾

なお，供託先例は，全ての場合において留保付供託受諾を許しているわけではありません。家賃債務として供託がなされているのに損害金として受諾するなど，債務の性質を異にする供託の受諾する旨の供託金払渡請求については，認められないとされています。これは，債権の本質を異にした留保を認めると，供託者が弁済の目的を達し得ないにもかかわらず供託金の取戻請求権を失うという問題を生ずるだけでなく，一部弁済として受諾する場合と

317

第3　供託物の払渡手続

異なり，第三者のためにする寄託契約（弁済供託の法的性質）の内容を供託所が一方的に変更することになり許されないという理由によるものとされています。

留保付供託金還付請求が否定された事例として，次のような場合があります。

① 　地代・家賃増額供託に伴う受領拒否による弁済供託金について，貸主が供託所に対して，「供託を受諾する。ただし，地代・家賃のいずれも増額要求金額に満たないので増額要求した地代に相当する金額のみを受諾する」旨の受諾書を提出して還付請求をしても，払渡認可はできない（昭和37.3.14民事甲第695号民事局長認可・供託関係先例集(3)77頁）。

② 　家賃弁済供託金につき，損害賠償金として供託を受託し還付請求がなされても還付することはできない（昭和38.6.6民事甲第1669号民事局長認可・供託関係先例集(3)293頁）。

③ 　2か月分の家賃として弁済供託があった場合，還付請求書に「1ケ月分の家賃の弁済として受諾する」旨の記載がある場合には，払渡しを認可すべきではない（昭和39年度全国供託課長会同決議36問・供託関係先例集(3)420頁）。

④ 　土地の賃料として供託された弁済供託金に対して，当該土地の不法占拠による賃料相当損害金として受領する旨の留保をしてした還付請求を却下した供託官の処分の取消しを求めた訴えについて，供託官の処分は適法であるとして原告の請求を棄却（東京地判昭和60.9.30訟務月報32巻6号1257頁）

以上のことから，家賃弁済供託金を損害金として受領するというような債権の性質を異にする留保を付した払渡請求はできませんが，家賃の一部として受領したいという本事例の場合であれば，供託金払渡請求書の備考欄に「供託受諾。ただし家賃一部弁済受領の留保をする。」旨の例による記載をして，供託金の払渡請求（留保付供託受諾）をすることが可能であると解されています。

第3 供託物の払渡手続

## 【死亡した被供託者の相続人からの登記事項証明書を添付した供託金払渡請求】

### 事 例46

　地代の弁済供託について，被供託者（賃貸人）Ｘが死亡し，当該賃貸土地を相続したＹは，還付を受ける権利を有することを証する書面として，当該賃貸土地の登記事項証明書を添付して還付請求をすることができるでしょうか。なお，登記事項証明書には，当該賃貸土地について前所有者Ｘから新所有者Ｙへ相続による所有権移転登記がされています。

### 回 答

　供託物の還付を受けようとする者は，供託所に保存された副本ファイルの記録から還付請求権を有することが明らかである場合を除き，供託物払渡請求書に還付を受ける権利を有することを証する書面を添付しなければならず（法8条1項，規則24条1項1号），被供託者が死亡してその相続人が還付請求をする場合には，その還付請求権を包括承継したことを証するため，戸籍謄本等を添付しなければなりません。

　そして，原則として，当該賃貸土地に係る登記事項証明書のみをもって還付を受ける権利を有することを証する書面（Ｘからの相続を証する書面）とすることはできません（昭和41.9.22民事甲第2586号民事局長認可7問・供託関係先例集(4)202頁）。

　ただし，賃料債権は法定果実であることから，遺産分割協議によって当該賃貸土地を相続する者が定まった後に支払期が到来する地代の供託金は，当然に当該賃貸土地の取得者である新所有者Ｙに帰属する財産であると考えられ，その後の相続登記完了後に発生した賃料については，登記事項証明書中の物件の表示，前所有者の表示，新所有者の表示，登記年月日の表示等により，法定果実たる賃料が当該土地を取得した相続人に帰属していることを確

319

第3　供託物の払渡手続

認することができます。

よって，例外として，相続登記の日付と賃料の支払日を比較し，相続登記完了後に発生した賃料であると認められれば，還付を受ける権利を有することを証する書面として，戸籍謄本等によらず登記事項証明の添付をもって還付請求をすることができます。

**解 説**

## 1 被供託者の死亡前後の還付請求

【被供託者の死亡による賃料債権の帰属】

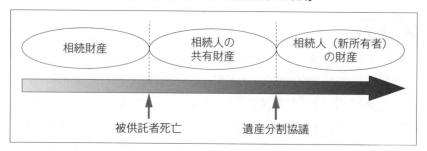

(1) 被供託者が死亡する前に発生した賃料に係る供託金の還付請求

賃貸借契約の存続中に賃貸人が死亡すると，賃貸人の地位をその相続人が承継し（民法896条），相続人が複数いるときは，各共同相続人は相続分に応じて被相続人の権利義務を承継することになります（民法899条）。

賃貸人の有する賃料債権は，金銭債権で可分性を有し，最判昭和29年4月8日（民集8巻4号819頁）は，「相続人数人ある場合において，その相続財産中に金銭その他の可分債権あるときは，その債権は法律上当然分割され各共同相続人がその相続分に応じて権利を承継するものと解する」と判示しています。

同様に，金銭債権で可分債権である供託金還付請求権は，相続分に応じて分割された額で各相続人に帰属することになりますので，各共同相続人から

自己に帰属した相続分に相応する供託金の還付請求をすることができます。

　もっとも，賃貸人死亡後，遺産分割協議の際に賃料債権をどの者にどの範囲で取得させるかについて決めることは可能です。しかし，遺産分割協議書に供託金について特定明記がされなければ，先に述べたとおり，賃料債権は貸主が亡くなった時点で法定相続分に従って当然に分割され，各相続人が法定相続分に応じた権利を取得することになりますので，供託金還付請求権が新所有者に帰属したとはいえず，特定の相続人が全額の還付請求をすることはできません。

## (2) 被供託者の死亡から遺産分割協議までに発生した賃料に係る供託金の還付請求

　一般的に，遺産分割協議の効力は相続時まで遡及しますので，遺産分割協議により賃貸不動産を取得した者は，払渡請求をすることができそうに思われます。

　しかし，最判平成17年9月8日（民集59巻7号1931頁）は，「遺産は，相続人が数人あるときは，相続開始から遺産分割までの間，共同相続人の共有に属するものであるから，この間に遺産である賃貸不動産を使用管理した結果生ずる金銭債権たる賃料債権は，遺産とは別個の財産というべきであって，各共同相続人がその相続分に応じて分割単独債権として確定的に取得するものと解するのが相当である。遺産分割は，相続開始の時にさかのぼってその効力を生ずるものであるが，各共同相続人がその相続分に応じて分割単独債権として確定的に取得した上記賃料債権の帰属は，後にされた遺産分割の影響を受けないものというべきである。」と判示し，相続不動産から生じた賃料債権を別個の債権と位置付けた上で分割協議の効力は相続時にさかのぼらず，その間に生じた賃料債権は相続人の共有財産であり，各相続分に応じて取得するものであるとしています。

　つまり，賃貸人死亡後，遺産分割協議がまとまるまでの間の賃貸不動産の所有については，各相続人がその不動産全体を共同相続した状態で各相続人の持分は各相続人の法定相続分に応じたものとなるため，その不動産から生

第3 供託物の払渡手続

じた賃料債権についても，その法定相続分に応じて取得することになります。

結論としては，前記(1)の場合と同様，賃料債権は各相続人が法定相続分に従って取得することとなりますので，新所有者は，自己に帰属した法定相続分に相応する範囲で供託金の還付請求をすることができます。

もっとも，賃貸人死亡後，賃料債権を誰にどの範囲で取得させるかについて，供託金が特定明記され，共同相続人全員の合意があることが分かる書面（例えば，共有物分割協議書など）を添付すれば，合意によりこれを取得することとされた特定の相続人が全額の還付請求をすることができます。なお，実際上は，遺産分割協議書を共有物分割協議書と実質同様のものと考えて，遺産分割協議書を添付することで足りるものと考えます。

(3) 遺産分割協議後に発生した賃料に係る供託金の還付請求

遺産分割がされると遺産となった不動産の所有者が最終決定されます。賃料債権は，法定果実であることから，遺産分割協議によって当該不動産を取得（相続）する者が定まった後に支払期が到来する賃料の供託金は，遺産分割協議後は，当然に当該不動産の取得者である新所有者に帰属する財産であると考えられます。

したがって，この場合は，遺産分割協議書に供託金について特定明記がされていなくても，当該不動産の新所有者は，全額の還付請求をすることができます。

# 2 死亡した者を被供託者としてされた供託の効力

被供託者が既に亡くなっていた状態にあってされた弁済供託は，そもそも無効であり，供託者が取り戻すしかないのではないかという疑問が生じます。

実際，賃貸人（被供託者）が死亡した事実を賃借人（供託者）が知り得ないことも十分に考えられることから，被供託者の死亡後も同人を被供託者とした供託が継続することはあり得ることです。供託法9条の規定によれば，供託者が供託物を受け取る権利を有しない者を指定したときは，その供託を無

322

効としており，供託当時，賃貸人たる被供託者が死亡していれば，その者は供託物を受ける権利を有せず，相続人が受領すべきもので，受け取る権利を有しない者を指定した無効な供託であるとも考えられます。

しかし，供託実務においては，これを一応有効であるとし，相続人から還付請求ができるものとされています（昭和41.9.22民事甲第2586号民事局長認可13問・供託関係先例集(4)203頁）。その趣旨は，被供託者を相続人Ｙとすべきところ，死亡したことを知らずに死亡した賃貸人Ｘを供託書に記載したとしても，その相続人は被供託者の地位をそのまま承継して供託物を受け取る権利を取得することになるのであって，供託物を受け取るべき権利を全く有しない者を被供託者として指定したものではないというものです。なお，この場合でも，実体上有効な弁済の提供がされたことが前提であると考えられます。

よって，被供託者が死亡したことを知らずに，死者を被供託者としてした供託は，有効なものとして取り扱われます。


## ❸ 本事例の検討

供託の目的となっている賃貸不動産を相続した者が，当然にその賃料についてされた供託の供託金還付請求権をも相続することにはならないことについては，これまで述べたとおりです。

本事例は，賃貸不動産に係る相続登記が完了した登記事項証明書を添付して還付請求をする場合ですので，遺産分割協議成立後である上記１(3)の場合であると考えられますが，検討に当たっては，更に場合分けが必要となります。

(1) **遺産分割協議から相続登記までに発生した賃料に係る供託金の還付請求**

遺産分割協議成立後に発生した賃料債権は，当然に当該不動産の取得者である新所有者に帰属する財産であると考えられるため，遺産分割協議書に供託金について特定明記がされていなくても，新所有者が供託金全額の還付請求をすることができることについては，これまで述べたとおりです。

第3 供託物の払渡手続

そして，供託所に保存された副本ファイルの記録から被供託者が還付請求権を有することが明らかである場合を除き，被供託者は，還付を受ける権利を有することを証する書面を供託金払渡請求書に添付しなければならず（規則24条1項1号），被供託者が死亡してその相続人が還付請求をする場合には，相続を証する書面として戸籍謄本等を添付しなければなりません。具体的には，相続を証する書面として，①被相続人の出生時から死亡時までの戸籍謄本又は除籍謄本，②被相続人の住民票の除票（本籍地の記載のあるもの）又は戸籍の附票，③相続人全員の戸籍謄抄本，④請求者の住民票（本籍地の記載のあるもの）又は戸籍の附票，⑤遺産分割協議書（相続人全員の印鑑証明書（書面作成前3か月以内又は作成後に作成されたもの）を添付）等を添付する必要があります。

本事例は，これを登記事項証明書の添付をもって代えることができるかという問題ですが，登記事項証明書には，登記の原因（○年○月○日相続）が記録されるものの，遺産分割協議の日付は記録されません。そうすると，遺産分割協議の日付と当該供託の賃料支払日の前後が確認できませんので，還付を受ける権利を有することを証する書面（相続を証する書面）として，登記事項証明書を添付して還付請求をすることはできません。

なお，当該登記事項証明書に加えて，遺産分割協議書の添付があれば，遺産分割協議の日付と当該供託の賃料支払日を単純に比較することもできますが，遺産分割協議書だけでは，遺産分割協議が共同相続人全員によりされたものかを確認することができないので，結局，戸籍謄本等と併せて添付しなければならなくなります。

(2) 相続登記完了後に発生した賃料に係る供託金の還付請求

登記完了後に発生した賃料については，登記事項証明書中の物件（賃借の目的物）の表示，前所有者（被供託者）の表示，新所有者（還付請求権者）の表示，登記年月日の表示等により，供託された賃料の収受権者の交代を確認することができ，供託書面上に記載された被供託者（前所有者）が死亡して，法定果実たる賃料が不動産を取得した相続人に帰属していることを確認することができます。

324

第3 供託物の払渡手続

　よって，登記の日付と当該供託の賃料支払日を比較し，相続登記完了後に発生した賃料であることが認められれば，相続による権利承継の経緯を証する登記事項証明書を添付することにより供託金の還付請求をすることができます。

　ただし，本件は地代・家賃の弁済供託のように，供託者と被供託者との接触があまりない状況下で，被供託者の死亡後も死者を被供託者とした供託が継続している場合において，遺産分割協議が成立し，更にその後の相続登記完了後に発生した賃料について供託されたものに限定した取扱いといえます。

## 【反対給付の内容が記載された弁済供託の還付】

### 事 例47

　私は，家賃の供託をされた被供託者です。供託金の還付の請求をしようと考えていますが，供託書の反対給付の内容に「雨漏りの修繕」と記載されています。この場合にはどのような書面が必要でしょうか。

### 回 答

　被供託者は，供託金払渡請求書に，一般的必要書類のほか，被供託者が供託者に対して反対給付をなすべき場合は，反対給付があったことを証する書面を添付して払渡しの請求をしなければなりません。

　反対給付があったことを証する書面としては，被供託者が雨漏りの修繕を完了したことを証する内容が記載された供託者が作成した証明書及び印鑑証明書，又は，確定判決，和解調書，調停調書，公正証書その他の公正に作成された書面等が該当します。

325

第 3 供託物の払渡手続

## 解　説

# 1　反対給付

　弁済供託は，債務者が債権者側の一定の事由により弁済できない場合において，債務の目的物を供託することによって債務を免れさせる制度ですが（民法494条），その債務の弁済が売買その他の双務契約において債権者の給付と同時履行の関係にあるときは，供託によって債務者を債務から免れさせるだけではなく，債権者もその負担する給付を履行しなければ公平とはいえないことから，債務者が債権者の給付に対して弁済をすべき場合には，債権者は，その給付をしなければ，供託物を受け取ることができないとされています（民法498条）。

　そして，供託物を受け取るべき者が反対給付をなすべき場合において，供託者の書面又は裁判，公正証書その他の公正の書面により，その給付があったことを証明しなければ，供託物の払渡しを受けることができないとされており（法10条），これを受けて，供託者が被供託者の反対給付を受けることを要するときは，その反対給付の内容を供託書に記載しなければならず（規則13条2項8号），また，被供託者が供託物の還付を受けようとするときは，反対給付があったことを証する書面を供託物払渡請求書に添付しなければならないとされています（法10条，規則24条1項2号）。

　債権者（被供託者）の反対給付を供託物の払渡しの条件とするには，債務者（供託者）が債権者（被供託者）に同時履行の抗弁権（民法533条）を有している必要があります。民法は，売買等の双務契約のほか，契約の解除による現状回復義務（民法546条），売主の担保責任（同法571条），請負人の瑕疵修補義務（同法634条）等について同時履行の抗弁権を認めています。

第3 供託物の払渡手続

## 2 反対給付があったことを証する書面

　反対給付があったことを証する書面とは，被供託者が反対給付を履行したことを証明する供託者の書面又は裁判，公正証書その他の公正の書面とされています（法10条，規則24条1項2号）。なお，上記の供託者の書面には，印鑑証明書及び資格証明書（証明書の作成前3か月以内又はその作成後に作成されたもの）の添付を要します。

　本事例では，「雨漏りの修繕」を反対給付の内容として記載されていることから，被供託者が雨漏りの修繕を完了したことを証する内容が記載された供託者が作成した証明書及び印鑑証明書，又は，確定判決，和解調書，調停調書，公正証書その他の公正に作成された書面等が必要になります。

### 【混合供託の被供託者（譲受人）による還付】

**事　例48**

　当社（A社）は，B社がC社に対して有する商品売買代金支払債権をB社から譲渡されました。しかし，当該債権には譲渡禁止特約があり，C社は，当社の善意・悪意が不明であるため真の債権者が確知できないことと，Dを差押債権者，B社を差押債務者とする差押命令を受けたとして，民法494条及び民事執行法156条1項の規定による混合供託をしました。

　債権の譲受人である当社が供託金の払渡しを受けるにはどうすればよいでしょうか。

**回　答**

　A社は，譲渡人B社及び差押債権者Dとの関係で，当該債権が自己に帰属することを証明して，供託金の払渡請求をすることができます。

327

第3 供託物の払渡手続

その際，供託金払渡請求書には，払渡しに必要な一般的な書類のほか，還付を受ける権利を有することを証する書面として，当該債権がA社に帰属したことを明らかにする確定判決，和解調書等，又は，A社が当該供託の還付請求権者であると認める当事者の承諾書等の添付が必要です。

### 解　説

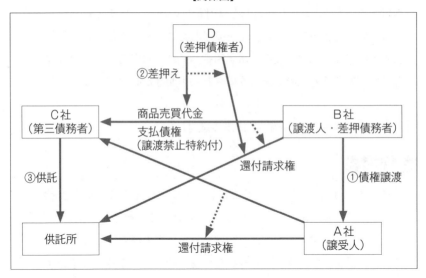

【関係図】

## 1　本事例について

本事例は，B社（債権者）がC社（債務者）に対し，譲渡禁止特約付の債権をA社へ譲渡した旨の債権譲渡通知をしたが，C社としては，債権の譲受人であるA社の譲渡禁止特約の有無につき善意・悪意が不明であるため，当該債権譲渡が有効か無効かを判断することができず，真の債権者がA社（譲受人）であるのかB社（譲渡人）であるのかC社の過失なくして確知できない状態であったところ，Dを差押債権者，B社（譲渡人）を差押債務者とする差押命令が送達されたため，第三債務者であるC社が，民法494条と民事執行

第3 供託物の払渡手続

法156条1項を根拠条項とする混合供託をしたものです。

## 2 混合供託

　混合供託とは，債権譲渡の効力に疑義がある部分については，民法494条の債権者不確知による弁済供託として認め，また，債権譲渡が無効となり，当該債権が譲渡人（執行債務者）に帰属することになった場合には，弁済供託のみでは差押債権者に対して免責されないため，民事執行法156条等の執行供託をも認めた供託のことをいいます。

　この供託により，第三債務者は二重払いのリスクを回避することができることから，供託実務も混合供託を認めています（昭和41.12.27民事甲第3683号認可5問・供託関係先例集(4)244頁）。

　なお，混合供託においては，弁済供託として，被供託者双方に供託の通知を要し（民法495条3項，規則16条），執行供託として，執行裁判所に事情届をしなければなりません（民事執行法156条3項）。

## 3 混合供託の払渡し

　混合供託においては，還付請求権が被供託者のいずれに帰属したかによって払渡しの方法が異なってきます。

　供託金払渡請求書には，被供託者のいずれが還付請求権者であるのかを明らかにした書面が必要となり，この書面としては，①当該債権の帰属を明らかにした確定判決，和解調書等，又は，②当該供託の還付請求権者と認める他方当事者の承諾書等があります。

　また，還付請求権について，差押債権者その他利害関係人があるときは，それらの者との関係においても権利の帰属を確定させる必要があり，これら利害関係人の承諾書等を要します（昭和50.12.19民四第7161号民事局長回答・供託関係先例集(6)59頁）。

329

第3　供託物の払渡手続

## (1)　債権譲受人の還付

　本事例に当てはめると，債権の譲受人であるＡ社が供託金の払渡しを受けるには，債権の譲受人であるＡ社がＢ社から譲り受けた債権の譲渡禁止特約につき善意・無重過失であれば，Ｂ社からＡ社への債権譲渡は有効であり，当該債権はＡ社に帰属することになるので，Ａ社はこれを証明して供託金の払渡請求をすることができます。

　この場合，Ｄの差押えは無効となりますが，Ｄは譲渡債権につき利害関係人に当たると解されますので，Ａ社は譲渡人Ｂ社だけでなく，差押債権者Ｄとの関係でも当該債権がＡ社に帰属することを証明する必要があります。

　なぜなら，混合供託の場合には，差押債権者の立場を無視できず，債権譲渡の有効性を差押債権者に対しても主張できるものでなくてはいけません。

　譲受人が還付請求する場合，外観は債権者不確知のみの問題に見えますが，譲受人が，譲渡人を被告として債権譲渡が有効であることの確認判決を得たとしても，この判決では差押債権者に既判力が及ばないため，差押債権者と譲受人の関係は終局的には定まっていません。供託官としては，債務者が差押えという法的措置を講じており，終局的な結末を迎えるまでの間は，差押えの有効無効を判断することは相当でないと思われます。

　したがって，供託上，差押債権者は利害関係人に当たり，債権譲渡の有効性を差押債権者についても主張できるもの（差押債権者の承諾書）が必要となります。

　本事例では，供託金払渡請求書に添付する還付を受ける権利を有することを証する書面として，当該債権の帰属を明らかにした確定判決等による場合は，Ａ社に債権が帰属することの確認だけでなく，差押債権者Ｄとの関係においても，当該債権がＡ社に帰属することが確認されていなければなりません。このためには，例えば，供託金還付請求権の存在確認訴訟に，譲渡人だけでなく差押債権者をも被告として訴えを提起し，当該判決の効力を及ぼしておくこと等が考えられます。

　なお，差押債権者Ｄとの関係において確定判決等を得ていない場合は，Ｄ

第3 供託物の払渡手続

の承諾書が必要となります。

　これとは別に，当該債権がA社に帰属することについての相手方B社の承諾書等及び差押債権者DがA社を還付請求権者と認めた承諾書を添付した場合でも払渡しを受けることができます。

### (2) 差押債権者の還付

　差押債権者であるDが供託金の払渡しを受ける場合ですが，混合供託については執行供託も含まれているので，第三債務者は，供託書正本を添付して執行裁判所に事情届をしなければなりません（民事執行法156条3項）。この事情届を受けた執行裁判所では，債権の帰属について確定しない限り配当手続を進行させることができないので，差押債権者Dは，まず，A社とB社との間の債権譲渡が無効であり，被差押債権が譲渡人B社に帰属することを執行裁判所に証明することが必要です。

　証明として，確定判決正本又は確定判決と同一の効力を有する和解調書正本等が挙げられますが，還付請求権が債務者に帰属することを認めた譲受人の承諾書等でも可能です。

　この証明文書が執行裁判所に提出されたとき，本件債権譲渡は無効となり，目的債権が執行債務者であるB社に帰属し差押えの効力が生じることになります。これにより，執行裁判所は配当等を実施し，供託所に対し，支払委託書を送付し，債権者に対しては支払証明書を交付します。

　したがって，差押債権者Dは，供託金払渡請求書に，還付を受ける権利を有することを証する書面として，当該証明書を添付して払渡しを受けることができます。

331

第3　供託物の払渡手続

## Ⅱ　裁判上の保証供託

【裁判上の保証供託の取戻し】

**事例49**

裁判上の保証供託の取戻請求について説明してください。

**回答**

　担保提供者（供託者）は，供託物払渡請求書に，取戻しをする権利を有することを証する書面（規則25条1項）として供託原因が消滅したことを証する書面又は錯誤を証する書面，印鑑証明書（規則26条），代理人によって請求する場合には代理権限を証する書面（規則27条1項，2項），資格を証する書面（同条3項）を添付して供託物を取り戻すことができます。

　供託原因が消滅したことを証する書面には，①担保取消決定正本及びその確定証明書，②供託原因消滅証明書（①に代わる裁判所の証明書），③担保の取戻しの許可書等があります。

【裁判上の保証供託の関係図】

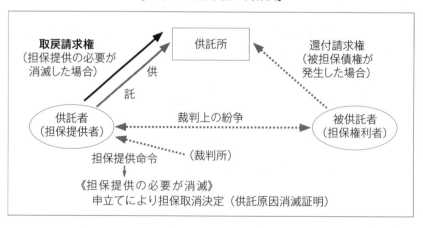

第3 供託物の払渡手続

解 説

## ◼️1 裁判上の保証供託とは

　裁判上の保証供託とは，訴えの提起，仮執行，強制執行の停止若しくは続行，仮差押え若しくは仮処分又はそれらの取消し等の当事者の訴訟行為又は裁判上の処分に関連して，自己の負担とされる訴訟費用の支払を担保し，又は自己の訴訟行為により相手方に生ずる損害の賠償等を担保するため，裁判所の命令に基づき，当事者が金銭等を供託することをいいます。

　なお，裁判所の許可を得れば金銭以外の有価証券等を供託することが可能です。

## ◼️2 裁判上の保証供託の取戻請求に必要な書類

　担保提供の事由が消滅したとき，担保提供者（供託者）は，供託物の取戻しをすることができ，供託物払渡請求書に，印鑑証明書，代理人によって請求する場合には代理権限を証する書面，資格を証する書面のほか，取戻しをする権利を有することを証する書面（規則25条1項）として供託原因が消滅したことを証する書面又は錯誤を証する書面を添付して供託所に提出しなければなりません。

　この供託原因が消滅したことを証する書面には，①担保取消決定正本及びその確定証明書，②供託原因が消滅したことを証する裁判所の証明書（供託原因消滅証明書），③担保の取戻しの許可書等が該当します。

(1) 裁判上の保証供託の供託原因が消滅したことを証する書面

① 担保取消決定正本及びその確定証明書

　　担保を立てた者が担保の事由が消滅したことを証明したとき，又は，担保を立てた者が担保の取消しについて担保権利者の同意を得たことを証明したときは，裁判所から担保取消決定を得ることができます（民事保全法4

333

第3　供託物の払渡手続

条2項で準用する民事訴訟法79条1項，2項）。

　なお，この決定に対しては，即時抗告をすることができる（民事訴訟法79条4項）ので，取戻請求においては，担保取消決定正本とその確定証明書が必要です。

　ここでいう「担保の事由が消滅したこと」とは，当初は存在した担保を立てる必要性が，その後消滅したことをいいます。例えば，保全命令の担保について，その決定前に申立てを取り下げた場合や本案訴訟で供託者の勝訴判決が確定した場合等がこれに該当します。

　また，「担保の取消しについて担保権利者の同意を得たこと」とは，本案訴訟において和解が成立し，和解条項において担保取消しについての同意がある場合（更に担保取消決定に対する即時抗告権を放棄するものが多い。）等があり，担保提供者はこれらを証明して担保取消決定を得ることができます。

　なお，訴訟の完結後，担保を立てた者の申立てにより，裁判所が担保権利者に対して一定の期間内にその権利を行使すべき旨を催告し，担保権利者がその行為をしないときは，担保権利者が担保の取消しに同意したものとみなされます（民事訴訟法79条3項）。

② 　供託原因消滅証明書（担保取消決定正本及びその確定証明書に代わる裁判所の証明書）

　供託実務では，担保取消決定正本及びその確定証明書に代えて，供託原因が消滅したことを証する裁判所の証明書（供託原因消滅証明書）を添付することができます。なお，裁判所書記官が供託書正本に「供託原因が消滅したことを証する」旨を奥書証明したものであっても差し支えありません（平成2.11.13民四第5002号民事局長通達第一・四・(1)）。

③ 　担保の取戻しの許可書

　民事保全法14条1項に基づく供託（仮差押え又は仮処分の保証供託）については，保全命令を発した裁判所の許可を得て，取り戻すことができます。この裁判所の許可は，①保全命令により債務者に損害が生じないことが明らかである場合において，同法43条2項の期間（債権者に対して保全命令が送

334

達された日から2週間）が経過したとき等（民事保全規則17条1項）及び②債務者が民事保全法14条1項の担保に関する債権者の権利を承継した場合（民事保全規則17条4項）の2つの場合に得ることができます。これらの事由は，民事訴訟法79条1項にいう「担保の事由が消滅した」場合の1つに該当し，本来は担保取消決定によることになるのですが，担保提供の基礎を失わせる事由が生じたことが明らかであることから，より簡単な手続で担保を取り戻すことを認めて差し支えないとされたものです。なお，この裁判所の許可が認められなかった場合には，原則どおり，担保取消しの申立てによるものとされています。

　なお，この裁判所の許可については，不服申立てをすることができないと解されていますので，確定証明書の添付は不要です。

ア　保全命令により債務者に損害が生じないことが明らかである場合について

　　これは，保全執行に着手する前に保全命令の申立てを取り下げ，又は2週間の執行期間が経過したため，保全執行を行う余地がないことが発令裁判所に明らかとなった場合です。民事保全規則17条1項の条文上では，「保全執行としてする登記若しくは登録ができなかった場合」及び「第三債務者に対する保全命令の送達ができなかった場合」が例示されています。このような場合，供託者は裁判所の許可を得て担保を取り戻すことができます。

イ　債務者が民事保全法14条1項の担保に関する債権者の権利を承継した場合について

　　これは，債務者（被供託者）が債権者（供託者）の有する供託金取戻請求権を承継した場合です。承継としては包括承継（相続や合併等）と特定承継（債権譲渡又は転付命令を得てそれが確定した場合など）がありますが，どちらの場合も裁判所に権利を承継したことを証する書面を添付して許可を求める必要があります（民事保全規則17条5項）。一般的に，裁判上の保証供託において訴訟の承継があった場合，供託所に供託物の払渡請求を

第3　供託物の払渡手続

するときにはいずれの承継であっても承継したことを証する書面の添付
を要しますが，民事保全規則17条4項による裁判所の許可に基づく供託
物の取戻請求においては，許可書に包括承継である旨の記載があるとき
は，当該許可書の添付をもって足り，戸籍謄本や登記事項証明書等の包
括承継であることを証する書面（相続を証する書面，合併を証する書面等）の
添付は不要です（平成2.11.13民四第5002号民事局長通達第一・四・(2)・イ・(イ)）。
なお，特定承継の場合は，供託所に対する当該権利の承継についての対
抗要件を具備していることを要する（同通達第一・三・(2)・イなお書）ので，
確定日付のある証書（配達証明付内容証明郵便等）による債権譲渡通知，あ
るいは差押・転付命令が送達されていなければなりません。

(2)　錯誤を証する書面

　供託が錯誤により無効であった場合に供託金を取り戻すには，当該供託が
錯誤であることを証明しなければなりません。これには，当該供託を不受理
とした理由の記載がある裁判所の不受理証明書等が該当します。


## ❸　裁判上の保証供託の取戻請求における供託金利息

　保証供託においては，担保の効力はその目的物である供託金の元金にのみ
及び，利息には及ばないから，供託金の利息については，常に供託者が払渡
請求をすることができます。そして，毎年，供託した月に応当する月の末日
後に，その日までの利息を供託者の請求に基づいて支払うことができるとさ
れています（規則34条2項）。

　なお，保証供託の供託金利息は，定期給付債権として，年をもって定めた
金銭を目的とする債権に該当し，その権利を行使し得るとき（供託した月に応
当する月の翌月1日）から5年間を経過することにより消滅時効が完成する
（民法169条）ので，保証供託の取戻請求により利息を元金と同時に払い渡す
場合，利息の一部が時効により消滅していることがあるので注意しなければ
なりません。

## 【裁判上の保証供託の還付】

### 事例50

裁判上の保証供託の還付請求について説明してください。

### 回答

担保権利者（被供託者）は，供託物払渡請求書に，還付を受ける権利を有することを証する書面（規則24条1項1号）として被担保債権の存在を証する書面，印鑑証明書（規則26条），代理人によって請求する場合には代理権限を証する書面（規則27条1項，2項），資格を証する書面（同条3項）を添付して供託物の還付を受けることができます。

被担保債権の存在を証する書面には，①担保提供者の同意書，②被担保債権について給付を命じ，又は被担保債権の存在を確認する確定判決又は裁判上の和解調書等，③被担保債権の存在を認めた公正証書等があります。

【裁判上の保証供託の関係図】

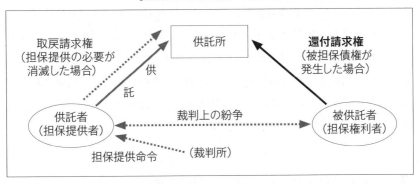

337

第3　供託物の払渡手続

## 解説

### 1 裁判上の保証供託に対する担保権者（被供託者）の権利

　裁判上の保証供託は，訴えの提起，仮執行，強制執行の停止若しくは続行，仮差押え若しくは仮処分又はそれらの取消し等の当事者の訴訟行為又は裁判上の処分に関連して，自己の負担とされる訴訟費用の支払を担保し，又は自己の訴訟行為により相手方に生ずる損害の賠償等を担保するためのものです。

　被供託者は，違法又は不当な保全命令の裁判等によって損害を被った場合，その担保として供託された金銭等について，他の債権者に先立ち弁済を受ける権利を有する（民事訴訟法77条，259条6項，376条2項，405条2項，民事執行法15条2項，民事保全法4条2項）とされ，供託所に対して直接還付を請求する方法により権利を行使しなければならないとされています（平成9.12.19民四第2257号民事局長通達第二）。

　例えば，裁判所が保全命令を発する場合，緊急性の要請から立証の程度は疎明で足り，しかも債務者には反論の機会が与えられず，債権者（供託者）の主張・立証のみで審理判断されるため，債務者（被供託者）が違法又は不当な保全命令の執行等によって損害を被った場合に備え，債権者（供託者）に担保を立てさせ（民事保全法14条1項），債務者（被供託者）は違法又は不当な保全命令の裁判等によって損害を被った場合，その担保として供託された金銭等について，他の債権者に先立ち弁済を受ける権利を有するとされています（同法4条2項で準用する民事訴訟法77条）。

### 2 裁判上の保証供託における被担保債権

　裁判上の保証供託において担保される債権（被担保債権）は，供託の原因となった裁判又は訴訟行為によって相手方に生じた損害賠償請求権です。また，訴訟費用の担保においては，訴訟費用の償還請求権です。

第3　供託物の払渡手続

　例えば，保全命令（仮差押え，仮処分）のための担保供託（民事保全法14条1項）においては，①被保全権利又は保全の必要性が存在しないのに保全命令が発せられ，あるいは執行された場合，②保全命令に問題はないがその執行が違法である場合に，債権者に故意又は過失があれば不法行為が成立するとして，債務者（被供託者）はそれによって生じた損害の賠償を債権者（供託者）に対して請求することができます。この場合，被担保債権は，当該裁判又は訴訟行為によって生じた損害賠償請求権であり，本案訴訟の請求債権ではありません。

　そのほか，強制執行の停止又は取消しの担保のための供託（民事訴訟法403条1項）における被担保債権は，その執行停止又は取消しの間に執行債務者らによってされた執行目的物の毀損，隠匿等の不法行為に起因する執行債権者の損害賠償請求権であり，強制執行の執行（請求）債権そのものが被担保債権に含まれないことはもちろんのこと，本案訴訟の訴訟費用もこれに含まれないとするのが通説・判例及び供託実務の取扱いです（最判昭和43.6.21民集22巻6号1329頁，昭和10.6.12民事甲第633号民事局長回答）。


## 3　担保権の効力が及ぶ範囲

　担保権の効力が及ぶのは，担保として供託された供託物の元本に限られ，その法定果実（利息等）までには及ばないとされているので，権利実行としての供託金還付請求について供託金利息は付されません（昭和37.6.7民事甲第1483号民事局長回答）。その理由は，裁判上の保証供託は，裁判所において損害補てんに必要かつ十分なものとして裁定した金額を供託させているものであり，供託金のほかに，将来発生する利息に対しても担保権の効力を及ぼすのであれば，被供託者には不必要な増額担保となる反面，供託者に対しては過剰な担保の提供を強いる結果となり，妥当性を欠くことになると解されるからです。

339

第3　供託物の払渡手続

## ❹　裁判上の保証供託の還付請求に必要な書類

　担保権利者（被供託者）は，担保として供託された供託物について，他の
債権者に先立ち弁済を受ける権利を有するので，被担保債権（損害賠償請求
権）が発生した場合は，供託所に対し，直接還付請求する方法により，その
権利を実行することができます。

　被供託者が担保権の実行として直接還付請求するには，供託物払渡請求書
に，印鑑証明書，代理人によって請求する場合には代理権限を証する書面，
資格を証する書面のほか，還付を受ける権利を有することを証する書面（規
則24条1項1号）として被担保債権の存在を証する書面を添付しなければなり
ません（平成9.12.19民四第2257号民事局長通達第二）。以下，被担保債権の種類ご
とに被担保債権の存在を証する書面について説明します。

### (1)　損害賠償請求権としての被担保債権

### ①　担保提供者の同意書

　供託者が債務者の損害賠償請求権の発生と，その金額及び供託物の還付
を受けることについて同意している場合は，私文書であっても印鑑証明書，
資格を証する書面等の添付によりその真正が担保されているものであれば，
被担保債権の存在を証する書面となります。したがって，単に被供託者が
還付請求することに同意する旨のみ記載され，被担保債権の存在を証して
いない書面は該当しません。

### ②　被担保債権について給付を命じ，又は被担保債権の存在を確認する確定
判決又は裁判上の和解調書等

　供託者の同意が得られない場合は，債務者は債権者に対し，供託の原因
となった裁判とは別個に損害賠償請求訴訟を提起するなどして，担保権利
者が担保提供者との間で当該供託金により担保される損害賠償請求権を有
することが特定して表示された担保権利者の勝訴が確定した給付判決若し
くは担保権利者が損害賠償請求権を有することについての確認判決又はこ
れと同一の効力を有する和解調書，調停証書，認諾調書，確定した仮執行

340

第3 供託物の払渡手続

宣言付支払督促等の書面を得なければなりません。

なお，建物の明渡し及び家屋の不法占拠による明渡しまでの損害金の支払を命じた判決が原告勝訴により確定した場合においては，執行停止により生じた損害の額の範囲が本案の損害賠償債権（債務名義上の執行債権）と同一であるので，別個に損害賠償を提起する必要がなく，同判決を被担保債権の存在を証する書面とすることができるとされています（昭和38.11.6民事甲第3082号民事局長回答，昭和40.2.8民事甲第256号民事局長回答，昭和43.2.2民事四発第9号民事局第四課長回答，昭和55.4.9民四第2282号民事局第四課長回答）。

③ 被担保債権の存在を認めた公正証書

公正証書は，強い証拠力を持ち，真正な公文書として推定され（民事訴訟法228条2項），執行証書は，確定判決と同様に債務名義となることから（民事執行法22条5号），担保権利者の損害賠償請求権について認めた公正証書も被担保債権の存在を証する書面となります。

(2) **訴訟費用の償還請求権としての被担保債権**

訴訟費用の担保とは，原告が日本に住所や事務所又は営業所を有しないときには，原告が敗訴し訴訟費用が原告の負担とされたとしても，被告は原告から訴訟費用の償還を受けることが事実上困難となることから，このような事態を回避し，被告が勝訴した場合の訴訟費用の償還の実効性を担保するために被告の申立てにより発せられる担保提供命令に基づいてされるものです（民事訴訟法75条1項）。

訴訟費用償還請求者である被供託者が，訴訟費用額を確定するためには，訴訟となった裁判の訴訟手続を追行するのに要した所定の訴訟費用について，訴訟費用額確定処分を裁判所に申し立て，訴訟費用額を確定させる必要があります（同法71条ないし74条）。

そして，その訴訟費用額確定処分決定正本及びその確定証明書が被担保債権の存在を証する書面に該当します。

341

第3 供託物の払渡手続

## 5 担保提供者（供託者）の取戻請求権に対する差押え又は差押・転付命令

　担保権利者が，被担保債権以外の債務名義（本案訴訟の請求債権等）に基づき，一般債権者として，強制執行手続により，供託者の取戻請求権に対する差押え又は差押・転付命令を得て取戻請求をすることは可能です（昭和46年度全国供託課長会同決議25問）。ほかの一般債権者についても同様です。

　この方法は，通常の強制執行ですので，当該差押え又は差押・転付命令に優先して取戻請求権が譲渡されていたり，ほかの差押債権者による差押え等が存在する場合は払い渡すことができないとされ（明治45.5.23民事第582号民事局長回答），供託物払渡請求書には，取戻しを受ける権利を有することを証する書面として供託原因が消滅したことを証する書面を添付しなければなりません。なお，取戻請求ですので，差押え等の効力が及ぶ範囲で供託金利息が付されます。

## Ⅲ　営業保証供託
### 【営業保証供託の取戻し】

### 事　例51

　甲社は，旅行業を営んでいましたが，会社の事業縮小に伴い旅行業を廃止しました。そこで，事業開始時に供託した営業保証金を取り戻したいのですが，その方法を説明してください。

### 回　答

　甲社が供託した営業保証金を取り戻すには，原則として，まず，担保権者の有無を確かめるため，権利申出の催告手続をし，その後，供託所に供託金払渡請求書を提出することになります。その供託金払渡請求書には，①取戻

342

第3 供託物の払渡手続

しをする権利を有することを証する書面（規則25条1項）として登録行政庁の証明書，②印鑑証明書（規則26条），③代理人によって請求する場合には代理権限を証する書面（規則27条1項，2項），④資格を証する書面（同条3項）等を添付しなければなりません。

---

### 解説

## ❶ 営業保証金の供託制度

　旅行業，宅地建物取引業，割賦販売業等のように，取引の相手方が不特定多数で取引活動も広範かつ継続的である場合においては，業者が取引の相手方に対して取引上の損害を与えることが十分予測されます。そこで，これらの業者と営業上の取引を通じて債権を取得した者や，その業者の営業活動により損害を被る者を保護するため，それぞれの事業の根拠となる法律において，一定の金額を供託しなければ事業を開始できないという供託制度を利用した担保制度が設けられています（旅行業法7条ないし9条，宅地建物取引業法25条ないし30条等）。

## ❷ 営業保証金の取戻し

(1) 総説

　営業保証金を供託した者が事業を廃止したときや，事業の許可・免許・登録等を取り消されたとき，また，一部の営業所等を廃止したため営業保証金の額が法定の額を超えることとなったときや，その他営業保証金の全部又は一部について供託をしておく必要がなくなったときは，供託者は，供託した営業保証金の全部又は一部を取り戻すことができます。

(2) 権利申出の催告手続

　供託者が営業保証金の取戻請求をする際には，当該保証金によって担保される債権を有する者が存することが考えられ，その債権者を保護するため，

343

第3　供託物の払渡手続

根拠法令によって取戻公告をしなければならない旨定めているものがあります。旅行業法や宅地建物取引業法は，当該営業保証金について権利を有する者に対し，6か月を下らない一定の期間を定めて権利申出をするように公告し，その期間内にその申出がなかった場合でなければ，営業保証金を取り戻すことができないと規定しています（旅行業法9条8項，宅地建物取引業法30条2項）。

　ただし，営業保証金を取り戻すことができる事由が発生した時から10年を経過したときは，催告手続をすることなく取戻しをすることができます（旅行業法9条8項ただし書，宅地建物取引業法30条2項ただし書）。

(3)　供託所に対する取戻請求

　営業保証金の取戻請求をするときは，供託所に対し，供託物払渡請求書1通（有価証券又は振替国債の場合は2通。規則22条1項）に，①取戻しをする権利を有することを証する書面（規則25条1項）として関係官公署の証明書，②印鑑証明書（規則26条），③代理人によって請求する場合には代理権限を証する書面（規則27条1項，2項），④資格を証する書面（同条3項）等を添付して提出しなければなりません。


## 3　旅行業法による営業保証供託金の取戻手続

　旅行業の営業保証金について，事業廃止により取り戻す具体的な手続の流れを説明します。

(1)　登録行政庁への事業の廃止の届出

　まず，旅行業者である供託者は，事業を廃止したときは，廃止した日から30日以内に，その旨を登録行政庁（観光庁長官又は主たる営業所の所在地を管轄する都道府県知事）に届け出なければなりません（旅行業法15条1項）。その届出により登録が抹消され，営業保証金の取戻しができるようになります（旅行業法20条1項，3項）。

344

第3　供託物の払渡手続

## ⑵　官報公告

　事業の廃止の届出後，供託者は，①氏名又は商号若しくは名称及び住所並びに法人にあっては，その代表者の氏名，②旅行業務の範囲，③主たる営業所の名称及び所在地，④登録年月日及び登録番号並びに登録の抹消年月日，⑤営業保証金の額，⑥権利を有する者は6か月を下らない一定期間内に，その債権の額及び債権発生の原因たる事実並びに氏名又は名称及び住所を記載した申出書に権利を有することを証する書面を添付して，登録行政庁に提出すべき旨，⑦上記⑥の申出書の提出がないときは，営業保証金が取り戻される旨を，官報に公告します（旅行業者営業保証金規則9条2項，11条）。

　なお，この事業の廃止による営業保証金の取戻しの公告例は，以下のとおりです。

第3 供託物の払渡手続

## 【旅行業の営業保証金の取戻しの公告例】

# 旅行業者営業保証金取戻し公告

　旅行業法第20条第3項及び旅行業者営業保証金規則第9条第2項の規定により次のように公告します。

1　商　　　　　号　株式会社○○○○

2　旅行業務の範囲　第○種旅行業務

3　登　録　番　号　○○県知事登録旅行業第○-○○○号

4　氏名又は名称及び住所並びに法人にあっては，その代表者の資格・氏名

　　　　　株式会社○○○○　　○○県○○市○○町○○番○○号

　　　　　代表取締役　　○○○○

5　主たる営業所の名称及び所在地

　　　　　株式会社○○○○　　○○県○○市○○町○○番○○号

6　旅行業の登録年月日　平成○○年○○月○○日

7　登録の抹消年月日　平成○○年○○月○○日

8　営業保証金の額　金○○○○万円

9　旅行業法第17条第1項の権利を有する者は，本公告掲載の翌日から6箇月以内に，その債権の額及び債権発生の原因たる事実並びに氏名又は名称及び住所を記載した申出書に権利を有することを証する書面を添付して○○県知事に提出してください。

10　前号の申出書の提出がないときは，営業保証金は取り戻されます。

　平成○○年○○月○○日

　　　　　　　　　　　　　　　○○県○○市○○町○○番○○号

　　　　　　　　　　　　　　　株式会社○○○○

　　　　　　　　　　　　　　　代表取締役　　○○○○

第3　供託物の払渡手続

### (3)　登録行政庁の証明書

　供託者は，公告をしたときは，当該公告の写しを添付して，速やかに，その旨を登録行政庁に届け出なければなりません（旅行業者営業保証金規則9条5項）。

　登録行政庁は，公告期間内に当該営業保証金に対し権利を有する者からの申出がなかったときは，供託者に対し，旅行業者営業保証金規則6号書式により作成した証明書を交付します（同規則9条7項）。

第3　供託物の払渡手続

## 【旅行業者営業保証金規則第6号書式】

<br>

### 証　明　書

1　取戻しを受ける供託者の氏名又は名称，商号及び住所並びに登録番号

2　取戻しの事由

3　取戻しを受けることができる時期

4　取戻しを受ける供託物の内容（供託所名○○法務局）

　イ　金銭の場合

| 供　託　番　号 | 供　託　金　額 | 供　託　者　名 | 取戻承認金額 |
|---|---|---|---|
| 年度金第　　号 | 円 | | 円 |

　ロ　有価証券（振替国債を除く。）の場合

| 供　託　番　号 | 名称 | 回記号 | 番号 | 枚数 | 券面額 | 総額面 | 評価額 |
|---|---|---|---|---|---|---|---|
| 年度証第　　号 | | | | | 円 | 円 | 円 |
| 年度証第　　号 | | | | | 円 | 円 | 円 |

　ハ　振替国債の場合

| 供　託　番　号 | 銘　　柄 | 金　　　額 | 評　価　額 |
|---|---|---|---|
| 年度国第　　号 | | 円 | 円 |
| 年度国第　　号 | | 円 | 円 |

上記のとおり証明する。

　　　年　　　月　　　日

　　　　　　　　　　　　　　登録行政庁　　　　　　　㊞

住　　所

　　　　　　　殿

## ⑷　供託所に対する取戻請求

　供託者は，供託所に対し，上記2⑶のとおり，供託物払渡請求書に必要書類を添付して提出し，取戻請求をします。

第3 供託物の払渡手続

なお，取戻しをする権利を有することを証する書面として，上記(3)の登録
行政庁の証明書を添付します。

## 【営業保証供託の還付】

### 事 例52

営業保証供託金に対して取引上の債権者等が権利を実行する方法につ
いて説明してください。

### 回 答

営業保証供託金に対し取引上の債権者等がその権利を実行する方法は，そ
の根拠法によって定められており，業種によってその方法は異なります。宅
地建物取引業者の場合のように，①債権者が供託法令の手続により個々に，
随時，その権利の存在を証明して還付請求をする方法と，許可割賦販売業者
の場合のように，②関係官公署の特別な配当手続を経た上で債権者が還付請
求をする方法の2種類があります。

### 解 説

## 1 営業保証金の担保権者

事業者との取引によって債権を取得した者又はその事業活動により損害を
受けた者は，供託所に対し，事業者が供託した営業保証金の還付請求をする
ことができます。この還付請求権は，事業者との取引によって債権を取得し
た者又はその事業活動により損害を受けた者のみが有するので，一般債権者
が営業保証供託金の還付請求をすることはできません。

例えば，宅地建物取引業者が供託した営業保証金に，金銭消費貸借契約公
正証書に基づく債権差押・転付命令があっても，宅地建物取引業者との取引

349

第3　供託物の払渡手続

により生じた債権に基づく還付請求があったときは，この還付請求を認可しても差し支えないとされています（昭和35年度全国供託課長会同決議35問・供託関係先例集(3)7頁）。

## ❷　営業保証供託金に対する権利の実行方法

　営業保証供託金の還付を受ける方法は，当該事業の根拠法によって定められており，①債権者が供託法令の手続により個々に，随時，その権利の存在を証明して還付請求をする方法と，②関係官公署の特別の配当手続を経た上で債権者が還付請求をする方法の2種類があり，以下，その方法について説明します。

　なお，有価証券をもって営業保証金を供託している場合は，特別の規定がない限り，債権者が有する債権がその一部であっても，有価証券が不可分であるから，その超過部分についても払渡しの認可をすることができます（昭和38.2.4民事甲第351号民事局長認可5問・供託関係先例集(3)243頁）。

### (1)　個々による還付請求

　担保権者の権利行使について根拠法令に特別の定めがない場合は，担保権者は，供託法令上の手続に従い，個々に，随時，その権利を証明し，事業者が供託した営業保証金の還付請求をすることになります（宅地建物取引業法27条，割賦販売法21条等）。

　担保権者が，供託所に対し，還付請求をするには，供託物払渡請求書に，印鑑証明書（規則26条），代理人によって請求する場合には代理権限を証する書面（規則27条1項，2項），資格を証する書面（同条3項）のほか，還付を受ける権利を有することを証する書面（規則24条1項1号）として被担保債権の存在を証する書面を添付して提出しなければなりません。

　この被担保債権の存在を証する書面には，確定判決，和解調書，調停証書又は事業者の債務承認書（印鑑証明書，資格を証する書面等の添付により真正に作成されたことが担保されるもの）等があります。

350

第3　供託物の払渡手続

　なお，被担保債権の存在を証する書面は，現在時点で当該債権が存在して
いるかどうかを証明する必要はなく，取引から生じた債権であることが証明
できるものであれば差し支えないとされています（昭和41.12.8民事甲第3302号
民事局長認可1問・供託関係先例集(4)228頁）。

　この個々による還付請求の方法は，担保権者の権利実行の手続が簡便では
ありますが，債権者が多数存在し，しかも，営業保証金が全ての債権者の債
権を満足させるのに不足する場合には，手続が他の債権者に後れるほど弁済
を受けることができなくなるという弊害があります。

## (2)　配当手続による還付請求

　旅行業者，許可割賦販売業者，前払式支払手段発行者等が供託した営業保
証金については，競合する多数の債権者に平等に弁済するため，経済産業局
長等のそれぞれ特別の法令で定められている配当実施権者が配当表を作成し，
供託所に対して支払委託をし，配当を受けるべき者に証明書を交付し，各債
権者は，供託規則30条の規定により営業保証金の分割払渡しを受けることが
できます（旅行業者営業保証金規則，許可割賦販売業者等の営業保証金規則，前払式支
払手段発行保証金規則等参照）。

　担保権者が，供託所に対し，還付請求をするには，供託物払渡請求書に，
印鑑証明書（規則26条），代理人によって請求する場合は代理権限を証する書
面（規則27条1項，2項），資格を証する書面（同条3項）のほか，還付を受ける
権利を有することを証する書面（規則24条1項1号）として上記の配当実施権
者が交付した証明書（規則30条）を添付して提出しなければなりません。

　この配当による還付請求の方法は，ある程度の債権者間で平等的満足が図
られますが，債権者の権利行使の手続が複雑であり，配当実施権者の権利の
調査など，その実行に相当の期間を要することになります。

351

第3 供託物の払渡手続

## 【資金決済に関する法律14条の供託金の還付】

### 事 例53

　前払式支払手段発行者であるＡ社は，資金決済に関する法律14条に基づき発行保証金を供託していますが，Ａ社が破産したことにより，発行保証金についての権利の実行の手続が開始されることになりました。供託金の還付について説明してください。

### 回 答

　前払式支払手段発行者についての破産手続開始の申立てが行われたことにより権利の実行の手続が開始され，その手続の終了後，供託所に対し，①前払式支払手段の保有者からの配当の還付請求，②金融庁長官からの権利の実行の手続に要した費用の還付請求，③破産管財人からの前払式支払手段の保有者への配当及び権利の実行の手続に要した費用を控除した残額の取戻請求ができるようになります。

### 解 説

## **1** **前払式支払手段発行者の発行保証金についての権利の実行の手続について**

　前払式支払手段の保有者は，前払式支払手段に係る債権に関し，前払式支払手段発行者が供託した発行保証金について，他の債権者に先立ち弁済を受ける権利を有しています（資金決済に関する法律31条１項）。

　そして，①前払式支払手段の保有者から権利の実行の申立てがあったとき（同条２項１号）のほか，②前払式支払手段発行者について破産手続開始の申立て等が行われたとき（同項２号），発行保証金についての権利の実行の手続が開始されます。

352

第3 供託物の払渡手続

前払式支払手段の保有者は，この優先弁済権について自ら権利を実行する
のが本来ですが，権利の実行の手続に不慣れであるなど，その実行が困難で
あることが考えられることから，行政が権利の実行の手続を実施するもので
す。

この権利の実行の手続については，内閣総理大臣が行うこととされていま
すが，大規模な事業者が破綻した場合等に備え，行政外からの人的資源を確
保する等の機動的な対応が必要になることが考えられるため，債権の申出の
受付や配当表の作成等の権利の実行の手続に関する事務を銀行や信託会社等
の権利実行事務代行者に委託することができるとされています（同条3項）。

なお，内閣総理大臣は，資金決済に関する法律による権限（政令で定めるも
のを除く。）を金融庁長官に委任しており（同法104条1項），金融庁長官は，内
閣総理大臣から委任された権限の一部を財務局長又は財務支局長に委任でき
るとされています（同条2項）。

金融庁長官は，資金決済に関する法律31条2項各号のいずれかに該当する
場合において，前払式支払手段の保有者の利益を保護するために必要がある
と認めるときは，優先弁済権を有する前払式支払手段の保有者に対し，60日
を下らない一定の期間内に債権の申出をすべきこと及びその期間内に債権の
申出をしないときは当該公示に係る発行保証金についての権利の実行の手続
から除斥されるべきことを公示しなければなりません。この期間の経過後，
金融庁長官は，権利の調査を行い（資金決済に関する法律施行令11条4項），調査
の結果に基づいて作成した配当表により配当を実施します（同条5項）。

353

第3　供託物の払渡手続

【前払式支払手段発行保証金の権利の実行の手続】

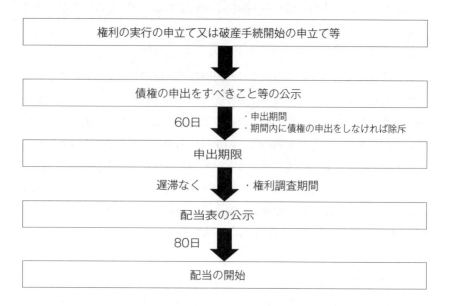

　なお，前払式支払手段発行者について破産手続開始の申立て等が行われた場合において，発行保証金の還付手続を経てもなおその債権に関して満額の弁済を受けられなかった前払式支払手段の保有者は，破産手続等に参加し，前払式支払手段発行者の一般財産から他の債権者と同列に弁済を受けることになります。

## 2　供託金の払渡手続について

### (1)　前払式支払手段の保有者による還付請求

　前払式支払手段の保有者に対する配当の実施は，金融庁長官からの支払委託の方法によることになります。金融庁長官は，配当の実施のため，供託規則27号書式から28号の2書式までにより作成した支払委託書を供託所に送付するとともに，配当を受けるべき者に対し，同規則29号書式により作成した

第3 供託物の払渡手続

証明書を交付しなければなりません（前払式支払手段発行保証金規則15条1項）。

なお，営業保証供託においては担保の効力は利息には及ばないため，配当日の前日までに発生した供託金利息を配当することはできません。

前払式支払手段の保有者は，配当された発行保証金の還付請求をするときは，供託所に対し，供託物払渡請求書1通（規則22条1項）に，①還付を受ける権利を有することを証する書面（規則24条1項1号）として金融庁長官の証明書，②印鑑証明書（規則26条），③代理人によって請求する場合には代理権限を証する書面（規則27条1項，2項），④資格を証する書面（同条3項）等を添付して提出しなければなりません。

## (2) 金融庁長官による還付請求

上記1で述べたとおり，権利の実行の手続において配当表が作成されますが，金融庁長官は，発行保証金の額から資金決済に関する法律31条2項に規定する公示の費用，同条3項に規定する権利実行事務代行者の報酬及びその他の発行保証金の還付の手続に必要な費用の額を控除して配当表を作成し，この配当表に従い配当を実施することができます（資金決済に関する法律施行令11条9項）。

金融庁長官は，これらの費用の額について供託金から還付を受けることができますが，還付請求をする際には，費用の額を記載した供託物払渡請求書2通を供託所に提出しなければなりません（前払式支払手段発行保証金規則15条4項）。

なお，供託金の払渡しは，国庫金振替の手続によることになります。また，実体上，国が供託物還付請求権を取得することになるため，供託金利息を払い渡すことはできません。

## (3) 供託者の破産管財人による取戻請求

上記(1)及び(2)の手続により還付する額の合計が供託金額に満たない場合，供託金の残額について，供託者の破産管財人からの取戻請求をすることができます。

供託をした者又はその承継人（以下「供託者」という。）は，権利の実行の手

355

第3　供託物の払渡手続

続が行われている間は発行保証金を取り戻すことはできませんが，当該手続が終了したときは，金融庁長官の承認を受けて，次の基準日（毎年3月31日及び9月30日）までに発行保証金を取り戻すことができます（資金決済に関する法律18条3号，資金決済に関する法律施行令9条1項3号）。

なお，権利の実行の手続が終了した場合における取戻可能額は，当該手続終了日における未使用残高が1,000万円を超えるか否かによって異なります（同項3号，4号）。

ここで，供託者は，権利の実行の手続が行われている間は発行保証金の取戻しができないところ，何をもって当該手続が終了したことになるのか，すなわち，金融庁長官から供託所に対して支払委託書の送付があったものの，配当を受けるべき者のうちに還付請求をしていない者がある場合においても取戻請求を認可できるのかということが若干問題となります。

この点について，追加供託（資金決済に関する法律14条2項）に関しては，金融庁長官が配当の実施をしたときに，前払式支払手段発行者に対してする通知書の到達日をもって権利の実行の手続が終了したものとするとの規定があるものの（前払式支払手段発行保証金規則15条3項），発行保証金の取戻しの場合に関しては同様の規定がありません。

そこで，考え方として，資金決済に関する法律施行令11条（発行保証金に係る権利の実行の手続）により規定されているのは，金融庁長官が配当表に従い配当を実施する手続までであるところ，配当金の還付請求は金融庁長官が主体となって行われる行為ではないことから，還付請求権を有する者の全てが還付請求をしていない段階にあっても，取戻請求は可能であるということができます。

他の論点として，供託者の破産管財人が取戻請求をすることの可否が問題となり得ますが，破産者が破産手続開始のときにおいて有する一切の財産は破産財団とされ（破産法34条），また，破産財団に属する財産の管理及び処分をする権利は破産管財人に専属することから（同78条），取戻しの要件さえ満たせば，破産管財人による供託金の取戻請求は認められると考えます。

356

第3 供託物の払渡手続

　供託者は，発行保証金の取戻しをしようとするときは，取戻しをする権利を有することを証する書面（規則25条1項）として，金融庁長官から交付を受けた発行保証金取戻承認書を払渡請求書に添付することになります。

## Ⅳ　執行供託
### 【仮差押解放金の仮差押債権者への払渡し】

### 事　例54

　私は，仮差押債権者ですが，債務者が供託した仮差押解放金の払渡しを請求するにはどうすればよいでしょうか。

### 回　答

　仮差押債権者は，本案訴訟の確定判決を債務名義として，債務者の有する仮差押解放金の供託金取戻請求権に対し，仮差押えの本執行として差し押さえ，その取立てをすることができますが，供託官は，その差押えが仮差押えの本執行としての差押えであっても，仮差押えと差押えが同一の請求債権によるものであることを判断することができないことから，この差押命令の送達があったときは，供託金取戻請求権に仮差押えと差押えが競合したとし，直ちに執行裁判所に事情の届出（民事執行法156条3項）をすることになり，執行裁判所の配当等の実施に基づいて払渡しがされます。

　ただし，執行裁判所において差押えが仮差押えの本執行であると判断でき，その他に差押え等がない場合には，執行裁判所は，供託官のした事情の届出を不受理とする決定をすることがあり，その場合には，仮差押債権者は，差押えが仮差押えの本執行であることを証明することができれば，差押えの取立権に基づき，供託所に対し，直接，供託金の払渡しの請求をすることができます。

357

第3　供託物の払渡手続

## 解　説

【仮差押解放金の関係図】

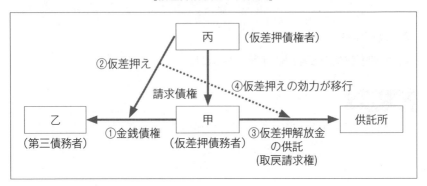

## 1　仮差押解放金の意義と性質

### (1)　仮差押解放金とは

　金銭の支払を目的とする債権について，将来，強制執行をすることができなくなるおそれがあるとき，又は強制執行を行う上で著しい困難を生ずるおそれがあるときは，裁判所は当事者の申立てにより仮差押命令を発することができます（民事保全法20条1項）。この仮差押命令においては，仮差押えの執行の停止を得るため，又は既にした仮差押えの執行の取消しを得るために債務者が供託すべき金銭の額を定めなければならないとされており（同法22条1項），この金銭を「仮差押解放金」といいます。

### (2)　仮差押解放金の供託の性質

　仮差押解放金は，仮差押えの執行の目的物に代わって金銭債権の執行を保全するためのものであると解されており（最判昭和45.7.16判時601号53頁），裁判上の保証としての性質を有するものではないので，仮差押債権者は，仮差押解放金に優先権を有するわけではなく，債務者が取得する供託金取戻請求権の上に仮差押えの効力を主張し得るにすぎないと解されています。すなわ

第3　供託物の払渡手続

ち，仮差押えの執行の効力が債務者の有する供託金取戻請求権の上に移行すると解されるので，仮差押解放金の供託は執行供託に属すると考えられています。

債務者は仮差押解放金を供託することによって，仮差押えの執行の停止又は取消しを得ることができます（民事保全法51条1項）。その結果，債務者は，執行の目的物を自由に処分することが可能となります。一方，仮差押債権者は本案訴訟（仮差押えによって保全される権利を終局的に確定する手続）において債務名義を得た上，債務者の有する供託金取戻請求権について債権執行手続をとる方法によって仮差押解放金から満足を得ることができるので，実質的には何ら不利益を被ることはありません。

## ❷　仮差押解放金に対する仮差押債権者の権利行使

前記1⑵のとおり，仮差押債権者は仮差押解放金に対し優先権を有するものではなく，仮差押解放金が供託されると，その後は仮差押えの執行の効力が仮差押解放金の限度で，債務者の有する供託金取戻請求権の上に及び，仮差押債権者が本執行の債務名義を得た場合に，この供託金取戻請求権につき，供託所を第三債務者として，債権執行の手続をとることができると解されています（大判大正3.10.27民録20輯810頁，大決昭和7.7.26新聞3477号5頁，札幌高決昭和36.10.12高民14巻7号489頁，高知地判昭和41.1.13下民17巻1・2号1頁，東京高決昭和48.5.15高民26巻2号214頁等，平成2.11.13民四第5002号民事局長通達第二・六・⑵・ア）。

したがって，仮差押債権者は，仮差押解放金に対し，仮差押債務者の他の債権者に優先してその権利を行使することは許されず，他の債権者がその権利を行使する場合と同様に債権執行の手続をとる必要があります。

359

第3 供託物の払渡手続

## ❸ 仮差押解放金に対する仮差押債権者の権利行使の方法

仮差押債権者の権利行使方法としては、①仮差押債権者が仮差押債務者の有する供託金取戻請求権に対して、本執行としての差押えをし、その取立権を行使して供託金の払渡請求をする方法と、②執行裁判所の配当等の実施に基づく払渡しによる方法とが考えられます。

### (1) 取立権の行使としての払渡請求

仮差押債務者の有する供託金取戻請求権に対し、仮差押債権者が本執行としての差押えをした場合、差押債権者は、債務者に対して差押命令が送達された日から1週間を経過したときは、その債権を取り立てることができる（民事執行法155条1項）ことから、仮差押債権者（差押債権者）は、仮差押債務者の有する供託金取戻請求権に対し他の債権者による差押え等がされていない限り、その取立権を行使して、直接、供託所に対し払渡請求をすることになります（平成2.11.13民四第5002号民事局長通達第二・六・⑵・ア）。この場合には、取戻しをする権利を有することを証する書面（規則25条1項）として、次の書類を供託金払渡請求書に添付しなければなりません。

ア 仮差押えと差押えの請求債権が同一であることを証する書面（例えば、仮差押命令正本及び本案訴訟の確定判決正本等）

イ 差押命令が債権者に送達された日から1週間を経過したことを証する書面（例えば、差押命令の送達の通知書（民事執行規則134条）等）

　なお、差押命令とともに転付命令（民事執行法159条）が発せられている場合には、イの書面に代えて転付命令が確定したことを証する書面を添付しなければなりません（昭和55.9.6民四第5333号民事局長通達第四・二・1・㈢⑴,⑶）。

### (2) 執行裁判所の配当等の実施としての支払委託による払渡し

①仮差押債務者の有する供託金取戻請求権に対して他の債権者が差押えをしたとき、及び②他の債権者の仮差押えの執行がされた供託金取戻請求権に対して仮差押債権者が本執行としての差押えをしたときは、差押え等の競合

第3　供託物の払渡手続

により供託官に供託義務が生じることから，供託官は，直ちに執行裁判所に対し，その事情を届出します（民事執行法156条2項，3項，前掲第5002号通達第二・六・(2)・イ）。

また，③仮差押債務者の有する供託金取戻請求権に対して仮差押債権者による本執行としての差押えをしたときは，差押命令の送達を受けた供託官（第三債務者）は，上記(1)アの書面が提出されない限り，本執行としての差押えであるかどうかを判断することはできない（この場合，供託官は，一般的に，供託書副本ファイルに仮差押えの請求債権の内容が記録されていないことから，差押命令の請求債権の表示から本執行としての差押えであることを判断することは事実上困難である。）ことから，実務上，差押え等が競合したものととらえて，直ちに執行裁判所にその事情の届出をします（民事執行法156条2項，3項）。

これらの場合は，執行裁判所の配当等の実施としての支払委託により供託金の払渡しがされる（民事執行法166条1項1号）ので，取戻しをする権利を有することを証する書面（規則25条1項）として，執行裁判所が交付する証明書（同30条1項）を供託物払渡請求書に添付しなければなりません（同条2項）。

なお，上記③による事情の届出をした場合，執行裁判所は，仮差押えの請求債権と差押えの請求債権が同一であり，差押えが仮差押えの本執行であると判断することができ，その他に差押え等がない場合には，配当手続によらず，供託官のした事情の届出を不受理とする決定をする場合があります。その場合には，上記(1)と同様，差押命令の取立権に基づき，供託所に対し，直接，供託金の払渡請求をすることになります。なお，上記(1)アの書面は，供託所に送達された事情届不受理決定正本にて確認することができる場合は，上記(1)イの書面のみを添付して払渡請求をすることができます。

## 4　供託金払渡請求書の払渡請求事由及び還付取戻の別欄の記載

仮差押解放金の払渡請求に当たっては，還付請求権を観念する余地はありません。上記(1)又は(2)のいずれの場合にも，供託金払渡請求書の還付取戻の

361

第3　供託物の払渡手続

別の記載は「取戻」の欄の３．を○で囲み，上記(1)の場合には「取立て」と，上記(2)の場合には「配当金受領」と記載します（ただし，上記(2)なお書の場合は「取立て」）。

## 【差押債務者による還付】

### 事　例55

甲は，乙に対し150万円の売買代金支払債務を負っているところ，その一部の50万円が丙によって差し押さえられたため，売買代金全額の150万円を供託しました。その後，丙による差押えは取り下げられたのですが，乙が供託金全額の払渡しを受けるためにはどうしたらよいでしょうか。

### 回　答

差押えの及んでいない100万円については，弁済供託と同様に，供託受諾を請求事由とした還付をすることができます。この場合は，乙は，供託金払渡請求書に，一般的な必要書類（印鑑証明書（規則26条），代理人によって請求する場合には代理権限を証する書面（規則27条１項，２項），資格を証する書面（同条３項））を添付して請求しなければなりません。

丙によって差し押さえられていた50万円の部分については，原則として，裁判所の支払委託に基づいて払い渡されます。この場合は，乙は，供託金払渡請求書に，一般的な必要書類のほか，裁判所から交付された証明書（同30条）を添付して請求しなければなりません。

ただし，執行裁判所がこの支払委託による方法をとる前であれば，乙は，供託金払渡請求書に，一般的な必要書類のほか，還付を受ける権利を有することを証する書面（規則24条１項１号）として差押命令の申立てが取り下げられたこと又は差押命令を取り消す決定が効力を生じたことを証する書面を添

第3 供託物の払渡手続

付し，直接，供託所に対し還付請求をすることができます。

なお，差押命令の申立てが取り下げられたこと又は差押命令を取り消す決定が効力を生じたことを証明する書面には，差押債務者乙に送達された取下通知書（後掲別添書式参照）等があります。

**解　説**

【民事執行法156条1項に基づく供託の関係図】

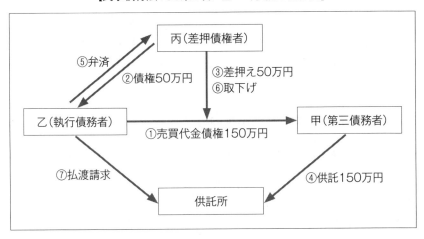

## 1　民事執行法156条1項に基づく供託の性質

　強制執行による単発の差押えがされた場合，又は複数の差押えの合計金額が差押えに係る金銭債権の全額に満たない場合，第三債務者は，差押命令が債務者に対して送達された日から1週間を経過したときは，差押債権者の取立てに応じて直接支払うことができ（民事執行法155条1項），又は，差押えに係る金銭債権の全額に相当する金銭を債務の履行地の供託所に供託することでも（同法156条1項），債務の免責を受けることができます。この供託は，執行手続に巻き込まれる第三債務者を救済する見地から，供託する権利を認めたものであり，いわゆる「権利供託」といわれるものです。その一方，供託

第3　供託物の払渡手続

をする義務が生じた場合にする供託（同法156条2項）をいわゆる「義務供
託」といいます。

　なお，第三債務者は，差押えに係る金銭債権の一部を差し押さえられた場
合には，差押えにかかる金銭債権の全額を供託することも，その一部の差押
債権金額に相当する部分だけを供託することもできます（同法156条1項，昭和
55.9.6民四第5333号民事局長通達第二・四・1・㈠・(1)・(イ)）。

　そして，差押えに係る金銭債権の一部を差し押さえられ，差押えに係る金
銭債権の全額を供託する場合は，供託金の差押えが及んでいない部分につい
ては弁済供託の性質を有するため，第三債務者は，供託書の被供託者欄に差
押債務者の住所・氏名を記載しなければなりません。


## ❷　差押債務者による払渡請求の方法

### ⑴　差押えの効力が及んでいない部分

　上記1のとおり，供託金のうち差押金額を超える部分については，弁済供
託の性質を有するので，差押債務者は，「供託受諾」を請求事由として還付
請求をすることができます。また，第三債務者は，「供託不受諾」を請求事
由として取戻請求をすることができます（昭和55.9.6民四第5333号民事局長通達
第二・四・1・㈠・(4)）。

　差押債務者が還付請求をする場合の添付書類として，以下の書類が必要と
なります。

①　印鑑証明書（規則26条）

②　代理人によって請求をする場合には代理権限を証する書面（規則27条1項，
　2項）

③　資格を証する書面（同条3項）

### ⑵　差押えの効力が及んでいる部分

　供託金の差押えが及んでいる部分については，純粋な執行供託の性質を有
するため，第三債務者によって供託がなされた場合，配当加入遮断効が生じ

第3 供託物の払渡手続

て裁判所の支配下に置かれます。すなわち，執行裁判所の主導のもと，配当等の手続が実施されます（民事執行法166条1項1号）。

本事例のように，供託後に差押えの取下げがされた場合には，差押債権者が配当等の受領権の放棄をしたものとみなされ，取下げをした債権者のほかに債権者が存在しない場合には，差し押さえられていた債権について本来受け取る権利のあった差押債務者が，裁判所の支払委託に基づいて供託金の払渡しを受けることになります。

ア 裁判所の支払委託による場合

差押命令の申立てが取り下げられた場合又は差押命令を取り消す決定が効力を生じた場合においても，供託金の払渡しは，原則，裁判所の支払委託に基づいてなされます（昭和55.9.6民四第5333号民事局長通達第二・四・1・㈠・(3)・イ）。

差押債務者が還付請求をする場合の添付書類として，以下の書類が必要となります。

① 裁判所から送付される証明書（規則30条）

② 印鑑証明書（規則26条）

③ 代理人によって請求をする場合には代理権限を証する書面（規則27条1項，2項）

④ 資格を証する書面（同条3項）

イ 差押債務者が直接供託所に対し還付請求する場合

供託金の払渡しは，原則，裁判所の支払委託に基づいてなされますが，執行裁判所が支払委託の手続をする前に，差押債務者から，裁判所発行の差押命令の申立てが取り下げられたこと又は差押命令を取り消す決定が効力を生じたことを証する書面を添付して，直接，供託所に対し供託金還付請求があった場合には，これを認可することができるとされています（前掲通達第二・四・1・㈠・(3)・イただし書，平成17.3.1民商第544号民事局長・大臣官房会計課長通達第六・四により変更）。

差押債務者が，直接，還付請求をする場合の，供託金払渡請求書の添付

365

第3　供託物の払渡手続

書類として，以下の書類が必要となります。

①　差押命令の申立てが取り下げられたこと又は差押命令を取り消す決定が効力を生じたことを証明する書面（例えば，差押債務者乙に送達された取下通知書（後掲別添書式参照）等）

②　印鑑証明書（規則26条）

③　代理人によって請求をする場合には代理権限を証する書面（規則27条1項，2項）

④　資格を証する書面（同条3項）

第3　供託物の払渡手続

**【執行裁判所の取下通知書】**

# 取下通知書

債務者　○○○○　殿

　　　　　平成　　年　　月　　日

　　　　　　　　○○地方裁判所民事○○部

　　　　　　　　裁判所書記官　　　　　　印

　下記1の事件について2，3のとおり（□にチェックを入れたものに限る。）終了したことを通知します。

　　　　　　　　　　　　記

1　事件番号　平成　　年(ル)第　　号　債権差押命令申立事件

2　終局事由（全部終了）□　全部取下げ

　　　　　　　（一部終了）□　別紙記載の第三債務者についての取下げ

　　　　　　　　　　　　　□　別紙記載の債権の一部についての取下げ

3　終　局　日　平成　　年　　月　　日

□　上記1の事件の差押えに基づいてされた供託の概要は，別紙供託書正本の写しのとおりです。

（注）

　本通知書作成日の前日までに，上記事件による差押えに基づき，債務者に払い渡すべき供託金について第三債務者から事情届が提出されている場合には，別紙として供託書正本の写しを添付する。

第3　供託物の払渡手続

## 【みなし解放金の仮差押債務者による還付】

### 事　例56

　甲は，乙に対し，150万円の売買代金支払債務を負っているところ，その一部の50万円に対し，丙の仮差押命令が送達されたため，その売買代金全額の150万円を供託しました。その後，丙の仮差押えは取り下げられたのですが，乙が供託金の払渡しを受けるにはどうしたらよいでしょうか。

### 回　答

　仮差押えの効力が及ばない100万円については，弁済供託と同様に，供託受諾を理由とした還付をすることができます。ただし，仮差押えの効力が及ばない部分のみの還付をする場合は，供託官は供託書副本ファイルの記載事項から当然には仮差押えの効力が及ぶ仮差押解放金の額を知り得ないので，還付を受ける権利を有することを証する書面として仮差押解放金の額を証する書面が必要となります。したがって，供託金払渡請求書に，払渡請求に必要な一般的な書類（印鑑証明書，代理人によって請求する場合には代理権限を証する書面，資格を証する書面）のほか，仮差押解放金の額を証する書面（仮差押命令正本等）を添付して払渡しを受けることができます。

　仮差押えの効力が及ぶ50万円については，仮差押えが取り下げられたことにより仮差押えの拘束力から解放されることになるので，一般的な必要書類のほか，還付を受ける権利を有することを証する書面として仮差押命令の申立てが取り下げられたこと及び仮差押命令の執行が取り消されたことを証する書面を添付して還付することができます。

　なお，この仮差押命令の申立てが取り下げられたこと及び仮差押命令の執行が取り消されたことを証する書面には，保全執行裁判所の仮差押えの取下げ及び執行取消証明書等があります。

368

**【みなし解放金の関係図】**

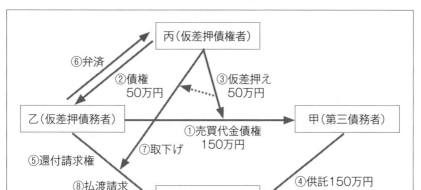

## 解説

## 1 仮差押えの執行による供託

### (1) 仮差押解放金とは

　仮差押命令は，金銭の支払を目的とする債権について，強制執行をすることができなくなるおそれがあるとき，又は強制執行をするのに著しい困難を生ずるおそれがあるときに発することができます（民事保全法20条1項）。その仮差押えの執行は，保全執行裁判所が第三債務者に対し債務者への弁済を禁止する命令を発する方法により行います（同法50条1項）。

　そして，仮差押命令においては，仮差押えの執行の停止を得るため，又は既にした仮差押えの執行の取消しを得るために債務者が供託すべき金銭の額を定めなければならないとされています（同法22条1項）。これを「仮差押解放金」といい，債務者はいつでも仮差押解放金を供託して，その供託書を添えて裁判所に申し立てることによって，仮差押えの執行の取消しを得ることができます。なぜなら，仮差押債権者としては，金銭債権の額に相当する金銭が供託されることによって，仮差押えの執行が取り消されても不利益を受

369

第3 供託物の払渡手続

けないからです。このように，仮差押解放金は仮差押えの執行を受けた目的物に代わるものとして供託されるものであり，供託書の書式上は裁判上の保証供託と同一であってもその性質は異なり，執行供託に属するものです。そして，裁判上の保証供託の場合は，債権者はその担保に優先権を有しますが，仮差押解放金の場合は，債権者は優先権を主張できず，供託金取戻請求権の上に仮差押えの効力を主張し得るにすぎないとされます（大判大正3.10.27民録20輯810頁）。

(2) みなし解放金とは

　金銭債権に対して仮差押えの執行がされた場合，第三債務者は仮差押えに係る金銭債権の全額に相当する金銭を債務の履行地の供託所に供託して，その債務の免責を受けることができます（民事保全法50条5項）。第三債務者により，この供託がされると，仮差押債務者が仮差押解放金を供託したものとみなされ（ただし，当該仮差押命令に記載された仮差押解放金の額を超える部分を除く。），これをいわゆる「みなし解放金」といいます。ただし，仮差押解放金の場合は，供託金取戻請求権の上に仮差押えの執行の効力が及ぶのに対し，みなし解放金の場合は，供託金還付請求権の上にこの効力が及ぶと解されます。

　なお，第三債務者は，金銭債権の一部に対して仮差押えの執行がされた場合においては，仮差押えにかかる金銭債権の全額を供託することも，その一部の仮差押債権額に相当する部分だけを供託することもできます（民事保全法50条5項。平成2.11.13民四第5002号民事局長通達第二・三・(1)・ア・(イ)）。

(3) みなし解放金の性質

　みなし解放金について，仮差押解放金に相当する額を超過して供託された部分に関しては，仮差押えの執行の効力は及ばず弁済供託の性質を有するため，被供託者である仮差押債務者は，還付請求をすることができ，また，第三債務者である供託者は，取戻請求をすることができます。

　これに対して，仮差押解放金に相当する部分に関しては，仮差押えの執行の効力が及び，仮差押債権者が本執行の債務名義を得て，本執行の差押えをしたときに債権の満足を得ることが予定され，執行供託に属し，仮差押債務

370

第3 供託物の払渡手続

者の還付請求権だけが存在し，第三債務者の取戻請求権は存在しないということになります。

なお，第三債務者によってみなし解放金の供託がされた後に，仮差押えの執行が効力を失った場合，仮差押債務者の有する仮差押えの効力が及んでいた部分の供託金還付請求権は，仮差押えの効力から解放され，仮差押債務者は，還付請求権の行使をすることができるようになります。

## 2 仮差押債務者による払渡請求の方法

### (1) 仮差押えの効力が及んでいない部分

通常の弁済供託の還付請求と同じように，供託受諾を原因とする還付請求をすることができます。仮差押債務者が還付請求をする場合の添付書類として，以下の書類が必要となります。

① 仮差押えの効力が及ばない部分のみの還付請求をする場合は，供託官は供託書副本ファイルの記載事項から当然には仮差押解放金の額を知り得ないので，還付を受ける権利を有することを証する書面（規則24条1項1号）として仮差押解放金の額を証する書面（仮差押命令の正本等。平成2.11.13民四第5002号民事局長通達第二・三・(1)・イ・(イ)・b）

② 印鑑証明書（規則26条）

③ 代理人によって払渡請求をする場合には代理権限を証する書面（規則27条1項，2項）

④ 資格を証する書面（同条3項）

### (2) 仮差押えの効力が及んでいる部分

仮差押命令の申立てが取り下げられ，執行手続が終了した場合には，仮差押債務者の有する供託金還付請求権は，仮差押えの拘束力から解放されるため，仮差押債務者は，還付請求をすることができます。

なお，仮差押命令は申立ての取下げによってその効力を失いますが（民事保全法7条，民事訴訟法262条），それによって当然に仮差押命令の執行の効力が

371

第3　供託物の払渡手続

失われるわけではないため，還付を受ける権利を有することを証する書面
（規則24条1項1号）として仮差押命令の申立てが取り下げられたこと及び仮
差押命令の執行が取り消されたことを証する書面が必要となります。

　したがって，仮差押債務者は，以下の書類を添付して還付請求をすること
ができます。

① 　仮差押命令の申立てが取り下げられたこと及び仮差押命令の執行が取り
　　消されたことを証する書面（保全執行裁判所の仮差押えの取下げ及び執行取消証
　　明書等）
② 　印鑑証明書（規則26条）
③ 　代理人によって払渡請求をする場合には代理権限を証する書面（規則27
　　条1項，2項）
④ 　資格を証する書面（同条3項）

## 【みなし解放金の仮差押債権者による還付】

### 事　例57

　当社（A社）は，B社に対する債権の執行を保全するため，B社がC
社に対して有する商品売買代金債権を仮差押えしたところ，第三債務者
であるC社は執行供託をしました。
　当社は，今後，仮差押えの本執行をするつもりですが，当社が供託金
の払渡しを受けるにはどうしたらよいでしょうか。

### 回　答

　A社は，仮差押債務者であるB社の有する供託金還付請求権に対し，仮差
押えの本執行としての差押えをし，執行裁判所の配当等の実施としての支払
委託に基づき，供託所から供託金の払渡しを受けることができます。

　その際，供託金払渡請求書には，払渡しの請求に必要な一般的な書類のほ

372

か，執行裁判所が交付した証明書を添付しなければなりません。

### 解　説

【関係図】

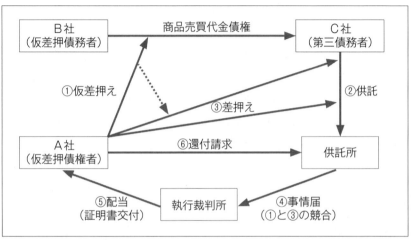

## 1　仮差押えの執行による第三債務者の供託

　金銭債権の全額又は一部について仮差押えの執行がされた場合，第三債務者は，民事保全法50条5項で準用する民事執行法156条1項の規定により，仮差押えの執行に係る金銭債権の全額に相当する額又は仮差押えに相当する額を債務履行地の供託所に供託することができます。

　この第三債務者の供託により，仮差押金額に相当する部分は，仮差押債務者が民事保全法22条1項に規定する「仮差押解放金」を供託したものとみなされるので（民事保全法50条3項），この仮差押金額に相当する供託金を「みなし解放金」といいます。

第3　供託物の払渡手続

## ❷　みなし解放金

「仮差押解放金」とは，仮差押命令において仮差押えの執行停止又は取消しを得るために債務者が供託すべき金銭のことですが，債務者がこの供託をしたことを証明したときは仮差押えの執行が取り消され（民事保全法51条1項），仮差押えの執行の効力は，債務者の有する供託金取戻請求権の上に移行し，当該供託金が仮差押えの目的物になると解されています。

これに対し，「みなし解放金」の供託がされると，第三債務者が仮差押えの執行より解放され，この仮差押えの効力は，仮差押債務者が取得する供託金還付請求権の上に仮差押解放金の額の限度で移行すると解されています（平成2.11.13民四第5002号民事局長通達第二・三・(1)・ウ・(ア)）。

## ❸　配当加入遮断効

仮差押えの執行による第三債務者の供託によっては，供託金から配当を受けることができる債権者の範囲を画する効果を有せず，配当の実施のきっかけとならず，配当加入遮断効が生じないため，仮差押債務者の有する還付請求権に対しては，仮差押債権者が本執行としての差押えをすることができるほか，他の債権者も差押え又は仮差押えをすることができるとされています。

仮差押債務者の有する供託金還付請求権に対し，供託所を第三債務者として仮差押債権者が本執行としての差押え，又は他の債権者が差押えしたときには，配当加入遮断効が生じ，執行裁判所は配当を実施することになります（民事執行法166条1項1号）。

## ❹　払渡手続

本事例においてA社が払渡しを受けるためには，仮差押債務者の有する還付請求権に対して本執行としての差押えをする必要があります。

374

第3 供託物の払渡手続

本執行のための差押命令が第三債務者である供託所に送達された時点で，民事執行法156条1項による供託に転化すると解されているため，単発の差押えを原因として第三債務者が供託した場合と同様に，配当加入遮断効が生じます。この場合，供託官は差押えが当該仮差押えの本執行としての差押えであることが明らかな場合を除き，事情届をすることを要しない（昭和57.4.13民四第2591号民事局第四課長回答，平成2.11.13民四第5002号民事局長通達第二・三・⑴・ウ・㈡）とされていますが，供託官としては，仮差押えの本執行としての差押えであるか否かを判断するのは困難であることから，供託実務上は，執行裁判所に対して事情届をする取扱いがされています。これにより，執行裁判所の配当等の実施による支払委託により供託金が払い渡されることになります。

なお，仮差押えの金額により払渡しの方法が異なりますので，以下に場合分けして検討します。

⑴ 債権全額に仮差押えの効力が及ぶ場合

供託金の払渡しは，執行裁判所の配当等の実施としての支払委託に基づいてすることとされています（前掲第5002号通達第二・三・⑴・ウ・㈡）。その際には，払渡請求書には，払渡しに必要な一般的な書類のほか，執行裁判所が交付した証明書を添付する必要があります。

⑵ 債権に仮差押えの効力が及ばない部分がある場合

第三債務者は，債権の全額に相当する金銭を供託することもできますし，仮差押金額に相当する金銭のみを供託することもできます。仮差押金額に相当する部分の金銭の払渡しについては，執行裁判所の配当等の実施としての支払委託に基づいてすることになりますが，仮差押金額を超える部分については，仮差押えの執行の効力が及んでいないため，純然たる弁済供託となります。このため，被供託者である執行債務者は，いつでも供託を受諾して還付請求をすることができ，第三債務者は供託不受諾を原因として取戻請求をすることができます【図1】。

また，仮差押えの執行は，被保全債権の金額が少ない場合でも，その目的

375

第3　供託物の払渡手続

債権全部についてすることができますが（民事保全法50条5項，民事執行法146条），被保全債権を超える仮差押えの執行がされた場合に，第三債務者が仮差押金額に相当する金銭を供託した場合には，仮差押解放金に相当する部分（通常，被保全債権額に等しい。）に限り解放金の供託がされたものとみなされ，それを超える部分の供託金は，仮差押えの拘束から外れることになります。

　したがって，供託金のうち，仮差押解放金の額を超える部分には仮差押えの効力が及んでいないため，この部分については，被供託者（執行債務者）は供託金払渡請求書に，仮差押解放金の額を証する書面（仮差押命令正本）を添付して還付請求をすることとされています（前掲第5002号通達第二・三・(1)・イ・(イ)・b）【図2】。

### 【図1　金銭債権の一部について仮差押えの執行がされ，第三債務者が金銭債権全額に相当する金額を供託している場合】

　　仮差押債務者が第三債務者に対して有する債権額　100万円

　　仮差押えの請求債権額　60万円

　　仮差押金額　60万円

　　第三債務者の供託額　100万円

| 仮差押金額（仮差押解放金）<br>60万円 | 弁済供託部分<br>40万円 |
|---|---|
| ←　　（仮）差押債権者　還付　　→ | ←　執行債務者　還付　→<br>又は<br>第三債務者　取戻し |
| ←──────────── 100万円 ────────────→ | |

第3　供託物の払渡手続

【図2　金銭債権について，仮差押解放金の額を超えて仮差押えの執行がされている場合に，第三債務者が仮差押えの額に相当する金額を供託している場合】

　　　仮差押債務者が第三債務者に対して有する債権額　100万円

　　　仮差押えの請求債権額　60万円

　　　仮差押金額　100万円

　　　第三債務者の供託額　100万円

| 仮差押解放金<br>60万円 | 仮差押えの執行の効力が及ぶうち仮差押解放金を超える部分<br>40万円 |
|---|---|
| ←　　（仮）差押債権者　還付　　→ | ← 執行債務者　還付　→ |
| ←―――――――――――― 100万円 ――――――――――――→ | |

【配当による払渡し】

### 事　例58

　甲社は，乙に対する貸金債権を取り立てるため，乙の給与を差し押さえたところ，丙社も同様に乙の給与を差し押さえたため，乙の勤務先会社は，民事執行法156条2項に基づき供託をしました。その後，甲社に対し，裁判所から配当の証明書が送付されました。

　この配当された供託金を受領する手続について説明してください。

### 回　答

　甲社は，供託金払渡請求書に，一般的な必要書類（印鑑証明書，代理人によって請求する場合には代理権限を証する書面，資格を証する書面）のほか，執行裁判所から交付された証明書を添付して，供託所に提出して払渡請求をすることにより，配当された供託金を受領することができます。

377

第3　供託物の払渡手続

**【執行供託の関係図】**

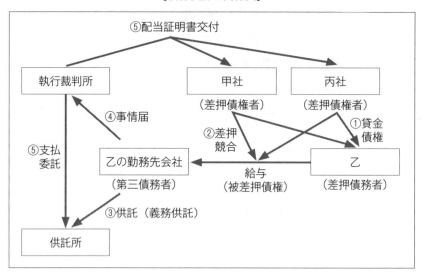

## 解　説

### 1　民事執行法156条2項に基づく供託の意義

　第三債務者は，既に差し押さえられている金銭債権に対して，差押債権者が提起した取立訴訟の訴状が第三債務者に送達されるときまでに，差押えに係る金銭債権のうち差し押さえられていない部分を超えて発せられた差押命令，差押処分又は仮差押命令の送達を受け競合したときは，その金銭債権の全額に相当する金銭を，配当要求があった旨を記載した文書の送達を受けたときは差し押さえられた部分に相当する金銭を，それぞれ債務の履行地の供託所に供託しなければならないとされています（民事執行法156条2項）。

　この供託は，第三債務者に供託を義務付けていることから，いわゆる「義務供託」といいます。また，第三債務者が供託することができると定められている民事執行法156条1項の供託をいわゆる「権利供託」といいます。

第3　供託物の払渡手続

　義務供託の目的は，差押え等が競合する場合に，第三債務者に被差押債権の全額を供託させることによって，これを執行裁判所の支配下に置き，配当手続を経て，各債権者に公平に分配することにあります。

　本事例においては，第三債務者である乙の勤務先会社が民事執行法156条2項に基づき供託をしたことにより，①債権者（差押債務者）との関係において債務の弁済の効果が生じ，かつ，その効果を差押債権者である甲社及び丙社に対抗することができるという実体法上の効果が生じるとともに，②配当要求の終期が到来し，その時点で配当加入遮断効が生じることから（民事執行法165条1号），その後に差押え，仮差押えの執行又は配当要求をしても，当該配当手続においては配当を受けることができないという執行法上の効果が生じることになります。

## ❷　配当の手続について

　第三債務者は，民事執行法156条2項に基づき供託をしたときは，その事情を裁判所に届け出なければなりません（民事執行法156条3項）。この届出は，一定の事項を記載した書面によることを要し（民事執行規則138条1項），供託書正本を添付しなければなりません（同条2項）。

　この事情届は，競合して差押え等がされた場合には，先に送達された差押命令を発した執行裁判所にしなければならず（同条3項），また，仮差押えが差押えに先行する場合には，差押命令を発した執行裁判所にしなければなりません（民事保全規則41条1項）。そして，第三債務者から事情届を受けた執行裁判所は，事情届を受けた段階で配当手続事件を立件し，配当等を実施しなければなりません。

　執行裁判所は，債権者が1人である場合又は2人以上であっても供託金で各債権者の債権及び執行費用の全部を弁済することができる場合，すなわち，差押え等の競合が生じない場合には，交付計算書を作成し，債権者に交付すべき弁済金及び債務者に交付すべき余剰金を明らかにして各人に交付するこ

379

第3　供託物の払渡手続

とになりますが，差押え等が競合する場合には，配当期日において配当表を作成し，これに基づいて配当を実施します（民事執行法166条2項，84条，85条）。

　そして，いずれの場合においても，配当等の実施は，執行裁判所の書記官が，各債権者又は債務者に配当すべき金額を，供託金から払い渡すべき旨を記載した支払委託書を供託所に送付し，同時に各債権者又は債務者に対して供託金から払渡しを受けるべき金額を記載した証明書を交付しなければならないとされています（規則30条1項）。

## ❸　配当された供託金の払渡請求

　上記のとおり，民事執行法156条2項に基づく供託金の払渡しは，先に第三債務者に送達された差押命令を発した執行裁判所の配当等の実施としての支払委託に基づいてなされます。したがって，本事例において，甲社は，供託金払渡請求書に，一般的な必要書類（印鑑証明書，代理人によって請求する場合には代理権限を証する書面，資格を証する書面）のほか，執行裁判所から交付された証明書（規則30条2項）を添付して，供託所に提出して払渡請求をすることにより，配当された供託金を受領することができます。

　なお，一般的な必要書類について，以下の場合によっては添付を省略することができます。

①　支払委託書及び証明書の「受取人の住所・氏名」の欄に，本人の住所及び氏名とともに，代理人の住所及び氏名が併記してある場合には，当該代理人が払渡請求をするときは，代理権限を証する書面（委任状）の添付を省略することができます。

②　支払委託書及び証明書の「受取人の住所・氏名」の欄に，法人名及びその代表者の表示がある場合には，当該法人の代表者が払渡請求をするときは，資格を証する書面（資格証明書）の提示を省略することができます。ただし，払渡請求時において，証明書の交付日から3か月を経過しているときは，省略することはできません。

380

第3 供託物の払渡手続

③ 請求者本人（自然人）からの請求であり，払渡請求額が10万円未満である場合は，市町村長作成の印鑑証明書の添付を省略することができます（規則26条3項5号）。

## 4 配当された利息の払渡請求

執行裁判所が配当等を実施する際の財源となる配当財団には，供託金のほか，配当実施時点で発生している供託金利息が含まれ，この供託金利息も供託金と併せて債権者に配当されることになります。

この供託金利息は，原則として元金（供託金）と同時に払い渡すこととされているので（規則34条1項本文），払渡請求者は，供託金払渡請求書を供託所に提出すれば足り，別途，供託金利息請求書を提出する必要はありません。

【執行裁判所から交付される証明書の例】

| 平成○○年(リ)第○○○号 | | |
|---|---|---|
| 証　明　書 | | |
| 受取人住所<br>氏　　　名 | ○○市○○区○○町○番○号<br>株式会社　○　○　○　○ | |
| 供託番号 | 平成○○年度金第○○○○号（○○法務局） | |
| 払渡を受けるべき供託金及び利息の表示 | | |
| 供託金<br>利　息 | ○○，○○○円<br>　　　○円 | |
| 上記のとおり証明する。<br>　平成○○年○○月○○日<br>　　○○地方裁判所第○民事部<br>　　　裁判所書記官　○　○　○　○　　　㊞ | | |

381

第3 供託物の払渡手続

## 【錯誤による取戻し】

### 事 例59

　甲は，乙に対して売買代金支払債務を負っているところ，その債務に対し，相次いで差押命令が送達され，差押えが競合したため，民事執行法156条2項の規定に基づいて供託をしました。しかし，執行裁判所に事情の届出をしようとしたところ，差押命令の送達より先に，乙から丙に当該債権を譲渡する旨の対抗要件を備えた譲渡通知が届いていたことが判明しました。

　この場合，甲は，供託金の取戻しをすることができるでしょうか。

### 回 答

　甲は，執行裁判所に事情の届出をする際に，供託の原因となった差押命令に優先する債権譲渡通知の送達があったことを記載して提出し，執行裁判所の事情届の不受理決定を得ることができれば，供託金払渡請求書に，錯誤を証する書面として事情届の不受理決定正本を添付して取戻しの請求をすることができます。

　なお，執行裁判所の事情届の不受理決定正本に代え，裁判所書記官の事情届の不受理証明書及び供託書正本を添付して請求することもできます。

第3 供託物の払渡手続

【関係図】

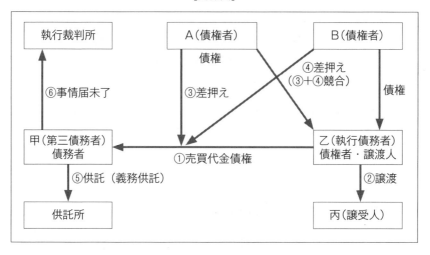

解説

## 1 民事執行法156条2項に基づく供託の意義

　第三債務者は，差押債権者が提起した取立訴訟の訴状の送達を受ける時までに，差押えに係る金銭債権のうち差し押さえられていない部分を超えて発せられた差押命令，差押処分又は仮差押命令の送達を受けたときはその債権の全額に相当する金銭を，配当要求があった旨を記載した文書の送達を受けたときは差し押さえられた部分に相当する金銭を債務の履行地の供託所に供託しなければならないとされています（民事執行法156条2項）。

　この供託は，第三債務者が差押えに係る金銭債権の全額に相当する金銭を供託することができるとした供託（同条1項）がいわゆる「権利供託」といわれるのに対し，供託が義務付けられていることから，いわゆる「義務供託」といわれています。

　第三債務者は，義務供託をしたときは，その事情を執行裁判所に届け出なければなりません（同条3項）。この届出は，一定の事項を記載した書面によ

第3　供託物の払渡手続

ることを要し（民事執行規則138条1項），供託書正本を添付しなければなりません（同条2項）。そして，この事情届は，重複して差押え等がされた場合には，先に送達された差押命令を発した裁判所に対してしなければならず（同条3項），また，仮差押えが差押えに先行する場合には，差押命令を発した執行裁判所にしなければなりません（民事保全規則41条1項）。

この事情の届出をすると，配当要求の終期を執行裁判所が了知することになり（民事執行法165条1号），執行裁判所は，配当等の実施をしなければなりません（同法166条1項1号）。

## 2　差押命令と債権譲渡の優劣

指名債権が二重に譲渡された場合，その優劣は，譲渡通知に付された確定日付の先後によることなく，譲渡通知の到達時の先後によって決すべきものと解されており（最判昭和49.3.7民集28巻2号174頁），本事例のように，差押命令とその目的債権の譲渡との優劣についても，確定日付ある譲渡通知が債務者に到達した日時又は確定日付ある債務者の承諾の日時と，債権差押・転付命令が第三債務者に送達された日時の先後によって決せられると解されています（最判昭和58.10.4集民140号1頁）。したがって，本事例にあっては，甲に対し，第三者対抗要件を具備した有効な債権譲渡通知が差押命令よりも先に送達されているので，債権譲渡に後れる全ての差押命令は，目的債権を欠いた効力がないものであるといえます。

## 3　本事例における執行供託の効力

上記2のとおり，第三債務者甲がした供託は，そもそも供託の原因となった差押命令の全てが目的債権を欠いた効力のないものであるといえるから，供託原因は存在しないことになり，甲には供託の義務は生じておらず，そうすると，甲がした供託は無効であると解されます。しかしながら，甲がした

384

第3 供託物の払渡手続

供託が実体法上は無効であっても，甲が供託の原因となった差押命令に優先する債権譲渡を見過ごして供託をし，その事情を執行裁判所に届け出た場合には，執行裁判所は，配当要求の終期を了知し，配当等の実施をしなければならないことから，甲は，譲受人丙との関係で，二重弁済の危険を負担することになります。

## 4 錯誤を理由とした取戻しの可否

第三債務者による執行供託は，事情の届出により，当該供託金は執行裁判所の管理下に置かれることから，執行裁判所による配当等の実施に基づく支払委託の方法によってのみ払渡しがなされます（昭和55.9.6民四第5333号民事局長通達第二・四・1・㈡・⑴・ウ）。すなわち，第三債務者（供託者）は，弁済供託の場合と異なり，当該供託金の取戻請求権を有していません。

なお，この場合，差押えの取下げ又はその取消決定により，全ての差押えが失効した場合でも，供託金の払渡しは，原則として，執行裁判所の支払委託によるべきであるとされています（前掲通達第二・四・1・㈡・⑴・ウなお書，同通達第二・四・1・㈠・⑶・イ本文参照）。

しかし，執行供託では，①供託すべき供託所を誤った場合，②差押命令が供託する以前に失効していた場合，③優先する有効な債権譲渡通知があるにもかかわらず，その後に送達された差押命令によって執行供託した場合，④供託者が第三債務者ではなかった場合等については，その執行供託は無効であると考えられ，錯誤を理由に取戻しをすることができます。

## 5 錯誤を理由とした取戻請求

供託が錯誤によるものである場合，その供託金の取戻しをするには，供託金払渡請求書に，錯誤を証する書面を添付しなければなりません（法8条2項，規則25条1項）。

385

第3　供託物の払渡手続

そして，この錯誤を証する書面は，供託官において当該供託が錯誤による
ものであることを認定できる書面である必要があります。

## 6　本事例における錯誤を証する書面

第三債務者甲がした供託は，実体法上無効であることは明らかですが，甲
が供託金を取り戻すためには，供託官が供託書上で供託の原因となった差押
命令に優先する債権譲渡の存在を認めることはできないので，供託官が当該
供託が錯誤によるものであることを認めるに足る書面を供託金払渡請求書に
添付しなければなりません。

なお，錯誤を証する書面として，執行裁判所の事情届を受理しない旨の決
定正本（いわゆる不受理決定正本），又は，裁判所書記官の事情届を受理しない
旨の証明書（いわゆる不受理証明書）等が該当します。

## 7　不受理決定正本及び不受理証明書について

不受理決定は，第三債務者からの事情届の提出を受け，配当事件として立
件された事件に対し，裁判所がした裁判です。したがって，事情届の提出，
受理，実体審査を経たものであり，いわば原則的な処理手続を踏んだもので
あるといえます。決定とは，判決などと同じく，具体的事件に対し裁判所が
下した結論であり，相当と認められる方法で告知されることにより効力を生
じます（民事訴訟法119条）。それが事情届の場合，特段の規定はありませんが，
不受理決定がされたときは，その決定正本が送達され，告知されることにな
ります。

不受理証明書は，裁判官が不受理の判断をしたことについての証明です。
判断は事情届の受否審査段階で下されるものであり，事情届が提出され，一
旦受理されたとしても，執行供託の要件を満たしていないことを関係書類や
第三債務者らからの聴取などで裁判所が把握していれば，提出，受付から，

386

第3　供託物の払渡手続

即，不受理，返戻（供託書正本とも）ということも考えられます。つまり，決定という手続を経ることなく，受否の判断後すぐに発行可能な証明が不受理証明というものです。

このように，それぞれ発行される形式や時期に違いはあるものの，その内容についてはいずれも事情届を不受理とする裁判所の証明ですので，供託金の取戻しの手続上，錯誤を証する書面として適当であると考えられます。

## 【滞納処分と強制執行等との手続の調整に関する法律に基づく供託の滞納処分庁による払渡し】

**事　例60**

株式会社Ａは，Ｂ株式会社に対し平成28年9月商品納入代金1,000万円の支払債務（弁済期平成29年2月27日，弁済場所：○○銀行○○支店　○○市○○区）を負っていますが，これについて下記の滞納処分による差押えと強制執行による差押及び転付命令が同日（先後関係不明）に送達されたので，滞納処分と強制執行等との手続の調整に関する法律20条の6第1項により債権の全額である金1,000万円を供託しました。

滞納処分庁であるＣ税務署が本件供託金の払渡しを受けるにはどのようにすればよいでしょうか。

記

〔滞納処分による差押えの表示〕

Ｃ税務署長がＢ株式会社の滞納税に基づいてした滞納処分による差押え，第三債務者株式会社Ａ，差押債権額金10,000,000円，平成29年1月17日送達

〔強制執行による差押及び転付命令の表示〕

○○地方裁判所平成29年㈪第○○号，平成29年㈪第○○号，債権者：Ｄ，債務者：Ｂ株式会社，第三債務者：株式会社Ａとする差押命令及び転付命令，請求債権額金10,000,000円，差押債権額金10,000,000円，平成29年1月17日送達

387

第3 供託物の払渡手続

**回答**

C税務署の徴収職員等が，直接，供託所に対し，供託金払渡請求書を提出して払渡しの請求をすることができます。

**解説**

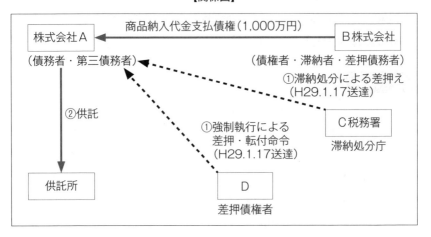

【関係図】

## 1 強制執行による差押えと滞納処分による差押えが同時送達された場合の供託

強制執行による差押命令と滞納処分による差押通知書が第三債務者に同時（先後関係不明を含む。）に送達された場合，第三債務者は滞調法20条の6第1項又は36条の6第1項のいずれかを法令条項とする供託ができるものとされています。

そもそも，滞調法は，強制執行による差押命令と滞納処分による差押通知書の同時送達の場合を規定していません。これは，法令条項を問わず，供託金の払渡しに係る手続が異なるとしても，最終的に，いずれにしろ滞納処分庁が強制執行による差押債権者に優先する結果となり，換言すると，手続上

第3 供託物の払渡手続

における主導権を執行裁判所又は滞納処分庁のいずれにとらせるかだけの問題であるからです。

## ② 強制執行による差押命令と同時送達された転付命令

転付命令とは，差押債権者の申立てにより，請求債権及び執行費用の支払に代えて差押債権をその券面額で差押債権者に転付（移転）させる命令ですが（民事執行法159条1項），この転付命令は確定しなければその効力は生じません（同条5項）。転付命令の申立てに対しては，執行抗告をすることが認められていますので（同条4項），その申立期間内に執行抗告の申立てがされなかったり，執行抗告の却下や取下げ等によって転付命令が確定した場合には，転付命令が第三債務者に送達された時に遡及して，差押債権者の債権及び執行費用が転付債権の券面額の範囲で弁済されたものとみなされる効果が生じます（同法160条）。

また，転付命令が第三債務者に送達される時までに，同一債権について，他の債権者が差押え，仮差押えの執行又は配当要求をしたときは，転付命令はその効力を生じません（同法159条3項）。これとは逆に，転付命令が第三債務者に送達された後，同一債権について，他の債権者が差押え，仮差押えの執行又は配当要求をしたときは，転付命令が確定すれば，転付命令が第三債務者に送達された時に遡ってその効力を生じ，他の差押えは効力を生じないことになります。

## ③ 本件供託の検討

本件供託のように，差押債権者が転付命令を得ているものであっても，第三債務者は転付命令の確定の有無を調査する義務を負わないから，滞調法に基づく供託は可能であり（本来，転付命令が確定している場合は，強制執行による差押えの効力は消滅するので，滞調法に基づく供託はできない。），また，供託の原因た

389

第3　供託物の払渡手続

る事実欄中に，送達の先後関係が不明なのか同時送達なのか，あるいは滞納処分が先なのかなどを明らかにせずに，法令条項を滞調法20条の6第1項としていることのみをもって，供託官は供託の申請を却下することができないので，受理せざるを得ません。

　しかし，強制執行による差押債権者が同時に転付命令を得ていることから，強制執行による差押えと滞納処分による差押えが競合した場合の通常の取扱いと異なるのではないかとの疑問が生じるところです。すなわち，転付命令が滞納処分による差押通知書よりも後に第三債務者に送達された場合には，当該転付命令はその効力を生じない（滞調法36条の5）から，本件は滞調法20条の6第1項の供託となり，滞納処分庁は，自己の債権額に満つるまで取立権に基づく還付請求をすることができ，一方，転付命令が滞納処分による差押通知書よりも先に第三債務者に送達された場合には，滞納処分による差押えは空振りであり，本件は民事執行法156条1項の供託となることから，転付債権者は，自己の差押債権額につき払渡しを受けることができると考えられるからです。

　本件供託の内容は，供託官の形式的審査において，執行供託としての性質だけではなく，強制執行による差押・転付命令と滞納処分による差押通知書の第三債務者への送達が先後不明により，真の債権者が不明であるとする法律上の債権者不確知としての性質も内在していると考えることもでき，払渡請求に当たっては，還付を受ける権利を有することを証する書面として自己に還付請求権が帰属する旨の確定判決又はそれに代わるもの（相手方の同意書等）の添付を求める必要があるのではといった疑問が生じます。


## 4　滞納処分庁による払渡し

　供託官の審査は，供託物の払渡請求が正当な払渡請求権者によってなされているか，また，払渡請求が適法かどうかを，払渡請求書及びその添付書類等と供託書副本ファイル等を対査照合してする，いわゆる形式的審査である

第3　供託物の払渡手続

ことから，本件供託が，滞調法20条の6第1項に基づくものである以上，供託官は，滞調法で規定する手続に基づいて処理すれば足り，自己に還付請求権が帰属する旨の書面を求めることはできないと考えられます。

　よって，滞納処分による差押えの金額に相当する部分については，徴収職員等が，何らの添付書面を要することなく，直接，供託所に対して還付請求をすることができます（昭和55.9.6民四第5333号民事局長通達第三・三・1(1)）。

## V　選挙供託
### 【選挙供託の選挙告示前の取戻し】

**事　例61**

> 　私は，来月行われる予定の県議会議員選挙に立候補するため供託をしましたが，体調不良のため，告示前に立候補の意思を放棄しました。供託金の取戻しをするにはどうしたらよいでしょうか。

**回　答**

　供託者は，当該選挙の期日の告示前に供託金の取戻しをする場合は，供託金払渡請求書に，公職の候補者の届出（立候補）の意思を放棄した旨の上申書，印鑑証明書，供託書正本，供託証明書を交付した場合は供託証明書を添付して，供託所に対し提出することにより払渡しを受けることができます。

**解　説**

### 1　選挙供託の性質

　選挙供託とは，公職選挙法92条に基づき，公職の候補者の届出をするためにする供託です。この供託は，没取供託に分類され，没取供託とは，ある一

391

第3　供託物の払渡手続

定の法の目的を実現するために金銭等を供託させ，一定の事由が生じた場合
に，供託物の所有権を国家に帰属させる特殊なものです。選挙供託の目的は，
売名等を目的とした立候補の濫用防止のためであると解されており，候補者
が一定の得票数を得ることができなかった場合や，途中で立候補を辞退した
場合に，国又は地方公共団体が供託物を没取することになります。一方，候
補者が一定の得票数を得ることができた場合は，供託者は供託物の取戻しを
請求することができます。

　公職の候補者となろうとする者は，選挙の期日の告示又は公示があった日
に，郵便等によることなく，文書でその旨を当該選挙長に届け出なければな
らないとされており（公職選挙法86条2項，86条の2第2項，86条の3第2項，86条
の4第1項等），その届出には，供託をしたことを証明する書面を添付しなけ
ればなりません（公職選挙法施行令88条6項1号，88条の3第4項，88条の5第4項，
89条2項1号等）。そして，この届出をした後でなければ，選挙運動ができな
いとされています（公職選挙法129条）。

　なお，選挙供託は，選挙の期日の公示又は告示前であっても，受理して差
し支えないとされています。


## ❷　選挙供託の取戻し

### ⑴　取戻しの請求ができる場合とは

　供託者は，以下のいずれかに該当する場合は，供託物の取戻しの請求をす
ることができます。

①　公職の候補者が選挙の期日における投票所を開くべき時刻までに死亡し
　た場合（公職選挙法施行令93条1項）

②　当選人が兼職禁止の職にある場合等の特例により公職の候補者の届出が
　取り下げられ，若しくは公職の候補者たることを辞したものとみなされた
　場合（同項）

③　選挙の全部が無効となった場合（同項）

392

第3　供託物の払渡手続

④　公職の候補者の得票数が法定数に達した場合（同条2項）

⑤　無投票当選により投票が行われなかった場合（同項）

⑥　公職の候補者の届出をするために供託をした者が届出の意思を放棄した場合

### (2)　取戻請求手続

供託者は，供託物の取戻しの請求をするには，「供託原因消滅」を払渡請求事由とし，供託物払渡請求書に，取戻しをする権利を有することを証する書面（規則25条），印鑑証明書（規則26条），代理人によって請求する場合には代理権限を証する書面（規則27条1項，2項），資格を証する書面（同条3項）を添付して，供託所に提出しなければなりません。

なお，取戻しをする権利を有することを証する書面には，以下の書類が該当します。

ア　上記(1)①ないし⑤の場合の取戻しをする権利を有することを証する書面

当該選挙長の供託原因消滅証明書

ただし，選挙長の証明が得られない場合は，選挙管理委員会による証明でも差し支えありません（昭和26.5.28民事甲第1139号民事局長回答，供託関係先例集(1)465頁）。

なお，上記(1)④及び⑤の場合の供託原因消滅証明書は，その証明日付が，選挙の効力又は当選の効力に関して異議を申し出ることができる期間又は訴訟の提起ができる期間を経過した後のものでなければならず，地方公共団体の議員及び長の選挙にあっては，当該選挙の日から14日を経過した後（公職選挙法202条1項，206条1項），衆議院議員又は参議院議員の選挙にあっては，当該選挙の日から30日を経過した後（同法204条，208条1項）でなければなりません。加えて，当選証書をもって供託原因消滅証明書に代えることはできません（昭和43.8.30民事甲第2343号民事局長認可払渡関係1問，供託関係先例集(5)48頁）。

イ　上記(1)⑥の場合の取戻しをする権利を有することを証する書面

(ア)　選挙の期日の公示又は告示前の取戻しの場合

393

第3　供託物の払渡手続

　　公職の候補者の届出（立候補）の意思を放棄した旨の上申書，供託書正本及び供託証明書を交付している場合は供託証明書が該当します（昭和40年度全国供託課長会同決議39問・供託関係先例集(4)100頁，昭和27年9月17日民事甲第302号民事局長回答・供託関係先例集(1)543頁，昭和27年9月24日民事局第四課長回答・供託関係先例集(1)544頁）。この取扱いにより供託書正本及び供託証明書を提出した供託者は，供託物の取戻以後は，公職の候補者の届出（立候補）をすることができなくなります。

　㈖　選挙の期日の公示又は告示後の取戻しの場合
　　公職の候補者の届出期間内に候補者の届出又は候補者推薦の届出がなかったことの選挙長の証明書，供託書正本及び供託証明書を交付している場合は供託証明書（前掲民事局長回答，前掲民事局第四課長回答）

## ３　選挙供託の還付

### (1)　還付の請求ができる場合とは

　公職の候補者の得票数が，その選挙において法定数を満たさない場合や，途中で立候補を辞退したような場合には，供託物は没取され，国庫又は地方公共団体に帰属します（公職選挙法93条，94条）。

### (2)　還付請求手続

　国又は地方公共団体は，「公職選挙法93条による没収」を払渡請求事由とし，供託物払渡請求書に，還付を受ける権利を有することを証する書面として供託物が国又は地方公共団体に帰属したことを証する当該選挙長の証明書を添付し，供託所に提出しなければなりません。

　なお，選挙によって，請求者となる者，添付書類，受領権者等が異なりますので，以下に説明します。

ア　衆議院議員及び参議院議員の選挙の場合
　　供託物が国に帰属する場合の請求者は，総務省主管歳入徴収官となります。衆議院及び参議院の比例代表選出議員選挙の場合は，総務大臣官房会

第3 供託物の払渡手続

計課長であり，衆議院小選挙区選出議員又は参議院選挙区選出議員選挙の
場合は，都道府県の総務省主管歳入徴収官から事務委任を受けた各都道府
県の会計管理者です。

この請求者が供託金を国庫金振替の方法により払渡しを受けようとする
場合は，請求者は，供託金払渡請求書に供託官を納入者とする納入告知書
を添え（供託物が有価証券の場合は，寄託先の日本銀行を納入者とする納入告知書），
提出することになります。

なお，国が供託金を請求する場合は，その供託金利息が特別会計に属す
る場合を除き，供託金に利息は付されません。

イ　地方公共団体の長又は議会議員の選挙の場合

供託物が地方公共団体に帰属する場合の請求者は，都道府県の場合は都
道府県知事，市町村の場合は市町村長となります。そして，この場合の供
託物の受領権者は，各地方自治体の会計管理者（地方自治法170条）となり
ます。

395

第3　供託物の払渡手続

## Ⅵ　その他

### 【代理人からの払渡請求における振込先の預貯金口座】

#### 事　例62

　供託金払渡請求者甲から委任された弁護士Ａ及び弁護士Ｂのうち，Ａが供託金の払渡請求の手続をすることになりました。代理人の預貯金口座に振り込む方法により供託金の払渡しを受けたい場合，払渡請求をするＡは，Ｂの預貯金口座又はＡの所属する法律事務所の預り金口座，若しくはＡ及びＢが社員となっている弁護士法人Ｃの預貯金口座を指定することができるでしょうか。

#### 回　答

　払渡請求者の代理人Ａは，供託金払渡請求書に代理人の権限を証する書面として添付する委任状に，Ａ及びＢの両名に供託金及び利息の受領に関する権限が委任されていることが明記されていれば，Ｂの預貯金口座を振込先に指定することができます。

　また，委任状にＡの所属する法律事務所名が明記されている場合は，当該法律事務所の預り口預金口座を指定することができます。

　しかし，Ａ及びＢが弁護士法人Ｃの社員である場合であっても，委任状に弁護士法人Ｃが供託金等の受領に関する権限を委任されていることが明記されていなければ，Ｃの預貯金口座を振込先に指定することはできません。

#### 解　説

### 1　預貯金振込みの方法による供託金の払渡し

　供託物が金銭の場合の交付方法は，日本銀行宛ての記名式持参人払小切手

396

第3 供託物の払渡手続

の振出しによるのが原則ですが（規則28条1項），払渡請求者の利便性を考慮
し，小切手の振出しに代わる方法として，「隔地払」，「預貯金振込み」又は
「国庫金振替」による払渡しが認められています（同22条2項5号，6号）。

「預貯金振込み」とは，日本銀行が指定した金融機関の店舗における払渡
請求者本人又はその代理人の預貯金口座に，直接，供託金を振り込み支払う
方法です。

預貯金振込みの方法により供託金の払渡しを希望する場合，払渡請求者又
はその代理人は，供託金払渡請求書（規則25号書式）に所定の事項を記載し，
「隔地払，国庫金振替，預貯金振込を希望するときはその旨」欄中の「3.
預貯金振込」欄の3.を〇で囲み，振込先金融機関名，支店名，預貯金の種
別，預貯金口座番号，預貯金口座名義人（かな書き）を記載しなければなり
ません（規則22条2項5号）。

## 2 代理人による供託金払渡請求手続

委任を受けた代理人から供託金の払渡しの請求をする場合は，供託金払渡
請求書に請求者本人からの委任状を添付しなければなりません（規則27条1
項）。この委任状には，①払渡請求にする供託物を特定するための事項（供託
所名，供託番号，払渡請求する供託金額等），②委任事項（供託金及び同利息の払渡請
求並びに受領に関する権限等），③委任された代理人の住所氏名を記載し，委任
者である請求者本人の住所氏名の記載及び押印がされていなければなりませ
ん。

そして，請求者本人の真正な意思に基づいて委任されていることを確認す
るため，委任状に押印された請求者本人の印鑑について，作成後3か月以内
の市町村長又は登記所の作成した証明書，及び資格を証する書面を供託金払
渡請求書に添付しなければなりません（規則26条1項，27条3項，9条）。

なお，法令の規定に基づき印鑑を登記所に提出することができる者以外の
者が供託金の払渡しの請求をする場合において，①官庁又は公署から交付を

第3　供託物の払渡手続

受けた供託原因消滅証明書を供託金払渡請求書に添付したときや，②供託規則30条1項の証明書を供託金払渡請求書に添付し，かつ請求する供託金の額が10万円未満であるときは，請求者本人の印鑑証明書の添付を省略することができますが，これらの取扱いにおいて，供託金を請求者本人の預貯金口座に振り込むのであれば問題とはならないものの，代理人の預貯金口座に振り込むことが可能となると，特に郵送請求の場合に危惧される代理権限証明書や供託原因消滅証明書を不正に入手した者やこれらを偽造するなどした者が供託金を不正に自己の預貯金口座に振り込ませるという不測の事態が生じるおそれがあります。

　そこで，請求者の代理人が，その代理人の預貯金口座への振込みの方法による払渡請求をする際には，供託官は，当該払渡請求が請求者本人の意思に基づくものであることを慎重に確認しなければならず，請求者本人が払渡請求をする際に，これまで印鑑証明書の添付を省略することができるとされていた前記①及び②の場合であっても，原則に戻って，請求者本人の印鑑証明書を添付しなければならないとされています（規則26条3項4号，5号）。

## ❸　払渡請求をする代理人の預貯金口座を振込先に指定した払渡請求

　請求者の代理人は，上記1のとおり，預貯金振込みの方法によって請求者本人の預貯金口座のほかに，請求者の代理人の預貯金口座を指定することができます。そして，その代理人が自らの預貯金口座への振込みを希望する場合は，供託金払渡請求書に所定の事項を記載し，「隔地払，国庫金振替，預貯金を希望するときはその旨」欄中の「3．預貯金振込」欄に，代理人の預貯金口座のある振込先金融機関名，支店名，預貯金の種別，預貯金口座番号，預貯金口座名義人（かな書き）を記載しなければなりません。

　この代理人は，委任による代理人に限定されていないことから，委任状のない成年後見人等の法定代理人，支配人，その他登記のある代理人等から払

渡請求がされた場合についても，当然に受領権限があると解し，それらの法定代理人等の預貯金口座を振込先に指定することができます。なお，法人又は法人でない社団若しくは財団の代表者又は管理人等は，供託規則における代理人には該当しないことから（規則26条2項参照），これらの者の口座に振り込むことは認められません。

また，法人でない社団又は財団の口座が開設されていない場合において，当該団体の代表者が代表者宛てに供託金の受領に関する委任をし，その委任状及び委任状に押印された印影の代表者個人の市町村長発行の印鑑証明書を添付したとしても，代表者は供託規則における代理人に該当しないので，代理人個人の口座を振込先に指定することはできません。

## 4 払渡請求をする代理人以外の代理人等の預貯金口座を振込先に指定した払渡請求

### (1) 他の代理人弁護士の預貯金口座を指定した場合

供託金の払渡請求につき委任を受けた代理人が複数おり，その代理人のうちの1人から払渡請求をする場合に，振込先として指定する預貯金口座を払渡請求をする代理人の預貯金口座に限るとする規定はありません。

したがって，本事例では，供託官が，払渡請求書に添付する委任状から，A及びBの両名が供託金の払渡請求及びその受領並びに供託金利息の払渡請求及びその受領に関する権限が委任されていることを確認することができれば，Bも供託金等の受領に関する権限を委任された代理人ですから，Aが払渡請求をするとしても，Bの預貯金口座を振込先に指定することができます。

### (2) 代理人弁護士が所属する法律事務所の預り金口座を振込先に指定した場合

請求者本人が，代理人弁護士に供託金の払渡請求を委任している場合に，代理人の預貯金口座を振込先に指定することはできますが，代理人弁護士の所属する弁護士事務所の預り金口座を振込先に指定することができるか否か

については，供託規則22条2項5号の条文には明記されていません。

　しかしながら，一般的に，弁護士は自己の金員と依頼者からの預り金を明確に区別し，適正に管理するため，自己の所属する法律事務所の預り金口座を設けており，こうした法律事務所の預り金口座であれば，振り込まれた供託金は，委任を受けた弁護士により適切に管理され，供託金等の受領に関する権限を委任された代理人弁護士の預貯金口座と同一視しても問題はないと考えられます。

　したがって，代理人弁護士の所属する法律事務所名が委任状に明記されており，供託官が，代理人弁護士の所属する法律事務所を確認することができる場合は，請求者の代理人は，供託金等の受領に関する権限を委任された代理人弁護士の所属する弁護士事務所の預り金口座を振込先に指定できることが実務上認められています。

　本事例においては，払渡請求者甲の委任状に弁護士Ａの所属する法律事務所名が明記されていれば，当該法律事務所の預り金口座を振込先に指定することができます。

## (3)　代理人弁護士が社員である弁護士法人の預貯金口座を振込先に指定した場合

　平成14年4月1日，弁護士法の一部を改正する法律（平成13年法律第41号）が施行され，弁護士が弁護士法人を設立することができるようになりました。弁護士法人の社員は弁護士に限られ，弁護士法人の預貯金口座の金銭は，社員たる弁護士によって適切に管理されるものですから，上記(2)の弁護士事務所の預り金口座の場合と同様に，弁護士法人の預貯金口座を同一視しても問題がないようにも考えられます。しかし，弁護士法人には法人格が与えられ，社員たる弁護士とは別人として活動することができることから，社員である弁護士の預貯金口座と弁護士法人の預貯金口座を同一視することはできません。

　したがって，本事例では，弁護士法人Ｃ自体が供託金等の受領に関する権限を委任されていない限り，弁護士法人の社員たる弁護士Ａ及びＢが供託金

第3 供託物の払渡手続

等の受領に関する権限を委任されていたとしても，請求者の代理人弁護士Ａ
が，弁護士法人Ｃの預貯金口座を振込先に指定することができません。

　なお，払渡請求をする代理人が法人の場合は，当該法人の資格を証する書
面を提示又は添付しなければなりませんが（規則27条3項），社員たる弁護士
個人と弁護士法人がともに供託金等の払渡請求及び供託金等の受領に関する
権限の委任を受け，社員たる弁護士個人が供託金の払渡請求をし，弁護士法
人の預貯金口座を振込先として希望する場合は，当該弁護士法人に係る資格
を証する書面を提示又は添付する必要はありません。なぜならば，払渡請求
をする代理人は弁護士個人であり，この場合の当該弁護士法人は，飽くまで
供託金を受領する預貯金口座の名義人にすぎないからです。


## 【成年後見人からの払渡請求】

### 事 例63

　私の母は，母を被供託者とした家賃の供託をされています。母には精
神上の障害があり，兄と私とがともに母の成年後見人に選任されている
のですが，私が単独で供託金の還付請求をすることはできますか。


### 回 答

　家庭裁判所が，①2人の成年後見人が共同して権限を行使すべきことを定
めた場合は，2人の成年後見人が共同して，②事務を分掌して権限を行使す
べきことを定めた場合は，供託金還付請求の事務を分掌した成年後見人が単
独で，③共同して又は事務を分掌して権限を行使すべきことを定めていない
場合は，どちらか一方の成年後見人が単独で，供託金の払渡しの請求をする
ことができます。

　よって，一方の成年後見人が単独で被成年後見人の法定代理人として供託
金の還付請求をする場合は，供託金払渡請求書に以下の書類を添付しなけれ

401

第3　供託物の払渡手続

ばなりません。
①　成年後見人の印鑑証明書の添付（作成後3か月以内のもの。規則26条1項，2項，9条）
②　代理権限を証する書面として成年後見人の登記事項証明書（成年後見人の事務の共同・分掌の定めがないもの又は請求者となる成年後見人に供託金還付請求の事務を分掌した旨の定めがあるもの）の添付（作成後3か月以内のもの。同27条1項，9条。別添参照）

### 解　説

## 1　成年後見制度

　成年後見制度とは，精神上の障害によって事理を弁識する能力が不十分な者（例えば，認知症高齢者，知的障害者，精神障害者等）に，その者の権利を守る援助者（成年後見人等）を選ぶことで，その者を法律的に支援する制度です（民法7条，8条）。
　成年後見制度は，法定後見人制度と任意後見人制度に大別され，さらに，法定後見人制度は，判断能力の程度など本人の事情に応じて「後見」・「保佐」・「補助」に分けられます。
　任意後見制度は，判断能力が不十分な状態になる前にあらかじめ契約で後見人を選任し，その後見人に財産管理，身上監護の事務について代理権を付与する制度であり，この代理権を付与する「任意後見契約」を公証人の作成する公正証書で結んでおく必要があります。

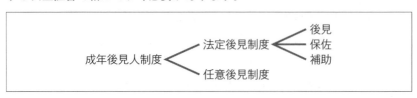

第3　供託物の払渡手続

## 2　成年後見の開始の申立て

　成年後見の開始をするためには，法定の申立権者が，成年被後見人となるべき者の住所地の家庭裁判所に後見開始の審判を申し立てることが必要です（民法7条，家事事件手続法117条）。

　申立てがあると，家庭裁判所は，成年被後見人の精神の状況につき鑑定をしなければならず（家事事件手続法119条），また，成年被後見人になるべき者の陳述を聴かなければなりません（同法120条1項1号）。そして，成年後見人となるべき者の意見を聴くなどして（同条2項1号），後見を開始することが相当であると認めることができれば，後見開始の審判をします。それと同時に，職権で，成年後見人が選任され（民法843条1項），その成年後見人は数人ある場合もあり（同条3項），また法人でもなることができるとされています（同条4項）。

　そして，後見開始の事実及び成年後見人の氏名等は，登記所（東京法務局）に登記され（後見登記等に関する法律4条），成年被後見人や成年後見人，配偶者，四親等内の親族に限って，登記事項（登記がないときは，その旨）を証明した書面（登記事項証明書）の交付を請求することができます（同法10条）。

## 3　成年後見人の職務（権限と責務）

　成年後見人の事務について，民法853条ないし869条に詳細な規定を置いています。成年後見人のなすべき事務の範囲には，被後見人の財産管理に関する事項はもとより，被後見人の療養看護に関する事項も含まれますが，その中核は被後見人の財産管理です。そして，財産管理には事実行為としての財産管理と対外的な代理行為があります（民法859条）。

　財産管理とは，財産の保存，財産の性質を変じない範囲での利用・改良を目的とするものであり，一切の法律行為及び事実行為を含みます。また，管理を目的とする限り，処分行為も含まれます。

403

第3 供託物の払渡手続

したがって，被後見人の財産の信託や預貯金，家屋の保存登記や修理・増改築はもとより，場合によっては金銭の借入れ（大判明治30.10.7民録3輯9号21頁）や不動産の売却・購入等も管理目的の行為となり得ます。

そして，後見人は，前述のとおり被後見人の財産に関する法律行為について，これを代理する権限を有します（法定代理権）。条文上は，「代表する」とされていますが，「代理」と解するのが一般的です。

代理権の範囲は，金銭の貸借や財産の贈与・売買，相続の限定承認や放棄など実体法上の財産行為はもとより，これらについての訴訟行為の代理も認められます（民法864条）。このように成年後見人には，包括的な代理権が与えられていますが，成年被後見人を保護するために一定の制限も課せられています（同法859条の2，859条の3，860条等）。

## 4 本事例の検討

供託金の払渡請求は，民法859条における被後見人の財産に関する法律行為に該当します。よって，被後見人の法定代理人として成年後見人が供託金の払渡請求をすることができます。

ただし，成年後見人が複数選任されている場合には，注意が必要です。民法859条の2第1項は，複数の成年後見人が選任された場合には，家庭裁判所は職権で権限の共同行使又は分掌の定めをすることができるとしています。すなわち，家庭裁判所が権限の共同行使又は分掌の定めをしない限り，複数の成年後見人はそれぞれが単独で成年後見人として有するすべての権限を行使できますが，複数の成年後見人が相互に矛盾抵触する法律行為をするおそれがある場合には，原則に対する例外として，職権で権限の共同行使又は分掌を定めて，成年後見人の権限を制限することができます。

そして，家庭裁判所によって権限の共同行使又は分掌についての定めがなされたときは，後見登記等ファイルにも記録され（後見登記等に関する法律4条1項7号），登記事項証明書にも記載されることになります。

第3 供託物の払渡手続

　以上のことから，本事例の場合，2人の成年後見人が選任されていますが，登記事項証明書に①2人の成年後見人が共同して権限を行使すべきことの定めがある場合は，共同して供託金の還付請求をしなければならず，②事務を分掌して行使すべきことの定めがある場合は，供託金の還付請求に関する事務の分掌のある成年後見人が単独による供託金の還付請求をすることができ，③共同して又は事務を分掌して行使すべきことの定めが記載されていない場合は，どちらか一方の成年後見人からの単独による供託金の還付請求をすることができるということになります。

第3 供託物の払渡手続

【成年後見人の登記事項証明書（成年後見人の事務の分掌の定めがある場合の例）】

## 登記事項証明書

後 見

後見開始の裁判
  【裁　判　所】○○家庭裁判所
  【事件の表示】平成○○年（家）第○○○○号
  【裁判の確定日】平成○○年○○月○○日
  【登記年月日】平成○○年○○月○○日
  【登記番号】第○○○○－○○○○号

成年被後見人
  【氏　　　名】法務太郎
  【生年月日】平成○○年○○月○○日
  【住　　　所】○○市○○区○○町○丁目○番○号
  【本　　　籍】○○市○○区○○町○丁目○番地

成年後見人
  【氏　　　名】法務次郎
  【住　　　所】○○市○○区○○町○丁目○番○号
  【選任の裁判確定日】平成○○年○○月○○日
  【事務の共同・分掌の定めの裁判確定日】平成○○年○○月○○日
  【事務の共同・分掌の定め】別紙目録記載のとおり
  【登記年月日】平成○○年○○月○○日

成年後見人
  【氏　　　名】法務三郎
  【住　　　所】○○市○○区○○町○丁目○番○号
  【選任の裁判確定日】平成○○年○○月○○日
  【事務の共同・分掌の定めの裁判確定日】平成○○年○○月○○日
  【事務の共同・分掌の定め】別紙目録記載のとおり
  【登記年月日】平成○○年○○月○○日

  上記のとおり後見登記等ファイルに記録されていることを証する。
　　　　平成○○年○○月○○日
　　　　　　　　東京法務局　登記官　　　○○○○　　印

　　　　　　　　証明書番号○○○○－○○○○○（1／2）

第3 供託物の払渡手続

---

登記事項証明書（別紙目録）

後 見

権限行使の定め目録

権限行使の定め目録

1 成年後見人法務次郎は，成年被後見人の財産管理の事務を分掌する。

2 成年後見人法務三郎は，1記載以外の事務を分掌する。

登記年月日 平成○○年○○月○○日

証明書番号○○○○－○○○○○（2／2）

第3　供託物の払渡手続

## 【隔地払による供託金の払渡し】

### 事　例64

　供託金の払渡請求をしたいのですが，私には預貯金口座がなく，また，遠方なので供託所の窓口まで小切手を受け取りに行くことができません。最寄りの金融機関の窓口で供託金を受け取る方法はありますか。

### 回　答

　隔地払により，払渡請求者の住所地又は最寄りの銀行で支払を受けることができます。

### 解　説

## 1　隔地払とは

　供託金の払渡しの方法には，供託所の窓口で小切手を交付する方法，隔地払による方法，預貯金振込みによる方法があります。なお，払渡請求者が官庁又は出納官吏の場合は，それらに加え，国庫金振替による払渡しの方法があります。

　隔地払とは，供託金及び供託金利息の払渡請求者の利便を考慮し，その住所地又は最寄りの銀行で支払を受けることを認める制度です。ただし，払渡請求者の住所が供託官（出納官吏）が振り出す小切手の支払店である日本銀行（本店，支店又は代理店）の所在地と同一の市区町村内にある場合は許されません（支出官等が隔地者に支払をする場合等における隔地の範囲を定める省令（昭和30年大蔵省令第15号））。

408

第3　供託物の払渡手続

## ❷　隔地払による払渡手続

　払渡請求者が隔地払を請求する場合は，供託金払渡請求書又は利息請求書の該当欄に，この方法による払渡しを求める旨を記載しなければなりません（規則22条2項5号，35条2項1号）。

　この場合，支払を受ける日本銀行（本店，支店又は代理店）又は日本銀行と送金の特約のある銀行が判明しているときは，その名称及び所在地を記載します。なお，払渡請求者がこの送金先の銀行を指定しない場合は，請求者が最も便利であると思われる銀行を，供託官が指定することになります。

　上記の払渡請求がされ，これを供託官が認可したとき，供託官は，払渡請求者に対し，国庫金送金通知書（電子情報処理組織を使用して処理する場合における保管金取扱規程等の特例に関する省令別紙3号書式）を送付するので（規則28条2項，準則58条2項），払渡請求者は，この通知書を通知書に記載された銀行に持参することにより，供託金を受け取ることができます。なお，供託金の受取りの際には，国庫金送金通知書のほか，印鑑証明書，身分証明書又は預貯金通帳等正当な受取人又はその代理人であることを証する書面を持参しなければなりません。

409

第3　供託物の払渡手続

## 【電子情報処理組織を使用して処理する場合における保管金取扱規程等の特例に関する省令別紙３号書式】

### 国 庫 金 送 金 通 知 書

年　　月　　日発行

下記の金額を次の金融機関でお受け取り下さい。
（官署の所在地、及び官署名）
（歳入歳出外現金出納官吏　官職印）

| 番号 | |
|---|---|
| 払渡店名 | |
| 受取人住所 | |
| 受取人氏名 | |
| 金額 | 円 |
| 領収証の収入印紙 | 要：不要 |
| 支払事由 | |

日付印

○下記の領収証にご記入のうえ窓口にお出し下さい

| 領 収 証 | 委 任 状 |
|---|---|
| 上記の金額を受領しました | 上記の金額の受領のを |
| 年　　月　　日 | に 委任しました。 |
| 住所 | 年　　月　　日 |
| 氏名　　　　　印 | 住所 |
| 収入 印紙　印 | 氏名　　　　　印 |

（注意事項）
1　この通知書の受領後、盗難等のためこの通知書により、第三者がその支払を受けたときは、通常の場合、国は貴殿に対しお支払できないことになりますので、払渡しを受けるまでは大切に保管して下さい。
　　なお、この通知書についてのお問合せは、取扱官署にお申出下さい。
2　この通知書を亡失したときは、直ちに上記の銀行又は郵便局に支払の停止を請求して下さい。
　　この場合、その支払がまだなされていないときは、上記金融機関を経由して発行官署へ届け出て下さい。
3　この通知書により、送金金額を受け取る者は、印鑑証明書、身分証明書又は預貯金通帳等正当な受取人又はその代理人であることを証する書面を持参するようにして下さい。
4　受取人は、領収証欄に日付、住所及び氏名を記入し印を押して下さい。ただし、公務員が公金を受領する場合にあっては、官庁名又は公共団体等の名称及び官職名を記入し、記名して印を押して下さい。
5　受取人が代理人に現金支払の請求をさせようとするときは、受取人が委任状欄に相当の事項を記入し、記名して印を押すか又は別に委任状を差し出して下さい。この場合には、代理人は領収証欄に代理人であることを付記し、記名して印を押して下さい。
6　印紙税法の規定により、印紙税を納めることとなっている場合には、所定の額に相当する収入印紙を貼り、消印して下さい。
7　この通知書の発行の日から1年を過ぎますと上記の銀行又は郵便局では支払を受けられません。
　　（その場合は取扱官署にお申出下さい。）
8　この通知書の発行の日から支払の準備が整うまで、土、日曜日及び祝祭日を除き4・5日程度要することがありますのであらかじめご了承下さい。

備考　1　用紙の大きさは、日本工業規格Ａ列４とする。
　　　2　領収証の収入印紙欄は、要・不要いずれかの不要文字を抹消するものとする。
　　　3　この通知書は電子情報処理組織を使用して作成するものとする。
　　　4　この通知書の発行日は支払指図書を送信した日である。

第3　供託物の払渡手続

### 【登記のない団体等による弁済供託の払渡し】

#### 事　例65

　私はある団体の代表者ですが，当団体を被供託者とする弁済供託について，相手方との和解が成立したため，供託受託により供託金の還付をしようと思います。供託金の還付請求をするためには，資格証明書と印鑑証明書が必要とのことですが，具体的に何を用意すればよいでしょうか。

#### 回　答

　ある団体が「登記された法人」であれば，登記所の作成した登記事項証明書及び印鑑証明書が，「登記されていない法人」であれば，関係官庁作成の資格を証する証明書及び市町村長の作成した代表者の印鑑証明書が，「法人でない社団又は財団」であれば，定款又は寄附行為，代表者又は管理人の資格を証する議事録等及び市町村長の作成した代表者又は管理人の印鑑証明書が必要です。

#### 解　説

### ❶　供託の当事者能力について

　供託手続において，当事者，すなわち「供託者」又は「被供託者」となり得る能力を「当事者能力」といいます。この当事者能力については，供託法上，別段の定めがないことから，民法その他の法令に従うことになります（民事訴訟法28条参照）。

　供託の当事者能力は，「自然人」のほか，「法人」，「法人でない社団又は財団であって代表者又は管理人の定めがあるもの（以下「法人格のない社団又は財団」という。）」にも認められています（規則13条2項1号，民事訴訟法29条参照）。

411

第3　供託物の払渡手続

このうち「法人」については更に「登記された法人」と「登記されていない法人」の2つに分けることができます。

よって，供託の当事者能力を有するものとしては，「自然人」，「登記された法人」，「登記されていない法人」，「法人格のない社団又は財団」の4つに分類されます。

次に，「登記された法人」，「登記されていない法人」，「法人格のない社団又は財団」について，その違いを確認してみます。

## ❷ 「法人」と「法人格のない社団又は財団」との違い

法人とは，自然人以外のもので，法律上，権利義務の主体たり得るものをいいます。民法33条1項によると，「法人は，この法律その他の法律の規定によらなければ，成立しない。」とされていますので，実体さえあれば当然に認められるものではなく，法律の規定によってのみ認められます。

例えば，会社については，会社法3条に「会社は，法人とする。」との規定があるため，会社法の規定に基づき設立された会社は法人と認められます。宗教法人や一般社団法人・一般財団法人，ＮＰＯ法人，日本銀行などについても同様の規定があるので，法人と認められることになります（宗教法人法4条，一般社団法人及び一般財団法人に関する法律3条，特定非営利活動促進法13条，日本銀行法6条等）。

一方，法人格のない社団又は財団，すなわち，権利能力なき社団又は財団は，その成立要件について，「団体として組織をそなえ，そこには多数決の原則が行なわれ，構成員の変更にもかかわらず団体そのものが存続し，しかしてその組織によって代表の方法，総会の運営，財産の管理その他団体としての主要な点が確定しているものでなければならない」とされています（最判昭和39.10.15民集18巻8号1671頁）。

権利能力なき社団の例として，区分建物の管理組合，町内会，ＰＴＡ，設立中の会社等が挙げられます。また，権利能力なき財団とは，一定の目的の

ために寄附された財産を中心として，これを運営する組織を有するものをいい，その例として，法人組織でない図書館，美術館，育英基金等が挙げられます。このうち，権利能力なき社団又は財団であって，代表者又は管理人の定めのあるものについて，供託の当事者能力が認められており，供託規則13条2項1号は，それを前提とした規定となっています。

## ❸ 「登記された法人」と「登記されていない法人」との違い

　登記された法人と登記されていない法人は，登記することにより成立する，又は，登記をしなければならないといった法令上の規定があるかないかにより異なることになります。

　会社については，会社法49条，579条により「設立の登記をすることによって成立する。」とされていますので，必ず登記されることになります。宗教法人や一般社団法人・一般財団法人，ＮＰＯ法人，独立行政法人等についても，それぞれ根拠法令で設立の登記をすることによって成立すると規定されていますので（宗教法人法15条，一般社団法人及び一般財団法人に関する法律22条，163条，特定非営利活動促進法13条1項，独立行政法人通則法17条等），登記された法人となります。

　また，日本銀行や日本年金機構などは，登記が法人の成立要件とはされていませんが，それぞれの根拠法令で登記しなければならない旨が定められていますので，登記された法人となります（日本銀行法12条1項，日本年金機構法6条1項）。

　一方，登記されていない法人の例として，健康保険組合，土地区画整理組合，厚生年金基金，地方公共団体，相続財産法人等が挙げられます。前三者については，認可をもって法人となる規定がありますが（健康保険法15条，土地区画整理法21条5項，平成25年法律第63号による改正前の厚生年金保険法113条），登記しなければならない旨の規定がないので，登記されていない法人となります。地方公共団体については，地方自治法2条1項で，相続財産法人につい

第3 供託物の払渡手続

ては，民法951条で当然に法人となりますが，登記しなければならない旨の
規定はありませんので，登記されていない法人となります。

## 4 「登記された法人」となることができる「法人格のない社団又は財団」

労働組合，政党，区分建物の管理組合等については，権利能力なき社団としての団体が一定の要件を備えて法人登記をすることによって法人となることができるとされているため，「登記された法人」である場合と「法人格のない社団又は財団」である場合があります。

労働組合については，労働組合法11条1項により，労働組合法の規定に適合する旨の労働委員会の証明を受けた労働組合は，主たる事務所の所在地において登記することにより法人となると規定されています。

政党については，政党交付金の交付を受ける政党等に対する法人格の付与に関する法律4条1項により，中央選挙管理会の確認を受けた政党は，その主たる事務所の所在地において登記することにより法人となると規定されています。

管理組合については，建物の区分所有等に関する法律47条1項により，区分所有者及び議決権の各4分の3以上の多数による集会の決議で法人となる旨並びにその名称及び事務所を定め，かつ，その主たる事務所の所在地において登記することにより法人となると規定されています。

地縁団体（町内会）については，地方自治法260条の2第1項の規定により市町村の認可を受けることによって，法人格を取得することになります。

つまり，労働組合，政党，管理組合等については，「法人」及び「法人格のない社団」の両方が存在することとなります。ただし，管理組合の法人については，名称中に「管理組合法人」という文字を使用しなければならず，逆に管理組合法人でないものがその名称中に管理組合法人という名称を使用してはならないため（建物の区分所有等に関する法律48条1項，2項），名称で「法

414

第 3　供託物の払渡手続

人」か「法人格のない社団」かを区別することができます。

### 5　資格を証する書面と印鑑証明書

(1)　「登記された法人」が払渡請求をする場合

ア　資格を証する書面

　　供託規則27条 3 項で準用する14条 1 項及び供託事務取扱手続準則63条 1
項で準用する31条により，登記所の作成した登記事項証明書を提示しなけ
ればなりません。

イ　印鑑証明書

　　供託規則26条により，登記所の作成したものを添付しなければなりませ
ん。

(2)　「登記されていない法人」が払渡請求をする場合

ア　資格を証する書面

　　供託規則27条 3 項で準用する14条 2 項及び供託事務取扱手続準則63条 1
項で準用する31条により，関係官庁が発行した証明書等を添付しなければ
なりません。

イ　印鑑証明書

　　供託規則26条によると，市町村長又は登記所の作成した印鑑証明書を添
付しなければなりませんが，登記されていないため登記所の作成した印鑑
証明書を添付することはできないので，市町村長の作成した代表者の印鑑
証明書を添付しなければなりません（なお，地方自治法260条の 2 第 1 項の規定
による市町村の認可を受けた地縁団体については，市町村長の作成した認可地縁団体の
代表者が登録した印鑑に関する証明書を規則26条の印鑑証明書に代えることができると
されています（平成4.5.20民三第2430号民事局第三課長・第四課長通知）。）。

(3)　「法人格のない社団又は財団」が払渡請求をする場合

ア　資格を証する書面

　　供託規則27条 3 項で準用する14条 3 項により，定款又は寄附行為及び代

415

第3 供託物の払渡手続

表者又は管理人の資格を証する書面として代表者の選任に係る議事録等を
添付しなければなりません。

イ 印鑑証明書

上記(2)イの登記されていない法人と同様です。

**【債権者不確知供託の還付請求権に仮差押え及び差押えが競合し，その後，
仮差押えが取り下げられた場合の還付】**

### 事例66

　供託者は，Ｘに対し，金銭債権（100万円）の支払債務があるところ，
同債務に確定日付のある債権譲渡通知書（譲渡人Ｘ，譲受人Ｙ）が送達さ
れたが，同債権には譲渡禁止の特約があることから，譲受人の善意・悪
意が不明であり，供託者の過失なくして真の債権者を確知することがで
きないとして，平成29年8月10日，被供託者をＸ又はＹとする供託をし
た。

　上記供託金還付請求権に対し，平成29年8月21日，Ｘを債務者とする
仮差押命令（仮差押債権額80万円），さらに，同月25日，Ｘを債務者とする
差押命令（差押債権額50万円）が送達されたが，保全裁判所から同月30日，
仮差押命令を取り下げた旨の通知書が送達された。

　差押債権者は，還付請求権がＸに帰属する旨のＹの承諾書があれば，
供託金50万円の取立てをすることができますか。

### 回 答

　差押債権者は，供託金払渡請求書に，一般的な必要書類のほか，差押命令
が差押債務者に送達されて1週間が経過したことを証する差押送達通知書及
び還付請求権がＸに帰属する旨のＹの承諾書（承諾書作成者の印鑑証明書・資格
証明書を添付）を添付し，供託受諾及び差押えによる取立てを請求事由とした

416

第3　供託物の払渡手続

供託金50万円の還付請求をすることができます。

**解　説**

## 1　差押えの効力の拡張とその効果

民事執行法149条は，差押えが一部競合した場合の効力について，「債権の一部が差し押さえられ，又は仮差押えの執行を受けた場合において，その残余の部分を超えて差押命令が発せられたときは，各差押え又は仮差押えの執行の効力は，その債権の全部に及ぶ。債権の全部が差し押さえられ，又は仮差押えの執行を受けた場合において，その債権の一部について差押命令が発せられたときのその差押えの効力も，同様とする。」として，債権差押え等が重複した場合の一部差押えの効力がその債権全部に及ぶことを規定しています。

そして，差押え又は仮差押えの執行が競合し差押えの効力の拡張が生じた後に，競合する差押え又は仮差押えの執行の一方が取り消され又は取下げによって効力を失った場合でも，一度拡張した差押えの効力は，なお存続するものと考えられます。

## 2　配当加入遮断効の発生時期

債権執行において，配当を受けられる債権者の範囲が決まるいわゆる配当加入遮断効が生ずるのは，「供託をした時」とされ（民事執行法165条），この事情の届出の時期については，特段の規定はありませんが，供託をした時点と解されています。

供託物払渡請求権に対して差押え等がされた場合には，実際には供託官が既に供託されている供託物を供託することはできないので，どの時点で「供託をした時」に当たるかが問題になります。供託官は，国家機関であること等の理由から，民事執行法156条1項に基づくいわゆる権利供託をすること

417

第3 供託物の払渡手続

はできず，差押え等が競合したときに供託義務が生じる民事執行法156条2項に基づくいわゆる義務供託がされた時と解するのが最も適切であるとされ，実務上の取扱いもこれにより運用されています。

## 3 配当加入遮断効の効果

民事執行実務では，配当加入遮断効が生じた後，すなわち供託後に供託の原因たる事実欄記載の差押命令の申立てが取り下げられたとしても，差押えによる処分制限の効力及び供託による換価の効力が消滅することはなく，配当加入遮断効の効力も存続すると考えられていることから，差押えの効力が消滅することはなく，単に取り下げた債権者について配当金交付請求権の放棄としての意味が残るにとどまるとされています（東京地方裁判所民事執行センター実務研究会編著『民事執行の実務　債権執行編（下）』（金融財政事情研究会，2012）64頁）。

しかしながら，供託実務においては，「差押えと仮差押えの執行との競合を原因として供託がなされた場合においても，差押えの効力が失われたときは，当該供託は仮差押えの執行を原因とする供託にその性質を変ずるものとすれば，一旦生じた配当加入遮断の効果は，差押えの取下げによつて消滅する」（竹田盛之輔「昭和59年度全国供託課長会同における協議問題決議の解説」民月40巻1号19頁）とされ，民事執行実務とは異なる見解をとっています。

そして，上記供託実務によれば，供託金還付請求権に対する差押えが取り下げられた場合，一度生じた配当加入遮断効の効力も前記と同様に消滅することになるものと考えます。

## 4 本事例の検討

本事例は，債権者不確知の供託後における一方の被供託者に対する仮差押え及び差押えが競合し，その後，仮差押えが取り下げられたケースであると

ころ，差押えの効力は，民事執行法149条により債権の全部に及ぶことにな
り，仮差押えが取り下げられても一度拡張した差押えの効力が減縮しないこ
とは前述のとおりです。そして，本供託は，債権者不確知が解消されていな
かった時点においては，差押えの競合が生じていたとしても，供託金が払渡
請求に応じることができる状態にはなかったことから，供託義務は発生して
いません。すなわち，配当加入遮断効は発生していないことから上記３を検
討する余地もないことになります。

　したがって，差押えの効力は債権の全部である100万円に及んでいるもの
の，仮差押えが取り下げられたことにより仮差押えの効力が遡及的に消滅し，
弁済供託の還付請求権について，単一の差押えが送達されている場合と同様
であることから，差押債権者は，供託金払渡請求書に，一般的な必要書類の
ほか，差押命令が差押債務者に送達されて１週間が経過したことを証する差
押送達通知書及び還付請求権がＸに帰属する旨のＹの承諾書（承諾書作成者の
印鑑証明書・資格証明書を添付）を添付し，供託受諾及び差押えによる取立てを
請求事由とした供託金50万円の還付請求をすることができます。

## 【債権者不確知供託に滞納処分による差押えの表示がある場合の被供託者からの還付】

### 事　例67

　ＡがＢ（個人）に対して負う譲渡禁止特約付売掛金債権につき，Ｂか
らＣを譲受人とする債権譲渡通知書がＡに送付されましたが，債権の帰
属について当事者間に争いがあり，真の債権者を確知することができな
いことから，被供託者をＢ又はＣとして民法494条に基づき供託された
供託書の備考欄に，Ｂを差押債務者とした滞納処分庁による差押えの表
示がある場合に，ＢＣ間でＢが還付を受ける権利を有することを確認し
た確定判決及びＢの印鑑証明書（３か月以内に発行されたもの）を添付した
Ｂからの還付請求に応じることができるでしょうか。

第3　供託物の払渡手続

### 回　答

　滞納処分庁は利害関係人に当たるため，滞納処分庁からの承諾書又は差押えの解除を証する書面が添付されていない限り，被供託者からの還付請求に応じることはできません。

### 解　説

## ❶　債権者不確知を原因とする供託について

　債務者の過失なくして債権者を確知することができないときには，民法494条により債務者は目的物を供託して債務を免れることができるとされており，この債権者不確知を理由とする弁済供託をするためには，債権債務の発生当初において債権者は特定されているが，その後何らかの事情で債務者の立場からそれを知ることができない状態に陥ったこと，及び債権者を確知できないことが弁済者の過失によるものではないことが要件とされています。

　債権者不確知供託の主な例としては，債権者について相続が発生したが，相続人の氏名住所が不明である場合や，債権が譲渡されたが，債権の帰属について譲渡人と譲受人との間で争いがある場合等が挙げられます。

　本事例は後者の例に当たりますが，そもそも譲渡禁止特約付の債権とはどのようなものでしょうか。

　民法466条1項によると，債権は，その性質が譲り渡すことを許さないものでない限り，譲り渡すことができるとされています。ただし，同条2項において，当事者が反対の意思を表示した場合には同条1項を適用しないとされているため，当事者間の特約で譲渡を禁止することができますが，この特約は絶対的なものではなく，善意の第三者に対抗することはできません（同条2項ただし書）。

　債務者Aが，真の債権者を確知するためには，譲受人Cが「善意の第三

420

第3 供託物の払渡手続

者」に該当するのか否かを知る必要がありますが，それを債務者Ａの過失な
く知ることができない事情があれば，債務者Ａは被供託者を譲渡人Ｂ又は譲
受人Ｃとして債権者不確知による供託をすることができます。

## ❷ 金銭債権に滞納処分による差押えがされている場合の供託について

金銭債権に滞納処分による差押えがされた場合，その前に強制執行による
差押えがされ，又はその後に強制執行による差押えがされない限り，たとえ
滞納処分による差押え同士が競合したとしても，第三債務者が供託すること
はできません（滞調法20条の6，36条の6）。

そのため，債権者不確知と滞納処分による差押えが重複した場合は，債権
者不確知のみを根拠として供託することになります。

しかしながら，債権者不確知のみを根拠として供託した場合，第三債務者
である供託者は，債権者との関係では債務を免れても，滞納処分庁に対して
は債務の消滅を主張できず，滞納処分庁からの取立てがあった場合，二重払
いのリスクを負う可能性があることから，実務上は，供託書の備考欄等にな
お書きとして滞納処分による差押えの表示を記載するように説明をしていま
す。

## ❸ 債権者不確知を原因とする供託の還付について

一般的に，弁済供託における被供託者が還付請求するには①被供託者が確
定し，②被供託者の供託物に対する実体上の請求権が確定しており，③被供
託者の請求権行使につき条件があればそれが成就していることが必要とされ
ます。

被供託者を甲又は乙とする債権者不確知供託においては，各被供託者は，
観念的・形式的にそれぞれ還付請求権を有しているものの，原債権の帰属と

421

第3　供託物の払渡手続

同様に真の還付請求権は甲又は乙のいずれか一方に帰属しており，甲と乙とに準共有的に帰属しているわけではなく，甲と乙とを被供託者とする2つの供託がされており，一方の供託が有効となった場合には，他方の供託が無効となる停止条件付の供託であると解されています。そのため，被供託者の一方が還付請求をするときには，同人が前記の①被供託者であること及び②被供託者の供託物に対する実体上の請求権が確定していることを証明するために，還付を受ける権利を有することを証する書面（規則24条1項1号）として甲乙間で供託金還付請求権がいずれかに帰属することを確認した確定判決，和解調書，調停調書，又は他方の被供託者の承諾書等を添付しなければなりません。

　そのほかに，供託規則26条の印鑑証明書や，同規則27条に規定する代表者等の資格又は代理人の権限を証する書面，前記③の反対給付等の条件が付されている場合は，反対給付があったことを証する書面（規則24条1項2号）等を添付しなければなりません。

## ４　供託書に滞納処分による差押えの表示がある場合について

　本事例のように，供託書の備考欄等に滞納処分による差押えの表示がある場合，当該滞納処分の存在を考慮することなく払渡請求に応じることができるか否かが問題になります。

　この点に関連して，債権者不確知供託の被供託者甲乙間における供託金還付請求権が乙に帰属する旨の確定判決を添付の上，乙からされた還付請求を甲の還付請求権に対して差押えがされていることを理由に供託官が却下した事案について，供託金の差押債権者は還付請求権の利害関係人に当たるため，還付請求には差押債権者の承諾書等も添付する必要があり，本却下処分を適法とした判決があります（長崎地判平成24.8.27判タ1385号129頁）。

　上記判決においては，供託物の還付請求権についての利害関係人とは，還付請求権について直接的な利害関係を有する者をいうとされており，債権者

422

第3 供託物の払渡手続

不確知供託における還付請求権を差し押さえた債権者や混合供託における供託の目的物たる債権を差し押さえた債権者は利害関係人に当たるとされています。

本事例において，滞納処分庁による差押えの表示は，債権者不確知供託の供託書の備考欄に記載されていますが，当該滞納処分庁は，混合供託における供託の目的物たる債権を差し押さえた債権者と同様に，利害関係人であると考えられることから当該滞納処分庁からの承諾書又は差押えの解除を証する書面が添付されなければ，Bからの還付請求に応じることはできません。

**【会社法141条2項，同法142条2項に基づく供託の払渡し】**

事 例68

　私は，保有する譲渡制限株式を他人に譲渡するため，株式会社Aに対し譲渡承認を求めた株主ですが，会社は全株式について譲渡を承認せず，対象株式を指定買取人Bが買い取ること，対象株式の価格を150万円として供託したことが通知されました。そこで，対象株式を供託し，指定買取人Bと株式の売買価格に関する協議をしたのですが，売買価格の協議が調わなかったため，裁判所に申立てをしたところ，同裁判所において株式の売買価格が180万円とする決定がされ，双方とも異議の申立てをしなかったので，同価格にて確定しました。

　私は，上記供託金の全額を還付したいのですが，どのようにすればよいですか。

回 答

　被供託者（譲渡制限株式の株主）は，供託金払渡請求書に，還付を受ける権利を有することを証する書面として，株式の売買価格の確定を証する書面，印鑑証明書（作成後3か月以内のもの）を添付して，供託所に対し，提出しなけ

423

第3　供託物の払渡手続

ればなりません。

　株式の売買価格の確定を証する書面としては，裁判所の決定により株式の売買価格が確定した場合には，売買価格が確定したことを証する裁判所の決定謄本及びその確定証明書が該当します。

### 解　説

【関係図】

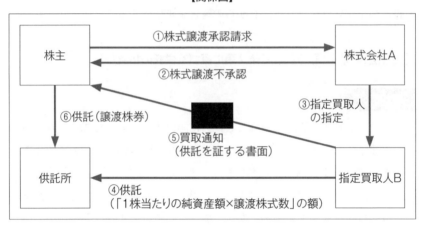

## 1　譲渡制限株式の譲渡承認請求に係る手続について

(1)　株式は自由に譲渡できるのが原則ですが（会社法127条），譲渡による当該株式の取得（相続・合併・会社分割等の承継による株式移転は含まない。）につき，株式会社の承認を要する旨を定款で定めることが可能であり，当該株式を「譲渡制限株式」といいます。

　　この場合，株主は，その所有する株式を処分しようとすれば，必ず株式会社の承認を得なければならず，もしも株式会社の承認が得られないようなときは，投下した資本の回収が閉ざされることになりますので，株主の投下資本の回収を保障するため，会社法において，以下のとおり譲渡制限

第3 供託物の払渡手続

株式の譲渡承認に係る手続が設けられています。

(2) 「譲渡制限株式」を他人に譲渡しようとする株主又は株式会社から譲渡
承認を得ない形で譲渡制限株式を取得した譲受人（以下，両者を併せて「譲渡
等承認請求者」という。）は，株式会社に対し，当該株式譲渡を承認するか否
かの決定をするよう請求することができます（会社法136条，137条1項）。

加えて，株式会社が承認しない場合には，株式会社又は株式会社が指定
する者（以下「指定買取人」という。）が当該株式を買い取るよう請求するこ
と（以下「買取請求」という。）ができます（同法138条1号ハ，2号ハ）。

(3) 株式会社は，上記の譲渡等承認請求及び買取請求に対して，承認するか
否かを決定しなければならず（会社法139条），買取請求を併せて受けている
ときには，承認しない旨の決定をした場合，当該株式を自己が買い取るか
又は当該株式の買取人を指定しなければなりません（同法140条）。

なお，株式会社が譲渡等承認請求のあった日から2週間以内（これを下
回る期間を定款で定めた場合はその期間）に承認の可否に係る通知をしなかっ
た場合には，株主と株式会社との間に別段の合意がない限り，株式会社は，
当該株式の譲渡等を承認する旨の決定をしたものとみなされます（同法145
条1号）。

ア 株式会社が当該株式を買い取る場合

株式会社が，譲渡等承認請求者からの請求を不承認としてその内容を通
知し，当該株式を買い取る旨の決議をした場合，同社が，上記不承認通知
をした日から40日以内に，対象株式を買い取る旨の通知（同法141条1項）
を譲渡等承認請求者にするときは，1株当たりの純資産額（会社法施行規則
25条）に株式会社が買い取る対象株式の数を乗じた額（売買価格相当額）を
株式会社の本店所在地の供託所（本店所在地に供託所がない場合は最寄りの供託
所）に供託し，当該供託を証する書面を譲渡等承認請求者に交付しなけれ
ばなりません（同法141条2項）。

なお，株式会社が上記不承認通知をした日から40日（これを下回る期間を
定款で定めた場合はその期間）以内に，前記対象株式を買い取る旨の通知をし

425

第3　供託物の払渡手続

なかったとき，あるいは同通知をした場合において，当該期間内に譲渡等
承認請求者に対し，上記供託を証する書面を交付しなかったときは，譲渡
を承認したものとみなされます（会社法145条2号，会社法施行規則26条1号）。

イ　指定買取人が当該株式を買い取る場合

　　株式会社が指定した指定買取人に譲渡する旨の決議をした場合に，指定
買取人が，上記不承認通知をした日から10日以内に，対象株式を買い取る
旨の通知（会社法142条1項）を譲渡等承認請求者にするときは，1株当た
りの純資産額（会社法施行規則25条）に指定買取人が買い取る対象株式の数
を乗じて得た額（売買価格相当額）を，株式会社の本店所在地の供託所（本
店所在地に供託所がない場合は最寄りの供託所）に供託し，当該供託を証する書
面を譲渡等承認請求者に交付しなければなりません（会社法142条2項）。

　　なお，指定買取人が上記不承認通知をした日から10日（これを下回る期間
を定款で定めた場合はその期間）以内に，前記対象株式を買い取る旨の通知を
しなかったとき，あるいは同通知をした場合において，当該期間内に譲渡
等承認請求者に対し，上記供託を証する書面を交付しなかったときは，譲
渡を承認したものとみなされます（会社法145条2号，会社法施行規則26条2号）。

(4)　譲渡等承認請求者は，上記対象株式を買い取る旨の通知（会社法141条1
項，142条1項）を受けたときは，譲渡対象になっている株券が「株券発行
会社」の株券である場合には，当該通知を受けた日から1週間以内に，当
該株券を株式会社の本店所在地の供託所（本店所在地に供託所がない場合は最
寄りの供託所）に供託し，その旨を株式会社又は指定買取人に遅滞なく通知
しなければなりません（会社法141条3項，142条3項）。

　　また，株式会社・指定買取人が譲渡等承認請求者に対してなす対象株式
を買い取る旨の通知（同法141条1項，142条1項）は，形成権の行使であり，
それにより株式会社・指定買取人と譲渡等承認請求者との間に対象株式の
売買契約が成立します。したがって，譲渡等承認請求権者は，株式会社・
指定買取人から買取りの通知を受けた後は，株式会社・指定買取人の承諾
を得ない限り譲渡等承認請求を撤回することはできません（同法143条）。

426

第3　供託物の払渡手続

⑸　株式会社・指定買取人と譲渡等承認請求者は，その後売買価格について協議することとなりますが（会社法144条1項，7項），その協議が調わないときは，当事者は，株式会社・指定買取人からの買取りの通知があった日から20日以内に，裁判所に対し売買価格の決定の申立てをすることができます（同法144条2項，7項）。ただし，同期間内に申立てがない場合には供託額が売買価格となります（同条5項，7項）。

　なお，対象株式の移転は売買代金の支払時に効力を生ずるとされています。

## ❷　会社法141条2項及び3項（142条2項及び3項）による供託の性質について

　上記のとおり株式会社・指定買取人が譲渡等承認請求者に対し，対象株式を買い取る旨の通知をすれば，これにより株式会社・指定買取人と譲渡等承認請求者との間で対象株式の売買契約が成立することとなりますので，会社法は，株式会社・指定買取人には，141条2項あるいは142条2項により対象株式の売買価格相当額の金銭を供託させ，一方，譲渡等承認請求者には141条3項あるいは142条3項により対象株式に係る株券を供託させることによって売買当事者相互の義務の履行を確保しようとしたものと解されます。

　したがって，この供託は義務の履行を確保する機能を有するので，一種の保証供託と見ることができます。

　しかし，株式の売買価格が確定したときは，供託金額を限度として，売買代金の一部又は全部を支払ったものとみなされますし（会社法144条6項，7項），また，供託している株券は売買代金の支払があったときに移転の効力が生ずるものとされており，いずれも弁済の目的物として供託したこととなりますので，この点から見れば，弁済供託ということもできます。

427

第3 供託物の払渡手続

## ❸ 供託物払渡請求について

　株式譲渡に係る売買が成立した場合における供託物（金銭・株券）の払渡請求に必要な還付を受ける権利を有することを証する書面（規則24条1項1号）と，取戻しをする権利を有することを証する書面（規則25条）について説明します。

　なお，株式譲渡に係る売買が不成立に終わった場合には，供託者自ら取戻請求権を行使して金銭又は株券を取り戻すことになります。

⑴ **会社法141条2項あるいは142条2項による金銭供託**

ア　還　付

　㋐　売買価格が供託金額と同一又はそれを超えて確定した場合

　　　売買価格の確定を証する書面を添付して「売買価格確定」により被供託者が還付請求をすることになりますが，この場合の還付を受ける権利を有することを証する書面としての売買価格の確定を証する書面は，以下のものが該当します。

　　① 当事者間の協議で売買価格が確定した場合

　　　　当事者間の協議書（当事者の印鑑証明書・資格証明書（協議書作成日前3か月以内又は作成日以降に作成されたもの）を添付）

　　② 裁判所に売買価格決定の申立てをした場合

　　　　裁判所の決定謄本及び確定証明書，又は和解調書，調停調書等

　　③ 当事者間の協議が調わず（又はされず），かつ，申立期間内に裁判所に対する申立てがなかった場合（この場合は供託金額が売買価格に確定します。）

　　　　当事者間の協議が調わなかった旨の証明書（当事者の印鑑証明書・資格証明書（証明書作成日前3か月以内又は作成日以降に作成されたもの）を添付），又は，それと同様の内容の判決の謄本及び確定証明書，又は，会社法144条2項に定める申立期間内に，裁判所へ申立てがなかったことの管轄地方裁判所の証明書

第3 供託物の払渡手続

(イ) 売買価格が供託金額を下回って確定した場合

　　供託金のうち売買価格に相当する部分について，売買価格の確定を証する書面を添付して「売買価格確定」により還付することになりますが，売買価格の確定を証する書面は上記(ア)のとおりです。

　　なお，供託金のうち売買価格との差額部分は，供託者の取戻請求により払い渡します。

イ　取戻し

　　この供託は，譲渡制限ある株式の譲渡において，売買当事者相互に義務の履行を確保するためのものですので，民法上の弁済供託と異なり，「供託不受諾」による取戻請求をすることはできないとされています。

　　売買価格が供託金額を下回って確定した場合には，供託金のうち売買価格を超える部分につき売買価格の確定を証する書面を添付して「売買価格確定による供託原因消滅」により供託者が取り戻すことになりますが，この場合の取戻しをする権利を有することを証する書面としての売買価格の確定を証する書面は，上記ア(ア)と同様です。


(2)　会社法141条3項あるいは142条3項による株券の供託

ア　還付

(ア) 売買価格が供託金額を超えない金額で確定した場合

　　売買価格の確定を証する書面を添付して「売買価格確定」により還付することになりますが，売買価格確定を証する書面としては，上記(1)ア(ア)と同じです。

(イ) 売買価格が供託金額を超えて確定した場合

　　売買価格の確定を証する書面及び供託金額との差額を支払ったことを証する書面を添付して「売買価格確定」により還付することになります。

　　売買価格確定を証する書面としては，上記(1)ア(ア)と同じですが，供託金額との差額を支払ったことを証する書面としては，供託者の証明書（供託者の印鑑証明書・資格証明書（証明書作成日前3か月以内又は作成日以降に作

429

第3　供託物の払渡手続

成されたもの）を添付）が該当します。

イ　取戻し

　この株券の供託も，譲渡制限ある株式の譲渡において，売買当事者相互に義務の履行を確保するためのものですので，民法上の弁済供託と異なり，「供託不受諾」による取戻請求をすることはできないとされています。

## 4　本事例の供託金払渡請求について

　本事例は，上記3(1)ア(ア)②に該当しますので，払渡請求書に還付を受ける権利を有することを証する書面として，売買価格に関する裁判の決定謄本及びその確定証明書，払渡請求者の印鑑証明書（作成後3か月以内）を添付して，払渡請求をすることができます。

## 5　供託金利息について

　会社法141条2項及び142条2項に基づく供託の供託金利息の払渡しは，売買価格確定日を基準として，売買価格確定日の前日までの利息は供託者（株式会社・指定買取人）に払い渡すことになり，売買価格確定日以後の利息は被供託者（譲渡制限株式の株主）に払い渡すことになります。

　なお，供託者への利息払渡しについては，被供託者からの還付請求の後に，供託者からの請求により払い渡すことになります（規則34条1項）。

### 【運転経歴証明書での本人確認による払渡し】

**事　例69**

　個人が払渡請求をする場合において，請求者が運転経歴証明書を提示したときは，印鑑証明書の添付を省略することができますか。

第3　供託物の払渡手続

### 回　答

　運転経歴証明書は，供託規則26条3項2号の「官庁又は公署から交付を受けた書類その他これに類するもの」に該当するため，請求者がこれを提示して，その者が本人であることを確認することができるときは，印鑑証明書の添付をしないで，払渡しの請求をすることができます。

### 解　説

## １　払渡請求の添付書類

　供託物の払渡請求においては，供託の種類及び払渡請求者によって必要となる添付書類が異なりますが，請求者が個人である場合には，その者の市区町村長が作成した印鑑証明書（作成後3か月以内のもの）の添付を要します（規則26条1項，9条）。

　ただし，官公署から交付を受けた書類その他これに類するもの（氏名，住所及び生年月日の記載があり，本人の写真が貼付されているものに限る。）により，その者が本人であることを確認することができるときは，印鑑証明書の添付を要しないとされています（規則26条3項2号）。

## ２　運転経歴証明書

　運転経歴証明書とは，運転免許を受けた本人が免許の取消しを申請し，運転免許証を自主的に返納することにより，免許を取り消された者が交付の申請をすることができる書面であり，その内容は，取消しを受けた日前5年間のその者の自動車等の運転に関する経歴（優良運転者，一般運転者又は違反運転者等の区分）を証明するものであり，運転免許証と同じ大きさで，氏名，住所，生年月日の記載があり，本人の写真が貼付されており，記載事項に変更があった場合は，証明書裏面の備考欄に変更事項が記載されます。

431

第3　供託物の払渡手続

　この証明書は，免許の取消し後5年以内に都道府県公安委員会に交付を申請することができるとされています（道路交通法104条の4，道路交通法施行令39条の2の4）。


# 3　結　論

　このように，運転経歴証明書は，免許を受けた本人の申請による免許取消しに基づき，都道府県の公安委員会から証明書の交付の申請をした本人に対し交付されるものであるから，官公署が申請した本人であることを確認をした上で交付した書面であると評価できること，当該証明書には氏名，住所及び生年月日の記載並びに本人の写真が貼付されていることから，「官庁又は公署から交付を受けた書類その他これに類するもの」として取り扱うことができます。

　したがって，運転経歴証明書を提示することにより，その者が本人であることを確認することができるときは，印鑑証明書の添付をしないで，払渡しの請求をすることができます。

第4　利息の払渡手続

<br>

## 第 4
# 利息の払渡手続

---

## 事　例

---

### 【供託金利息の払渡し】

> **事　例70**
>
> 供託金の利息について説明してください。

---

### 回　答

　供託金には，法務省令の定めるところにより利息が付されます（法3条）。ただし，供託金の受入れの月及び払渡しの月については付されず，また，供託金の金額が1万円未満であるとき又は供託金に1万円未満の端数があるときは，その全額又はその端数全額に対しても付されません（規則33条2項）。

　供託金利息は，原則として，元金の払渡しと同時に，供託金払渡請求者に対して払い渡されます。ただし，供託金利息の受取人が供託金払渡請求者と異なるときは，元金を払い渡した後に利息を払い渡します（規則34条1項）。また，保証供託の利息は，元金の払渡し前の中間払いが認められています（同条2項）。

433

第4　利息の払渡手続

```
解　説
```

## 1　概　要

　供託金には，法務省令の定めるところにより利息を付すことを要すとされており（法3条），その利率，利息を付すべき期間，利息の払渡時期，利息の受取人等については，供託規則でこれを定めています（規則33条ないし35条）。

　供託金の利息を付すべき期間は，原則として，供託金の受入れの月の翌月から払渡しの月の前月までとされていますので，受入れの月の翌々月以降に払渡請求が認可された場合に利息が付されることになります。また，供託金の全額が1万円未満であるとき又は供託金に1万円未満の端数があるときは，その全額又はその端数全額に対し利息は付されません（規則33条2項）。

　なお，供託実務での「受入れの月」とは，現金取扱庁においては，「現実に供託金を受け入れた日の属する月」を指し，非現金取扱庁においては，「日本銀行に供託金を納入した日の属する月」を指します。そして，「払渡しの月」とは，「供託官が払渡しを認可した日の属する月」を指します。

## 2　供託金利息の利率

　供託金利息の利率は，当時の経済動向や国の財政事情等を理由に，これまでに幾度となく変更されています。平成14年4月1日以降は，年0.024％（規則33条1項）と定められ，これ以前に供託された供託金については，それぞれの期間に応じて次の一覧表の利率が適用されます。

第4　利息の払渡手続

## 【供託金利息の利率の変遷一覧表】

| 根拠法令等 | 適用期間 | 利　率 | 利息払渡の条件 |
|---|---|---|---|
| 明治23年7月26日勅令第145号「供託規則」2条 | 明治26年11月30日以前 | 1,000円以上年3分1,000円未満年4分2厘 | 供託規則2条「供託シタル金銭ハ払込ノ日ヨリ60日ヲ過ルトキハ払込ノ翌月ヨリ払渡請求ノ前月マテ通常預金ノ利子ヲ付スヘシ」（大正12.2.22会甲第444号司法省会計課長回答） |
| 明治26年7月24日勅令第75号 | 明治26年12月1日から明治32年3月31日まで | 無利息 | 明治26年勅令第75号「明治23年勅令第145号供託規則ニ依リ大蔵省預金局ニ於テ保管スル供託ノ金銭ニハ明治26年12月1日以降利子ヲ付セス」 |
| 明治32年2月8日法律第15号供託法3条明治32年3月17日大蔵省告示第9号(イ)明治32年5月17日金達第4号(ロ)大正5年1月29日法律第2号「国庫出納金端数計算法」 | 明治32年4月1日から大正11年3月31日まで | 年3分6厘 | 供託法3条「金庫ハ金銭ノ供託ヲ受ケタル翌月ヨリ払渡請求ノ前月マテ大蔵大臣力定メタル利息ヲ払フコトヲ要ス」1　供託金の受入れ及び払渡しの月は利息を付さない。2　元金10銭未満の端金にも付す。利息に1銭未満の端数があるときは，その端数を切り捨て，利息が1銭未満のときは1銭とする。 |
| 供託法3条大正11年3月1日司法省令第3号 | 大正11年4月1日から昭和7年9月30日まで | 年3分6厘 | 供託法3条（大正10年法律第69号により本条改正）「供託金ニハ命令ノ定ムル所ニ依リ利息ヲ付スルコトヲ要ス」1　供託金の受入れ及び払渡しの月は付さない。2　供託金の1円未満の端数には付さない。 |

## 第4 利息の払渡手続

| | | | |
|---|---|---|---|
| 昭和7年9月29日司法省令第41号 | 昭和7年10月1日から昭和29年3月31日まで | 年2分4厘 | （大正11年司法省令第3号を一部改正）<br>1 供託金の受入れ及び払渡しの月は付さない。<br>2 供託金の10円未満の端数には付さない。 |
| 昭和29年2月15日法務省令第11号 | 昭和29年4月1日から昭和34年3月31日まで | 年2分4厘 | （大正11年司法省令第3号を一部改正）<br>1 供託金の受入れ及び払渡しの月は付さない。<br>2 供託金の1,000円未満の端数には付さない。 |
| 昭和34年1月17日法務省令第2号「供託規則」33条 | 昭和34年4月1日から昭和43年6月30日まで | 年2分4厘 | 1 供託金の受入れ及び払渡しの月は付さない。<br>2 供託金の1,000円未満の端数には付さない。<br>3 供託金の全額が1,000円未満であるときは付さない。 |
| 昭和43年6月11日法務省令第26号「供託規則の一部を改正する省令」 | 昭和43年7月1日から昭和53年2月28日まで | 年2分4厘 | 1 供託金の受入れ及び払渡しの月は付さない。<br>2 供託金の全額が5,000円未満であるときは付さない。<br>3 供託金の1,000円未満の端数には付さない。 |
| 昭和53年2月1日法務省令第4号「供託規則の一部を改正する省令」 | 昭和53年3月1日から昭和57年3月31日まで | 年1.2% | 1 供託金の受入れ及び払渡しの月は付さない。<br>2 供託金の全額が10,000円未満であるときは付さない。<br>3 供託金の10,000円未満の端数には付さない。 |
| 昭和56年法律第94号<br>昭和60年法律第5号 | 昭和57年4月1日から昭和66年（平成3年）3月31日まで | 無利息 | 供託法15条<br>「昭和57年4月1日ヨリ昭和66年3月31日マデノ間ノ利息ハ第3条ノ規定ニ拘ラズ之ヲ付セズ」 |

| | | | |
|---|---|---|---|
| 「供託規則」33条 | 平成3年4月1日から平成6年3月31日まで | 年1.2% | 平成3年4月1日から<br>1　供託金の受入れ及び払渡しの月は付さない。<br>2　供託金の全額が10,000円未満であるときは付さない。<br>3　供託金の10,000円未満の端数には付さない。 |
| 平成6年3月1日法務省令第8号「供託規則の一部を改正する省令」 | 平成6年4月1日から平成8年3月31日まで | 年0.6% | |
| 平成8年3月1日法務省令第9号「供託規則の一部を改正する省令」 | 平成8年4月1日から平成10年3月31日まで | 年0.24% | |
| 平成10年2月27日法務省令第8号「供託規則の一部を改正する省令」 | 平成10年4月1日から平成14年3月31日まで | 年0.12% | |
| 平成14年2月28日法務省令第12号「供託規則の一部を改正する省令」 | 平成14年4月1日から | 年0.024% | |

## 3　供託金利息の払渡時期

### (1)　供託金元金と同時又は元金を払い渡した後

供託金利息は，元金と同時に払い渡されます（規則34条1項）。ただし，元金の受取人と利息の受取人とが異なるなど，元金と同時に払い渡すことができないときは，元金を払い渡した後に払い渡すとされています（同項ただし書）。元金と利息を同時に払い渡すことができない例としては，元金又は利息の払渡請求権のみに差押・転付命令，譲渡又は質権設定があったとき，元金又は利息のいずれかのみについて支払委託がされたときなどがあります。

### (2)　供託金利息のみの中間払い

保証（担保）として金銭を供託（裁判上の保証供託，営業保証供託等）した場合には，毎年，供託した月に応当する月の末日後に，その末日までの利息を払

第4　利息の払渡手続

い渡すことができます（規則34条2項）。例えば，平成30年5月10日に営業保証のための金銭供託をした者は，平成31年6月1日以降に，平成30年6月1日から平成31年5月31日までの1年分の利息の払渡請求をすることができます。

　裁判上の保証供託や営業保証供託などの保証供託にあっては，元金のみが被担保債権の目的となり，利息にはその効力が及ばないとされていることから，元金の払渡しとは切り離して利息の中間払いが認められています（昭和7.5.3民事局会議決定・供託関係先例集(1)262頁，263頁）。


## ４　供託金利息の払渡請求権者及び利息を付すべき期間

　供託金利息は，原則として，供託金元金の払渡請求権者に払い渡され，取戻請求の場合は供託者，還付請求の場合は被供託者となります。これは，利息が元金の法定果実と解されているためです。そして，利息を付すべき期間は，上記1のとおり，供託金の受入れの月の翌月から払渡しの月の前月までであり，その期間に該当する利率に応じて計算します。

　しかし，供託金払渡請求権の差押え，転付，譲渡又は質権設定があった場合等は，供託金元金と利息の払渡請求権者が異なる場合があり，利息を付すべき期間が通常の期間と異なる場合があります。また，保証供託の利息の中間払いの場合についても，通常の利息を付すべき期間と異なります。

　これらについて，代表的な例を以下に説明します。

(1)　供託金払渡請求権に対して差押えがあった場合

　供託金払渡請求権は金銭債権であるので，これを差し押さえることができます。差押命令は，執行裁判所から債務者（供託者又は被供託者）及び第三債務者（供託官）に送達され，差押えの効力は，差押命令が第三債務者（供託官）へ送達されたときに生じます（民事執行法145条3項，4項）。

　差押債権者から供託金払渡請求があったときは，利息は差押命令が第三債務者（供託官）に送達された日から付すものとされており（昭和55年度全国供託

438

第4　利息の払渡手続

課長会同決議8(1)・供託関係先例集(6)357頁），また，既に発生している利息請求権は，供託金払渡請求権とは別個の独立した債権であるので，差押命令に既発生利息をも差し押さえる旨の記載がない限り，差押債権者は，差押命令が供託所へ送達された日以降の利息だけを取り立てることになります。

ア　供託金払渡請求権及び利息払渡請求権が共に差し押さえられた場合

　　差押債権者が利息の払渡請求権者となります。

　　供託金の受入れの月の翌月から払渡しの月の前月までの期間の利息を，その期間に該当する利率に応じて払い渡されます。

　　ただし，供託金元金及びその利息の合計金額が差押命令の請求債権額を超える金額は払い渡すことはできません（民事執行法155条）。また，差押命令の差押債権目録中に「……（金額）に満つるまで」と記載されている場合は，供託金元金及び既発生利息の合計金額のうち差押債権目録に記載された当該金額を超える金額は払い渡すことはできません。

イ　供託金払渡請求権のみ差し押さえられた場合

　(ｱ)　差押命令が第三債務者（供託官）に送達された日から払渡しの月の前月までの期間の利息は，差押債権者が払渡請求権者となります。ただし，上記アと同様に，供託金元金及びその利息の合計金額のうち差押命令の請求債権額等を超える金額は払い渡すことはできません。

　(ｲ)　受入れの月の翌月から差押命令が第三債務者（供託官）に送達された日の前日までの期間の利息（既発生利息）は，差押債務者（供託者又は被供託者）が払渡請求権者となります。ただし，当該既発生利息は，差押債権者に元金が払い渡された後，差押債務者からの請求により払い渡されることになります（規則34条1項ただし書）。

(2)　**供託金払渡請求権に対して差押・転付命令があった場合**

　転付命令とは，差し押さえた金銭債権を，支払に代えてその額面額で差押債権者に転付（移転）する執行裁判所の命令です（民事執行法159条1項）。転付命令の確定により，被差押債権は，差押債務者から差押・転付債権者へ移転することとなります（同条5項）。ただし，この転付命令が第三債務者に送達

439

第4　利息の払渡手続

されるまでに，転付命令に係る金銭債権について他の債権者が差押え，仮差押えの執行又は配当要求をしたときは，転付命令は効力を生じないとされています（同条3項）。

ア　差押命令と転付命令が同時に送達された場合

　　上記(1)ア，イと同様です。ただし，転付命令が確定した場合，その送達日以降の利息は，請求債権額にかかわらず，転付債権者へ払い渡されます。

イ　差押命令送達後に転付命令が送達された場合

　　基本的な考え方は，上記(1)ア，イと同様ですが，払渡請求権の移転時期は，転付命令の送達日が基準になります。差押命令の送達日から転付命令の送達日までの間の利息は，当該転付命令による移付がない限り，転付債務者（供託者又は被供託者）に払い渡すこととされています（昭和27.4.10民事甲第451号民事局長通達・供託関係先例集(1)513頁）。また，転付命令が確定した場合，その送達日以降の利息は，請求債権額にかかわらず，転付債権者へ払い渡されます。

(3)　**供託金払渡請求権の譲渡があった場合**

　供託金について既に発生している利息請求権は，供託金払渡請求権とは別個の独立した債権とされています。よって，供託金払渡請求権の譲渡通知に利息請求権の譲渡について明記されていない場合は，利息請求権を併せて譲渡されたと解することはできず，譲渡通知が供託所に送達された日の前日までの利息は譲渡人に，送達された日以後の利息は譲受人に払い渡すものとされています（昭和33.3.18民事甲第592号民事局長心得通達・供託関係先例集(1)850頁）。

ア　供託金払渡請求権及び利息請求権が共に譲渡された場合

　　譲受人が利息の払渡請求権者となります。

　　供託金の受入れの月の翌月から払渡しの月の前月までの期間の利息を，その期間に該当する利率に応じて払い渡されます。

イ　供託金払渡請求権のみ譲渡された場合

　(ｱ)　譲渡通知が第三債務者（供託官）に送達された日から払渡しの月の前月までの期間の利息は，譲受人が払渡請求権者となります。

440

第4　利息の払渡手続

　　(ｲ)　受入れの月の翌月から譲渡通知が第三債務者（供託官）に送達された
　　　日の前日までの期間の利息（既発生利息）は，譲渡人（供託者又は被供託
　　　者）が払渡請求権者となります。ただし，当該既発生利息は，譲受人に
　　　元金が払い渡された後，譲渡人からの払渡請求により払い渡されます
　　　（規則34条１項ただし書）。

(4)　裁判所等から執行供託の配当があった場合

　　配当表に基づき裁判所等が交付した証明書及び支払委託書に記載された
　者が，利息の払渡請求権者となります。

　　金銭債権に対して差押え又は仮差押えがあった場合，第三債務者は，そ
　の差押えに係る金銭債権の全額又は差押金額を供託したときは，供託書正
　本とともに事情届を執行裁判所へ提出しなければなりません（民事執行法
　156条）。そして，事情届を受けた執行裁判所は，仮差押債権者を除く差押
　債権者等に配当等を実施します（同法166条１項１号）。この配当等を実施す
　る際の財源となる配当財団には，供託金元金のほか，配当実施時点で既に
　生じている供託金利息も含まれるとされているため，配当財団に含まれる
　供託金利息は，供託金元金とともに執行裁判所から供託所への配当等の実
　施として，支払委託に基づいて債権者等へ支払われます（昭和55.9.6民四第
　5333号民事局長通達第二・四・１・(一)・(3)・アほか）。

　　そして，配当実施後に生じた利息は，別途支払委託を要せず，配当金の
　払渡請求の際に，配当期日以後の期間についての利息を配当金の割合に応
　じて支払うこととされています（大正14.7.2民事第5815号民事局長回答・供託関
　係先例集166頁，昭和47年度供託課長会同決議16問・供託関係先例集(5)248頁，昭和
　55.6.9民四第3273号民事局長認可10問・供託関係先例集(6)306頁）。

　　したがって，配当を受けた者に対し，①執行裁判所等から交付された証
　明書に記載された利息に，②配当期日（配当証明書の作成日）から払渡しの
　月の前月までの期間の配当金に応じた利息を合算した金額を供託金利息と
　して払い渡されることになります。ただし，配当期日の属する月が払渡し
　の月と同月の場合は，①のみの利息を払い渡されることになります。

441

第4 利息の払渡手続

## ⑸ 保証供託の利息の中間払いの場合

供託金取戻請求権者たる供託者が利息の払渡請求権者となります。

保証供託の担保の効力はその目的物である供託金元金のみに及び利息には及ばないと解されており（昭和29.12.6民事甲第2573号民事局長回答・供託関係先例集⑴665頁，昭和37.6.7民事甲第1483号民事局長回答・供託関係先例集⑶114頁），その利息については，常に供託者が払渡請求をすることができます。そして，上記3⑵のとおり，毎年，供託した月に応答する月の末日後に，その日までの利息を供託者の請求に基づいて払い渡されます（規則34条2項）。

なお，当該保証供託が5年以上継続しているときは，下記6のとおり利息の一部が時効により消滅していることがあるので注意を要します。

## 5 供託金利息の払渡手続

## ⑴ 供託金元金と同時に利息の払渡しの請求をする場合

供託金元金と同時に払渡しの請求をする場合は，供託金の払渡しの請求をすれば足り，別途，供託金利息の請求をする必要はありません。そして，供託官がこの供託金の払渡しの請求を認可したとき，元金と利息とを合算した金額が供託金払渡請求者に対して払い渡されます。

## ⑵ 利息のみの払渡しの請求をする場合

上記3⑴ただし書き及び上記3⑵の場合等，供託金利息のみの払渡しの請求をする場合は，供託金利息請求書（規則第30号書式）を供託所に提出しなければなりません（規則35条1項）。この場合，供託金払渡請求書に添付又は提示する書類の規定が準用され（同条4項），払渡しを受ける権利を有することを証する書面等を添付しなければなりません。ただし，供託書副本ファイルの記録により，払渡しを受ける権利を有することが明らかな場合は，同書面を添付する必要はありません（同条3項）。

第4　利息の払渡手続

## 6　供託金利息の消滅時効

　裁判上の保証供託や営業保証供託などの保証供託の供託金利息は，定期給付債権に該当することから，短期消滅時効が適用されます（民法169条）。供託者が毎年，供託した月に応当する月の末日後に，同日までの供託金利息を払い渡すことができる（規則34条2項）とされ，その払渡請求権は，払渡請求できる日から消滅時効が進行し，5年で時効が完成すると解されています（民法169条，昭和4.7.3民事第5618号民事局長回答・供託関係先例集(1)212頁）。

　なお，上記の保証供託の利息以外の供託金利息については，元金と同時に払い渡すときは，利息の消滅時効が単独で進行することはありません。ただし，元金と同時に払い渡すことができない場合は，元金を払い渡した日の翌日から利息請求権の消滅時効が進行し，10年で時効が完成すると解されています（民法166条1項，167条1項，昭和4.7.3民事第5618号民事局長回答・供託関係先例集(1)212頁）。

## 7　付録 （図解利息計算）

### 【1　債権譲渡に関する利息計算 （債権譲渡金額が供託金額全額の場合）】

　供託金払渡請求権の譲渡通知書に利息請求権の譲渡について明記されていない場合は，譲渡通知書が供託所に送達された日の前日までの利息は譲渡人に，送達の日以後の利息は譲受人に払い渡されます（昭和33.3.18民事甲第592号民事局長心得通達・供託関係先例集(1)850頁）。

443

第4　利息の払渡手続

(1) **譲渡通知書の送達日と払渡認可日が「同月」の場合**

| | | |
|---|---|---|
| 供託金受入日 | ………………… | 平成30年1月10日 |
| 供 託 金 額 | ………………… | 1,000万円 |
| 債権譲渡金額 | ………………… | 1,000万円 |
| 譲渡通知送達日 | ………………… | 平成30年5月10日 |
| 払 渡 認 可 日 | ………………… | 平成30年5月20日 |

ア　利息を含む場合

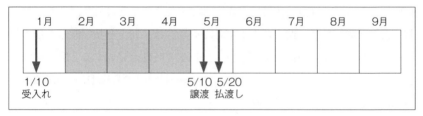

【譲受人】1,000万円につき2月から4月までの3か月分

〔計算式〕1,000×0.2×3＝600

∴　600円

イ　利息を含まない場合

【譲受人】利息は付されない。

5月分は「払渡月」なので利息は付されず，日割計算を要しない（規則33条2項）。

∴　0円

なお，1,000万円につき，2月から4月までの利息については，譲受人に元金が払い渡された後，譲渡人からの請求により払い渡されます（規則34条1項ただし書）。

第4　利息の払渡手続

(2) **債権譲渡通知送達日と払渡認可日が「異なる月」の場合**

```
供 託 金 受 入 日 ……………………… 平成30年1月10日
供 託 金 額 ……………………… 1,000万円
債 権 譲 渡 金 額 ……………………… 1,000万円
譲 渡 通 知 送 達 日 ……………………… 平成30年5月10日
払 渡 認 可 日 ……………………… 平成30年9月10日
```

ア　利息を含む場合

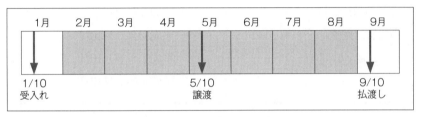

【譲受人】1,000万円につき2月から8月までの7か月分

〔計算式〕1,000×0.2×7＝1,400

∴　1,400円

イ　利息を含まない場合

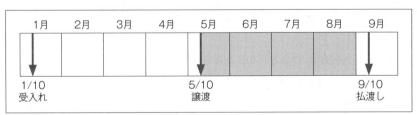

【譲受人】1,000万円につき5月10日から8月までの22日と3か月分

〔計算式〕1,000×0.2×｛(22／31)＋3｝≒741.93…

∴　741円

　なお、1,000万円につき、2月1日から5月9日までの利息については、譲受人に元金が払い渡された後、譲渡人からの請求により払い渡されます（規則34条1項

445

第4　利息の払渡手続

ただし書）。

## 【2　債権譲渡に関する利息計算（債権譲渡金額が供託金額の一部で利息を含まない場合）】

（昭和33.3.18民事甲第592号民事局長通達・供託関係先例集(1)850頁）

(1)　譲受人が先行して払渡請求する場合

| 供託金受入日 | 平成30年1月10日 |
| 供託金額 | 1,000万円 |
| 債権譲渡金額 | 700万円 |
| 譲渡通知送達日 | 平成30年5月10日 |
| 払渡認可日 | 平成30年8月10日（譲受人） |
| | 平成30年9月10日（譲渡人） |

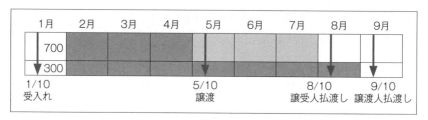

▓▓▓部分

【譲受人】700万円につき5月10日から7月までの22日と2か月分

〔計算式〕$700 \times 0.2 \times \{(22／31) + 2\} \fallingdotseq 379.35\cdots$

∴　379円

▓▓▓部分

【譲渡人】1,000万円につき2月から5月9日までの3か月と9日分

　　　　　300万円につき5月10日から8月までの22日と3か月分

〔計算式〕$1,000 \times 0.2 \times \{3 + (9／31)\} \fallingdotseq 658.06\cdots$

　　　　　$300 \times 0.2 \times \{(22／31) + 3\} \fallingdotseq 222.58\cdots$

第 4　利息の払渡手続

⇒658.06＋222.58≒880.64…

∴　880円

(2)　譲渡人が先行して払渡請求する場合

| 供 託 金 受 入 日 ……………………… | 平成30年 1 月10日 |
| 供　託　金　額 ……………………… | 1,000万円 |
| 債 権 譲 渡 金 額 ……………………… | 700万円 |
| 譲 渡 通 知 送 達 日 ……………………… | 平成30年 5 月10日 |
| 払　渡　認　可　日 ……………………… | 平成30年 8 月10日（譲渡人） |
| | 平成30年 9 月10日（譲受人） |

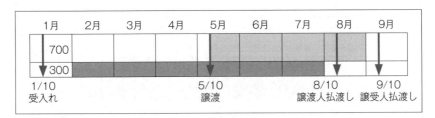

▰部分

【譲渡人】300万円につき 2 月から 7 月までの 6 か月分

〔計算式〕300×0.2×6＝360

∴　360円

▰部分

【譲受人】700万円につき 5 月10日から 8 月までの22日と 3 か月分

〔計算式〕700×0.2×{(22／31)＋3}≒519.35…

∴　519円

なお，700万円につき，2 月 1 日から 5 月 9 日までの利息については，譲受人に元金が払い渡された後，譲渡人からの請求により払い渡されます（規則34条 1 項ただし書）。

第4 利息の払渡手続

## 【3 債権譲渡に関する利息計算（債権譲渡金額が供託金額の一部で利息を含む場合）】

（昭和33.3.18民事甲第592号民事局長心得通達・供託関係先例集(1)850頁）

### (1) 譲受人が先行して払渡請求する場合

```
供託金受入日 ………………… 平成30年1月10日
供 託 金 額 ………………… 1,000万円
債権譲渡金額 ………………… 700万円
譲渡通知送達日 ……………… 平成30年5月10日
払渡認可日 …………………… 平成30年8月10日（譲受人）
                                平成30年9月10日（譲渡人）
```

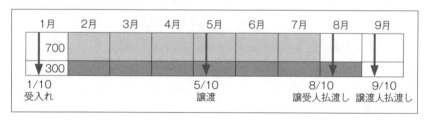

■部分

【譲受人】700万円につき2月から7月までの6か月分
〔計算式〕700×0.2×6＝840

∴ 840円

■部分

【譲渡人】300万円につき2月から8月までの7か月分
〔計算式〕300×0.2×7＝420

∴ 420円

(2) 譲渡人が先行して払渡請求する場合

```
供託金受入日 ……………………… 平成30年1月10日
供 託 金 額 ……………………… 1,000万円
債権譲渡金額 ……………………… 700万円
譲渡通知送達日 ……………………… 平成30年5月10日
払 渡 認 可 日 ……………………… 平成30年8月10日（譲渡人）
                                    平成30年9月10日（譲受人）
```

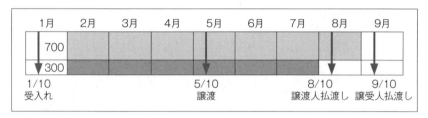

▨▨▨部分

【譲渡人】300万円につき2月から7月までの6か月分

〔計算式〕300×0.2×6 ＝360

∴ 360円

▨▨▨部分

【譲受人】700万円につき2月から8月までの7か月分

〔計算式〕700×0.2×7 ＝980

∴ 980円

## 【4 債権差押命令に関する利息計算】

　供託金払渡請求権が差し押さえられ，差押債権として利息について明記されていない場合は，差押命令が供託所に送達された日の前日までの利息は差押債務者に，送達された日以後の利息は差押債権者に払い渡されます（昭和55年度全国供託課長会同決議・供託関係先例集(6)349頁）。

第4　利息の払渡手続

(1)　**請求債権額と差押債権額が等しい場合**

> 供託金受入日 ……………………… 平成30年1月10日
> 供 託 金 額 ……………………… 1,000万円
> 請 求 債 権 額 ……………………… 1,000万円
> 差 押 債 権 額 ……………………… 1,000万円
> 差押命令送達日 ……………………… 平成30年5月10日
> 払 渡 認 可 日 ……………………… 平成30年9月10日（差押債権者）

ア　利息を含む場合

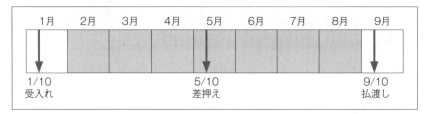

【差押債権者】利息は付されない。

　差押債権者は，請求債権目録記載の執行債権等の額を超えて払渡しを受けることはできない（民事執行法155条）。

∴　0円

イ　利息を含まない場合

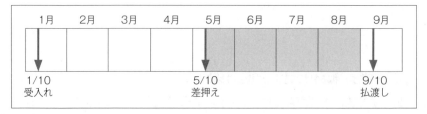

【差押債権者】利息は付されない。

　差押債権者は，請求債権目録記載の執行債権等の額を超えて払渡しを受けることはできない（民事執行法155条）。

第4　利息の払渡手続

∴　0円

(2)　請求債権額が差押債権額を上回る場合

```
供 託 金 受 入 日 …………………… 平成30年1月10日
供　託　金　額 …………………… 1,000万円
請　求　債　権　額 …………………… 1,000万1,000円
差　押　債　権　額 …………………… 1,000万円
差 押 命 令 送 達 日 …………………… 平成30年5月10日
払　渡　認　可　日 …………………… 平成30年9月10日（差押債権者）
```

ア　利息を含む場合

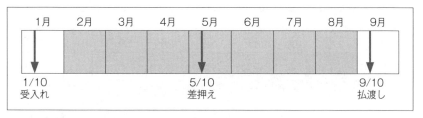

【差押債権者】1,000万円につき2月から8月までの7か月分

〔計　算　式〕1,000×0.2×7＝1,400

　ただし，元本と利息の合計額が請求債権額（1,000万1,000円）を超えるので，1,000円までの利息が払い渡される。

∴　1,000円

イ　利息を含まない場合

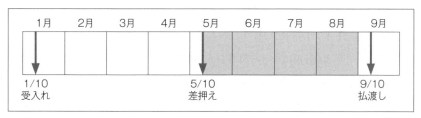

【差押債権者】1,000万円につき5月10日から8月までの22日と3か月分

451

第4　利息の払渡手続

〔計　算　式〕1,000×0.2×{(22／31)+3}≒741.93…

∴　741円

(3)　**差押債権額が供託金額を下回る場合**

| | |
|---|---|
| 供託金受入日 …………… | 平成30年1月10日 |
| 供　託　金　額 …………… | 1,000万円 |
| 請　求　債　権　額 …………… | 700万円 |
| 差　押　債　権　額 …………… | 700万円 |
| 差押命令送達日 …………… | 平成30年5月10日 |
| 払　渡　認　可　日 …………… | 平成30年8月10日（差押債権者） |
| | 平成30年9月10日（差押債務者） |

░░░部分

【差押債権者】利息は付されない。

差押債権者は，請求債権目録記載の執行債権等の額を超えて払渡しを受けることができない（民事執行法155条）。

∴　0円

░░░部分

【差押債務者】1,000万円につき2月から5月9日までの3か月と9日分
　　　　　　　300万円につき5月10日から8月までの22日と3か月分

〔計　算　式〕1,000×0.2×{3+(9／31)}≒658.06…
　　　　　　　300×0.2×{(22／31)+3}≒222.58…
　　　　　　　⇒658.06+222.58≒880.64…

第4　利息の払渡手続

∴　880円

## 【5　債権差押え及び転付命令に関する利息計算】
### (1)　差押命令と転付命令が同日に送達された場合

　供託金払渡請求権に対し差押・転付命令があった場合には，第三債務者たる供託所に同命令が送達された日の前日までの利息は供託者に，送達された日以後の利息は転付債権者に払い渡されます。ただし，差し押さえるべき債権として利息の表示があればその額が明示されていなくても，当該差押・転付命令の効力は，当該命令送達前の利息に及びます。この場合，供託金元金と差押・転付命令が送達された日の前日までの供託金利息の合計金額が請求債権額を超えた場合は，超過した利息は付されませんが，送達された日以降は請求債権額に関係なく利息が付されます（昭和41.9.22民事甲第2588号民事局長認可・供託関係先例集(4)206頁）。

ア　利息を含まない又は利息を含むが請求債権額が供託金額以下の場合

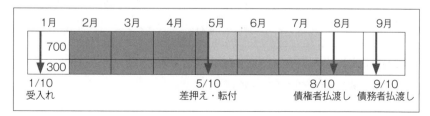

453

第4　利息の払渡手続

▰▰▰部分

【転付債権者】700万円につき5月10日から7月までの22日と2か月分

〔計　算　式〕$700 \times 0.2 \times \{(22/31) + 2\} ≒ 379.35\cdots$

∴　379円

▰▰▰部分

【転付債務者】1,000万円につき2月から5月9日までの3か月と9日分

　　　　　　　300万円につき5月10日から8月までの22日と3か月分

〔計　算　式〕$1,000 \times 0.2 \times \{3 + (9/31)\} ≒ 658.06\cdots$

　　　　　　　$300 \times 0.2 \times \{(22/31) + 3\} ≒ 222.58\cdots$

　　　　　　　$\Rightarrow 658.06 + 222.58 ≒ 880.64\cdots$

∴　880円

イ　利息を含みかつ請求債権額が供託金額を上回る場合

| | |
|---|---|
| 供託金受入日 | 平成30年1月10日 |
| 供　託　金　額 | 1,000万円 |
| 請　求　債　権　額 | 2,000万円 |
| 差　押　債　権　額 | 2,000万円 |
| 差押・転付命令送達日 | 平成30年5月10日 |
| 払　渡　認　可　日 | 平成30年9月10日（転付債権者）|

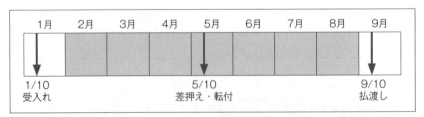

【転付債権者】1,000万円につき2月から8月までの7か月分

〔計　算　式〕$1,000 \times 0.2 \times 7 = 1,400$

∴　1,400円

第4　利息の払渡手続

(2)　差押命令が送達された日の後に転付命令が送達された場合

　差押命令が送達された後に転付命令が送達された場合は，供託金の受入れの月の翌月から払渡しの月の前月までの供託金利息の合計額が払い渡されます。ただし，供託金元金及び供託金利息の合計額が転付命令が送達された日の前日までの時点で請求債権額を超えているときは，請求債権額が払い渡されることになります。また，差し押さえるべき債権として利息について明記されていないときは，転付命令が供託所に送達された日の前日までの利息は転付債務者に，転付命令が送達された日以後の利息は転付債権者に払い渡されます（昭和27.4.10民事甲第451号民事局長通達・供託関係先例集(4)513頁）。

```
供託金受入日 ……………………… 平成30年1月10日
供　託　金　額 ……………………… 1,000万円
請　求　債　権　額 ……………………… 700万円
差　押　債　権　額 ……………………… 700万円
差押命令送達日 ……………………… 平成30年5月10日
転付命令送達日 ……………………… 平成30年6月10日
払　渡　認　可　日 ……………………… 平成30年9月10日（転付債権者）
```

ア　差押命令及び転付命令に利息が含まれる場合

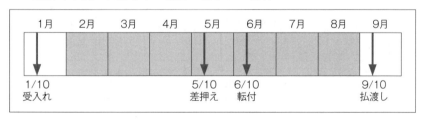

【転付債権者】1,000万円につき2月から8月までの7か月分

〔計　算　式〕1,000×0.2×7＝1,400

∴　1,400円

第4　利息の払渡手続

イ　差押命令及び転付命令に利息が含まれない場合

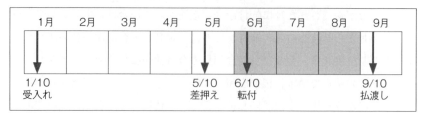

【転付債権者】1,000万円につき6月10日から8月までの21日と2か月分

〔計算式〕 1,000×0.2×{(21／30)+2} ≒540

∴　540円

【6　支払委託に関する利息計算（内渡し）】

| | |
|---|---|
| 供託金受入日 ………………… | 平成30年1月10日 |
| 供 託 金 額 ………………… | 1,000万円 |
| 1回目配当期日 ………………… | 平成30年5月10日 |
| 1回目配当金 ………………… | 700万円（内渡し） |
| 2回目配当期日 ………………… | 平成30年8月10日 |
| 2回目配当金 ………………… | 300万円（事件完結） |

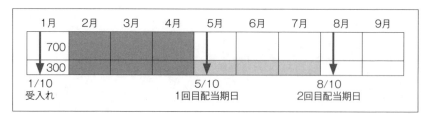

(1)　1回目の支払委託がされた場合

　法定利息（供託金額全額に対する利息）を計算します。

　なお，確定利息（支払委託書に記載されている利息）は，法定利息を超えることはできません。

第4　利息の払渡手続

■■■■部分

【法定利息】1,000万円につき2月から4月までの3か月分

〔計 算 式〕1,000×0.2×3＝600

∴　600円

確定利息が600円までであれば，配当利息はその額に決定します。

## (2)　2回目の支払委託がされた場合

1回目の支払委託後の残りの供託金全額について支払委託がされた場合，その確定利息は1回目の配当期日の属する月から2回目の配当期日の属する月の前月までの間の法定利息額及び1回目の支払委託時の法定利息の残額の合計額を超えることはできません。

■■■■部分

ア　1回目の配当利息が420円の場合

1回目の支払委託時の法定利息の残額

600－420＝180　……………A

2回目の支払委託の法定利息法定利息の額（300万円につき5月から7月までのまでの3か月間）

300×0.2×3＝180　………　B

【法定利息】A＋B

〔計 算 式〕180＋180＝360

∴　360円

なお，1回目に支払委託がなかった利息の払渡しを受けるためには，更に利息の支払委託の手続によらなければならない（大正14.5.29民事第4541号回答・供託関係先例集(1)164頁）。

イ　1回目の配当利息が600円の場合

1回目の支払委託時の法定利息の残額

600－600＝0　………………A

2回目の支払委託の法定利息法定利息の額（300万円につき5月から7月までのまでの3か月間）

457

第4　利息の払渡手続

　　　　300×0.2×3＝180　………　B
【法定利息】A＋B
〔計　算　式〕0＋180＝180

∴　180円

　なお，700万円の部分につき，5月1日から5月9日までの利息については配当財源とならない。


## 【7　保証供託に関する利息計算】

(1)　利息のみ請求する場合
　　（大正12.3.15民事局長回答・供託関係先例集(1)130頁，民法169条）

┌──────────────────────────────────┐
│　供託金受入日 ……………………… 平成11年6月10日　　　│
│　供　託　金　額 ……………………… 1,000万円　　　　　│
│　払　渡　認　可　日 ……………………… 平成18年9月10日　　　│
└──────────────────────────────────┘

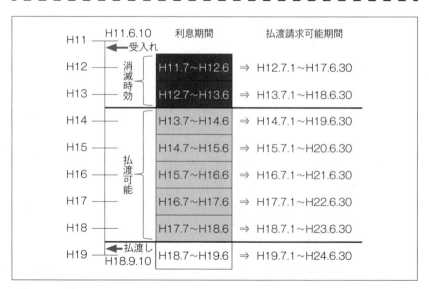

【付利期間】平成13年7月から平成18年6月までの60か月分

第4　利息の払渡手続

　　　　　（注）H13.7～H14.3（年0.12%）　　H14.4～18.6（年0.024%）
　〔計算式〕1,000×1×9＝9,000円　……………………　A
　　　　　　1,000×0.2×51＝10,200円　……………　B
　　　　　　A＋B＝19,200

∴　19,200円

(2)　供託金全額を取戻請求する場合

```
供託金受入日 …………………………… 平成20年6月10日
供 託 金 額 …………………………… 1,000万円
払 渡 認 可 日 …………………………… 平成27年9月10日
```

【付利期間】平成22年7月から平成27年8月までの62か月分

〔計算式〕1,000×0.2×62＝12,400円

∴　12,400円

第4　利息の払渡手続

(3) **債務承認があり，債務承認額が供託金額に満たない場合**

ア　債務承認を得た債権者が先行して払渡請求する場合

```
供 託 金 受 入 日 ……………………… 平成20年1月10日
供 託 金 額 ……………………… 1,000万円
債 務 承 認 日 ……………………… 平成27年5月10日
債 務 承 認 額 ……………………… 700万円
払 渡 認 可 日 ……………………… 平成27年8月10日（債権者）
                                    平成27年9月10日（供託者）
```

(ア)　債務承認書に利息についての記載がない場合

(昭和7.5.3民事局会議決定・供託関係先例集(1)262頁，昭和29.12.6民事甲第2573号民事局長回答・供託関係先例集(1)664頁，昭和37.6.7民事甲第1483号民事局長回答，供託関係先例集(3)114頁)

【債権者】利息は付されない。

∴　0円

【供託者】1,000万円につき平成22年2月から平成27年7月までの66か月分
　　　　　300万円につき平成27年8月の1か月分

〔計算式〕1,000×0.2×66＝13,200
　　　　　300×0.2×1＝60

∴　13,260円

(イ)　債務承認書に利息についての記載がある場合

(昭和40.1.7民事甲第67号民事局長事務取扱認可・供託関係先例集(4)47頁，昭和43.12.12

第4 利息の払渡手続

民事甲第3593号民事局長認可・供託関係先例集(5)66頁)

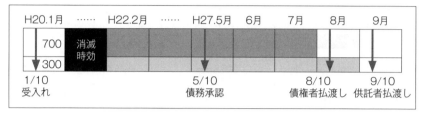

■部分

【債権者】700万円につき平成22年2月から平成27年7月までの66か月分

〔計算式〕700×0.2×66＝9,240

∴ 9,240円

■部分

【供託者】300万円につき平成22年2月から平成27年8月までの67か月分

〔計算式〕300×0.2×67＝4,020

∴ 4,020円

イ 供託者が先行して払渡請求する場合

```
供託金受入日 ……………… 平成20年1月10日
供 託 金 額 ……………… 1,000万円
債 務 承 認 日 ……………… 平成27年5月10日
債 務 承 認 額 ……………… 700万円
払 渡 認 可 日 ……………… 平成27年8月10日（供託者）
                              平成27年9月10日（債権者）
```

(ア) 債務承認書に利息についての記載がない場合

(昭和7.5.3民事局会議決定・供託関係先例集(1)262頁、昭和29.12.6民事甲第2573号民事局長回答・供託関係先例集(1)665頁、昭和37.6.7民事甲第1483号民事局長回答・供託関係先例集(3)114頁)

第4 利息の払渡手続

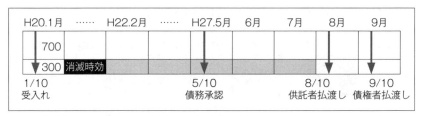

【供託者】300万円につき平成22年2月から平成27年7月までの66か月分
〔計算式〕300×0.2×66＝3,960

∴ 3,960円

なお，700万円につき供託者が同時に利息請求をすれば，平成22年2月から平成27年1月までの利息については払渡しを受けることができます（規則34条2項）。

【債権者】利息は付されない。

∴ 0円

(イ) 債務承認書に利息についての記載がある場合

（昭和40.1.7民事甲第67号民事局長事務取扱認可・供託関係先例集(4)47頁，昭和43.12.11民事甲第3593号民事局長認可・供託関係先例集(5)66頁）

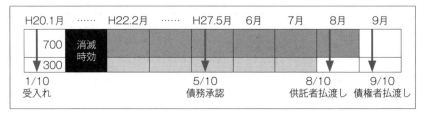

■■■部分
【供託者】300万円につき平成22年2月から平成27年7月までの66か月分
〔計算式〕300×0.2×66＝3,960

∴ 3,960円

■■■部分
【債権者】700万円につき平成22年2月から平成27年8月までの67か月分
〔計算式〕700×0.2×67＝9,380

∴ 9,380円

462

第4　利息の払渡手続

(4) 債務承認があり，債務承認額が供託金全額で債権者が全額請求する場合

```
供託金受入日 …………………… 平成20年1月10日
供 託 金 額 …………………… 1,000万円
債 務 承 認 日 …………………… 平成27年5月10日
債 務 承 認 額 …………………… 700万円
払 渡 認 可 日 …………………… 平成27年9月10日（債権者）
```

ア　債務承認書に利息についての記載がない場合

（昭和7.5.3民事局会議決定・供託関係先例集(1)262頁，昭和29.12.6民事甲第2573号民事局長回答・供託関係先例集(1)665頁，昭和37.6.7民事甲第1483号民事局長回答・供託関係先例集(3)114頁）

【債権者】利息は付されない。

∴　0円

なお，1,000万円につき，平成22年2月から平成27年8月までの利息については，債権者に元金が払い渡された後，供託者からの請求により払い渡されます（規則34条1項ただし書）。

イ　債務承認書に利息についての記載がある場合

（昭和40.1.7民事甲第67号民事局長事務取扱認可・供託関係先例集(4)47頁，昭和43.12.11民事甲第3593号民事局長認可・供託関係先例集(5)66頁）

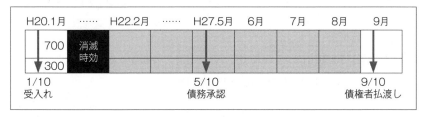

【債権者】平成22年2月から平成27年8月までの67か月分

〔計算式〕1,000×0.2×67＝13,400

∴　13,400円

第4　利息の払渡手続

## 【8　譲渡制限株式の売買に関する利息計算（会社法141条，142条）】

　売買価格の決定日を基準として，その日の前日までの利息は供託者（株式の買主）に払い渡され，売買価格の決定日以後の利息は被供託者（株式の売主）に払い渡されます。この売買価格が供託金額を下回る金額で確定した場合，被供託者には売買価格である元金の払渡しと同時にその元金に対応する利息が付されます（『登記先例解説集』No.361（31巻12号）117頁，128頁）。

(1)　売買価格が供託金額未満の金額で確定した場合

ア　被供託者が先行して払渡請求する場合

```
供 託 金 受 入 日 ………………… 平成30年1月10日
供 託 金 額 ………………… 1,000万円
売買価格確定日 ………………… 平成30年5月10日
売買価格確定額 ………………… 700万円
払 渡 認 可 日 ………………… 平成30年8月10日（被供託者）
                              平成30年9月10日（供託者）
```

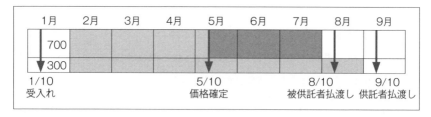

　■部分

【被供託者】700万円につき5月10日から7月までの22日と2か月分

〔計　算　式〕700×0.2×｛(22／31)＋2｝≒379.35…

∴　379円

　■部分

【供 託 者】1,000万円につき2月から5月9日までの3か月と9日分

　　　　　　300万円につき5月10日から8月までの22日と3か月分

第4　利息の払渡手続

〔計　算　式〕$1,000 \times 0.2 \times \{3+(9/31)\} ≒ 658.06\cdots$
　　　　　　　$300 \times 0.2 \times \{(22/31)+3\} ≒ 222.58\cdots$
　　　　　　$\Rightarrow 658.06 + 222.58 ≒ 880.64\cdots$

∴　880円

イ　供託者が先行して払渡請求する場合

| | |
|---|---|
| 供託金受入日 | 平成30年1月10日 |
| 供託金額 | 1,000万円 |
| 売買価格確定日 | 平成30年5月10日 |
| 売買価格確定額 | 700万円 |
| 払渡認可日 | 平成30年8月10日（供託者） |
| | 平成30年9月10日（被供託者） |

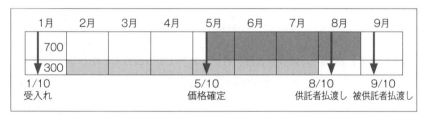

▢部分

【供 託 者】300万円につき2月から7月までの6か月分

〔計　算　式〕$300 \times 0.2 \times 6 = 360$

∴　360円

▢部分

【被供託者】700万円につき5月10日から8月までの22日と3か月分

〔計　算　式〕$700 \times 0.2 \times \{(22/31)+3\} ≒ 519.35\cdots$

∴　519円

なお，700万円につき，2月1日から5月9日までの利息については，被供託者に元金が払い渡された後，供託者からの請求により払い渡されます（規則34条1項

第4　利息の払渡手続

ただし書)。

(2) 売買価格が供託金額以上の金額で確定した場合
・被供託者が売買価格の決定日の属する月の翌月以降に払渡請求する場合

> 供託金受入日 ………………………… 平成30年1月10日
> 供　託　金　額 ………………………… 1,000万円
> 売買価格確定日 ………………………… 平成30年5月10日
> 売買価格確定額 ………………………… 1,000万円
> 払　渡　認　可　日 ………………………… 平成30年9月10日（被供託者）

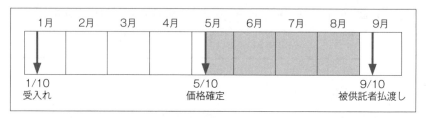

【被供託者】1,000万円につき5月10日から8月までの22日と3か月分
〔計算式〕 $1,000×0.2×\{(22/31)+3\} ≒ 741.93…$

∴　741円

なお，1,000万円につき，2月1日から5月9日までの利息については，被供託者に元金が払い渡された後，供託者からの請求により払い渡されます（規則34条1項ただし書）。

## 【9　選挙供託に関する利息計算（没収の場合）】

> 供託金受入日 ………………………… 平成30年1月10日
> 供　託　金　額 ………………………… 300万円
> 払　渡　認　可　日 ………………………… 平成30年9月10日

第 4　利息の払渡手続

## (1)　国が請求する場合

（昭和33.2.4経甲主第292号民事局長心得・経理部長通知・供託関係先例集(1)846頁，昭和33.2.10民事四発第15号民事局第四課長依命通知・供託関係先例集(1)846頁）

【被供託者】特別会計に属する場合以外は利息は付されない。

∴　　0円

## (2)　地方公共団体が請求する場合

（昭和5.5.10民事局長電報回答・供託関係先例集(1)226頁）

【被供託者】300万円につき2月から8月までの7か月分

〔計　算　式〕300×0.2×7＝420

∴　　420円

第5 供託成立後の権利変動

# 第5

# 供託成立後の権利変動

## 事 例

### 【弁済供託における供託物払渡請求権の消滅時効】

#### 事 例71

　私は，「賃貸人が死亡し，その相続人が不明」という理由で長年地代を供託されている賃貸人の相続人ですが，まだ相続人間で遺産分割の協議が調わず，賃料を誰が取得するかについて決まらないため，還付請求をしていません。

　いつまでに還付請求しなければならないでしょうか。

#### 回 答

　賃貸人が死亡し，その相続人が不明であることを理由としてされた債権者不確知を原因とする弁済供託は，原則として，供託時から10年で消滅時効が完成し，それ以降は還付請求に応じることはできません。

　ただし，相続人間で遺産分割についての争いがあり，供託時から10年以上経過後に遺産分割が成立したとして遺産分割協議書や調停調書等を添付して還付請求があった場合は，その協議・調停等の成立時に還付を受ける権利を有する者が確定したとして，協議・調停等の成立時から起算して10年が経過したときに消滅時効が完成することになります。

469

第5　供託成立後の権利変動

　なお，消滅時効が完成しているかどうかは，払渡請求があったときに，供
託書，供託金払渡請求書及びその添付書類等の供託法所定の書類から消滅時
効の完成の有無を判断することになります。

### 解　説

## 1　弁済供託の消滅時効

　供託金払渡請求権も一般の債権と同様に時効により消滅することがありま
す。弁済供託については，供託物の取戻請求権及び還付請求権とも，供託者
又は被供託者がその権利を行使し得る時から起算して10年を経過することに
より消滅時効が完成するとされており（民法166条1項，167条1項），「権利を行
使し得る時」とは，供託の基礎となった事実関係をめぐる紛争が解決する等
により，供託当事者において払渡請求権の行使を現実に期待することができ
るものとなった時であると解されています（最判昭和45.7.15民集24巻7号771頁）。
　また，最判平成13年11月27日（民集55巻6号1334頁）では，「弁済供託におけ
る供託金取戻請求権の消滅時効は，債権者不確知を原因とする弁済供託の場
合を含め，供託者が免責の効果を受ける必要が消滅した時から進行する」と
され，この判決を受けて，平成14年3月29日民商第802号民事局長通達（供
託関係先例集(8)399頁），同日民商第803号民事局商事課長依命通知（供託関係先例
集(8)400頁）が発出され，受領不能や債権者不確知を原因とする弁済供託のよ
うに，供託の時点では供託の基礎となった事実関係をめぐる紛争が存在する
ことを前提としない弁済供託の場合についても，取戻請求権の消滅時効の起
算点は，「供託の基礎となった債務について消滅時効が完成するなど，供託
者が供託による免責の効果を受ける必要が消滅した時」と解するのが相当と
して，供託事務の取扱いが改められました。

第5　供託成立後の権利変動

## 2　弁済供託における払渡請求権の消滅時効期間

　弁済供託における払渡請求権の消滅時効がいつ完成するのかを供託原因及び取戻し・還付の別にまとめると以下のようになります。

(1)　**受領拒否**

　ア　取戻請求権

　　供託の基礎となった事実関係をめぐる紛争が解決した時から10年（昭和45.9.25民事甲第4112号通達・供託関係先例集(5)182頁）

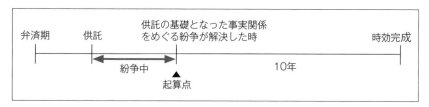

　イ　還付請求権

　　上記アの取戻請求権と同じ。

(2)　**受領不能**

　ア　取戻請求権

　　供託の基礎となった債務の弁済期（供託がこれに後れるときは供託時）から消滅時効が完成する10年（これより短い時効期間が定められているときは当該期間）を経過した時から10年（平成14.3.29民商第802号民事局長通達・供託関係先例集(8)399頁、同日民商第803号民事局商事課長依命通知・供託関係先例集(8)400頁）

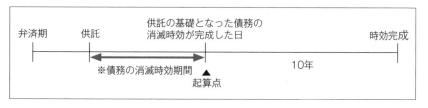

※１年又はそれより短い期間を支払期間と定めた地代・家賃の支払債務は、５年で時効消滅する（民法169条）。

第5　供託成立後の権利変動

イ　還付請求権

　　受領不能（所在不明）を原因とする弁済供託につき還付請求権の消滅時効は供託時から10年（昭和60.10.11民四第6428号民事局第四課長回答・供託関係先例集(7)135頁）

(3) **債権者不確知**

ア　取戻請求権

　　供託の基礎となった債務の弁済期（供託がこれに後れるときは供託時）から消滅時効が完成する10年（これより短い時効期間が定められているときは当該期間）を経過した時から10年（平成14.3.29民商第802号民事局長通達・供託関係先例集(8)399頁，同日民商第803号民事局商事課長依命通知・供託関係先例集(8)400頁）

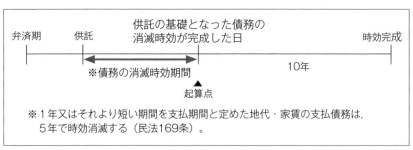

イ　還付請求権

㋐　債権の帰属について，被供託者間に争いがある場合

　　還付請求権者が確定した時から10年（昭和45.9.25民四第723号民事局第四課長依命通知・供託関係先例集(5)183頁）

第5　供託成立後の権利変動

(イ)　債権者が死亡し，その相続人が不明の場合

　債権者が死亡し，その相続人が不明を事由とする弁済供託金の還付請求権に対する消滅時効は，供託時から10年（昭和44年度全国供託課長会同決議払渡関係15問・供託関係先例集(5)103頁）

(ウ)　債権者が死亡し，その相続人が不明として供託され，実際には相続人間で争いがあった場合

　「債権者が死亡し，その相続人が不明で確知できない。」として供託された換地清算金について，被供託者間に争いがあり，供託時から10年経過後に遺産分割調停が成立したとして調停調書（又は判決書）を添付して還付請求があった場合は，調停成立時から10年（平成2年度全国供託課長会同決議9問・供託関係先例集(8)33頁）

473

第5　供託成立後の権利変動

## ❸　供託後10年以上経過している弁済供託について供託金払渡請求がされた場合の取扱いについて

　上記のように，弁済供託については，払渡請求がされるまでは消滅時効の起算点を把握することができないため，払渡請求がされる前に消滅時効が完成したとして供託金が歳入納付されることはありません。

　供託後10年以上経過している弁済供託金について払渡請求があった場合には，供託書，供託金払渡請求書及びその添付書類等の供託法所定の書類により前項の時効の起算点を知りうる場合で消滅時効が完成していると認められるものを除き，これを認可して差し支えないとされています（昭和45.9.25民事甲第4112号通達・供託関係先例集(5)182頁）。

　なお，このときに，供託金払渡請求権の消滅時効が完成していないことを証する書面の添付は要しません（昭和45.9.25民四第723号民事局第四課長依命通知・供託関係先例集(5)183頁）。

### 【供託金取戻請求権を譲渡する旨の通知がされた後に，譲渡人から譲渡は無効である旨の書面が提出された場合における取戻請求】

#### 事　例72

　供託者から，裁判上の保証供託の供託金取戻請求権を譲渡する旨の通知が提出されましたが，当該譲渡通知には譲渡人（供託者）の印鑑証明書が添付されていませんでした。

　その後，譲渡人（供託者）から，当該譲渡通知は錯誤によるもので，供託金取戻請求権を譲渡する意思はなく，譲渡は無効である旨の書面が提出されました。なお，この書面にも印鑑証明書は添付されていません。

　この場合，どのような書類があれば，供託者が供託金の取戻しの請求をすることができるでしょうか。

474

第5　供託成立後の権利変動

### 回　答

　供託者は，供託金払渡請求書に，裁判上の保証供託の取戻しの請求に必要な一般的な書類のほかに，譲渡人（供託者）が供託金取戻請求権者であることを認める旨の譲受人による承諾書及び譲受人の印鑑証明書（承諾書作成前3か月以内又はその作成後に作成されたもの），又は譲渡人（供託者）と譲受人との間において譲渡人（供託者）に供託金取戻請求権が帰属する旨を判示した確定判決の謄本，和解調書等を添付し，供託所に提出しなければなりません。

### 解　説

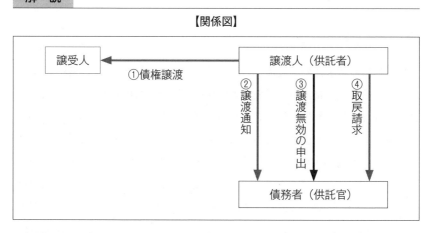

【関係図】

## 1　供託物払渡請求権の譲渡について

　供託物払渡請求権には，供託者の有する供託物取戻請求権と，被供託者の有する供託物還付請求権とがありますが，これらの請求権はそれぞれ独立性を有し，いずれも通常の債権と同様に，民法466条及び467条に定める指名債権譲渡の方法で自由に譲渡することができます。

　供託物払渡請求権の譲渡について，債務者その他の第三者に対抗するため

475

第5 供託成立後の権利変動

には，指名債権の譲渡人からの債務者への通知又は債務者の承諾を要し，また，債務者以外の第三者に対抗するには，当該通知又は承諾は確定日付のある証書によらなければならないとされています（民法467条）。

この確定日付のある証書とは，公正証書，登記所又は公証人役場で日付のある印章を押した私署証書，官公署である事項を記入して日付を記載した私署証書，郵便法58条1号に基づく内容証明郵便等（民法施行法5条）のことをいいますが，供託物払渡請求権の譲渡については，債務者が供託所であるため，供託所が譲渡通知書を受領し，供託規則5条1項に基づき「受付の旨及びその年月日時分」を記載することにより，確定日付のある証書としての効力を生じ，供託所以外の第三者に対抗できることになります。

## 2 譲渡通知の方法について

供託物払渡請求権の譲渡通知書に記載すべき事項については，特に定められていませんが，譲渡の意思表示のほかに，譲渡の目的物を特定するため，供託年月日，供託番号，供託者及び被供託者の氏名，供託物の表示，供託原因の要旨，譲渡人及び譲受人の住所氏名の記載が必要であるとされています。

また，譲渡通知書には必ずしも印鑑証明書の添付を必要とはせず（昭和46年度全国供託課長会同決議22問・供託関係先例集(5)215頁，昭和35.3.30民事甲第752号民事局長認可2問・供託関係先例集(2)277頁，昭和38.5.25民事甲第1570号民事局長回答払渡関係9問・供託関係先例集(3)287頁，昭和39年度全国供託課長会同決議29問・供託関係先例集(3)419頁，昭和40年度全国供託課長会同決議42問・供託関係先例集(4)101頁），また，押印のない譲渡通知書であっても，譲渡の意思や目的物等が明記されていれば，有効なものとして受理するとされています（昭和39年度全国供託課長会同決議45問・供託関係先例集(3)423頁）。そして，有効なものとして受理した譲渡通知書は，譲渡通知書等つづり込み帳に編てつされ，当該供託書副本ファイルに書面を受け取った年月日及び書面の種類が記録されます。

しかし，当該譲渡通知に基づき譲受人が供託物の払渡しの請求をする際に

は，譲渡の真正を担保するため，譲渡通知書に押された譲渡人の印鑑につき印鑑証明書を添付させることとされており（昭和35年度全国供託課長会同決議102問・供託関係先例集(3)17頁），また，譲渡通知書に押印がない場合や印鑑証明書の添付がない場合は，当該譲渡通知を受領したとき，押印をさせることや印鑑証明書を添付させるなどの補正を求めてもよいとされています（昭和39年度全国供託課長会同決議48問・供託関係先例集(3)423頁）。

なお，譲渡人の印鑑証明書の有効期限については明文の規定はありませんが，譲受人から譲渡通知書を添付して供託金払渡請求をするときには，承諾書の取扱いに準じて，当該譲渡通知書の印鑑証明書の有効期限は，承諾書の印鑑証明書の有効期限と同様に取り扱うものと解されています（加川義徳「供託規則の一部改正等に伴う供託事務の取扱いについて」『登記研究』689号56〜57頁）。

## ❸ 譲渡が無効である旨の書面が提出された場合の払渡手続について

本問のように，譲渡人から譲渡は無効である旨の書面が提出された場合，債権を譲渡した本人が，その譲渡が無効であると主張していることから，供託金取戻請求権は，譲渡人に帰属しているとも考えられます。

しかしながら，譲渡通知書及び譲渡が無効である旨の書面に，当該通知及び書面が真正に作成されたことを担保する印鑑証明書が添付されていないため，供託金取戻請求権の譲渡が有効かどうかを判断することができません。

また，仮に，当該通知書及び書面の双方に譲渡人の印鑑証明書が添付されていたとしても，譲渡の無効により権利を失うことになる譲受人の意思を確認することなく，譲渡人からの主張のみに基づいて，譲渡を無効と判断するのは相当ではありません。

供託先例でも，供託金払渡請求権の譲渡人から譲渡を取り消す旨の通知がされた場合，譲受人が払渡請求をするには，譲渡が有効であることを証する書面を，譲渡人が払渡請求をするには，譲渡が無効であることを証する書面

477

第5　供託成立後の権利変動

を払渡請求書に添付しなければならない（昭和38.5.22民事甲第1452号民事局長認可3問・供託関係先例集(3)282頁，昭和40.5.12民事四発第157号民事局第四課長回答・供託関係先例集(4)78頁）とされていることから，譲渡が無効である旨の書面が提出されたとしても，直ちに譲渡人からの払渡請求に応じることはできません。

　そうすると，譲渡人から譲渡は無効である旨の書面が提出されたときは，供託書副本ファイルには，譲渡通知書を受領したときと同様に，当該書面を受領した旨及びその年月日を記録し，譲渡の通知があった後に当該譲渡が無効である旨の書面が提出されていることを明らかにしておくべきです。

　以上により，本問の譲渡人（供託者）からの供託金の取戻しの請求は，供託金払渡請求書に，一般的な取戻しの請求に必要な書類を添付するほかに，取戻しをする権利を有することを証する書面（規則25条1項）として譲渡が無効であることを証する書面を添付して供託所に提出しなければなりません。そして，その譲渡が無効であることを証する書面は，譲渡人が供託金取戻請求権者であることを認める旨の譲受人による承諾書及び譲受人の印鑑証明書（承諾書作成前3か月以内又はその作成後に作成されたもの（同条2項で準用する24条2項）），又は譲渡人と譲受人との間において譲渡人に供託金取戻請求権が帰属する旨を判示した確定判決の謄本，和解調書等が該当します。

## 【供託金払渡請求権に設定した質権の実行】

> **事　例73**
>
> 　私は，裁判上の保証供託の取戻請求権に質権を設定していますが，質権に基づき供託金の払渡しを受けるにはどのような書類が必要でしょうか。

第5　供託成立後の権利変動

## 回　答

　取戻請求の際に一般的に必要となる書類（印鑑証明書，資格証明書，代理権限証明書，供託原因消滅証明書）のほかに，質権実行の方法により，以下の書類が必要となります。

**(1)　質権実行により直接取り立てる場合**

a　質権を実行することについての質権設定者の同意書又は質権の被担保債権の現存債権額及びその弁済期の到来を証する確定判決若しくはそれと同一の効力を証する書面等

b　a について，同意書等の私署証書を添付する場合は，当該同意書の作成前３か月以内又はその作成後に作成された質権設定者（同意者）の印鑑証明書，資格証明書

**(2)　質権実行としての差押えにより取り立てる場合**

a　質権の実行として，供託金払渡請求権に対する差押命令を得た場合，債務者である質権設定者に当該差押命令が送達されて１週間を経過したことを証する書面（民事執行規則134条の送達証明書等）

b　質権の実行として，供託金払渡請求権に対する転付命令を得た場合，当該転付命令の確定証明書

## 解　説

## 1　質権とは

　質権とは，債権者が，その債権の担保として債務者又は第三者から受け取ったものを占有し，かつ，その物について他の債権者に先立って自己の債権の弁済を受けることができる権利をいい（民法342条），当事者間の契約によって成立する約定担保物権で，質権者は債務が弁済されるまでは質物を留置することで債務の弁済を間接的に強制し，弁済されない場合はその物の価額によって優先的に弁済を受けることができます。

479

第5 供託成立後の権利変動

　質権は動産や不動産のような有体物に限らず，債権や株式のような財産権
を目的として設定することができ（民法362条1項），債権を目的とした質権は
債権質と呼ばれますが，指名債権の一種である供託金払渡請求権に対して設
定される質権もこの債権質の一種となります。

　債権質の設定は，手形や小切手など，その譲渡に証書の交付を要する債権
を質権の目的とするときは，その証書の交付が効力要件となりますが，その
他の債権については，契約のみでその効力を生じます（民法363条）。

## 2 対抗要件

　民法364条によると，指名債権を質権の目的としたときは，同法467条の規
定に従い，質権設定者が第三債務者に質権の設定を通知し，又は第三債務者
がこれを承諾しなければ，第三債務者その他の第三者に対抗することができ
ず，更にこれらの通知又は承諾は，確定日付のある証書によってしなければ，
第三債務者以外の第三者に対抗できないとされているため，供託金払渡請求
権に対する質権設定を第三債務者である供託官に対抗するためには，質権設
定者である供託者又は被供託者が供託官に対して質権設定の通知をすること
が必要となります。

　供託官が質権設定の通知書を受け取ったときは，供託規則5条1項により，
当該通知書に受付の旨及び受付年月日時分を記載しなければならないとされ
ているため，確定日付のない通知書であっても，この記載をもって確定日付
のある通知となります。

## 3 質権設定通知

　供託金払渡請求権に対する質権設定の通知には，質権の目的となった供託
金払渡請求権の表示及び質権を設定した旨，質権者の表示，質権設定者の表
示を記載し，通知の真正を担保するため，質権設定者の印鑑証明書，資格証

明書，代理権限証書等を添付する必要がありますが，仮に通知時にこれらの添付書類がなくても通知の効力には影響せず，払渡しの時までに補完すればよいとされています（昭和35年度全国供託課長会同決議102問・供託関係先例集(3)17頁，昭和40.12.28民事甲第3701号民事局長認可・供託関係先例集(4)164頁）。

　質権設定の通知が第三者にされた場合の効果については，民法481条1項を類推適用し，第三債務者は自己の債権者に対する弁済を禁じられ，仮に弁済したとしても，質権者には対抗できないとするのが通説です。そのため，質権設定の通知を受けた供託官は，質権の目的となった供託金払渡請求権を有する質権設定者（供託者，被供託者）からの払渡請求に応じることはできません。

## 4　質権の実行

　質権の実行には，直接取り立てる方法と，債権に対する強制執行の方法があります。

### (1)　質権実行により直接取り立てる方法について

　質権者は，民法366条1項の規定により，自己の名において供託金払渡請求権を直接取り立てることができます。そして，供託金払渡請求をする場合には，①印鑑証明書（規則26条），②資格証明書（規則27条3項で準用する14条1項ないし3項），③代理権限証明書（規則27条1項，同条2項で準用する14条1項後段），④供託規則24条又は25条に規定する供託金の還付又は取戻しを受ける権利を有することを証する書面（供託原因消滅証明書等）のほか，⑤質権を実行することについての質権設定者の同意書又は質権の被担保債権の現存債権額及びその弁済期の到来を証する確定判決若しくはそれと同一の書類が必要となります。

　同意書の内容には，以下の点が記載されていることを要します（後記記載例参照）。

ア　質権の目的となった供託金払渡請求権の表示及び質権実行に同意する旨。

481

第5　供託成立後の権利変動

イ　被担保債権の現存債権額（別段の定めがないときは，元本，利息その他民法346
　条の範囲内）

ウ　被担保債権額の弁済期が到来していること。

　なお，同意書等私署証書を添付する場合には，その真正を担保するため，
作成前３か月以内又はその作成後に作成された同意者（質権設定者）の印鑑証
明書，資格証明書を添付しなければなりません。

## (2)　質権実行としての差押えによる方法について

　質権者は，民事執行法193条１項の規定により，質権の実行として，供託
金払渡請求権に対する差押命令又は差押え及び転付命令を得た上で，払渡請
求することもできます。

　差押命令を得た債権者は，債務者に差押命令が送達されてから１週間を経
過すれば取立権を行使できるとされていることから（民事執行法155条１項），
債務者である質権設定者に差押命令が送達されて１週間を経過したことを証
する書面（民事執行規則134条に規定された送達通知書など）及び上記(1)の①ないし
④の書面を添付して供託金払渡請求をすることになります。

　また，転付命令を得た場合は，転付命令の確定により差し押さえた金銭債
権が支払に代えて券面額で債権者に移転するため（民事執行法159条），上記(1)
の①ないし④及び転付命令の確定証明書を添付し，転付債権者として払渡請
求することもできます。

第5 供託成立後の権利変動

**【記載例　質権を実行することについての質権設定者の同意書】**

---

# 質権実行同意書

　国代表者○○法務局供託官　殿


　私は，下記1の債権の担保として，貴職あて平成○年○月○日付け質権設定通知書のとおり質権を設定している下記2の供託金の取戻請求権について，下記3の質権者が質権を実行し，現存債権額の合計金○○円につき（又は供託金全額につき）直接払渡しを受けることに同意します。

記

1　被担保債権

　　現存債権額　元金　　金○○円

　　　　　　　　利息　　平成○年○月○日から年○分

　　　　　　　　損害金　年○分

　　弁済期　　　平成○年○月○日

2　供託金の表示

　　供託所の表示　　○○法務局

　　供託番号　　　　平成○年度金第○○号

　　供託金額　　　　金○○円

3　質権者

　　○○市○○区○○町○丁目○番○号

　　○○○○


　　平成○年○月○日

○○市○○区○○町○丁目○番○号

質権設定者　　○○○○　　印

---

483

第5 供託成立後の権利変動

## 【払渡請求権を仮差し押えた後に差押え・転付した場合の払渡し】

### 事 例74

　私は，ある弁済供託の被供託者の債権者であり，その供託金還付請求権の仮差押えをしたのですが，今後，更に差押えをし，同時に転付命令も得る予定です。

　この場合，裁判所の配当手続によらず，直ちに供託所で供託金の払渡しを受けたいのですが可能でしょうか。

　もし，可能であれば，どのような書類が必要でしょうか。

### 回 答

　差押・転付命令が仮差押えの本執行の場合は，供託金払渡請求書に，①差押命令の送達証明書又は転付命令の確定証明書，②差押・転付命令の債務名義等の差押えが仮差押えの本執行であることが確認できる書面，③一般的な必要書類（印鑑証明書，代理人によって請求する場合には代理権限を証する書面，資格を証する書面等）を添付し，供託受諾による供託金払渡請求をすれば，配当手続によらず払渡しを受けることができます。

　差押・転付命令が仮差押えの本執行でない場合は，供託金払渡請求書に，前記①及び③を添付し，供託受諾による供託金払渡請求をすることになりますが，直ちに払渡しを受けることはできず，供託官が執行裁判所に対して事情届をした後，執行裁判所の配当手続を経て支払委託に基づき払渡しをすることになり，執行裁判所が交付する証明書及び前記③を添付して改めて払渡請求をすれば，配当された供託金の払渡しを受けることができます。

第 5　供託成立後の権利変動

## 解　説

## **1**　**供託金払渡請求権に対する単発の差押え等がされた場合の取扱い**

### (1)　**供託金払渡請求権に対して差押えがされた場合**

供託金払渡請求権に対して単発の差押えがされた場合や複数の差押えがされたものの各差押金額の合計額が供託金払渡請求権の額以下である場合には，差押えは競合せず，供託官は差押債権者の取立てに応じて払渡しをすることができます（昭和55.9.6民四第5333号民事局長通達（以下「5333号通達」という。）第四・二・1 ·(一)·(2)）。

この場合，差押債権者は差押命令が債務者に送達された日から 1 週間を経過した後でなければ取立てをすることができないため（民事執行法155条），供託金払渡請求書には，差押命令が債務者に送達された日から 1 週間が経過したことを証する書面（送達証明書）を添付する必要があります。

### (2)　**供託金払渡請求権に対して仮差押えがされた場合**

供託金払渡請求権に対して単発の仮差押えがされた場合，第三債務者たる供託官は仮差押債務者への支払を禁じられ，仮差押債権者は取立権を有しないため，仮差押債権者からの払渡請求に応じることはできません。

また，仮差押えの執行が競合した場合であっても，供託官は供託義務を負わず，裁判所に事情届をする必要はありません（平成2.11.13民四第5002号民事局長通達（以下「5002号通達」という。）第三・二·(1)）。

### (3)　**供託金払渡請求権に対して差押・転付命令がされた場合**

転付命令とは，差し押さえた金銭債権を差押債権者に対し，債権の弁済に代えて券面額をもって強制的に移転を命ずる裁判で，転付命令に対しては執行抗告が認められており，転付命令が債務者に送達された日から 1 週間の執行抗告期間が経過したとき，又は執行抗告について却下・棄却等の裁判があったときに転付命令は確定します（民事執行法159条 4 項，5 項）。

485

第5 供託成立後の権利変動

　転付命令が第三債務者に送達される前に，他の債権者から差押え等がされているときは，転付命令は仮に確定したとしても効力を生じないとされています（同条3項）。

　供託金払渡請求権に対して単発の差押・転付命令がされた場合，差押債権者は，差押債権者として上記(1)による取立てをすることができ，また，転付命令の確定証明書を添付の上，転付債権者として払渡請求をすることもできます。

## 2　供託金払渡請求権に対する差押えが競合した場合の取扱い

### (1)　供託所の供託義務の要件と事情届の時期

　供託金払渡請求権について，差押えと差押え若しくは仮差押えの執行とが競合し，又は配当要求がされた場合，第三債務者である供託官は供託義務を負うことになり，差押債権者の取立てに応じることはできません。

　供託官は，供託義務を負うことになりますが，既に供託されている供託金を改めて供託することはできないため，供託をそのまま維持し，払渡請求に応ずることができるときに，民事執行法156条2項，3項に基づき，執行裁判所に事情届をすることになります（5333号通達第四・二・1・㈡・(1)，5002号通達第三・二・(2)・ア）。

### (2)　「払渡請求に応じることができるとき」について

　この「払渡請求に応じることができるとき」とは，払渡請求をするに当たって実体的な要件が具備した場合のことであり，このときに初めて供託所が民事執行法156条2項（民事保全法50条5項等において準用する場合を含む。）により供託義務を負うことになります。

　「払渡請求に応じることができるとき」は供託の種類により異なり，具体的には以下のとおりです。

486

第5 供託成立後の権利変動

| 供託の種類 | 取戻し・還付の別 | 払渡請求に応じることができるとき | 備 考 |
|---|---|---|---|
| 裁判上の保証供託 | 取戻請求権 | ① 担保取消決定が確定し、決定正本と確定証明書が提出されたとき | 5333号通達第四・二・1・(二)・(2) |
| | | ② 供託原因消滅証明書を添付して取戻請求があったとき | |
| | 還付請求権 | 被担保債権の存在を証する確定判決、和解調書等を添付して還付請求があったとき | |
| 仮差押解放金の供託 | 取戻請求権 | 他の債権者から差押えがあったとき | 昭和57年6月4日民四第3662号通達・供託関係先例集(7)20頁 |
| 営業上の保証供託 | 取戻請求権 | 営業の廃止等により供託原因が消滅したとき（関係官公署が公告をし供託原因消滅証明書を添付して取戻請求があったとき） | |
| 弁済供託 | 取戻請求権 | 差押債権者又は債務者（供託者）から不受諾による取戻請求があったとき（注） | 5333号通達第四・二・1・(二)・(2) |
| | 還付請求権 | ① 差押債権者又は債務者（被供託者）から、供託受託書又は供託を有効と宣告した確定判決謄本が提出されたとき（注） | 5333号通達第四・二・1・(二)・(2) |
| | | ② 差押債権者又は債務者（被供託者）から供託受託による還付請求があったとき（注） | 5333号通達第四・二・1・(二)・(2) |

（注）供託受諾等は、取立権を有する差押債権者もすることができる（昭和38.2.4民事甲第351号民事局長認可その他1問・供託関係先例集(3)243頁）。

## ❸ 払渡手続及び必要書類について

本事例では、弁済供託の供託金還付請求権に対して仮差押えをした仮差押

第5　供託成立後の権利変動

債権者が，さらに差押え・転付命令を得るとしています。

　仮差押債権者が差押えをした場合であっても，差押えが仮差押えの本執行でなく，全く別の請求債権に基づく差押えである場合は，仮差押えと差押えが競合することとなるため，供託官は事情届をすることになります。

　一方，仮差押えの本執行としての差押えがされた場合には，差押えの競合は生じないため，本来であれば事情届をする必要はありませんが，仮差押えと差押えの請求債権が同一であるか否かは，それぞれの書面のみからは不明であることが多く，差押えが仮差押えの本執行かどうかが明らかでない限りは，事情届を要するとされています（5002号通達第二・三・(1)・ウ・(イ)なお書，昭和57.4.13民四第2591号民事局第四課長回答・供託関係先例集(7)10頁）。

　また，本事例における仮差押え及び差押えの対象が弁済供託の還付請求権であるため，債務者（被供託者）又は差押債権者等が供託を受諾しない限りは供託官は払渡請求に応じることができないため，仮差押えの後に差押え・転付命令がされただけの段階では事情届をすることはできません。

　差押え・転付命令を得た債権者が，差押命令が債務者に送達されてから1週間経過した後，又は転付命令が確定した後に，差押命令に係る送達証明書又は転付命令の確定証明書とともに，供託受諾による供託金払渡請求をしたときに，「払渡しに応じることができるとき」となり，供託官は，払渡請求を却下し，執行裁判所に対して事情届をし，執行裁判所の配当手続を経て支払委託に基づき払渡しをすることになります。そして，差押え・転付命令を得た債権者は，裁判所が交付する配当の証明書を添付して改めて払渡請求をすれば，配当された供託金の払渡しを受けることができます。

　ただし，供託受諾による供託金払渡請求の際に，差押えの送達証明書又は転付命令の確定証明書とともに，差押えが仮差押えの本執行であることが確認できる書面（差押え・転付命令の債務名義等）が添付されれば，事情届をすることなく払渡請求に応じることができます。

　なお，上記2(1)の事情届に対し，裁判所から「仮差押えと差押えとは請求債権が同一である」ことを理由に事情届を不受理とされた場合には，差押え

第 5　供託成立後の権利変動

が仮差押えの本執行であることが確認できる書面がなくても，差押え又は転付債権者からの払渡請求に応じることができます。

### 【旅行業の営業保証金の承継】

**事　例75**

　私Aの父Xは個人で第三種旅行業を営んでいましたが，先月，病気のために亡くなりました。お得意様も多かったことから，私Aが父Xの後を継いで営業したいと思っているのですが，父Xが供託している営業保証金を私Aが引き継ぐことはできないでしょうか。

　もし，可能であるならばどのような手続が必要でしょうか。

**回　答**

　旅行業者が死亡した場合，旅行業法20条の規定による登録の抹消があった日から6か月以内に，相続人Aが旅行業の登録を受け，被相続人Xが供託した営業保証金につき権利を承継した旨を都道府県知事に対して届け出たときは，相続人Aが自らの営業保証金として利用することができます（旅行業法16条1項）。

**解　説**

### 1　旅行業の登録について

　旅行業を営む者は，旅行業者と取引をする者が当該業者の事業活動による取引により被る可能性のある損害等を担保するため，当該旅行業者が登録行政庁（第一種旅行業務にあっては観光庁長官，第二種・第三種旅行業務にあっては都道府県知事）に新規登録の申請をした際に添付した書類に記載した年間取引見込額に応じ，旅行業法4条1項4号の業務の範囲の別ごとに国土交通省令で

489

第5　供託成立後の権利変動

定める額を主たる営業所の最寄りの供託所に供託しなければなりません（旅行業法7条1項，旅行業法施行規則7条）。

　なお，旅行業者は，登録行政庁から旅行業の登録をした旨の通知を受けた日から14日以内に上記の供託をし，供託書の写しを添付して，登録行政庁に所定の届出をした後でなければ，事業を開始してはならないとされています（旅行業法7条2項ないし5項）。

## ２　登録の抹消について

　旅行業者等が死亡したときは，相続人は，被相続人の死亡を知った日から30日以内にその旨を登録行政庁に届け出なければなりません（旅行業法15条3項，旅行業法施行規則40条）。また，旅行業者等が事業を廃止したとき，事業の全部を譲渡したとき，分割により事業の全部を承継させたとき，旅行業者等たる法人が合併により消滅したときにも，その旨を登録行政庁に届け出なければなりません（旅行業法15条1項，2項，旅行業法施行規則38条，39条）。

　そして，旅行業法20条1項は，前記の届出（旅行業法15条1項ないし2項）があったときは，登録行政庁は登録を抹消しなければならない旨が規定されていることから，旅行業の登録の効果は一身専属的なものであり，相続などによって当然に承継される性質のものではないといえます。

## ３　営業保証金の権利の承継について

　旅行業者が死亡し，旅行業者たる法人が合併により消滅し，若しくは分割によりその事業の全部を承継させ，又は旅行業者がその事業の全部を譲渡したため，旅行業法20条の規定による登録の抹消があった場合，その日から6か月以内に，その相続人，合併後存続する法人若しくは合併により設立された法人，分割によりその事業の全部を承継した法人又はその事業の譲受人が旅行業の登録を受け，かつ，旅行業者であった者が供託した営業保証金につ

き権利を承継した旨の届出を登録行政庁にしたときは，その営業保証金は，新たに旅行業者となった者が供託した営業保証金とみなすとされています（旅行業法16条1項）。この届出は，所定の届出書2通（旅行業者営業保証金規則第1号書式）を登録行政庁に提出しなければならず，届出を受けた登録行政庁は，届出書に受理の年月日を記載し，その1通を，営業保証金につき権利を承継した事実を証明する書面とともに，当該営業保証金を供託している供託所に送付しなければならないとされています（同規則1条）。

　これらの書面が供託所に送付されることにより，供託所は，営業保証金について権利の承継があったことを知ることができ，以後，承継人等を供託者として扱うこととなりますので，例えば，承継人等が供託原因消滅証明書を添付して取戻請求をした場合には，これに応じることができます。

　これを今回のケースに当てはめると，相続により旅行業の全部を承継したAは，Xの死亡を知った日から30日以内に都道府県知事に対してXが死亡した旨の届出をしなければならず，都道府県知事による登録抹消があった日から6か月以内に都道府県知事に対し，旅行業の登録を受けるとともに，相続により営業保証金の権利を承継した旨の届出をすれば，Xが供託した営業保証金は，Aが供託した営業保証金とみなされることになります。Aは，届出書2通を都道府県知事に提出し，これを受けた都道府県知事は，届出書に受理の年月日を記載し，その1通を，営業保証金についての権利を承継した事実を証明する書面とともに，供託所に送付することとなります。

　この結果，Aは，新たに営業保証金を供託することなく事業を開始することができます（旅行業法16条1項）。

第5 供託成立後の権利変動

## 【旅行業者営業保証金規則第1号書式（1条1項関係）】

# 届　出　書

1　旅行業者であった者の氏名又は名称，商号及び住所並びに登録番号

2　営業保証金の総額

3　供託物の内容（供託所名　　　　　　　　）
イ　金銭の場合

| 供託年月日 | 供託番号 | 供託金額 |
|---|---|---|
|  | 年度金第　　号 | 円 |

ロ　有価証券（振替国債を除く。）の場合

| 供託年月日 | 供託番号 | 名称 | 回記号 | 番号 | 枚数 | 券面額 | 総額面 |
|---|---|---|---|---|---|---|---|
|  | 年度証第　　号 |  |  |  |  | 円 | 円 |
|  | 年度証第　　号 |  |  |  |  | 円 | 円 |

ハ　振替国債の場合

| 供託年月日 | 供託番号 | 銘　柄 | 金　額 |
|---|---|---|---|
|  | 年度国第　　号 |  | 円 |
|  | 年度国第　　号 |  | 円 |

4　権利承継の事由
　上記1の者が供託した上記営業保証金につき権利を承継したので，旅行業法第16条第1項の規定により届出いたします。
　　　　年　　　月　　　日
　　　　　　　　　　　住　　　　所
　　　　　　　　　　　商号又は名称
　　　　　　　　　　　氏　　　　名
　　　　　　　　　　　（法人にあっては，代表者の氏名）
　　　　　　　　　　　登　録　番　号
　　行政庁　　殿

第5　供託成立後の権利変動

## 【債権者不確知供託の滞納処分による差押えの払渡し】

### 事　例76

　　ＡのＢに対する1,000万円の金銭債務について，９月２日に確定日付
ある債権譲渡通知書（譲渡人Ｂ，譲受人Ｃ，譲渡金額1,000万円）及び同月５
日に滞納処分による差押通知書（差押債権者Ｄ税務署，差押債務者Ｂ，差押債
権額500万円）がそれぞれＡに送達され，債権譲渡の有効性に疑義がある
として，９月６日に民法494条の規定による債権者不確知供託がされて
います。
　　Ｄ税務署が当該供託金を還付請求することはできるでしょうか。
　　また，還付請求をする場合には，どのような書類が必要でしょうか。

### 回　答

　Ｄ税務署は，改めてＢの供託金還付請求権を差し押さえた上で，利害関係
人（譲受人Ｃ）の承諾書又は，それに代わる確定判決，和解調書，調停調書，
公正証書等の還付を受ける権利を有することを証する書面を添付して，払渡
請求をすることができます。

493

第5 供託成立後の権利変動

**解説**

【債権者不確知供託の関係図】

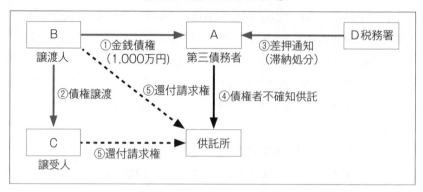

## 1 債権者不確知の債権に滞納処分による差押えがあった場合の供託

　本事例は，BからCへの債権譲渡の後に滞納処分による差押えがされたところ，当該債権譲渡の有効性に疑義があるため債権者を確知することができないとして，Aが弁済供託したものです。滞納処分による差押えに関しては，強制執行による差押えの場合における民事執行法156条1項のような権利供託の規定がないため，供託の原因たる事実欄に滞納処分による差押えが送達された旨の記載をするものの，法令条項には民法494条のみを記載することになります。

## 2 供託金還付請求権に対する滞納処分による差押え

　滞納処分庁Dが供託金還付請求権を行使しようとする場合には，徴収職員は，国税徴収実務上，改めて供託金還付請求権を差し押さえることになります。これは，供託の基礎となった基本債権と供託金還付請求権とは，発生原

因を異にする別個，独立の債権である等の理由から，基本債権に対する差押えの効力は当然には供託金還付請求権に移行しない，つまり，基本債権に対する差押えの効力は供託金還付請求権にまでは及ばないと解されているからです。この点は，民事保全法の規定に基づく仮差押解放金（みなし解放金），仮処分解放金とは性質が異なります。

### 3 本事例における還付を受ける権利を有することを証する書面

この供託金還付請求権に対する滞納処分による差押えに基づき滞納処分庁Dが還付請求をする場合の還付を受ける権利を有することを証する書面（規則24条1項1号）とは，利害関係人（譲受人C）の承諾書（印鑑証明書，資格証明書を添付）又は，それに代わる確定判決，和解調書，調停調書，公正証書等が該当します。なお，原則として，全ての利害関係人との間において滞納処分庁Dが，供託金について実体的な権利を有していることが確定していることが必要です。

### 4 供託金還付請求権の確認請求訴訟

利害関係人である譲受人Cの承諾書の提出が期待できないときは，滞納処分庁Dが払渡請求をするためには本件供託金還付請求権が譲受人Cに帰属しないことを確定していれば足りるとされていることから，滞納処分庁Dは，譲受人Cを被告として，本件供託金還付請求権が譲渡人Bに帰属することを確認する供託金還付請求権確認請求訴訟を提起し，その勝訴判決を得て還付請求することになります（昭和61.12.16民四第8986号民事局第四課長回答・供託関係先例集(7)162頁）。

495

第5 供託成立後の権利変動

【不確知供託の滞納処分による取立ての関係図】

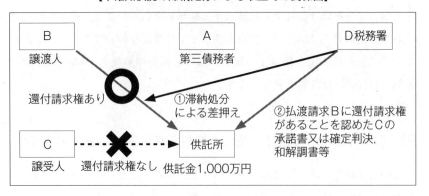

第6　供託書類の閲覧と証明

## 第6

# 供託書類の閲覧と証明

## 事　例

### 【閲覧・証明制度】

#### 事　例77

　　私は数年前に仮差押命令のための担保として金銭を供託物として裁判
上の保証供託をしていますが，当該供託事件の現状を確認したり，当該
供託事件に係る証明書を請求することは可能ですか。
　　もし，可能であれば，私が，当該供託事件の証明書を請求することに
よりどのような効果がありますか。
　　また，証明書を請求するに当たり，注意すべき点はありますか。

#### 回　答

　あなたは，本件供託事件について利害関係がありますので，本件供託に関
する書類の閲覧や証明を請求することができます。
　そして，本件供託事件に関する書類を閲覧したり，証明書の交付を受ける
ことで，取戻請求権の時効が中断する効果があります。
　なお，本件供託の利息請求権についても供託金と同様に時効中断の効果を
求めるのであれば，供託利息が現存することを含む供託証明書を請求する必
要があります。

497

第6　供託書類の閲覧と証明

### 解　説

## １　供託に関する書類の閲覧

　供託規則48条１項は，供託につき利害関係がある者は，供託に関する書類（副本ファイルの記録を用紙に出力したものを含む。）の閲覧を請求することができると規定しています。これは，供託について利害関係がある者に，供託に関する書類の閲覧請求権がある旨を明らかにしているものであり，供託につき利害の関係がある者から供託に関する書類の閲覧の請求があったときは，供託官は，請求者に対して関係書類を閲覧させなければなりません。

## ２　利害関係人

　供託につき利害の関係がある者とは，一般的には，供託物につき直接利害関係を有する者であるとされています（昭和38.5.22民事甲第1452号民事局長認可12・供託関係先例集(3)284頁）。具体的には，供託物取戻請求権者，供託物還付請求権者及びそれらの権利についての譲渡人，質権者若しくは差押債権者並びにそれらの者の包括承継人等，直接それらの権利について，供託上の利害関係を有している者をいうと解されています。

　したがって，これから供託物取戻請求権又は供託物還付請求権を差し押さえようとする供託物払渡請求権者の一般債権者は，実体上の債権者としての利害関係はあるが，供託についての利害関係はないとされ，供託規則48条１項の利害の関係がある者には該当しないと解されています。

　また，供託に関する書類の証明を申請する場合の利害関係人については，閲覧申請の場合と同様に，供託物につき法律上の利害関係を有する者をいうと解されているため，供託物取戻請求権者，供託物還付請求権者及びそれらの包括承継人並びにそれらの権利について，譲渡，質入れ若しくは差押えをした者で，その通知又は送達が供託所になされているもの等，直接それらの

498

権利について供託上の利害関係がある者をいいます。

## 3 閲覧の対象となる供託に関する書類・帳簿

閲覧の対象となる供託に関する書類とは，副本ファイル（副本ファイルの記録を用紙に出力したものを含む。），供託書の添付書類，供託物払渡請求書及びその添付書類，供託金保管替請求書，供託金利息請求書及びその添付書類，供託有価証券利札請求権及びその添付書類等であり，供託規則2条で規定する供託有価証券受払日計簿，金銭供託元帳，有価証券供託元帳，現金出納簿等の供託関係帳簿はこれに含まれないと解されています（昭和40.1.7民事甲第67号民事局長事務取扱認可8・供託関係先例集(4)47頁）。金銭供託元帳等が，閲覧又は証明の対象となっていない理由としては，これらの元帳等は，供託に関する権利状態を知り，また供託の事実を立証する上からも必要とは認められないので，閲覧・証明の対象とはならないと解されています（登記研究編集室編『実務供託法入門［新訂］』（テイハン，2015年）457頁）。

## 4 供託に関する事項の証明

規則49条1項は，供託につき利害関係がある者は，供託に関する事項につき証明を請求することができると規定しています。例えば，供託書正本は紛失しても再交付すべき性質のものではないとされていることから，供託者が供託書正本を紛失し，供託をした事実を証する書面を必要とする場合，あるいは，訴訟等の証拠書類として裁判所に提出する場合には，供託所から証明書の交付を受けて供託した事実を立証することになります。また，供託に関する証明は，後述のとおり，供託物払渡請求権の消滅時効の中断をする目的にも使用されることがあります。

499

第6　供託書類の閲覧と証明

## 5　供託物払渡請求権の時効の中断

　時効の中断とは，時効の基礎である事実状態と相いれない事実が生じたときに，時効の進行が中断することをいうと解されています。民法147条は時効の中断事由として，①請求，②差押え，仮差押え，仮処分，③債務の承認を挙げています。

　先例によれば，供託されていることの確認を目的として供託者（被供託者）に供託に関する書類を閲覧させたときは，債務の承認として取戻請求権（還付請求権）の時効が中断されると解されています（昭和39.10.3民事甲第3198号民事局長回答・供託関係先例集(4)22頁）。また，供託証明書を交付したときも，同様に，債務の承認として時効が中断されると解されています（昭和18.3.15民事甲第131号民事局長回答・供託関係先例集(1)329頁）。

　なお，ここで注意を要することは，供託者が閲覧又は証明を求めた場合は，取戻請求権の時効だけが中断され，被供託者が閲覧又は証明を求めた場合は，還付請求権の時効だけが中断されることです。よって，取戻請求権の時効中断は，還付請求権の時効には影響がないと解されています（昭和35.8.26民事甲第2132号民事局長電報回答・供託関係先例集(2)310頁）。

　時効中断の効果は，当事者及びその承継人の間においてだけ効力を有すると規定されています（民法148条）。

## 6　利　息

　ところで，本件のような裁判上の保証供託においては，担保の効力はその目的物である供託金元金のみにおよび，利息には及ばないと解されていますので，利息については供託原因が消滅していなくとも供託者に別途，払い渡すことが可能です（昭和29.12.6民事甲第2573号民事局長回答・供託関係先例集665頁，昭和37.6.7民事甲第1483号民事局長回答・供託関係先例集(3)114頁）。そして，供託者が毎年，供託した月に応答する月の末日後に，同日までの利息を請求でき

500

第6　供託書類の閲覧と証明

（規則34条2項），保証供託の利息は，民法169条の定期給付債権ですから，その払渡請求権の消滅時効の期間は，供託金本体とは別に払い渡し得る日から5年であると解されています（昭和4.7.3民事第5618号民事局長回答・供託関係先例集(1)211頁）。これらのことからも，既に発生している利息請求権は，供託金払渡請求権とは別個独立した債権ですから，それ自体独立して処分の対象となると解されます。

　営業保証供託に関する先例ではありますが，供託証明書（供託金に関するもの）を発行しても，これにより利息請求権の時効中断の効力は生じないとされています（昭和48.11.20・21全国供託課長会同決議19・供託関係先例集(5)288頁）。これも，供託金に生じた時効中断事由は，独立した請求権である利息請求権には及ばないことを前提に発出されたものと解され，その反対解釈から供託金と併せて供託利息について残額を存する供託証明書を発行すれば，供託官が利息請求権についても債務承認することとなり，時効中断事由に当たると考えます。

　そのため，あなたが本件供託金元金についての取戻請求権だけでなく，利息請求権についても同様に時効中断の効果を求めるのであれば，供託利息が現存することを含む供託証明書を請求する必要があります。

## ７　営業保証供託金の閲覧請求があり調査票を渡した場合，利息請求権の時効中断について

　営業保証供託をしている者から閲覧請求があり，当該供託についての調査票を渡した場合において，当該閲覧は利息債権を含めた債務承認に当たるか否かについては，副本ファイルに閲覧の記録があったとしても，それが「利息の払渡状況を確認するため」等，特に利息に関する事項について確認するための閲覧である旨の記載がない限り供託金利息払渡請求権の消滅時効は中断していないものとして，供託証明書に関する先例では，既発生の供託金利息請求権は供託金払渡請求権とは別個独立した債権であり，供託金に生じた

501

第6　供託書類の閲覧と証明

時効中断事由は独立した請求権である利息請求権には及ばないものと解されています（昭和48年度全国供託課長会同決議19・供託関係先例集(1)288頁）。

　しかし，これらについては，閲覧による消滅時効の中断効は，請求者（債権者）の請求によるものとの考え方のようですが，そうではなく，供託官の債務の承認によって生ずるものと考え，また，準則71条によれば，残利息に関する事項は全て副本ファイルに記録されるので，調査票を債権者に提供したのであれば，利息についてもその時点で債務承認がなされたものとも考えます。

　つまり，債権者が閲覧の申請時に供託金利息請求権の存否等に言及したかどうかによって効果が左右されるものではなく，供託官がどのような情報を提供したかが問題になるものと考え，調査票を交付しているのであれば，利息の時効は閲覧によって中断するものと考えられます。

## 【閲覧請求権者の範囲及び閲覧申請方法】

### 事　例78

　供託に関する書類又は帳簿の閲覧を請求できる者の範囲及びその閲覧の申請方法について説明してください。

### 回　答

1　供託に関する書類又は帳簿の閲覧を請求できる者は，供託物払渡請求権者（取戻請求権者，還付請求権者）及びそれらの包括承継人，同払渡請求権の譲受人，質権者，差押債権者等供託物について直接利害関係を有する者です（規則48条1項）。

2　閲覧を請求する者は，規則第33号書式による申請書及び規則に定められる添付書面を提出しなければなりません（規則48条2項及び3項）。

　なお，閲覧に手数料等はかかりません。

502

第6 供託書類の閲覧と証明

| 閲覧請求できる者 | 閲覧申請方法 |
|---|---|
| ・供託物につき直接利害関係を有する者<br>・供託物払渡請求権者，その一般承継人等 | ・申請書<br>・印鑑証明書，代理権限を証する書面等 |

## 解　説

## **1**　閲覧の申請方法及び供託上の利害関係人の意義

供託に関する書類又は帳簿については，「供託につき利害の関係がある者」がその閲覧を請求できるものとされています（規則48条1項）。

この「供託につき利害の関係がある者」とは，単に財産上の利害関係を有する者では足りず，供託物について直接利害関係を有する者（以下「利害関係人」という。）をいい（昭和38.5.22民事甲第1452号民事局長認可12問・供託関係先例集(3)284頁），一般承継人である場合を除き，その関係が供託関係書類上から確認できる者でなければならないとされています。

このように請求者を限定している趣旨は，供託が特定の法律関係に基づいてされる供託書に対する寄託関係を基礎とし，かつ，供託事務が主に金銭又は有価証券の供託に係るもので，すなわち金銭債務に関するものであるから，何人にも閲覧に供すべき性質のものではないからです（吉岡誠一編著『よくわかる供託実務［新版］』（日本加除出版，2011年）265頁参照）。

## **2**　「供託につき利害関係のある者」の範囲

上述のとおり，「供託につき利害関係のある者」とは，「供託物について直接利害関係を有する者」ですが，この利害関係人の範囲についての具体例は，以下のとおりです。

503

第6　供託書類の閲覧と証明

## (1)　利害関係人に該当する者

ア　供託物払渡請求権者

　(ア)　供託者（取戻請求権者）

　(イ)　被供託者（還付請求権者）

イ　一般承継人

　(ア)　供託者又は被供託者の相続人

　(イ)　供託者又は被供託者である法人の合併後の存続法人

　(ウ)　次のウ以下の者の相続人又は合併後の存続法人

ウ　供託者又は被供託者である譲渡人から，供託所に債権譲渡の通知（民法
　467条1項）があった供託物払渡請求権の譲受人

エ　供託者又は被供託者である質権設定者から，供託所に質権設定の通知
　（民法364条）があった供託物払渡請求権の質権者

オ　供託物払渡請求権の差押債権者及び仮差押債権者等

　(ア)　供託物払渡請求権の差押債権者及び仮差押債権者

　(イ)　滞納処分による差押えをした官公署

カ　執行供託における供託の原因たる事実欄中に記載されている差押債権者，
　仮差押債権者及び滞納処分による差押債権者等並びに支払委託書に記載さ
　れている還付請求権者

キ　抵当不動産の賃料が供託されている場合の当該抵当権者（平成14.11.22民
　商第2757・2758号民事局商事課長回答）

　　当該商事課長回答に係る照会事例は，家賃供託において，建物の抵当権
　者から，物上代位により供託金還付請求権を差し押さえるために，抵当権
　設定の登記のある不動産登記簿謄本を添付した上で供託書副本の閲覧請求
　があった事例であり，これに対する同回答は，当該閲覧請求に応じて差し
　支えない，としています。

## (2)　利害関係人に該当しない者

ア　一般の債権者

　　供託者又は被供託者に対して債権を有する者は，実体上の債権者として

の利害関係は有していても，供託物に直接利害関係を有していないため，規則48条1項の利害関係人とは認められません（昭和38.5.22民事甲第1452号民事局長認可12問・供託関係先例集(3)284頁）。

イ　供託申請又は払渡請求の権限のみを委任された者

供託申請又は払渡請求の権限のみを委任された者は，供託物に直接利害関係を有していないので，これらの者が供託に関する書類の閲覧を請求するためには，改めて利害関係人から閲覧請求に関する委任を受ける必要があります（昭和44.11.25民事甲第2626号民事局長認可7問・供託関係先例集(5)108頁）。

### (3)　官公署からの閲覧請求について

官公署からの供託に関する書類の閲覧や照会，書面の取寄せ等については，当該官公署が利害関係人にあたらない場合についても，公益の必要上相当と認められるときは，便宜閲覧等が認められます。例えば，司法警察員から犯罪捜査上必要があるとして供託関係書類の閲覧や，特定の供託書副本の記載事項の照会があった場合は，これに応じて差し支えありません（昭和35年度全国供託課長会同決議91問・供託関係先例集(3)16頁，昭和39.6.16民事甲第2104号民事局長認可8問・供託関係先例集(3)409頁）。

また，国税局による国税徴収法141条に基づく滞納者の財産調査や，県税事務所による差押えのための閲覧請求も，公益上必要と認められるため，請求に応じて差し支えありません。ただし，これらの請求であっても，供託番号等によって閲覧対象物が特定されていることが必要です（昭和37.5.31民事甲第1485号民事局長認可7問・供託関係先例集(3)111頁，昭和36.4.8民事甲第816号民事局長認可23問・供託関係先例集(3)26頁）。

しかし，国税局から弁護士の収入状況調査のために供託関係書類の閲覧請求があっても，公益性が認められないので応ずるべきではありません（昭和34.10.31民事甲第2437号民事局長回答・供託関係先例集(2)248頁）。

なお，徴税吏員から地方税法20条の11に基づき，供託番号を教えてほしいという依頼があった場合は，差押え等を前提とした相談であり滞納者の住所氏名等により，供託関係書類が特定できる場合に限って，便宜，事情に応じ

第6　供託書類の閲覧と証明

て差し支えがないものとされています（当然，依頼は正式な書面があることを前提
とします。）（前掲『よくわかる供託実務［新版］』271頁）。

## ３　閲覧の申請方法

### (1)　閲覧申請書の提出

　閲覧を請求しようとする者は，規則第33号書式による閲覧申請書を供託所
に提出しなければなりません（規則48条 2 項）。申請書には，閲覧申請の目的，
閲覧しようとする関係書類の供託年月日と供託番号，申請年月日，申請人住
所氏名を記載し，さらに，代理人から申請する場合には，その者の住所氏名，
及び供託所の表示を記載します（閲覧申請書の記載例については下記参照。）。

　なお，供託振替国債について，その償還期限又は利払期が到来した場合に
は，当該償還金又は利息は供託金口座に支払われ，以後供託金として保管さ
れますが，この償還金又は利息を供託者が払渡請求するに当たって，供託番
号を確認するためにする閲覧請求の場合には，閲覧申請書は必要ありません
（平成15.1.6民商第 2 号民事局長・大臣官房会計課長通達第4,4 参照）。

第6 供託書類の閲覧と証明

【閲覧申請書の記載例】

規則第33号書式

# 閲 覧 申 請 書

閲覧の目的

（利害関係）

　申請人は，以下の供託の被供託者であるが，この供託が供託者によって取戻しがされていないことを確認するために，副本ファイルに記録されている内容につき閲覧を申請する。


閲覧しようとする関係書類及びその部分

　　以下の供託について副本ファイルに記録されている内容

　　　供 託 年 月 日　　平成30年1月25日

　　　供 託 番 号　　平成29年度金第57号

　　　供 託 金 額　　金100,000円

　　　供 託 の 種 類　　売買代金弁済供託

　　　供 　 託 　 者　　甲県乙市丙町一丁目1番1号

　　　　　　　　　　　甲 山 太 郎

　　　被 供 託 者　　甲県乙市丙町二丁目2番2号

　　　　　　　　　　　乙 野 次 郎


　上記のとおり閲覧を申請する。

　　平成30年4月25日

　　　　申請人（供託者・被供託者・その他）

　　　　　住　　所　　甲県乙市丙町二丁目2番2号

　　　　　氏　　名　　乙 野 次 郎

○○　法務局　御中

507

第6　供託書類の閲覧と証明

## (2)　閲覧申請の際に添付又は提示する書類

申請人に利害関係があるか否かは，包括承継人や抵当不動産の賃料が供託
された場合の当該抵当権者である場合を除き，供託関係書類上から認められ
ることから，閲覧申請に際しては，特に利害関係があることの証明書は必ず
しも要しないとされています（昭和35年度全国供託課長会同決議99問・供託関係先
例集(3)17頁）。

しかし，閲覧を請求する者が閲覧申請書に記載された者と同一であること
を証明する必要があることから，閲覧請求者は，以下の書面を添付又は提示
する必要があります（昭和35年度全国供託課長会同決議85問・供託関係先例集(3)15頁）。

ア　印鑑証明書

原則として，閲覧申請書（又は代理権限証書）に押印されている請求者本
人の印鑑について，市区町村長又は登記所が作成した印鑑証明書を添付し
なければなりません。

なお，閲覧を請求する者が会社又は法人であれば，供託所と印鑑の証明
をする登記所とが同一の法務局である場合において，その印鑑につき登記
官の確認があるとき（簡易確認手続）は，印鑑証明書の添付は必要ありませ
ん（規則48条3項，26条1項）。

イ　資格証明書

閲覧請求者が会社又は法人であれば，代表者の資格を証する書面を添付
しなければなりません。ただし，当該会社又は法人が登記された会社又は
法人であるときは，当該書面を提示することで足ります。また，印鑑証明
書の添付の場合と同様に簡易確認手続を取ることもできます（規則48条3項，
27条3項，14条1項）。

ウ　代理権限証書

代理人による申請であれば，原則として，代理人の権限を証する書面を
添付しなければなりません。ただし，その代理人が，支配人その他登記す
ることとされている代理人であるときは，登記所が作成した代理人である
ことを証する書面を提示することで足りるとされています。また，印鑑証

508

第6 供託書類の閲覧と証明

明書の添付の場合と同様に簡易確認手続を取ることもできます（規則48条3項，27条3項，14条3項）。

(3) 副本ファイルの記録事項の閲覧

供託につき利害の関係がある者は，副本ファイルの記録を用紙に出力したものの閲覧を請求することができます（規則48条1項）。

申請人が希望した場合には，本用紙（調査票）を交付しても差し支えないとされています（加川義徳「供託規則の一部を改正する省令の解説」民月58巻11号30頁）。

## 4 閲覧された場合の事務処理

払渡しの完了していない供託に関し，供託の有無についての確認を目的とする書類の閲覧は，供託官による「債務の承認」（民法147条3号）となる（つまりは，時効中断効がある。）ので，副本ファイルに，「閲覧の年月日」「申請者の氏名」及び「閲覧させた旨」を記録します（準則87条，34条の2）。

また，閲覧申請書は，供託所の雑書つづり込帳に編てつして保管します（準則85条2項）。

### 【証明請求権者の範囲及び証明申請方法】

**事 例79**

供託に関する事項の証明を請求できる者の範囲及びその証明の申請方法について説明してください。

**回 答**

1 供託物払渡請求権者（取戻請求権者，還付請求権者）及びそれらの包括承継人，同払渡請求権の譲受人・質権者・差押権者等は，供託物について直接

509

第 6　供託書類の閲覧と証明

利害関係を有する者になります（規則49条 1 項）。

2　規則第34号書式による申請書及び証明を請求する事項を記載した書面，
印鑑証明書等，規則所定の添付書面を提出する必要があります。（規則49条
2 項， 3 項， 4 項）なお，証明の付与については無料です。

| 証明請求権者 | 証明申請方法 |
|---|---|
| ・供託物につき直接利害関係を有する者<br>・供託物払渡請求権者，その一般承継人等 | ・申請書<br>・証明を請求する事項を記載した書面<br>・印鑑証明書，代理権限を証する書面等 |

## 解　説

### 1　証明制度の概要及び供託上の利害関係人の範囲

供託規則49条 1 項は，「供託につき利害の関係がある者は，供託に関する
事項につき証明を請求することができる。」と規定していますが，ここで
「供託につき利害の関係がある者」とは，「供託物につき直接利害関係を有す
る者」と解されており（昭和42.1.31民事甲第174号民事局長認可 1 問・供託関係先例
集(4)254頁），その利害関係人の範囲は，閲覧制度のそれと同様です（法務総合
研究所『供託法　研修教材［第 8 版］』（法務総合研究所，2014年）122頁）。なお，証明
の付与については無料です。

### 2　証明の申請方法

証明を請求しようとする者は，規則第34号書式による証明申請書を供託所
に提出しなければならず（規則49条 2 項），その申請書には，証明を請求する
事項を記載した書面を証明の請求数に応じて添付しなければなりません（規

510

則49条3項)。その書面の様式は，規則第34号書式による申請書に準じて作成するものとされています（準則86条1項。証明申請書の記載例については下記参照。）。

　証明申請書必要記載事項は，次のとおりです。

(1)　**証明申請の目的**（利害関係）

　証明申請の目的の記載内容は，供託物について直接利害関係を有している者であることが明らかになるものである必要があります。

(2)　**証明を申請する事項**

　供託物を「供託年度」「供託番号」により特定し，かつ証明を必要とする事項を特定する必要があります。

(3)　**申請年月日**

(4)　**申請人の住所・氏名**

(5)　**代理人によって申請するときは，代理人の住所及び氏名**

(6)　**供託所の表示**

　また，証明申請の際に添付又は提示する書類については，閲覧制度のそれと同様です。

第6　供託書類の閲覧と証明

## 【証明申請書　規則第34号書式】

規則第34号書式

---

# 証 明 申 請 書

証明申請の目的

　（利害関係）　申請人は以下の供託の供託者であるが，この供託の取戻請求権につき，時効中断をするため。

証明を申請する事項

　供託年月日　　平成29年6月12日

　供 託 番 号　　平成29年度金第21356号

　供 託 金 額　　金800,000,000円

　供託の種類　　手附金弁済供託

　供 託 者　　甲県乙市丙町一丁目1番1号　　法務太郎

　被 供 託 者　　甲県乙市丙町三丁目3番3号　　乙野不動産株式会社

　上記のとおり証明を申請する。

　　平成30年5月12日

　　　　申請人（供託者・被供託者・その他）

　　　　住所甲県乙市丙町一丁目1番1号

　　　　氏 名　　法 務 太 郎

大津地方法務局長浜支局御中

---

上記のとおり証明する。

　平成30年5月12日

　　　　大津地方法務局長浜支局　供託官　　長 浜 一 郎　| 職印 |

第6　供託書類の閲覧と証明

## 3　証明の付与

　供託官は，証明を請求する事項を記載した書面の下部余白に「上記のとおり証明する。○○法務局（○○地方法務局）○○支局供託官○○某」の例により証明文を付し，年月日及び職・氏名を記載し，職印を押して交付します（準則86条1項，2項，記載例参照）。

## 4　証明した場合の事務処理

　時効中断の立場を容易にするため，払渡しの完了していない供託について，副本ファイルに証明の年月日，申請者の氏名及びその証明の要旨を記載（記録）することになっています（準則87条，34条の2）。

　また，時効処理確認表に年月日及び証明した旨を記録します（時効処理等取扱要領第3）。証明申請書は供託所の雑書つづり込帳に編てつして保管します（準則86条3項）。

## 5　証明申請の目的・証明を申請する事項の目的欄の記載例

(1)　監査法人に対して供託金残高を証明するため
(2)　供託書を紛失したが，裁判所への事情届の提出に必要なため
(3)　発行保証金取戻承認申請のために担保官庁に提出する必要があるため
(4)　○○裁判所に対して担保取消決定申立手続をするため
(5)　供託者は取戻権放棄書を平成○年○月○日付け提出し，貴庁において同日受理したことを証明するため

第7 供託訂正申請

<br>

## 第7 供託訂正申請

# 事　例

**【供託書の訂正】**

### 事　例80

　供託申請を適法として受理認可し，供託が成立した後において，供託
者から供託書の記載事項について誤りがあるのを発見したので，訂正を
したいとの申入れがありました。
　訂正に応じることはできますか。また，応じられる場合，どのような
書類を提出させる必要がありますか。

### 回　答

　供託官は，供託書の記載事項につき，供託者から明白な誤記を訂正する申
請がされた場合には，供託の同一性を害しない限り，これを受理することが
できるとされています（準則55条1項）。なお，この誤記は，供託受理前のも
ので，供託受理後に発見されたものに限られます。

　また，提出すべき書類としては，供託書訂正申請書2通（準則55条2項）及
び供託者本人の印鑑証明書（運転免許証の提示など，他に本人確認ができる方法があ
る場合を除く。）が考えられます。

515

第7　供託訂正申請

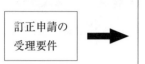

【供託書の訂正申請が受理される要件】

① 供託書記載の誤りが明白な誤記であること
② 訂正が本来の供託との同一性を害しない範囲であること
③ その誤記が供託受理前のもので，供託受理後に発見されたものであること

**解　説**

## 1　供託書の訂正申請の意義

　供託書の記載は，供託が受理決定されることにより，その後の供託法律関係の基礎をなすので，供託後にその記載に誤りが発見されても，みだりにその訂正を認めることは，関係者の利害に重大な影響を及ぼし，法的安定性が保たれないばかりか，その訂正事項いかんによっては，供託法律関係の同一性が害されることにもなります。

　しかし，明白な誤記の訂正を一切認めないとすることは，かえって供託事務の円滑な運営を阻害してしまう場合もあることから，準則55条1項は，「供託官は，供託書の記載事項につき，供託者から明白な誤記を訂正する申請がされた場合には，供託の同一性を害しない限り，これを受理することができる。」と規定し，供託の同一性を害しない範囲の訂正を認めています。

　この供託書の訂正申請については，供託者が供託書の記載事項に誤りがあることを発見した場合でも訂正申請が義務付けられているものではなく，また，形式を備えた訂正申請があっても，その受否の判断は個々の事案において供託官に委ねられているものと解されています。

## 2　供託書の訂正申請の方法とこれを受理した場合の処理等

　供託書の訂正申請は，供託書訂正申請書2通を提出することとされ（準則

第7 供託訂正申請

55条2項)、申請ができるのは供託者に限られています（準則55条1項）。

供託官は、供託書の訂正申請が受理されるべきものであると判断した場合は、①当該訂正申請書の1通に受理する旨を記載して記名押印し、申請者に交付するとともに、②供託書副本ファイルに「年月日何欄中、何は何とする訂正申請があった。」のように記録し、③供託所に保存すべき供託書訂正申請書には受理の年月日を記載して押印するものとされています（準則55条3項）。

なお、供託書の訂正申請における添付書類に関する規定はありませんが、実務上、印鑑証明書の添付を要するものとされています。その理由は、供託書の訂正をすることができる者が供託者に限られていることから、申請をする者が供託者本人であることを確認する必要があるためです。よって、ここで求められる本人確認の方法は、他の供託手続において認められているものであれば問題はなく、供託規則26条3項2号及び3号（運転免許証等の提示及び供託時の委任状に押印された印鑑を確認請求したものと払渡しの委任状に押印した印鑑が同一である場合）の取扱いを認めても差し支えないと考えられます。

また、供託官は供託書の訂正申請を受理すべきでないと認めるときには、規則21条の7に準じた処理（却下処分）をすべきものとされています（登記研究編集室編『実務供託法入門［新訂］』（テイハン、2015年）107頁参照）が、行政処分の対象となり得ないともされています（難波尊廣「供託書の記載の仕方と供託の効力」遠藤浩・柳田幸三編『供託先例判例百選［第2版］（別冊ジュリスト158号）』（有斐閣、2001年）19頁参照）。

517

第7　供託訂正申請

## 【準則附録第10号様式（55条2項）】

### 供託書訂正申請書

供託番号　　　　年度金（証）第　　号
供託者の氏名
被供託者の氏名
訂正すべき事項

　　上記のとおり訂正いたしたく申請する。
　　　　　　　　　　　　　　　　年　　　月　　　日
　　　　　　　　　　　　申請者住所氏名　　　　　　㊞
　　　　　法務局（地方法務局又はそれらの支局，出張所）　御中

## 【記載例】

### 供託書訂正申請書

供託番号　　　　平成30年度金第100号
供託者の氏名　　　琵琶湖一郎
被供託者の氏名　　彦根英雄
訂正すべき事項
　　　被供託者の住所
　　「大津市京町1丁目1番1号」とあるのを，
　　「大津市京町1丁目9番1号」と訂正

　　上記のとおり訂正いたしたく申請する。
　　　　　　　　　　　　　平成30年2月14日

　　　　　　　　　　申請者住所氏名
　　　　　　　　　　　大津市京町3丁目1番1号
　　　　　　　　　　　　琵琶湖一郎　㊞

　　　大津地方法務局　御中

　（注）　㊞は，供託書に押印している印又は実印（3か月以内の印鑑証明書を添付。
法人の場合は，3か月以内の資格証明書も提示。なお，供託者が個人で窓口へ直接
来庁する場合は，印鑑証明書に替えて運転免許証等及び認印で可。印鑑証明書又は
運転免許証等の住所と供託書の住所が相違する場合は，変更を証する書面を添付。）

518

第7　供託訂正申請

## ３　供託書の訂正申請の受理の効果

　供託書の訂正申請が供託官に受理されると，供託受理の当初に遡って，訂正された内容の供託がされたものとみなされます。また，申請者（供託者）に交付された，受理する旨を記載して記名押印した供託書訂正申請書は，訂正前の供託書と一体となって訂正後の一つの供託書として取り扱われることになります。

　なお，供託書訂正申請書を認可する又は認可しないとする行為は，これによって，行政庁としての供託官が国民に対し，権利を設定し又は義務を課すものではなく，その他具体的に法律上の効果を発生させる行為ではないので，行政処分ではなく，また行政不服審査の対象にもなり得ないものと解されています（前掲『供託先例判例百選』19頁参照）。

## ４　供託書の訂正申請に対する供託官の受否の判断基準

　供託書の訂正は常に認められるものではなく，供託制度の安定が保たれる範囲で許されるとされており，供託者から供託書の訂正申請があった場合の供託官の受否の判断基準については，上記のとおり，準則55条１項に規定されています。

　すなわち，当該訂正申請が受理されるためには，以下のとおり，①供託書の記載の誤りが明白な誤記であること，②訂正が本来の供託との同一性を害しない範囲であること，③その誤記が供託受理前のもので，供託受理後に発見されたものであることの要件が必要となります。

　なお，そのほか一般的要件として，訂正すべき事項が訂正禁止事項でないことが必要であることはもちろんです。例えば，供託書に記載した供託金額，有価証券の枚数及び総額面又は請求利札の枚数は，訂正，加入，又は削除することはできません（規則６条６項）。

519

第7　供託訂正申請

## (1)　供託書の記載事項につき明白な誤記があること

明白な誤記というのは，金額，数量等の誤算や記載事項相互間の文理上の矛盾のような，誤記であることが供託書の記載自体から客観的に認識できる場合に限定されるわけではありません。これよりも更に広く，供託の全趣旨から見て供託者の意思なり客観的事実と供託書に表現されたところとの間に明らかな不一致があると認められる場合も含まれるものと解されています。

## (2)　訂正が本来の供託との同一性を害しない範囲であること

供託官は，供託書の記載内容に基づいて供託受理の許否を決定するものであり，その受理決定によって，供託書の内容の範囲で供託上の法律関係が形成されることから，供託が受理された後，供託の同一性が損なわれて供託をめぐる法律関係に影響を与えるような供託書の訂正は認められません。したがって，供託書の訂正が認められない供託は，供託錯誤を原因として供託物を取り戻し（法8条2項），新たに供託書を作成し申請することになるものと解されます。

なお，この要件に関連して，訂正が認められた事例とこれが認められなかった事例としては，以下のようなものがあります。

ア　訂正が認められた事例

①　家賃弁済供託における賃借の目的物の表示中，所在地番又は家屋番号の訂正（昭和38.7.1民事甲第1839号民事局長認可7問・供託関係先例集(3)312頁）。

②　地代の弁済供託で目的物件の坪数100坪を120坪とする訂正（昭和40.1.7民事甲第67号民事局長事務取扱認可11問・供託関係先例集(4)48頁）。

③　家賃弁済供託における賃借の目的物の表示中，建物の構造の訂正（昭和37.8.15民事甲第2308号民事局長認可5問・供託関係先例集(3)173頁）。

④　地代家賃の弁済供託における「支払場所」欄の表示中，被供託者住所とすべきところを供託者住所と誤って記載したことの訂正「ただし，いずれの表示によっても管轄する供託所は同じである。」（昭和41.10.12民事甲第2899号民事局長認可1問の2・供託関係先例集(4)216頁）。

⑤　仮執行の担保として供託をなした供託書の記載事項中，被供託者甲株

式会社代表取締役乙と記載すべきところ，誤って訴訟代理人丙を代表取締役として記載したことの訂正（昭和35年度全国供託課長会同決議89問・供託関係先例集(3)15頁）。

イ　訂正が認められなかった事例

① 　数回にわたり，家賃の弁済供託をした後，当該供託賃料は敷地の地代を含むため，供託書に賃借の目的物を追加訂正すること（昭和35年度全国供託課長会同決議14問・供託関係先例集(3) 3 頁）。

② 　家賃の弁済供託において，供託書に「支払日定めなし」と記載し，5 年分前払いの契約に基づいて 5 年分の家賃を供託し，受理された後，支払日について誤記したとして訂正すること（昭和39.3.31民事甲第774号民事局長認可 5 問・供託関係先例集(3)398頁）。

③ 　地代家賃の弁済供託において，「供託する賃料」欄に，昭和41年 4 月分と記載すべきところを昭和41年 3 月分と誤記したとして訂正すること（昭和41.10.12民事甲第2899号民事局長認可 1 問の 1 ・供託関係先例集(4)216頁）。

④ 　地代家賃の弁済供託において，被供託者の氏名を甲と表示すべきところを甲の同居の家族の乙と誤記したとして訂正すること「乙に対する供託通知書は，送付受領されている。」（昭和41.10.12民事甲第2899号民事局長認可 1 問の 3 ・供託関係先例集(4)216頁）。

⑤ 　国が土地収用法95条 2 項 4 号のみを供託原因として補償金の供託をした後，供託当時，同項 3 号の供託原因も存在したことを理由に，同号の供託原因を追加訂正すること（昭和33.8.9民事甲第1642号民事局長心得回答・供託関係先例集(2)31頁）。

⑥ 　宅地建物取引業法12条の 2 による供託について，供託物差替えの供託を受理したところ，供託者は既に営業を廃止しているので，供託原因たる事実欄中「宅地建物取引業を営んでいる者であるが」との記載を，「宅地建物取引業を営んでいない者であるが」と訂正すること（昭和41.9.20民事四発第600号民事局第四課長電報回答・供託関係先例集(4)200頁）。

521

第7 供託訂正申請

⑶ **誤りが供託受理前のもので，供託受理後に発見されたものであること**

　供託受理後に事情変更等によって供託書の記載と事実との不一致が生じた
ような場合（例えば，供託受理後に供託者又は被供託者の氏名，住所等の変更があった
場合）は，供託書訂正の対象とはならず，供託書記載の変更申請によること
となります。また，供託受理前に誤りを発見したときにそれを補正する方法
は，供託規則6条4項及び5項（記載事項の訂正，加入又は削除の方法）に定め
られています。

## 5　被供託者への通知の要否

　供託書の訂正申請が供託官によって受理されると，供託受理の当初に遡っ
て訂正された内容の供託がされたものとみなされますが，供託書の訂正は，
供託によって形成されるべき実体関係に変更を及ぼすものではなく，供託の
同一性が害されるものでもないことから容認されるので，被供託者に通知を
する必要はないと解されています（昭和39.6.16民事甲第2104号民事局長認可15
問・供託関係先例集⑶410頁）。

### 【供託書の変更申請】

**事　例81**

　当社は，営業上の保証供託をしており，利息の払渡しの請求をしよう
と考えています。
　その際に，本店の所在地が供託申請当時と変わっていますので，同時
に供託書の内容を変更することはできますか。

**回　答**

供託書の記載事項に変更が生じた場合は，記載変更の申請をすることがで

第7 供託訂正申請

きます。

なお，変更申請できる時期は次のとおりです。

供託者から

①供託金の保管替えの請求

②供託物の内渡しの請求

③供託金の差替えの請求

④供託振替国債の償還請求及び利息支払期

⑤供託金の利息払渡請求及び供託有価証券の利札払渡請求

被供託者から

①供託物の内渡しの請求

②供託受諾

## 解　説

供託書の訂正申請は，供託受理前に記載の誤りが存在し，その受理後にこれが発見された場合のことを予定したもので，供託成立後，供託書の記載と一致しなくなった事項についての訂正は予定されていないと考えられています。一方，供託が受理された後に，供託申請当時の記載事項について変更が生じた場合には，払渡請求の際に変更を証する書面を添付する取扱いで足ります。しかし，同一人が数回に分けて払渡請求をする場合又は保証供託における利息の払渡しの請求の場合等，変更を証する書面をその都度添付しなければならないのは，申請人にとって負担が大きいことから，これを軽減するために，供託者の氏名，住所等の変更が生じた場合には，供託書の記載と実体を符合させるために，供託者及び被供託者による供託書記載の変更申請が認められています（昭和54.3.9民四第1264号民事局長通達・供託関係先例集(6)175頁）。

この変更申請は，供託書記載変更申請書に変更を証する書面（住民票の写し又は登記事項証明書等）を添付してすることとされ，申請の時期は，①供託者がする場合は，保管替請求，供託物払渡請求，保証供託金の利息払渡請求及び供託有価証券の利札払渡請求等の時，②被供託者がする場合は，供託物払

523

第7　供託訂正申請

渡請求の時とされています。また，供託物の差替えあるいは供託受諾の際に
も変更申請が許されるものと解されています（前掲『実務供託法入門［新訂］』
107頁参照）。

　なお，供託官は，変更申請を受理すべきであると認めた場合には，①申請
書に受理の年月日を記載して押印するとともに，②副本ファイルに「年月日
供託者（被供託者）の住所変更申請受理　新住所何何」（住所変更の場合）のよ
うに記録することとされています。

　また，供託官は，供託書記載変更申請書が２通提出されたときは，申請者
の申出によりその１通にこれを受理する旨を記載して記名押印し，申請者に
交付することができます。

---

## 供託書記載変更申請書

　　供託番号　　　　　　　　　年度金（証）第　　　　号

　　供託者の氏名（名称）
　　被供託者の氏名（名称）
　　変更すべき事項

　　変更事項については　　　　請求書に添付の　　　　を援用する。

　　　　　　　　　　　　　　　年　　　月　　　日
　　　　　　　　　　　　　　　申請者住所氏名　　　　　　　　㊞

　　　法務局（地方法務局又はそれらの支局，出張所）　御中

（注意）
１．供託金の保管替えの請求，供託物の内渡し請求，保証供託の利息及び利札請求，
　　並びに被供託者が供託物の内渡しを請求する場合において氏名，住所の変更が
　　あったときは，申請ができる。
２．申請を受理した旨の証明が必要なときは，この申請書を２部提出して下さい。
３．，は，供託書に押印している印　又は実印（３ヵ月以内の印鑑証明書を添付）。

第8 その他

## その他

## 事 例

【供託官の処分に対する不服申立方法】

### 事 例82

供託官の処分に対する不服申立方法について順を追って説明してください。

### 回 答

供託官の処分を不当とする者は，監督法務局又は地方法務局の長に対して，審査請求をすることができます（法1条ノ4）。あるいは，審査請求をせずに，直接供託官を被告とする行政訴訟によって，供託官の不当処分の取消しを求めることも可能です（行政事件訴訟法3条1項，8条1項本文，11条1項1号）。

【供託官の処分に対する不服申立方法】

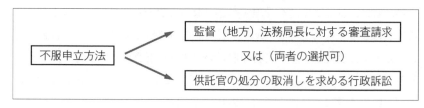

525

第8　その他

## 解　説

## ■1　審査請求とその要件

### (1)　はじめに

　行政不服審査法（平成26年法律第68号）及び行政不服審査法の施行に伴う関係法律の整備等に関する法律（平成26年法律第69号）が，平成28年4月1日から施行されました。これまでも，行政庁の処分に関し行政庁に対し不服申立てをすることができるための制度として，行審法による改正前の行政不服審査法（昭和37年法律第160号。以下「旧行審法」という。）が存在していましたが，行政の公正性や透明性等に関する国民の意識が大きく変わり，行政手続法（平成5年法律第88号）の制定等の関係制度の整備が行われる中で，旧行審法についても，時代の変化を踏まえた見直しを求める声が高まっていました。こうした中において，旧行審法の全部を改正する行政不服審査法が平成26年6月13日に公布され，施行されたものです。

　行審法は，行政庁に対する不服申立ての制度の一般法であり，供託官の処分又はその不作為に関する審査請求についても，供託法等による特例がない限り，行審法の規定が適用されます（行審法1条2項）。行審法の施行に伴う主な改正内容としては，「審理員制度の導入」が挙げられますが，この審理員は，原処分に関与した者以外の職員から指定されることから，供託以外の部署に所属する職員も審理員として審査請求手続に関与することとされています（行審法9条）。

### (2)　概　説

　供託官は，供託の申請を受理すべきでないと認めるときは，これを却下しなければなりません（規則21条の7）が，補正の容易なものについては補正をさせた上で，受理するのが実務の取扱いです。供託官の却下決定は，受理と同じく「準行政行為」とされ，この供託官の処分（却下処分）を不当とする者は，監督法務局又は地方法務局の長（以下「監督法務局長等」という。）に対し

526

て，審査請求をすることができます（法1条ノ4）。

供託所に対して「申請」（供託の申請，代供託及び付属供託の申請，供託に関する書類の閲覧申請及び供託に関する証明の申請等）又は「請求」（供託物払渡請求，利札払渡請求，供託金保管替請求等）をなしたところ，その「全部」又は「一部」が却下された場合には，当該却下処分を受けた「申請人」又は「請求者」は，その却下処分を不当として審査請求ができ，それ以外の場合には審査請求は認められません（立花宣男監修『供託の知識167問』（日本加除出版，2006年）982頁）。

### (3) 供託受理処分に対する審査請求の可否

供託所に対する申請又は請求が全部認容された場合の不当処分に対する審査請求の可否については問題があります。否定説は，仮に，その審査請求の理由が，供託官の審査権の及ばない実体上の問題に基因する場合（例えば，供託原因とされた実体上の債務の不存在等に基づく場合。）には，供託自体は無効であるとしても，供託官の処分又は行為については何ら不当な点は存しないから，当該申請人又は請求者はもちろん，その供託について利害関係を有する者（被供託者である債権者等）も，供託官の処分又は行為の不当性を理由に審査請求をすることはできないとします（この場合には，無効な供託でも供託が形式的に受理されれば，手続的に確定力を生じ，供託者は錯誤を原因として供託物の取戻請求をすべきであり，他方，債権者（被供託者）は債務者に対して供託が無効であることを前提として，実体上の債権の支払請求又は債権存在確認の訴え等を提起すべきです。）。

ところが，当該供託の受理（認容）自体が供託官の審査権の範囲内の判断に過誤があったことから生じた場合（例えば，供託書の形式的記載内容から当該供託が無効であることが判断され，したがって，当該供託を受理すべきでなかったのに誤ってこれを受理した場合。）には，それが供託官の「不当処分」であることは疑いありません。問題は，それを是正する手段ですが，当該申請人は，元来，その受理処分については審査請求をする利益を有しませんが，その他の供託上の利害関係人は，その受理を不当処分として，なお審査請求をすることができるものと解すべきであるとされています（法務総合研究所『供託法　研修教材［第8版］』（法務総合研究所，2014年）124頁）。

第8　その他

　なお，供託官の処分については，行政手続法（平成5年法律第88号）第2章
（申請に対する処分）の規定は適用されません（法1条ノ3）。

## 2　審査請求の手続とこれに対する監督法務局又は地方法務局の長の処分

### (1)　審査請求事件の手続

ア　供託官の処分に不服がある者又は供託官の不作為に係る処分を申請した
　者は，監督法務局長等に，供託官を経由して，審査請求をすることができ
　るとされ（法1条ノ4，1条ノ5），供託官の不作為についても審査請求の対
　象となります。

　　具体的には，審査請求は，不当処分をした供託官の属する供託所に対し
　て審査請求書を提出して行います（法1条ノ5）。なお，この請求は，抗告
　訴訟のような時間的な制限（法1条ノ8，行審法14条参照）はないので，いつ
　でもできます。

イ　審査請求人から審査請求書が提出された場合において，供託官は，処分
　についての審査請求を理由があると認め，又は審査請求に係る不作為に係
　る処分をすべきものと認めるときは，相当の処分をしなければならないと
　され，審査請求に係る不作為に係る処分をすべきものと認めるときも相当
　の処分をしなければなりません（法1条ノ6第1項）。したがって，供託官
　は，その審査請求に理由があると認めるときは，処分を変更して（例えば，
　供託申請を却下した処分を変更（取消し）して当該供託を受理する。），その旨を審
　査請求人に通知しなければなりません（法1条ノ6第1項）。この場合，事
　案の内容が簡単なものを除き，監督法務局又は地方法務局の長に内議しな
　ければなりません（準則81条1項）。

ウ　供託官は，上記イの場合を除き，審査請求の日から5日以内に，審査請
　求書の正本及び準則附録第17号様式による意見を記載した書面（以下「意
　見書」という。）の正本及び当該意見書を送付すべき審査請求人の数に審理

528

員の数を加えた数に相当する通数の副本を監督法務局長等に送付しなけれ
ばなりません（法1条ノ6第2項，準則82条1項）。

エ　審査請求書の記載事項に不備がある場合及び必要な書面が添付されない
場合において，審査請求人が監督法務局長等が定めた期間内に不備を補正
しないときは，監督法務局長等は，審理員による審理手続を経ないで，行
審法45条1項又は49条1項の規定に基づき，裁決で，当該審査請求を却下
することができます（行審法24条1項）。

　　また，審査請求が不適法であって補正することができないことが明らか
なときも，同様とされ（同条2項），具体的には，審査請求に係る処分の取
消し又は変更を求める法律上の利益がないことが明らかなときや審査請求
をすることができない処分又は不作為（審査請求をすることができる旨の教示
を要しないもの）について審査請求をしたときなどです。

オ　事件の送付を受けた監督法務局長等は，意見書の副本によって当該意見
を審理員に送付します（法1条ノ6第2項，準則82条4項）。

　　なお，意見書の正本は，監督法務局長等において保管することとなりま
す。

## (2)　審理員による審理手続

ア　審理員は，監督法務局長等から法1条ノ6第2項に規定する意見の送付
があったときは，意見書の副本を審査請求人に送付しなければなりません
（法1条ノ8において読み替えて適用する行審法29条5項，準則82条5項）。

イ　審査請求人は，上記アにより送付された法1条ノ6第2項の意見に記載
された事項に対する反論を記載した書面（以下「反論書」という。）を提出す
ることができますが，この場合において，審理員が，反論書を提出すべき
相当の期間を定めたときは，その期間内にこれを提出しなければなりませ
ん（法1条ノ8において読み替えて適用する行審法30条1項）。

　　審理員は，審査請求人から反論書の提出があったときは，これを供託官
に送付しなければなりません（行審法30条3項）。

ウ　審理員は，審理手続を終結したときは，遅滞なく，監督法務局長等がす

第8　その他

べき裁決に関する意見書（以下「審理員意見書」という。）を作成しなければ
ならないとされ（行審法42条1項），審理員は，審理員意見書を作成したと
きは，速やかに，これを事件記録とともに，監督法務局長等に提出しなけ
ればなりません（同条2項）。

(3)　**審理手続の終結後の手続**

ア　監督法務局長等は，審理員意見書が提出されたときは，遅滞なく，裁決
をしなければなりません（行審法44条）。なお，地方法務局長が審査請求に
ついて裁決をするに当たっては，事案の内容が簡単なものを除いては，当
該地方法務局を監督する法務局長に内議すべきものとされており（準則83
条1項1号），法務局長が審査請求について裁決するに当たっては，事案の
内容につき特に問題があるものについては，民事局長に内議すべきものと
されています（準則83条1項2号）。

イ　監督法務局長等は，処分についての審査請求を理由があると認め，又は
審査請求に係る不作為に係る処分をすべきものと認めるときは，供託官に
相当の処分を命じなければなりません（法1条ノ7第1項）。例えば，供託
官が不当に供託の申請を却下したと認め，審査請求を認容する場合，当該
供託官に対して，供託申請を受理すべきことを命ずることになり，当該命
令を受けた供託官は，この命令に基づいて，受理の手続を取らなければな
りません（この場合における供託申請の受理の効力発生時点は，供託申請時ではなく，
上記命令に基づいて供託官が受理決定をした時点となります。）（立花宣男監修『供託の
知識167問』（日本加除出版，2006年）983頁）。

ウ　監督法務局長等は，審査請求に係る不作為に係る処分についての申請を
却下すべきものと認めるときは，供託官に当該申請を却下する処分を命じ
なければなりません（同条第2項）。

エ　裁決書には，審理員意見書を添付しなければならないとされ（行審法50
条2項），監督法務局長等が審査請求につき裁決をしたときは，裁決書の謄
本（審理員意見書の写しを含む。）を審査請求人及び供託官に送付します（準則
84条1項）。

第8　その他

オ　監督法務局長等は，裁決をしたときは，提出人本人が返還しないことに同意した場合を除き，速やかに，審理員に提出された証拠書類若しくは証拠物又は書類その他の物件及び審理員の提出要求に応じて提出された書類その他の物件（以下「証拠書類等」という。）をその提出人に返還しなければなりません（行審法53条）。したがって，証拠書類等は返還するまでの間，適正に保管する必要があります。

カ　法務局又は地方法務局の長が審査請求につき裁決をした場合には，裁決書の謄本（審理員意見書の写しを含む。）を審査請求人及び当該供託官に送付する（準則84条1項）とともに，民事局長に裁決書の写しを添えて報告（地方法務局長にあっては当該地方法務局を監督する法務局長を経由して）します（準則83条3項）。

【審査請求手続の流れ】

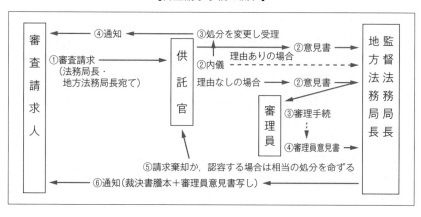

第8 その他

**【審査請求書記載例】**

審 査 請 求 書

平成○○年○○月○○日

○○（地方）法務局長　殿

第1　審査請求人の住所・氏名

　　　　〒○○○－○○○○　　○○○県○○○市○○○番地

　　　　　　　　　　　審査請求人○○○会

　　　　〒○○○－○○○○　　○○○県○○○市○○○番地

　　　　　　　　　　　○○○会代表者○○○

第2　審査請求人の代理人の住所・氏名

　　　　〒○○○－○○○○　　○○○県○○○市○○○番地

　　　　　　　　　　　上記代理人弁護士○○○　　㊞

第3　審査請求人に係る処分

　　　上記審査請求人がした平成○○年度金○○○○号事件（供託年月日平成
○○年○○月○○日，供託金額○○○○○○○万円，供託者○○県，被
供託者○○ほか49名，土地収用法95条2項2号）に対する供託金還付請求
について○○（地方）法務局供託官○○○が平成○○年○○月○○日付け
でした請求却下決定処分。

第4　審査請求の趣旨

　1　原決定を取り消す

　2　本件供託金還付請求を認める

との審査決定を求める。

第5　請求の理由

　　　審査請求人は，昭和○○年○月ころに設立された山林，水路等の所有・
管理等を目的とする権利能力なき社団（会員50名）であり，○○県○○区
○○番ほか○○筆の土地（地目は畑），合計○○○○平方メートルを所有し
ていた。

　　　別紙物件目録（省略）記載の土地（以下「本件土地」という。）は，昭和○
○年○月ころから審査請求人の所有であったが，不動産登記簿においては

第8　その他

権利の登記はなされず，同登記簿の表題部の所有者欄には，「○○県○○区
○○番地○○ほか49名」と記載されているだけであった。

　○○県収用委員会は，土地収用法66条2項に基づいて，起業者○○県の
ために本件土地を収用する旨を平成○○年○月○日に裁決したが，○○県
は補償金等を受け取るべき者を確知し得ないとして，平成○○年○月○日，
同法95条2項2号に基づいて，補償金○○万円を貴（地方）法務局に平成
○○年度第○○○○号をもって供託した。

　審査請求人は，本件土地の被収用者であり被供託者であるとして，貴
（地方）法務局供託官に対し上記供託金の還付請求をしたが，貴（地方）法
務局供託官○○○○は，還付を受ける権利を有することを証する書面の添
付がないとして，審査請求人の請求を却下した。しかし，この却下処分は
不当であるので，供託法1条ノ4に基づき審査請求をする。

第6　処分庁の教示の有無及びその内容

　「この処分に不服があるときは，いつでも○○（地方）法務局長に対して
審査請求をすることができる。」旨の教示があった。

第7　添付書類（省略）


## 3　供託官の却下処分に係る判例の変遷

　却下処分のうち「払渡請求の却下処分」については，従前，その抗告訴訟
（行政訴訟）の可否について，判例上争いがありました。すなわち，①上記却
下処分によっては，請求者は何ら実体上の払渡請求権を失うものではないの
で，その却下処分の取消訴訟を認めず，請求者は，直接国に対して供託金の
払渡請求の訴え（民事訴訟）を提起すべきであるとする説（名古屋高裁金沢支判
昭和43.2.28高民21巻1号118頁，札幌高判昭和44.2.19下民集20巻1・2号65頁等）と，
②供託関係の法律的性質を公法関係と解して，供託官の払渡請求の却下処分
の取消しを求めないで，直接供託金の払渡請求の訴えをすることは不適法で
あり，上記却下処分は抗告訴訟の対象となるとする説（大阪高判昭和36.11.29
下民12巻11号2882頁，東京地判昭和43.9.19判時541号29頁等）とに分かれていました

533

第8 その他

が，最判昭和45.7.15（民集24巻7号771頁）は，弁済供託について，供託官は，民法上の寄託契約の当事者的地位にとどまらず，行政機関としての行政処分を行っているものであるとして，「供託物の払渡請求の却下処分」に対し，その取消しの抗告訴訟を提起できることを明らかにしました。したがって，払渡請求の却下処分に対しても，審査請求のみならず，抗告訴訟が提起可能です。

なお，上記最高裁判決後，供託物の払渡請求が却下された場合には，常に抗告訴訟によるべきであり，直接国を相手として供託物の払渡請求の訴えを提起できないと解されています（大阪高判昭和45.9.30判時619号43頁）。

上記最高裁判決は，弁済供託における「請求」（払渡請求）の却下処分に係る事案ですが，このことは，他の種類の供託についても同様に解され，また，供託の「申請」に対する却下処分についても同様に解されます。しかしながら，審査請求及び抗告訴訟は，供託官の処分の不当性を問題としますので，供託受理処分及び払渡認可処分に対しては，訴えの利益を欠くものとして，審査請求及び抗告訴訟を提起できないと解されています（前掲『供託の知識167問』985頁）。

## 4 行政訴訟

供託官の不当処分に対しては，申請人又は請求者は，上記のとおり審査請求をすることができますが，審査請求をせずに，直ちに国を被告とする行政訴訟を提起して，当該供託官の不当処分の取消訴訟を提起することもできます（行政事件訴訟法3条1項，8条1項本文，11条1項1号）

この供託官の処分に対する取消しの訴えは，その処分があったことを知った日から6か月以内に提起しなければなりません（行政事件訴訟法14条1項）。ただし，正当な理由があるときは，この限りではありません（同項ただし書）。また，その処分の日から1年を経過したときは，取消しの訴えを提起することはできません（同条2項）。ただし，この場合も，正当な理由があるときは，

第8　その他

この限りではありません（同項ただし書）。

　このように，供託官の不当処分に対しては，直ちに国を被告とする取消訴訟を提起することができますが，審査請求が棄却された場合や，一部認容されたが，なお不服部分が残る場合にも，同様に供託官の処分の取消しを求める行政訴訟を提起することができます。

　ただし，審査請求を棄却する裁決があった場合に提起する取消訴訟は，原処分，すなわち，供託官の処分自体の取消しを請求すべきであって，審査請求を棄却した裁決の取消しを求めるべきではありません（行政事件訴訟法10条2項）。この場合における供託官の処分の取消しの訴えは，この棄却の裁決があったことを知った日から6か月を経過したとき又は当該裁決の日から1年を経過したときは，提起することができません（同法14条3項）。ただし，正当な理由があるときは，この限りではありません（同項ただし書）（前掲『供託の知識167問』986頁，前掲『供託法　研修教材［第8版］』127頁）。

　（注）　取消訴訟については，平成17年4月1日施行の改正行政事件訴訟法により，①「処分の取消しの訴え」は，「当該処分をした行政庁の所属する国又は公共団体」を被告として（同法11条1項1号），②「裁決の取消しの訴え」は，「当該裁決をした行政庁の所属する国又は公共団体」を被告として（同項2号），それぞれ取消訴訟を提起しなければなりません。したがって，国に所属する行政庁は，被告が「国」となり，かつ，国を当事者とする訴訟は法務大臣が国を代表することになります（国の利害に関係のある訴訟についての法務大臣の権限等に関する法律1条）。そのため，供託官の不当処分に対する取消訴訟の訴状には，被告として「被告国代表者法務大臣○○○」と記載されることになります（前掲『供託の知識167問』986頁）。

535

第8　その他

## 【供託金還付請求却下処分取消請求訴訟の訴状記載例】

訴　　　状

平成○○年○○月○○日

○○地方裁判所　御中

〒○○○−○○○○　○○○県○○○市○○○番地
　　　　　原　告　　　○○○
〒１００−８９７７　東京都千代田区霞が関一丁目１番１号
　　　　　被　告　国
　　　　　同代表者法務大臣○○○


供託金還付請求却下処分取消請求事件
　訴訟物の価額　　○○○○○○○円
　ちょう用印紙額　○○○○○○○円
請求の趣旨
1　○○（地方）法務局供託官Ａが，平成○○年○○月○○日付けで原告に
　対してした供託金還付請求に対する却下決定を取り消す。
2　訴訟費用は被告の負担とする。
との判決を求める。

請求の原因
1　原告は，別紙供託金目録（以下「本件供託」という。）記載の被供託者か
　ら，平成○○年○○月○○日付けで，別添譲渡通知書（甲第１号証）のと
　おり，本件供託金の還付請求権の譲渡を受け，上記譲渡通知書は，平成○
　○年○○月○○日，被告に送達された（甲第２号証）。
2　そこで，原告は，供託物払渡請求書に，「印鑑証明書」を添付して，平成
　○○年○○月○○日，被告に対し，本件供託金の還付請求をした。
3　これに対し，被告は，平成○○年○○月○○日，原告の本件請求につい
　ては，添付書面が不足し，真の還付請求権者を確認することができない。
　つまり，被供託者（還付請求権の譲渡人）が作成した譲渡通知書に押印し
　た印鑑について，被供託者の印鑑証明書が必要である。

536

第8　その他

したがって，原告の払渡請求に応ずることはできないとして，原告の払渡
請求（還付請求）を却下する旨の処分（甲第3号証。以下「本件処分」と
いう。）をした。

4　しかし，本件処分は，以下のとおり違法であるから，取り消されるべき
である。

(1)　供託官は，形式的審査権限しかないのであるから，本件においては，原
告の印鑑証明書（供託規則第26条第1項）を添付すれば，真の払渡請求権
者を確認することは可能であり，譲渡人の印鑑証明書は不要である。

(2)　供託法や供託規則には，本件のような場合に譲渡人の印鑑証明書の添付
を求める旨の規定はない。

(3)　民法は，債権譲渡の様式について規定しておらず，にもかかわらず供託
官が譲渡人に印鑑証明書を要求することは，法に定めのないことについて
要求するものであり，許されない。

5　よって，原告は請求の趣旨のとおりの判決を求める。


証拠方法及び添付書類（省略）
別紙供託金目録（省略）

OCR供託書記載例目次

# OCR供託書記載例目次

## A　弁済供託

### 1　地代・家賃弁済供託（第1号様式）

① 地代家賃受領拒否………………………………………………………547

② 地代家賃受領拒否（カード発行後）……………………………………548

③ 地代家賃受領拒否（翌月分前払いの場合）……………………………549

④ 地代家賃受領拒否（遅延損害金を付す場合）…………………………550

⑤ 地代家賃受領拒否（賃料に共益費を付してする場合）………………551

⑥ 地代家賃受領拒否（相続人のうち一人が全員のためにする場合）…………552

⑦ 地代家賃受領拒否（増額請求に対してする相当賃料の場合）…………553

⑧ 地代家賃受領拒否（第三者がする場合）………………………………554

⑨ 地代家賃あらかじめ受領拒否…………………………………………555

⑩ 地代家賃あらかじめ受領拒否（カード発行後）………………………556

⑪ 地代家賃あらかじめ受領拒否（翌月分前払いの場合）………………557

⑫ 地代家賃あらかじめ受領拒否（賃料に共益費を付してする場合）…………558

⑬ 地代家賃あらかじめ受領拒否（増額請求に対してする相当賃料の場合）…559

⑭ 地代家賃受領不能（賃貸人の所在不明）………………………………560

⑮ 地代家賃債権者不確知（賃貸人が死亡しその相続人が不明，翌月分前払いの場合）………………………………………………………561

⑯ 地代家賃債権者不確知（賃貸人が死亡し一部の相続人のみが判明している場合）………………………………………………………562

⑰ 地代家賃債権者不確知（賃貸人が死亡し一部の相続人のみが判明している場合）（カード発行後）…………………………………564

539

OCR供託書記載例目次

## 2　その他の弁済供託（第4号様式）

① 受領拒否（賃貸借契約更新料）……………………………………………………565

② 受領拒否（反対給付の存する和解契約に基づく移転料）…………………………566

③ 受領拒否（反対給付の存する売買代金）……………………………………………567

④ 受領拒否（手付金の倍額）……………………………………………………………568

⑤ 受領拒否（給与）………………………………………………………………………569

⑥ 受領拒否（解雇予告手当）……………………………………………………………570

⑦ 受領拒否（損害賠償金）………………………………………………………………571

⑧ 受領拒否（口頭の提供で債権者の行為を要する場合）（遺言執行者）………572

⑨ 受領拒否（損害賠償金・交通事故）…………………………………………………573

⑨-2　受領拒否（不法行為に基づく損害賠償金，取戻請求権の放棄）………574

⑩ 受領拒否（判決により確定した損害賠償金）………………………………………575

⑪ あらかじめ受領拒否（賃貸借の管理費）……………………………………………576

⑫ あらかじめ受領拒否（和解契約に基づく分割払金）………………………………577

⑬ あらかじめ受領拒否（損害賠償金）…………………………………………………578

⑭ あらかじめ受領拒否（損害賠償金・交通事故）……………………………………579

⑮ あらかじめ受領拒否（判決により確定した損害賠償金）…………………………580

⑯ 受領不能（休眠担保権の抹消）………………………………………………………581

⑰ 受領不能（会社の実態がなく代表者所在不明）……………………………………582

⑱ 債権者不確知（譲渡禁止特約付）……………………………………………………583

⑲ 債権者不確知（譲渡禁止特約付・債権譲渡登記がなされた場合）………………585

⑳ 債権者不確知（債権の帰属をめぐり争いがある場合）……………………………587

## B　弁済供託に準ずる供託

① 会社法第141条第2項に基づく供託（譲渡制限株式の会社による買取り
のための供託）……………………………………………………………………………589

② 会社法第141条第3項に基づく供託（株主の株券発行会社に対する株券
の供託）……………………………………………………………………………………590

OCR供託書記載例目次

③　会社法第142条第 2 項に基づく供託（譲渡制限株式の指定買取人による
買取りの供託）……………………………………………………………592

④　会社法第142条第 3 項に基づく供託（株主の指定買受人に対する株券の
供託）………………………………………………………………………593

⑤　破産法第202条に基づく配当金（債権者が出頭しない場合）……………595

⑥　破産法第202条に基づく配当金（債権者が所在不明の場合）……………596

# C　裁判上の供託

法令条項一覧…………………………………………………………………597

## 1　担保供託（第 2 号様式）

①　訴訟費用の担保（金銭）……………………………………………………599

②　仮執行の担保（金銭）………………………………………………………600

③　仮執行を免れるための担保（金銭）………………………………………601

④　強制執行停止の保証（金銭）………………………………………………602

⑤　強制執行取消の保証（金銭）………………………………………………603

⑥　強制執行続行の保証（金銭）………………………………………………604

⑦　仮差押えの保証（金銭）……………………………………………………605

⑧　仮差押えの保証（金銭）（第三者による場合）…………………………606

⑨　仮差押取消の保証（金銭）…………………………………………………607

⑩　仮処分の保証（金銭）………………………………………………………608

⑪　仮処分取消の保証（金銭）…………………………………………………609

⑫　仮差押解放金（金銭）………………………………………………………610

⑬　仮処分解放金（金銭）………………………………………………………611

## 2　執行補助供託（第 3 号様式）

①　金銭債権が差押えられた場合（全額差押）………………………………612

②　金銭債権が差押えられた場合（一部差押の全額供託）…………………614

③　金銭債権が差押えられた場合（一部差押・差押に相当する金額の供託）…616

④　金銭債権について差押えが競合した場合（全額差押）…………………618

541

OCR供託書記載例目次

⑤　金銭債権に対し仮差押えの執行がされた場合（全額に仮差押・支払日経過後の供託）……………………………………………………………620

⑥　金銭債権に対し仮差押えの執行が競合した場合……………………………622

⑦　金銭債権（給与）（差押えられた場合）………………………………………624

⑧　金銭債権（給与）（差押えが競合した場合）…………………………………626

⑨　金銭債権（給与）カード発行後（差押えが競合した場合）………………628

⑩　金銭債権（給与）カード発行後（差押えが競合した場合）（賞与の場合）……………………………………………………………………………630

⑪　金銭債権（給与）カード発行後（差押えが競合した場合）（最終回満つるまで）……………………………………………………………………………632

⑫　金銭債権（退職金）カード発行後（差押えが競合した場合）（最終回満つるまで）……………………………………………………………………………634

⑬　金銭債権（給与）（扶養債権等に基づく差押えの場合）…………………636

⑭　金銭債権（給与）（扶養債権等に基づく差押えとそれ以外の差押えが競合した場合）……………………………………………………………………638

⑮　金銭債権（給与）（扶養債権等に基づく差押えとそれ以外の差押えが競合した場合）（扶養・定期金債権がある場合）……………………………640

⑯　金銭債権（給与）（扶養債権等に基づく差押えとそれ以外の差押えが競合した場合）（確定債権支払済の場合）……………………………………643

⑰　金銭債権（給与に強制執行による差押えと滞納処分による差押えとが競合した場合）……………………………………………………………………646

⑰-2　金銭債権（給与に滞納処分による差押えと強制執行による差押えとが競合した場合（①強制執行・②滞納処分）……………………………648

⑱　金銭債権（給与）（仮差押えの執行がされた場合）………………………649

⑲　金銭債権（賃料が差押えられた場合）………………………………………651

⑳　金銭債権（カード発行後）（賃料が差押えられた場合）…………………653

㉑　金銭債権（カード発行後）（賃料が差押えられた場合）（支払日経過後の供託）……………………………………………………………………………655

542

OCR供託書記載例目次

㉒　金銭債権（賃料に差押えが競合した場合）‥‥‥‥‥‥‥‥‥‥‥‥‥657

㉓　金銭債権（カード発行後）（賃料に差押えが競合した場合）‥‥‥‥‥659

㉔　金銭債権（普通預金に差押えが一部競合した場合）‥‥‥‥‥‥‥‥‥661

㉕　金銭債権（滞納処分による差押えと強制執行による差押えとが競合した場
　　合）（①滞納処分・②強制執行）‥‥‥‥‥‥‥‥‥‥‥‥‥‥‥‥‥663

㉖　金銭債権（滞納処分による差押えと強制執行による差押えとが競合した場
　　合）（①強制執行・②滞納処分）‥‥‥‥‥‥‥‥‥‥‥‥‥‥‥‥‥665

㉗　金銭債権（複数の滞納処分による差押えの中間に強制執行による差押えが
　　なされている場合）（①滞納処分・②強制執行・③滞納処分）‥‥‥‥667

㉘　金銭債権（滞納処分による差押えと仮差押えの執行が競合した場合）‥‥‥669

# D　営業保証供託

## 1　割賦販売法に基づく供託（第3号様式）

①　割賦販売法（金銭）（営業開始）‥‥‥‥‥‥‥‥‥‥‥‥‥‥‥‥‥671

②　割賦販売法（金銭）（営業保証金の追加・前受業務保証金の場合）‥‥‥672

③　割賦販売法（金銭）（権利実行による営業保証金の不足額）‥‥‥‥‥‥673

## 2　資金決済に関する法律に基づく供託（第3号様式）

①　前払式支払手段発行者による発行保証金の供託（金銭）‥‥‥‥‥‥‥674

②　前払式支払手段発行者による基準日不足額に係る発行保証金の追加
　　供託（金銭）‥‥‥‥‥‥‥‥‥‥‥‥‥‥‥‥‥‥‥‥‥‥‥‥‥675

③　前払式支払手段発行者による発行保証金の追加供託（金銭）‥‥‥‥‥676

④　前払式支払手段発行者による発行保証金の供託（発行保証金保全契約
　　の締結の場合）（金銭）‥‥‥‥‥‥‥‥‥‥‥‥‥‥‥‥‥‥‥‥677

⑤　財務局長による発行保証金の供託（前払式支払手段発行者が供託した債
　　券を換価した場合）（金銭）‥‥‥‥‥‥‥‥‥‥‥‥‥‥‥‥‥‥678

⑥　資金移動業者による履行保証金の供託（金銭）‥‥‥‥‥‥‥‥‥‥‥679

⑦　資金移動業者による履行保証金の不足額の供託（金銭）‥‥‥‥‥‥‥680

543

OCR供託書記載例目次

⑧　資金移動業者による履行保証金の供託（履行保証金保全契約の締結の場合）（金銭）·······································································681

⑨　財務局長による履行保証金の供託（資金移動業者が供託した債券を換価した場合）（金銭）·····························································682

## 3　宅地建物取引業法に基づく供託

①　宅地建物取引業法（金銭）（営業開始）·······························683

②　宅地建物取引業法（金銭）（有価証券から差替え）···············684

③　宅地建物取引業法（金銭）（権利実行による不足額）···········685

④　宅地建物取引業法（金銭）（事務所増設）···························686

⑤　宅地建物取引業法（金銭）（主たる事務所移転・管轄変更）···687

⑥　宅地建物取引業法（金銭）（保証協会脱退）·······················688

⑦　宅地建物取引業法（振替国債）（営業開始）·······················689

⑧　宅地建物取引業法（振替国債）（有価証券から差替え）·········691

⑨　宅地建物取引業法（振替国債）（事務所増設）···················693

## 4　特定住宅瑕疵担保責任の履行の確保等に関する法律に基づく供託

### （第3号様式）

①　建設業者がする供託（金銭）·············································695

②　平成31年9月30日までに建設業者がする供託：経過措置（金銭）·········697

③　建設業者がする供託（金銭と一部振替国債）·······················698

④　建設業者がする供託（一部保険一部金銭）·························699

⑤　建設業者がする不足額の供託（金銭）·································700

⑥　宅地建物取引業者がする供託（金銭）·································701

⑦　平成31年9月30日までに宅地建物取引業者がする供託：経過措置（金銭）·······································································702

⑧　宅地建物取引業者がする供託（金銭と一部振替国債）···········703

⑨　宅地建物取引業者がする供託（一部保険一部金銭）···········704

⑩　宅地建物取引業者がする不足額の供託（金銭）···················705

OCR供託書記載例目次

### 5 旅行業法に基づく供託

① 旅行業法（金銭）（事業開始）‥‥‥‥‥‥‥‥‥‥‥‥‥‥‥‥‥‥706

② 旅行業法（金銭）（有価証券から差替え）‥‥‥‥‥‥‥‥‥‥‥‥707

③ 旅行業法（金銭）（権利実行による不足額）‥‥‥‥‥‥‥‥‥‥708

④ 旅行業法（金銭）（年間取引額の増加による営業保証金の不足）‥‥‥709

⑤ 旅行業法（振替国債）（事業開始）‥‥‥‥‥‥‥‥‥‥‥‥‥‥710

⑥ 旅行業法（振替国債）（有価証券から差替え）‥‥‥‥‥‥‥‥712

## E 税法上の担保供託（第3号様式）

① 相続税の延納の担保（金銭）‥‥‥‥‥‥‥‥‥‥‥‥‥‥‥‥‥714

② 輸入の許可前における貨物の引取りの担保（金銭）‥‥‥‥‥‥715

③ 再輸出免税のための担保（金銭）‥‥‥‥‥‥‥‥‥‥‥‥‥‥716

## F 選挙供託（第4号様式）

① 衆議院議員選挙小選挙区（政党が届出）‥‥‥‥‥‥‥‥‥‥‥717

② 衆議院議員選挙小選挙区（本人が届出）‥‥‥‥‥‥‥‥‥‥‥718

③ 衆議院議員選挙小選挙区（推薦人が届出）‥‥‥‥‥‥‥‥‥‥719

④ 衆議院議員選挙比例代表選出（重複立候補がない場合）‥‥‥‥720

⑤ 衆議院議員選挙比例代表選出（重複立候補がある場合）‥‥‥‥721

⑥ 参議院議員選挙比例代表選出‥‥‥‥‥‥‥‥‥‥‥‥‥‥‥‥722

⑦ 参議院議員選挙選挙区（本人が届出）‥‥‥‥‥‥‥‥‥‥‥‥723

⑧ 知事選挙（本人が届出）‥‥‥‥‥‥‥‥‥‥‥‥‥‥‥‥‥‥724

⑨ 都道府県議会議員選挙（本人が届出）‥‥‥‥‥‥‥‥‥‥‥‥725

⑩ 市長選挙（本人が届出）‥‥‥‥‥‥‥‥‥‥‥‥‥‥‥‥‥‥726

⑪ 市議会議員選挙（本人が届出）‥‥‥‥‥‥‥‥‥‥‥‥‥‥‥727

⑫ 市議会議員選挙（推薦人が届出）‥‥‥‥‥‥‥‥‥‥‥‥‥‥728

⑬ 町長選挙（本人が届出）‥‥‥‥‥‥‥‥‥‥‥‥‥‥‥‥‥‥729

545

1 地代・家賃弁済供託（第1号様式）

## A-1-① 地代家賃受領拒否

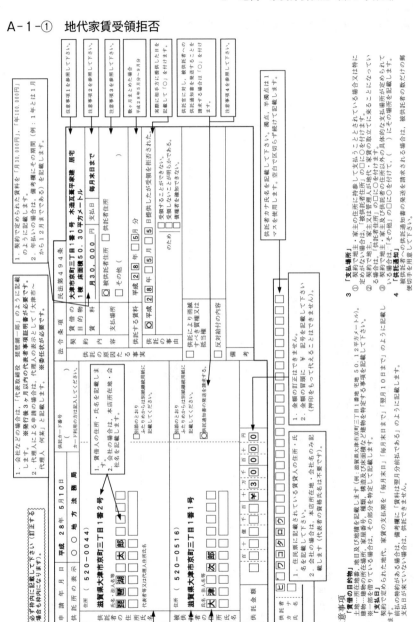

A 弁済共済

## A-1-② 地代家賃受領拒否（カード発行後）

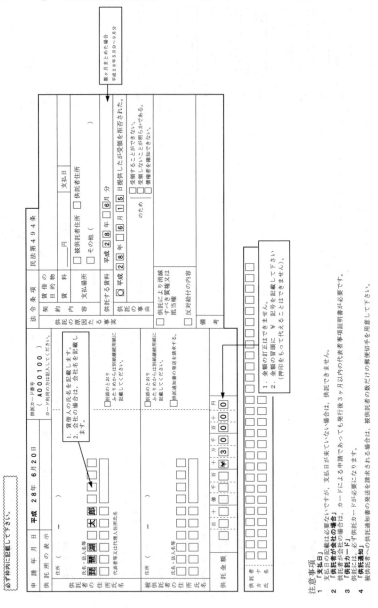

# 1 地代・家賃弁済供託（第1号様式）

## A-1-③ 地代家賃受領拒否（翌月分前払いの場合）

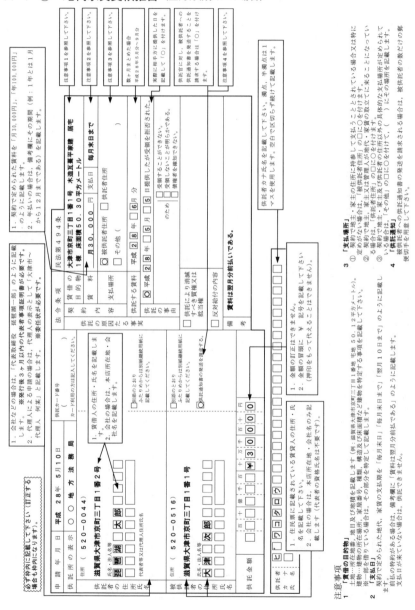

A 弁済供済

## A-1-④ 地代家賃受領拒否 （遅延損害金を付す場合）

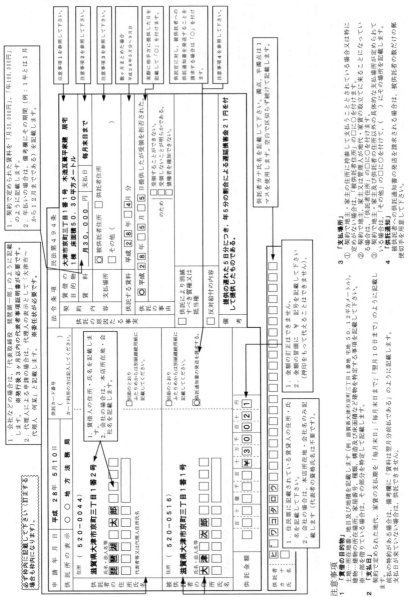

1 地代・家賃弁済供託（第1号様式）

## A-1-⑤ 地代家賃受領拒否（賃料に共益費を付してする場合）

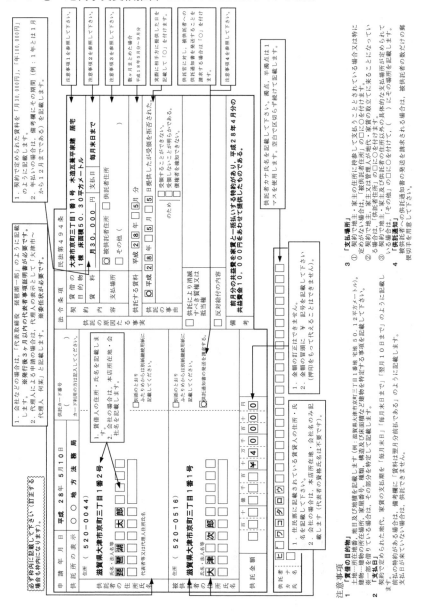

注意事項
1 「賃借の目的物」
土地──所在地番、地目及び地積を記載します（例：滋賀県大津市京町三丁目1番地 宅地50.12平方メートル）。
建物──所在地番、家屋番号、種類、構造及び床面積など建物を特定する事項を記載してください。
その一部を借りている場合は、その部分を特定できるように記載します。
2 「支払日」
契約で定められた支払期を、家賃の支払期を「毎月末日」「翌月10日まで」「毎月末日まで」「資料は翌月分前払である」のように記載します。前記の特約がある場合、備考欄に「資料は翌月分前払である」のように記載し、供託の時期は、支払日が来ていない場合は、供託はできません。

A 弁済共済

## A-1-⑥ 地代家賃受領拒否（相続人のうち一人が全員のためにする場合）

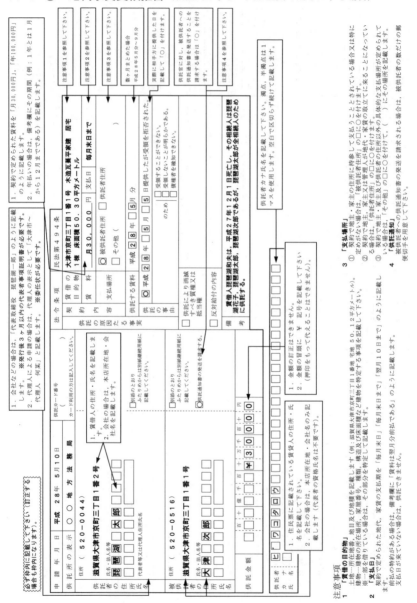

1 地代・家賃弁済供託（第1号様式）

## A-1-⑦ 地代家賃受領拒否（増額請求に対してする相当賃料の場合）

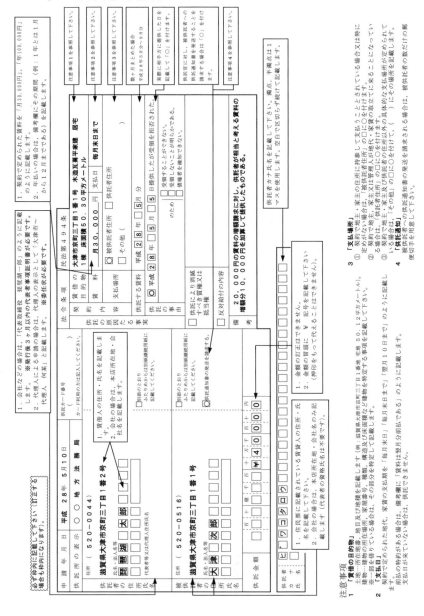

A 弁済供託

## A-1-⑧ 地代家賃受領拒否（第三者がする場合）

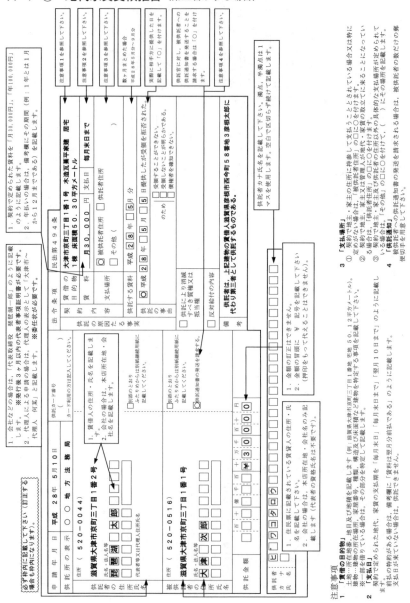

1 地代・家賃弁済供託（第1号様式）

## A-1-⑨ 地代家賃あらかじめ受領拒否

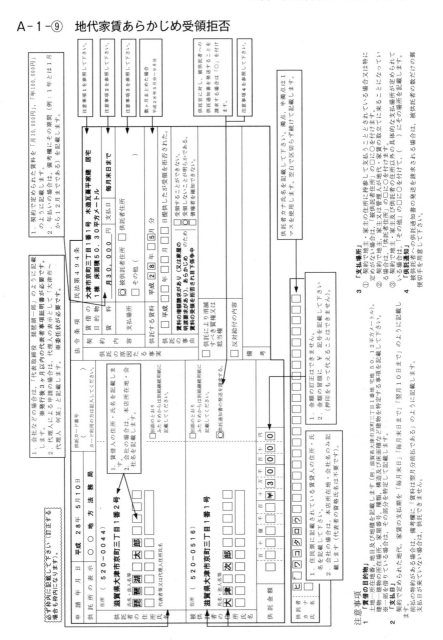

A 弁済共済

A-1-⑩ 地代家賃あらかじめ受領拒否（カード発行後）

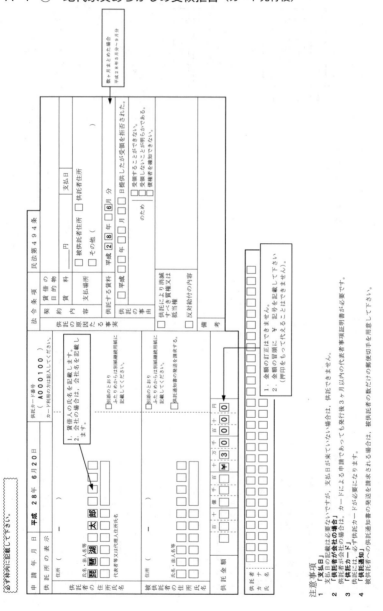

# 1　地代・家賃弁済供託（第1号様式）

## A-1-⑪　地代家賃あらかじめ受領拒否（翌月分前払いの場合）

### 注意事項

**1**　「賃借の目的物」

土地の場合は、地目及び地積を記載します（例：滋賀県大津市京町三丁目1番地 宅地、50.12平方メートル）。

建物の場合は、建物所在地、家屋番号、種類、構造及び床面積などを記載します。建物の一部の場合は、その部分を特定して記載します。

**2**　「支払日」

契約で定められた支払期日を、家賃の支払日（例：毎月末日まで、毎月10日まで）のように記載します。

前払いの場合は、備考欄に「資料は翌月分前払いである」のように記載します。支払日が来ていない場合は、供託できません。

**3**　「支払場所」

① 契約で地代・家主の住所に持参して支払うこととされている場合又は特に定めがない場合は、被供託者（被供託者住所）の□に✓を付けます。

② 契約で地代・家主又は被供託者の住所が地代・家主が地代・家賃の取立てに来ることとなっている場合は、供託者（供託者住所）の□に✓を付けます。

③ 契約で地代・家主及び供託者の住所以外の支払場所が定められている場合は、その他の（　）に記載し、その他の場所の□に✓を付けます。

**4**　「供託通知」

被供託者への供託通知書の発送を請求する場合は、被供託者の数だけ供託通知書を使用する旨を記載して下さい。

A 弁済共済

## A-1-⑫ 地代家賃あらかじめ受領拒否（賃料に共益費を付してする場合）

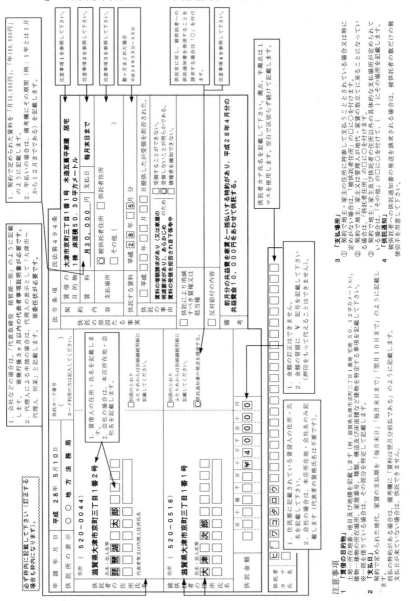

注意事項
1 「賃借の目的物」
　土地…所在地番・地目及び地積を記載します（例：滋賀県大津市京町三丁目1番地 宅地 50.12平方メートル）。
　建物…所在場所、家屋番号、種類、構造及び床面積が必要。その他必要な事項を特定する事項を記載して下さい。
※用途を特定している場合は、その部分を特定して記載して下さい。
2 「支払日」
　契約で定められた賃料の支払期を、家賃の支払期を「毎月末日」「毎月末日まで」「翌月10日まで」のように記載します。
　主前払の特約がある場合は、備考欄に「賃料は翌月分前払」のように記載します。
　支払日が到来していない分については、供託できません。

1　地代・家賃弁済供託（第１号様式）

## A-1-⑬　地代家賃あらかじめ受領拒否（増額請求に対してする相当賃料の場合）

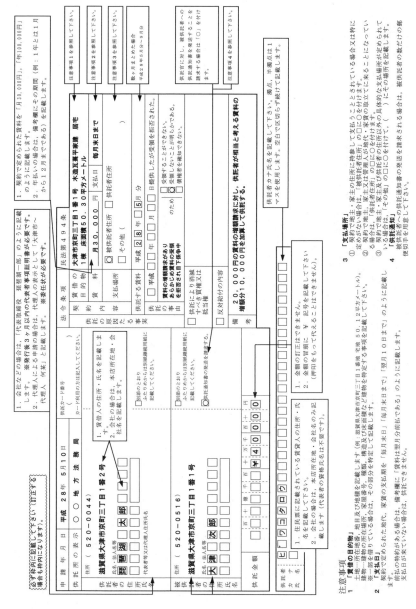

**注意事項**
1　「賃借の目的物」
　土地及び建物を記載します（例：滋賀県大津市京町三丁目1番地、家屋番号○番○、木造亜鉛メッキ鋼板葺2階建居宅、床面積1階50.30平方メートル、2階○○平方メートル）。土地の場合は、所在、地番、地目及び地積を、建物の場合は、所在、家屋番号、種類、構造及び床面積を記載してください。なお、地代の場合で、建物の所有を目的とするときは、その旨を特定するに足りる事項を記載してください。
2　「支払日」
　契約で定められた支払日を「毎月末日」「毎月末日まで」「翌月10日まで」のように記載します。家賃の支払期を「備考欄に、家賃は翌月分前払いである旨」のように記載し、前払いの定めがある地代、家賃の場合は、備考欄に、家賃は翌月分前払いである旨」のように記載し、支払日が来ていない場合は、供託できません。
3　「支払場所」
　① 契約で定められた支払場所又は特に定めがない場合は、被供託者の口の住所に持参して支払うこととなっているときは、被供託者の住所、家主の住所、被供託者の□の住所にレ点をつけます。
　② 契約で債権者である家主以外の支払場所が定められている場合は、供託者・家主及び支払場所の具体的な支店又は本店の所在場所にレ点をつけ、その他の口の場所にレ点をつけます。
4　「供託通知」
　被供託者への供託通知書の発送を請求される場合は、（　）に被供託者の数だけの数字を記載してください。

A 弁済共済

## A-1-⑭ 地代家賃受領不能（賃貸人の所在不明）

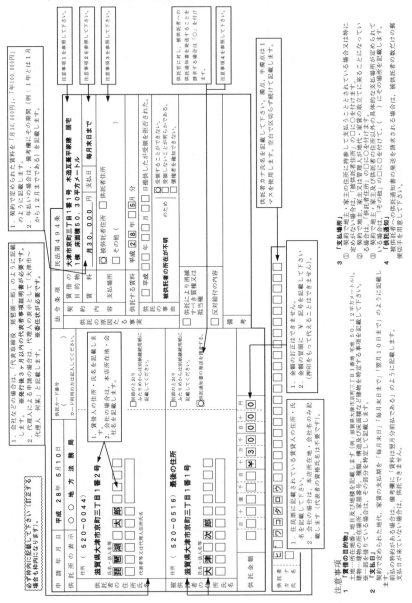

## 1 地代・家賃弁済供託（第1号様式）

### A-1-⑮ 地代家賃債権者不確知（賃貸人が死亡しその相続人が不明，翌月分前払いの場合）

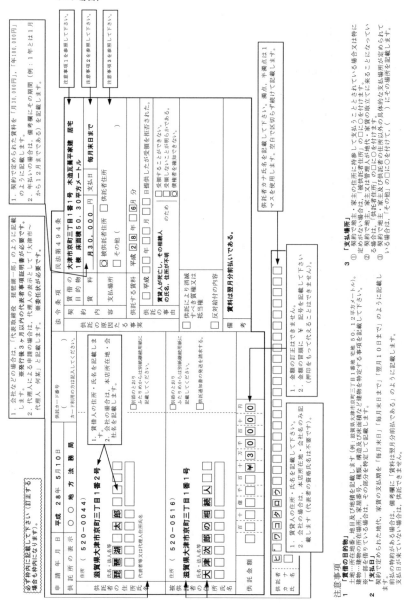

A 弁済共済

## A-1-⑯ 地代家賃債権者不確知（賃貸人が死亡し一部の相続人のみが判明している場合）

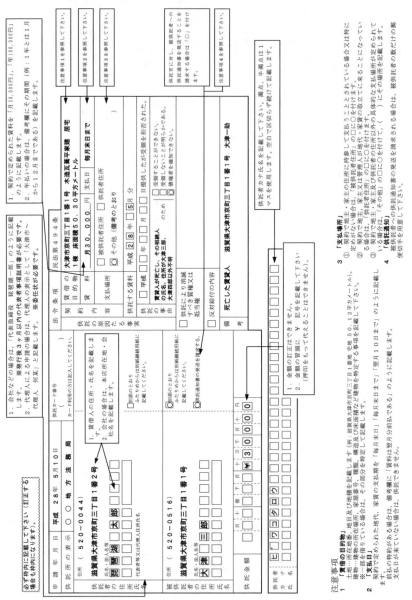

# 1　地代・家賃弁済供託（第1号様式）

供託書・OCR用
（継続用紙・被供託者）

**被供託者の住所氏名**

□ 及び
□ 又は
該当する□に○印を記入してください。

住所　（５２０－０５１６）
氏名・法人名等　滋賀県大津市京町三丁目２番２号
大津　四郎

□ 及び
□ 又は
該当する□に○印を記入してください。

住所　（　　－　　）
氏名・法人名等　外相　綱人

□ 及び
□ 又は
該当する□に○印を記入してください。

住所　（　　－　　）
氏名・法人名等

A 弁済共済

A-1-⑰ 地代家賃債権者不確知（賃貸人が死亡し一部の相続人のみが判明している場合）（カード発行後）

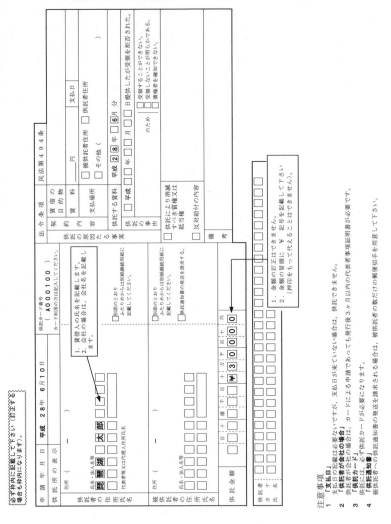

2 その他の弁済供託（第4号様式）

## A-2-① 受領拒否（賃貸借契約更新料）

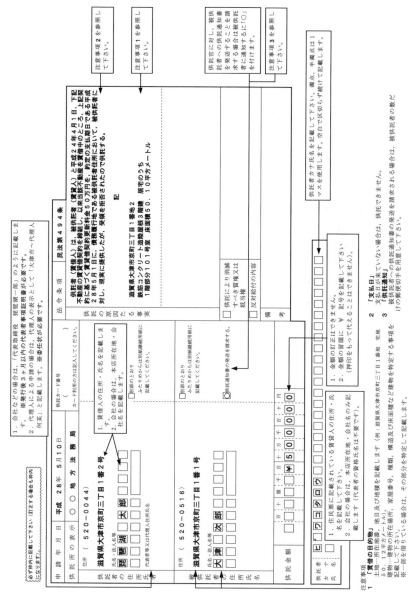

A 弁済共済

## A-2-② 受領拒否（反対給付の存する和解契約に基づく移転料）

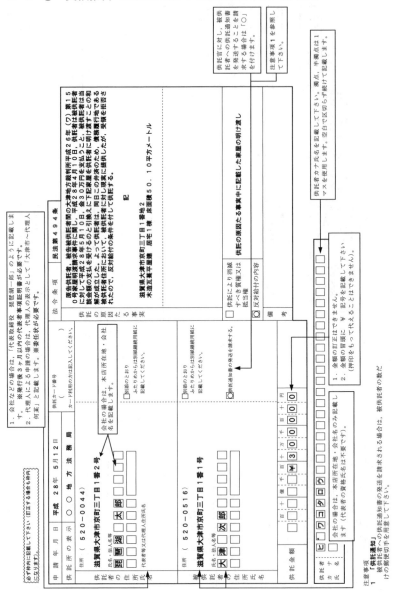

## 2 その他の弁済供託（第4号様式）

### A-2-③ 受領拒否（反対給付の存する売買代金）

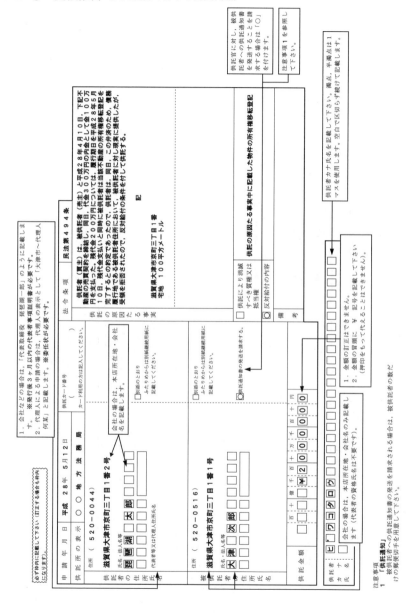

A 弁済共済

## A-2-④ 受領拒否（手付金の倍額）

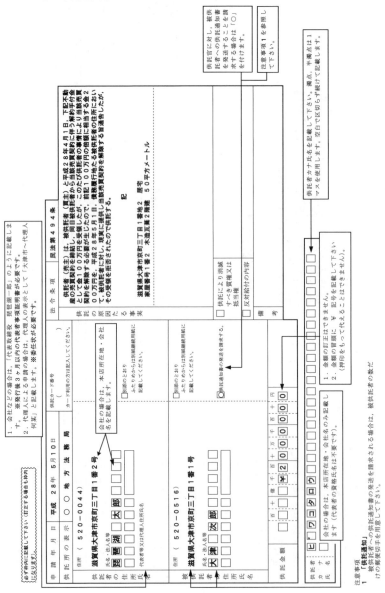

## 2 その他の弁済供託（第4号様式）

### A-2-⑤ 受領拒否（給与）

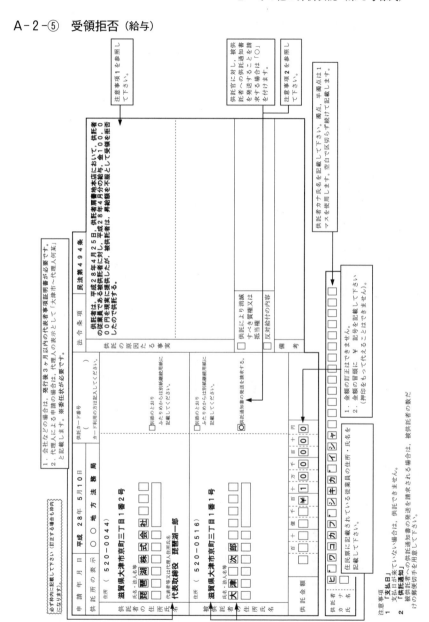

A 弁済共済

## A-2-⑥ 受領拒否（解雇予告手当）

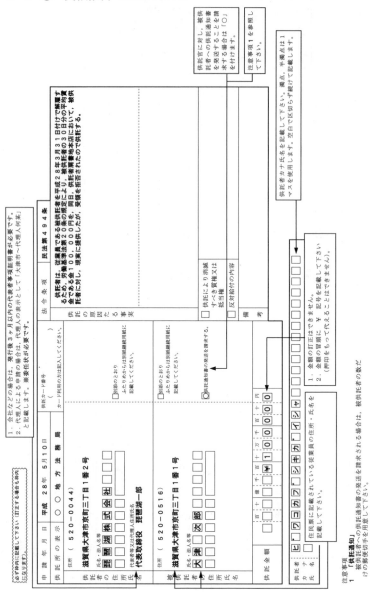

2　その他の弁済供託（第4号様式）

# A-2-⑦　受領拒否（損害賠償金）

**注釈（上部）**

- 供託官に対し、被供託者への供託通知書を発送することを請求する場合は「○」を付けます。
- 注意事項1を参照して下さい。
- 代理人による申請の場合は、代理人の表示として「大津市〜代理人何某」と記載します。委任状が必要です。
- 必ず枠内に記載して下さい（訂正する場合も枠内に記載します。）

**供託書（様式）**

| 申請年月日 | 平成28年5月10日 |
|---|---|
| 供託所の表示 | ○○地方法務局 |
| 供託カード番号 | カード利用の方法は右に記入してください。 |

供託者の住所・氏名・法人名等
住所（520-0044）
滋賀県大津市京町三丁目1番2号
氏名　琵琶湖　太郎
代表者等又は代理人住所氏名

被供託者
住所（520-0516）
滋賀県大津市京町三丁目1番1号
氏名　大津法務株式会社
代表者の資格氏名

供託金額　￥10,726

法令条項　民法第494条

供託の原因たる事実
供託者は、被供託者の従業員であった平成28年3月10日、被供託者の現金10万円を業務上横領したのであるが、この返済のため平成28年5月分に上記金額に年5分の割合による遅延損害金726円を付した合計金100,726円を被供託者居住地本店において、被供託者に提供したが、受領を拒否されたので供託する。

備考

□供託により消滅すべき質権又は抵当権
□反対給付の内容

供託者カナ　ビ　ワ　コ　タ　ロ　ウ

**注釈（下部）**

- □別添のとおり　ふりがなから は別紙継続用紙に記載してください。
- ☑供託通知書の発送を請求します。　ふりがなから は別紙継続用紙に記載してください。

- 会社の場合は、本店所在地・会社名のみ記載します（代表者の資格氏名は不要です。）

- 1. 金額の訂正はできません。
- 2. 金額の冒頭に￥記号を記載して下さい。（押印をもって代えることはできません。）

- 供託者カナ氏名を記載して下さい。濁点、半濁点は1マスを使用します。空白を区切らず続けて記載して下さい。

注意事項
1　「供託通知」
被供託者への供託通知書の発送を請求される場合は、被供託者の数だけの郵便切手を用意してください。

A 弁済共済

## A-2-⑧ 受領拒否（口頭の提供で債権者の行為を要する場合）（遺言執行者）

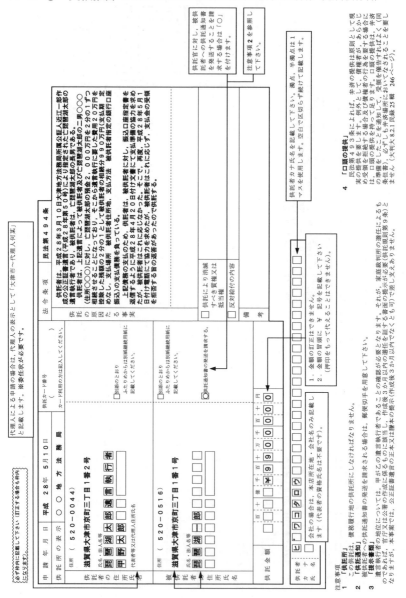

2 その他の弁済供託（第4号様式）

## A-2-⑨ 受領拒否（損害賠償金・交通事故）

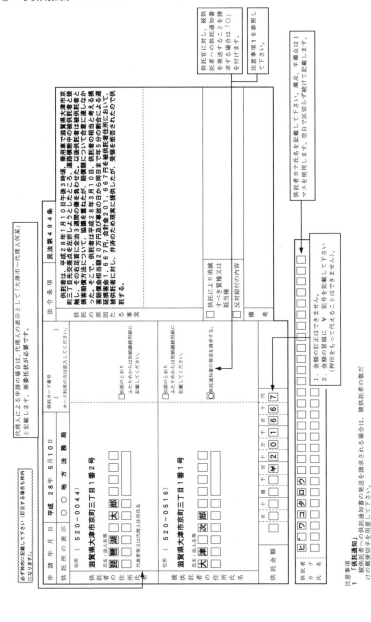

A 弁済共済

A-2-⑨-2 受領拒否（不法行為に基づく損害賠償金，取戻請求権の放棄）

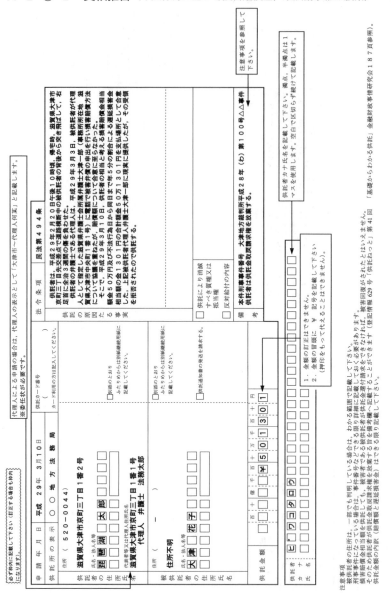

2 その他の弁済供託（第4号様式）

## A-2-⑩ 受領拒否（判決により確定した損害賠償金）

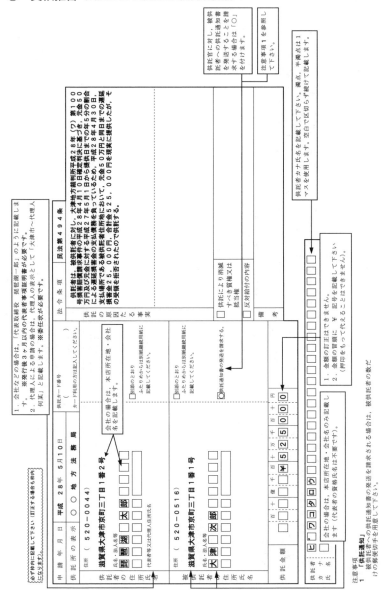

A 弁済共済

## A-2-⑪ あらかじめ受領拒否（賃貸借の管理費）

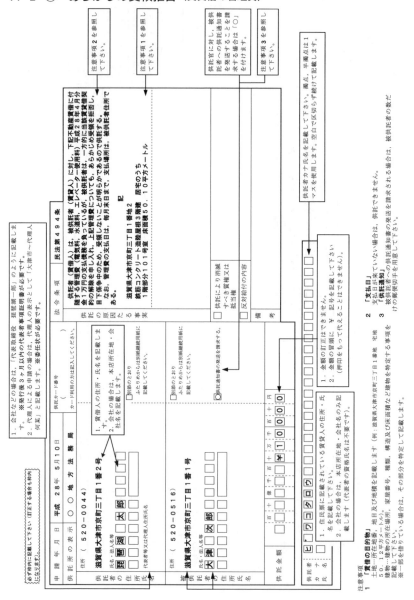

## 2 その他の弁済供託（第4号様式）

### A-2-⑫ あらかじめ受領拒否（和解契約に基づく分割払金）

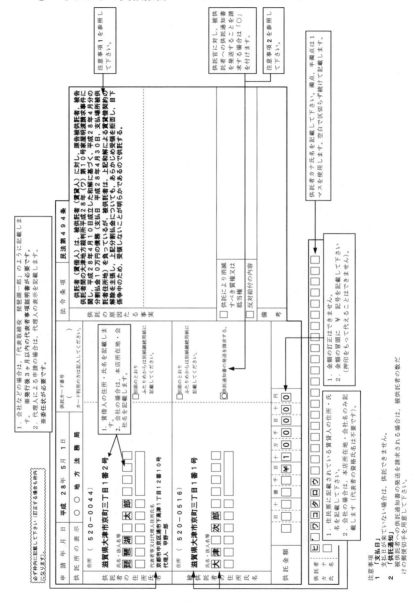

A 弁済共済

## A-2-⑬ あらかじめ受領拒否（損害賠償金）

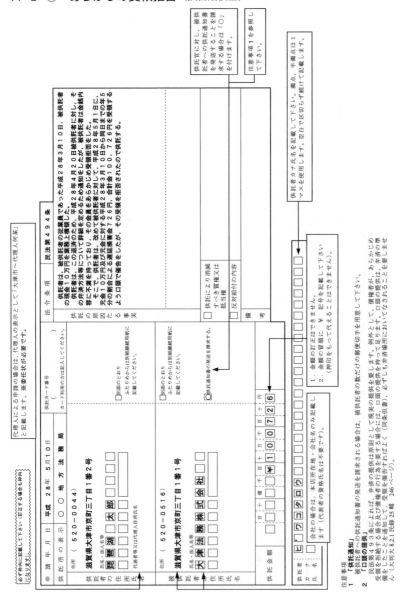

2 その他の弁済供託（第4号様式）

## A-2-⑭ あらかじめ受領拒否（損害賠償金・交通事故）

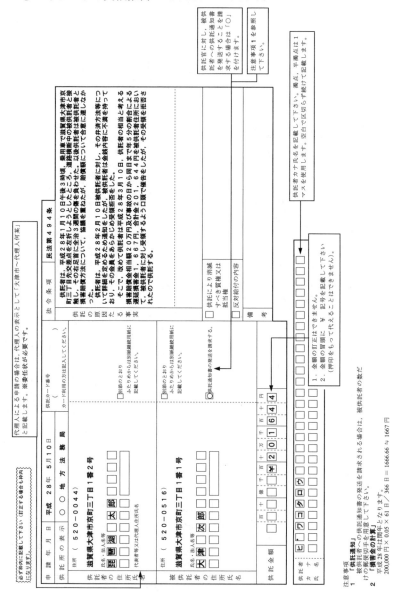

A 弁済共済

A-2-⑮ あらかじめ受領拒否(判決により確定した損害賠償金)

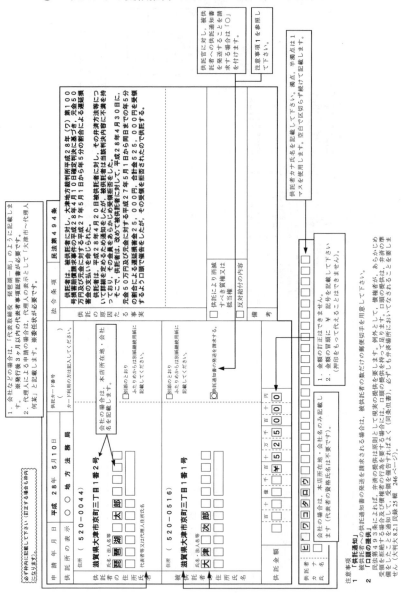

2 その他の弁済供託（第4号様式）

A-2-⑯ 受領不能（休眠担保権の抹消）

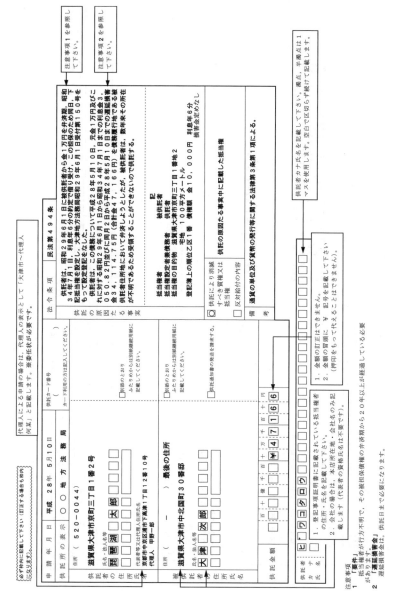

A 弁済共済

A-2-⑰ 受領不能（会社の実態がなく代表者所在不明）

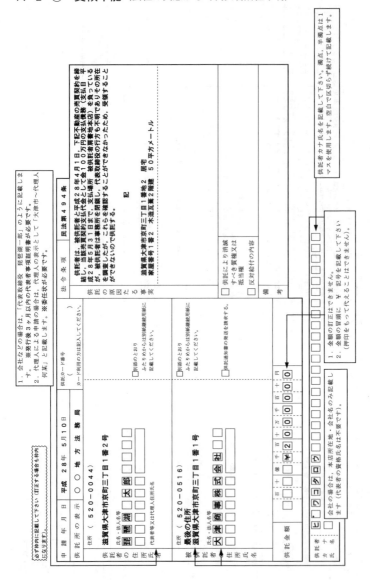

2 その他の弁済供託（第4号様式）

## A-2-⑱ 債権者不確知（譲渡禁止特約付）

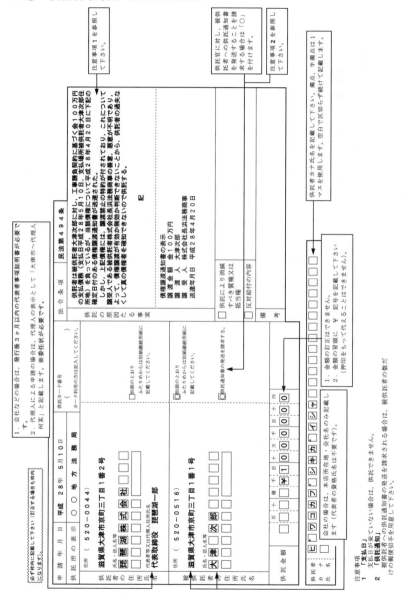

A 弁済共済

供託書・OCR用
(継続用紙・被供託者)

住所 (５２０－００４４)
滋賀県長浜市八幡東町２５３番地４

氏名・法人名等
株式会社民民法務商事

被供託者

□ 及び
☒ 又は
該当する □に○印を
記入してください。

供託者の住所氏名

住所 （　－　）

氏名・法人名等

□ 及び
□ 又は
該当する □に○印を
記入してください。

住所 （　－　）

氏名・法人名等

□ 及び
□ 又は
該当する □に○印を
記入してください。

584

2 その他の弁済供託（第4号様式）

## A-2-⑲ 債権者不確知（譲渡禁止特約付・債権譲渡登記がなされた場合）

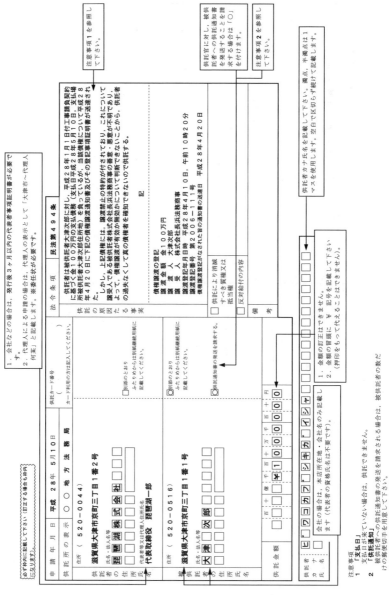

## A 弁済共済

供託書・OCR用
（継続用紙・被供託者）

被供託者

供託者の住所氏名

□ 及び
☑ 又は
該当する □ に○印を記入してください。

住所　（５２０－００４４）
滋賀県長浜市八幡東町２５３番地４
氏名・法人名等
株式会社世長浜法務商庫

□ 及び
□ 又は
該当する □ に○印を記入してください。

住所　（　　－　　）
氏名・法人名等

□ 及び
□ 又は
該当する □ に○印を記入してください。

住所　（　　－　　）
氏名・法人名等

## 2 その他の弁済供託（第4号様式）

### A-2-⑳ 債権者不確知（債権の帰属をめぐり争いがある場合）

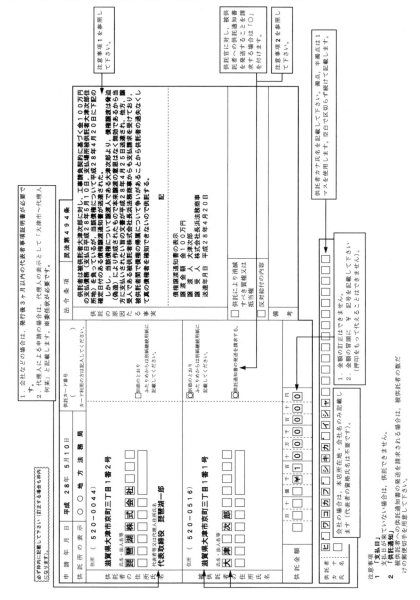

A　弁済共済

供託書・OCR用
（継続用紙・被供託者）

被供託者

供託者の住所氏名

□ 及び
☑ 又は
該当する□に○印を記入してください。

住所　（５２０－００４４）
滋賀県長浜市八幡東町２５３番地４

氏名・法人名等
株式会社 長浜 法務 商事

□ 及び
□ 又は
該当する□に○印を記入してください。

住所　（　　　－　　　）

氏名・法人名等

□ 及び
□ 又は
該当する□に○印を記入してください。

住所　（　　　－　　　）

氏名・法人名等

## B 弁済供託に準ずる供託

### B-① 会社法第141条第2項に基づく供託（譲渡制限株式の会社による買取りのための供託）

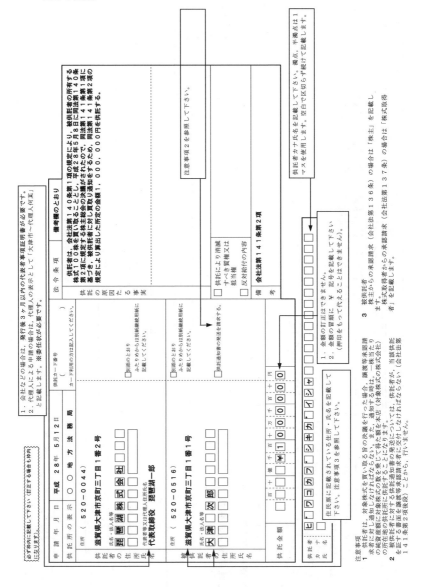

B 弁済供託に準ずる供託

## B-② 会社法第141条第3項に基づく供託（株主の株券発行会社に対する株券の供託）

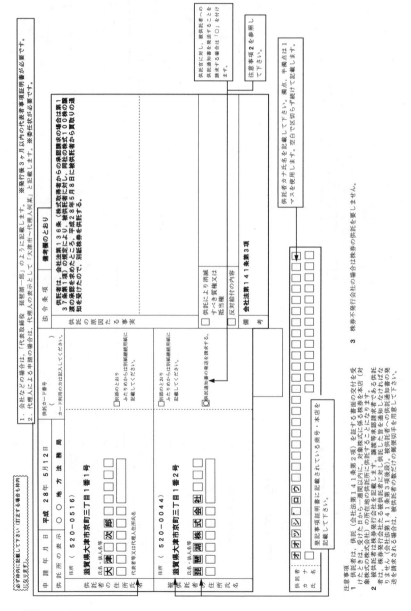

B　弁済供託に準ずる供託

（継続用紙）

頁　／

## 供託有価証券

| 証券名称 | 枚数 | 総額面 | 内訳 額面 | 内訳 回記号 | 内訳 番号 | 内訳 附属利賦札 | 備考 |
|---|---|---|---|---|---|---|---|
| 琵琶湖株式会社株券 | 100 | 1,000,000 | 壱万株券金壱万円 | A | 自 1 至 100 | なし | |
| | | | | | | | |
| | | | | | | | |
| | | | | | | | |
| 計 | 100 | 1,000,000 | | | | | |

B 弁済供託に準ずる供託

## B-③ 会社法第142条第2項に基づく供託（譲渡制限株式の指定買取人による買取りの供託）

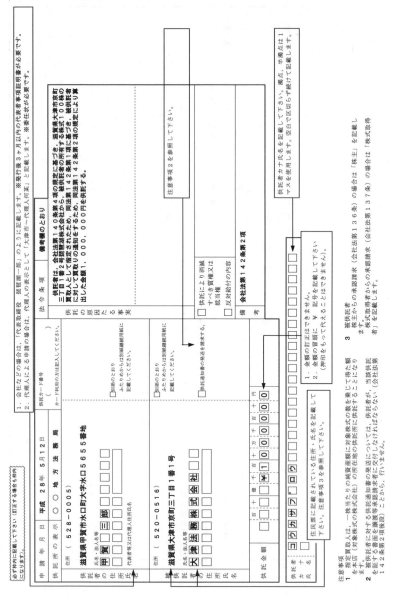

B 弁済供託に準ずる供託

B-④ 会社法第142条第3項に基づく供託（株主の指定買取人に対する株券の供託）

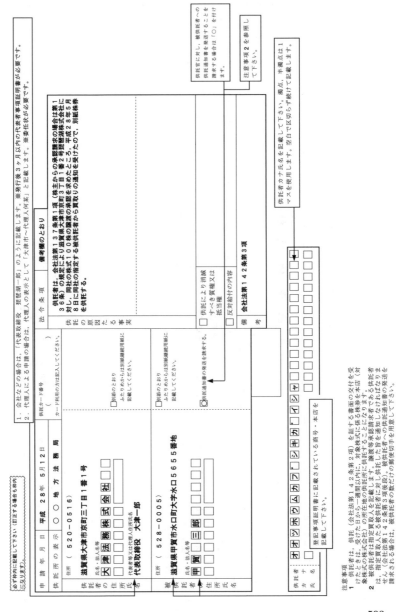

B　弁済供託に準ずる供託

（継続用紙）

頁／

## 供託有価証券

| 証券名称 | 枚数 | 総額面 | 内訳 | | | | 備考 |
|---|---|---|---|---|---|---|---|
| | | | 額面 | 回記号 | 番号 | 附属利賦札 | |
| 琵琶湖株式会社株券 | １００ | 1,000,000 | 壱万株券 金壱万円 | Ａ | 自 １ 至 １００ | なし | |
| | | | | | | | |
| | | | | | | | |
| | | | | | | | |
| 計 | １００ | 1,000,000 | | | | | |

## B-⑤ 破産法第202条に基づく配当金（債権者が出頭しない場合）

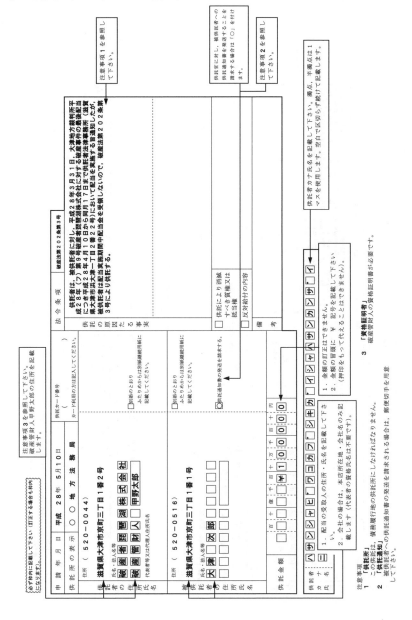

B 弁済供託に準ずる供託

## B-⑥ 破産法第202条に基づく配当金（債権者が所在不明の場合）

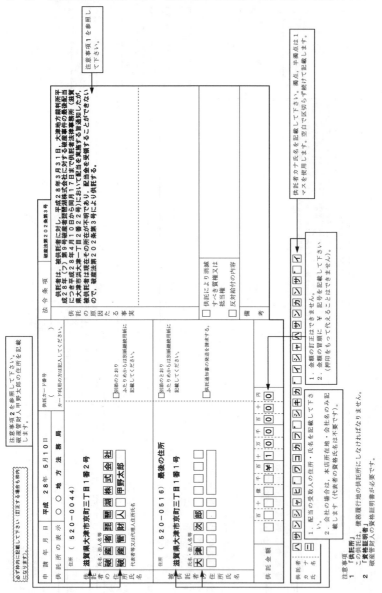

法令条項一覧

## C　裁判上の供託　法令条項一覧

| 供託の原因たる事実 | 当　事　者　■：供託者　□：被供託者 | | 法　　令　　条　　項 |
|---|---|---|---|
| 訴訟費用の担保 | 申請人 | 被申請人 | 民訴法75条1項 |
| 仮執行の担保 | 原　告 | 被　告 | 民訴法259条1項（財産権上の請求に関する判決）<br>民訴法259条2項（手形・小切手による金銭の支払請求に関する判決） |
| 仮執行を免れるための担保 | 原　告 | 被　告 | 民訴法259条3項 |
| 強制執行停止の保証 | 申請人 | 被申請人 | 民訴法403条1項（特別上告・再審申立，上告提起，控訴提起・督促異議申立，手形・小切手訴訟の控訴提起・督促異議申立，手形・小切手訴訟少額訴訟の異議申立，定期金賠償判決変更の訴え提起）<br>民執法10条6項（執行抗告提起）<br>民執法11条2項，10条6項（執行異議申立）<br>民執法32条2項（執行文付与に対する異議申立）<br>民執法36条1項（執行文付与に対する異議の訴えまたは請求異議の訴え提起）<br>民執法38条4項，36条1項（第三者異議の訴え提起）<br>民執法132条3項（差押禁止動産の範囲の変更申立）<br>民執法153条3項（差押禁止債権の範囲の変更申立）<br>民調規5条1項（調停申立）<br>特定債務等の調整の促進のための特定調停に関する法律7条1項（調停申立） |
| 強制執行取消の保証 | 申請人 | 被申請人 | 民訴法403条1項（特別上告・再審申立，上告提起，控訴提起・督促異議申立，手形・小切手訴訟の控訴提起・督促異議申立，手形・小切手訴訟少額訴訟の異議申立，定期金賠償判決変更の訴え提起）<br>民執法36条1項（執行文付与に対する異議の訴えまたは請求異議の訴え提起）<br>民執法38条4項，36条1項（第三者異議の訴え提起） |
| 強制執行続行の保証 | 申請人 | 被申請人 | 民訴法403条1項（控訴提起・督促異議申立，手形・小切手訴訟の控訴提起・督促異議申立，手形・小切手訴訟少額訴訟の異議申立，定期金賠償判決変更の訴え提起）<br>民執法10条6項（執行抗告提起）<br>民執法11条2項，10条6項（執行異議申立）<br>民執法32条2項（執行文付与に対する異議申立）<br>民執法36条1項（執行文付与に対する異議の訴えまたは請求異議の訴え提起） |

597

C　裁判上の供託

| 供託の原因たる事実 | 当　事　者　<br>□□□：供託者<br>□：被供託者 | | 法　　令　　条　　項 |
|---|---|---|---|
| | | | 民執法38条4項，36条1項（第三者異議の訴え提起）<br>民調規5条2項（調停申立）<br>特定債務等の調製の促進のための特定調停に関する法律7条2項（調停申立） |
| 仮差押の保証 | 債権者 | 債務者 | 民保法14条1項 |
| 仮差押取消の保証 | 申請人 | 被申請人 | 民保法38条3項，32条3項（事情の変更による保全取消）<br>民保法32条3項（保全異議による保全取消） |
| 仮処分の保証 | 債権者 | 債務者 | 民保法14条1項 |
| 仮処分取消の保証 | 申請人 | 被申請人 | 民保法39条1項（特別の事情による保全取消）<br>民保法32条3項（保全異議による保全取消）<br>民保法38条3項，32条3項（事情の変更による保全取消） |
| 仮差押解放金 | 債権者 | 債務者 | 民保法22条　（「供託の種類」については「執行」とすること。） |
| 仮処分解放金 | 申請人 | 被申請人 | 民保法25条　（同上。）<br>※　被供託者の表示：「一般型」は「仮処分債権者」，「特殊型」（被保全債権＝民法424条1項：詐害行為取消権）は「詐害行為債務者」。 |
| 売却のための保全処分 | 申請人 | 被申請人 | 民執法55条4項（同条1項1号：価格減少行為等の禁止等。同条1項2号：執行官保管命令） |
| 最高価買受申出人等のための保全処分 | 申請人 | 被申請人 | 民執法77条2項（同条1項1号：価格減少行為等の禁止等。同条1項2号：執行官保管命令）<br>※　担保権実行による場合は民執法188条を併記する。 |
| 不動産競売開始決定前の保全処分 | 申請人 | 被申請人 | 民執法187条5項（同条1項で準用する民執法55条1項1号：価格減少行為等の禁止等。同項2号：執行官保管命令）<br>※　民執法55条4項を併記する。 |

＊　供託所の特例　裁判所の許可を得た旨「民事保全法第14条第2項の許可による供託」を備考欄に記載する。
＊　担保変換決定　①変換決定前：「平成○年○月○日（←申立日），○○裁判所に担保変換の申立をなすべく，○○地方法務局○年度○第○号と変換」
　　　　　　　　　②変換決定後：「平成○年○月○日○○裁判所の担保変換決定により○○地方法務局平成○年度○第○号を変換のため」

1 担保供託（第2号様式）

## C-1-① 訴訟費用の担保（金銭）

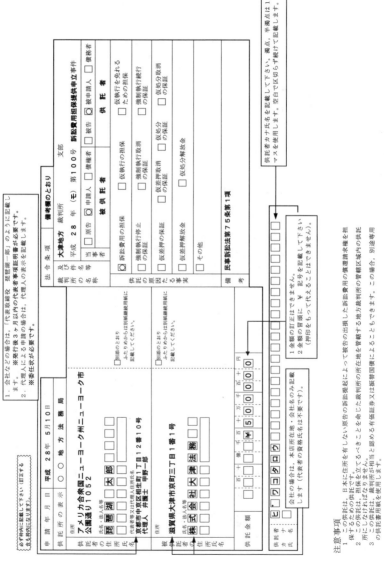

C 裁判上の供託

## C-1-② 仮執行の担保（金銭）

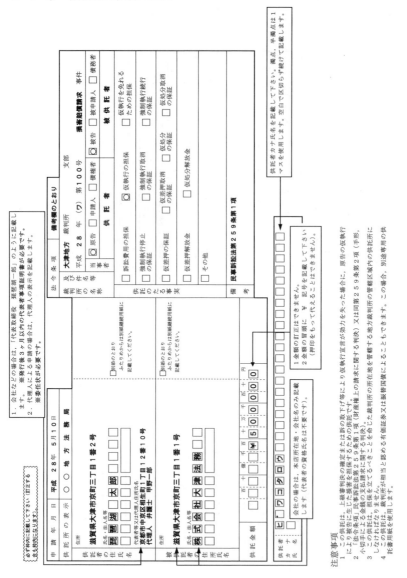

# 1　担保供託（第2号様式）

## C-1-③　仮執行を免れるための担保（金銭）

---

**［注記］**

必ず押印に記載して下さい（訂正する 先ま根抗となります。）

1．会社などの場合は、「代表取締役 甲野太郎」のように記載します。差出後3ヶ月以内の代表者事項証明書が必要です。
2．代理人による申請の場合は、代理人の表示を記載します。差出委任が必要です。

---

| 申請年月日 | 平成 28年 5月10日 |
|---|---|
| 供託所の表示 | ○○地方法務局 |

**供託者**
住所　滋賀県大津市京町三丁目1番2号
氏名・法人名等　琵琶 太郎
代理者等又は代理人住所氏名
京都市中京区相生町1丁目12番10号
代理人 弁護士 甲野一郎

**被供託者**
住所　滋賀県大津市京町三丁目1番1号
氏名・法人名等　株式会社 大津法務

供託金額　￥5,000,000（五百万円）

- 会社の場合は、本店所在地・会社名のみ記載します（代表者の資格氏名は不要です。）。

---

**備考欄のとおり**

| 裁判所の表示及び事件の名称 | 大津地方裁判所 平成 28 年（ワ）第100号 損害賠償請求事件 |
|---|---|

当事者の名称等
　原告・申請人・債権者　☑原告
　被告・被申請人・債務者　☑被告

供託者　被供託者

供託の原因たる事実
- 訴訟費用の担保
- ☑仮執行の担保（仮執行を免れるための担保）
- 強制執行停止の保証
- 強制執行続行の保証
- 仮差押の保証
- 仮差押取消の保証
- 仮処分の保証
- 仮処分取消の保証
- 仮差押解放金
- 仮処分解放金
- その他

別紙のとおり　ふたりからは別紙継続用紙に記載してください。

法令条項　民事訴訟法第259条第3項

備考

供託者カナ氏名　ビワ タロウ

- 供託者カナ氏名を記載して下さい。濁点、半濁点は1マスを使用します。空白で区切らず続けて記載します。

- 1 金額の訂正はできません。￥記号を記載して下さい。
- 2 金額の冒頭に￥記号を記載して下さい（押印をもって代えることはできません。）。

---

**注意事項**

1　この供託は、被告が仮執行の免脱を得たことにより原告に生ずるおそれのある執行遅延による損害を担保するためにする供託で、この供託で担保を立てるべきことを命じた裁判所の所在地を管轄する地方裁判所の管轄区域内の供託所に、しなければなりません。せん。

2　この供託は、裁判所が相当と認める有価証券又は振替国債によることもできます。この場合、別途専用の供託書用紙を使用します。

3　この供託は、裁判所が相当と認める有価証券又は振替国債によることもできます。この場合、別途専用の供託書用紙を使用します。

# C 裁判上の供託

## C-1-④ 強制執行停止の保証（金銭）

---

**供託書**

| 申請年月日 | 平成 28年 5月10日 |
|---|---|
| 供託所の表示 | ○○地方法務局 |

供託者
- 住所 滋賀県大津市京町三丁目1番2号
- 氏名・法人名等 琵琶湖太郎
- 代表者等又は代理人住所氏名 京都市中京区相生町1丁目12番10号　代理人　弁護士　甲野一郎

被供託者
- 住所 滋賀県大津市京町三丁目1番1号
- 氏名・法人名等 株式会社大津法務

供託金額 ￥5,000,000

供託カナ氏名

---

法令及び裁判所の表示並びに事件名等

- 裁判所の表示　大津地方裁判所　　支部
- 事件名　平成 28 年 (モ) 第100号　強制執行停止決定申請　事件
- 当事者の名称等
  - 原告　申請人　債権者
  - 被告　被申請人　債務者

供託の原因たる事実

供託者 ／ 被供託者

- 訴訟費用の担保
- 仮執行を免れるための担保
- 強制執行続行のための担保
- 仮執行の担保
- 強制執行停止の保証
- 仮処分取消の保証
- 仮差押の保証
- 仮差押取消の保証
- 仮差押解放金
- 仮処分解放金
- その他

備考　民事訴訟法第403条第1項第○号

---

（欄外の注記）

1　会社などの場合、「代表取締役　琵琶湖一郎」のように記載し、添付書類として代表者事項証明書が必要です。
2　代理人による申請の場合は、代理人の表示を記載してください。

注意事項4を参照してください。

□別添のとおり　ふたりめから別紙供託継続用紙に記載してください。

1　金額の訂正はできません。￥記号を記載してください。
2　金額の冒頭に￥記号をもって代えることはできません。

会社の場合、本店所在地・会社名のみ記載します（代表者の資格氏名は不要です）。

供託者カナ氏名を記載してください。濁点、半濁点は1マスを使用します。空白で区切らず手続けて記載します。

---

注意事項

1　この供託は、債務者の強制執行停止決定の申立てにより（債権者に生ずるおそれのある）損害を担保するための供託です。
2　この供託は、担保を担保するための担保を立てるべきことを命じた裁判所（民事執行法を根拠とするものについては、また当該執行裁判所）の所在地を管轄する地方裁判所の管轄区域内の供託所にします。
3　この供託は、供託をする地方裁判所と執行裁判所の所在地を管轄する地方裁判所が同一であるときは、供託をする地方裁判所の所在地を管轄する地方裁判所の管轄区域内の供託所に供託することができ、供託するときは、備考欄に執行裁判所の名称を記載します。
4　「法令条項」・・・民事訴訟法第403条第1項第1号（仮執行宣言付判決に対する上告、再審申立）、同第2号（仮執行宣言、督促異議申立）、同第4号（手形判決に対する異議申立、督促異議申立）、同第5号（仮執行宣言又は少額訴訟第10条、民事執行法第10条第6項（執行抗告）、同第11条第2項（執行異議申立）、同第36条第1項（執行文付与に対する異議の訴え）、同第38条第4項（第三者異議の訴え）、同第36条第1項（第三者異議の訴え）、同第34条第2項（請求異議の訴え）、同第36条第1項（仮処分の異議の訴え）又は面面請求国債によることもできます。
5　この供託は民事訴訟法に相当と認める有価証券又は面面請求国債によることもできます。この場合、別途専用の供託書用紙を使用します。

602

1　担保供託（第2号様式）

## C-1-⑤　強制執行取消の保証（金銭）

| 申請年月日 | 平成28年5月10日 |
|---|---|
| 供託所の表示 | ○○地方法務局 |
| 供託者の住所 | 滋賀県大津市京町三丁目1番2号 |
| 氏名・法人名等 | 琵琶湖　太郎 |
| 代表者等又は代理人住所氏名 | 京都市中京区相生町1丁目12番10号　代理人　弁護士　甲野一郎 |
| 被供託者　住所 | 滋賀県大津市京町三丁目1番1号 |
| 氏名・法人名等 | 株式会社　大津法務 |

供託金額　¥500,000

| 法令及び事件の名称 | 民事執行法第36条第1項 |
|---|---|
| 裁判所及び事件の番号 | 京都地方　28年（モ）第100号　執行処分取消決定申請　事件　支部 |
| 当事者等の名称 | 原告・申請人・債権者／被告・被申請人・被告・債務者 |
| 供託の原因たる事実 | □訴訟費用の担保　□仮執行の担保　□仮執行を免れるための担保　□強制執行停止　☑強制執行取消の保証　□強制執行続行の保証　□仮差押の保証　□仮処分の保証　□仮差押解放金　□仮処分解放金　□その他 |
| 供託者 | 被供託者 |
| 備考 | 民事執行法第36条第1項　大津地方裁判所平成28年（ヌ）第130号不動産強制競売申請事件 |

注意事項3を参照して下さい。

注意事項4を参照して下さい。

供託者のナカ氏名を記載して下さい。マスを使用します。空白のから引らず続けり記載します。

1　金額の訂正はできません。
2　金額の冒頭に　￥　記号を記載して下さい。（押印をもって代えることはできません。）

会社の場合は、本店所在地・会社名のみ記載します（代表者の資格氏名は不要です）。

### 注意事項
1　この供託は、債務者の強制執行取消決定の申立てにより債権者に生ずるおそれのある損害を担保するための供託です。
2　担保を立てるべきことを命じた裁判所（民事執行法第10条第6項）にしなければ、または命じた供託者（裁判所）の所在地を管轄する地方裁判所の管轄区域内の供託所にします。
3　発令裁判所の所在地を管轄する地方裁判所と同一地を管轄する地方裁判所の所在地を管轄する地方裁判所、執行裁判所の所在地を管轄する地方裁判所の管轄区域内の供託所に供託することができるときは、備考欄に、執行裁判所の名称を記載します。
4　「法令条項」…民事訴訟法第403条第1項第4号（手形訴訟控訴提起、保全異議申立、保全処分提起、控訴提起、同条第4号（手形訴訟控訴提起）、保全異議申立、同第5号（控訴提起、同法第11条裁量申立）、（執行異議申立）、同条第3項第6号（執行停止）、同第36条第1項（第三者異議の訴えまたは民事訴訟法第38条第4項・第3号第1項（第三者異議申立）、第38条第2項（請求異議）、また保全法異議申立などに特別上告、再審申立、（特別上告、再審申立）、同第3号（保全提起、保全異議申立）、同法第6条第6項（執行停止）。
5　この供託は、裁判所が担保として預ける有価証券又は振替国債によることもできます。この場合、別途専用の供託書用紙を使用します。

603

## C 裁判上の供託

# C-1-⑥ 強制執行続行の保証（金銭）

**供 託 書**

| | |
|---|---|
| 申請年月日 | 平成 28 年 5 月 10 日 |
| 供託所の表示 | ○○ 地 方 法 務 局 |

**供託者の住所氏名**
住所　滋賀県大津市京町三丁目1番2号
氏名・法人名等　琵琶湖　太郎
代理人又は法人代表者住所氏名
　　京都府中京区相生町1丁目12番10号
　　代理人　弁護士　甲野一郎

**被供託者の住所氏名**
住所　滋賀県大津市京町三丁目1番1号
氏名・法人名等　株式会社　大津法務

**供託金額**　¥5,000,000

| 法令及び条項 | 民事訴訟法第403条第1項第3号 |
|---|---|
| 裁判所の名称 | 大津地方裁判所　支部 |
| 事件の名称等 | 平成 28 年（モ）第100号　強制執行続行決定申請事件 |
| 当事者 | 原告　申請人　債権者　／　被告　被申請人　債務者 |

**供託の原因たる事実**
□別紙のとおり
ふたりめからは別紙続用紙に記載してください。

**供託を免れるための担保**
□訴訟費用の担保　□仮執行の担保
□強制執行停止の保証　□強制執行取消の保証
□仮差押の保証　□仮処分の保証
□仮差押解放金　□仮処分取消の保証
□仮処分解放金　□その他

**備考**

### 注意事項

1　この供託は、債務者の強制執行続行決定の申立てにより債権者に生ずるおそれのある損害を担保するための供託です。（民事訴訟法を準用することとした裁判所）
2　この供託は、担保を提供すべきことを命じた裁判所（民事執行事件の管轄裁判所）の所在地を管轄する地方裁判所の管轄区域内の供託所にしなければなりません。
3　この供託が裁判所が相当と認める有価証券又は振替国債によることもできます。この場合、別途専用の供託書用紙を使用します。

---

※ 右側の各記入注意（縦書き）

1　会社などの場合は「代表取締役　琵琶湖一郎」のように記載します。発行後3か月以内の代表者事項証明書が必要です。
2　代理人による申請の場合は、代理人の表示を記載。委任状が必要です。

※ 注意事項4を参照してください。

※ 供託者カナ氏名を記載してください。濁点、半濁点は1マスを使用し記載します。空白で区切らず続けて記載します。

※ 1　金額の訂正はできません。
　　2　金額の冒頭に¥記号を記載してください。（押印をもって代えることはできません。）

※　「法令条項」…民事訴訟法第403条第1項第3号（控訴提起）、同第4号（手形・小切手訴訟の控訴提起又は少額訴訟の異議申立）、民事執行法第10条第5項（執行抗告提起）、同第6項、同第2項（異議申立）、同第3項及び第2項（異議申立）、同第36条第1項（執行文付与に対する異議の訴え提起）、同第3項、第38条第4項・第36条第1項（第三者異議の訴え提起）、また注民事保全規則第6条第2項（控訴提起）等の各条項を記載してください。

1　担保供託（第2号様式）

## C-1-⑦　仮差押えの保証（金銭）

必ず初めに記載して下さい。証明する
ときは朱色になります。

| 申請年月日 | 平成 | ２８年 | ５月１０日 | ○○ | 地方法務局 |
供託所の表示

供託者の氏名等
　住所　滋賀県大津市京町三丁目1番2号
　氏名・法人名等　琵琶湖　太郎　印
　代表者等又は代理人住所氏名　京都市中京区相生町1丁目12番10号　代理人　弁護士　甲野一郎　印

被供託者
　住所　滋賀県大津市京町三丁目1番1号
　氏名・法人名等　株式会社大津法務　印

供託金額　¥ 5000000 円

供託者カナ氏名　ビワコタロウ

1　会社などの場合は、「代表取締役　琵琶湖一郎」のように記載します。
※発行後3ヶ月以内の代表者事項証明書が必要です。
2　代理人による申請の場合、代理人の表示を記載します。
※委任状が必要です。

裁判所及び事件の名称　大津地方裁判所　　支部　平成２８年（ヨ）第１００号　不動産仮差押命令申立事件
当事者等　□原告　☑申請人　□債権者　申立人
　　　　　□被告　□債務者　□債権者　被供託者

供託者
□訴訟費用の担保　　□仮執行の担保　　仮執行を免れるための担保
□強制執行停止の保証　□強制執行取消の保証　□強制執行続行の保証
☑仮差押えの保証　　□仮差押取消の保証　　□仮処分取消の保証
□仮処分解放金　　□仮処分の保証　　□仮処分取消の保証

供託の原因たる事実
民事保全法第１４条第１項

備考

別紙のとおり
ふたつめからは別紙継続用紙に記載してください。

1　金額の訂正はできません。
2　金額の冒頭に¥記号を記載して下さい
（押印をもって代えることはできません）。

## 注意事項

1　この供託は、担保を立てるべきことを命じた裁判所の所在地を管轄する地方裁判所の管轄区域内の供託所にしなければなりません。ただし、裁判所の許可を得て、裁判所の所在地を管轄する地方裁判所の管轄区域内の供託所に供託する場合は、備考欄に「民事保全法第１４条第２項の許可」と記載します。

2　この供託は、裁判所が相当と認める有価証券又は振替国債によることもできます。この場合、別途この用の供託番号用紙を使用します。

605

C 裁判上の供託

## C-1-⑧ 仮差押えの保証（金銭）（第三者による場合）

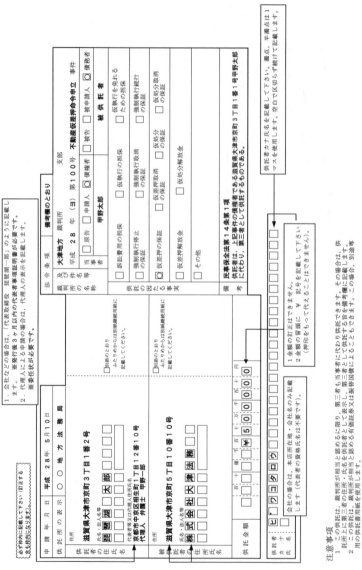

# 1　担保供託（第2号様式）

## C-1-⑨　仮差押取消の保証（金銭）

---

**（左側注記）**

必ず押印に記載してください。証明する見え見えになります。

1　会社などの場合は、「代表取締役　琵琶湖一郎」のように記載します。案発行後3か月以内の代表者事項証明書が必要です。
2　代理人による申請の場合は、代理人による表示を記載します。案委任状が必要です。

---

**（供託書）**

| 申請年月日 | 平成28年5月10日 |
|---|---|
| 供託所の表示 | ○○地方法務局 |

供託者の住所・法人名等
住所　滋賀県大津市京町三丁目1番2号
氏名　近畿太郎
代理人又は法人住所氏名
京都市中京区相生町1丁目12番10号
代理人　弁護士　甲野一郎

ふたのためには別紙継続用紙に記載してください。

被供託者の住所・法人名等
住所　滋賀県大津市京町三丁目1番1号
氏名　株式会社大津法商

ふたのためには別紙継続用紙に記載してください。

供託金額　¥5,000,000

供託者カナ氏名　ビワコタロウ
会社の場合は、本店所在地・会社名のみ記載します（代表者の資格氏名は不要です）。

---

| 法令条項及び裁判所の表示・事件名称 | 備考欄のとおり | 裁判所 |
|---|---|---|
| | 大津地方 | 支部 |
| | 平成28年（ヨ）第100号　不動産仮差押命令取消申立事件 | |

当事者等　申請人（債権者）原告　被申請人（債務者）被告

供託者　被供託者

供託の原因たる事実　備考のとおり

チェック項目：
- □ 訴訟費用の担保
- □ 仮執行の担保
- □ 仮執行を免れるための担保
- □ 強制執行停止の保証
- □ 仮差押の保証
- □ 強制執行取消の保証
- □ 仮差押取消の保証
- □ 仮処分取消の保証
- □ 仮差押解放金
- □ 仮処分解放金
- □ その他

法令条項　民事保全法第38条第3項、第32条第3項

備考：
1　金額の訂正はできません。¥記号を記載してください。
2　金額の冒頭に¥記号を記載してください（押印をもって代えることはできません）。

供託者カナ氏名を記載してください。濁点、半濁点は1マスを使用します。空白で区切らず続けて記載します。

---

**注意事項**

1　この供託は、債務者の不当な申立てに基づく仮差押取消決定によって債権者に生ずることのある損害を担保するための供託です。
2　この供託は、担保を立てるべきことを命じた裁判所の所在地を管轄する地方裁判所の管轄区域内の供託所にしなければならず、ただし、裁判所の許可を得て、担保を立てるべき地を管轄する地方裁判所の管轄区域内の供託所に供託する場合は、備考欄に「民事保全法第14条第2項の許可」と記載します。
3　この供託は、裁判所が相当と認める有価証券又は振替国債によることもできます。この場合、別途専用の供託書用紙を使用します。

607

C 裁判上の供託

## C-1-⑩ 仮処分の保証（金銭）

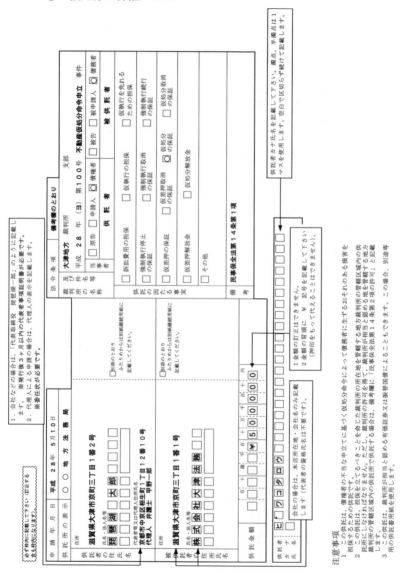

1 担保供託（第2号様式）

## C-1-⑪　仮処分取消の保証（金銭）

**（必ず枠内に記載してください。訂正する場合も枠内に収まります。）**

1. 会社などの場合は、「代表取締役 琵琶湖一郎」のように記載します。なお、添付書類後3ヶ月以内の代表事項証明書が必要です。
2. 代理人による申請の場合は、代理人の表示を記載します。委任状が必要です。

| 申請年月日 | 平成　28年　5月10日 | | 提出先の表示 | ○○地方法務局 |
|---|---|---|---|---|

**供託者**
住所：滋賀県大津市京町三丁目1番2号
氏名・法人名等：琵琶湖　太郎
代理人等住所又は法人本店所在地：京都市中京区相生町1丁目12番10号
代理人　弁護士　甲野一郎

**被供託者**
住所：滋賀県大津市京町三丁目1番1号
氏名・法人名等：株式会社大津法務

| 供託金額 | 金　500,000円 |
|---|---|

**法令条項及び裁判所の名称件名等**
大津地方裁判所　平成　28年　（ヨ）第100号　不動産仮処分命令取消申立事件

当事者等：原告・被告／申請人・被申請人／債権者・債務者
供託者・被供託者

**供託の原因たる事実**：別紙のとおり
（ふたり以上は別紙供託関係人に記載してください。）

□ 訴訟費用の担保
□ 強制執行停止の保証
□ 仮差押の保証
□ 仮差押解放金
□ 仮執行の担保
□ 強制執行取消の保証
□ 仮処分の保証
□ 仮処分解放金
□ 仮執行を免れるための担保
□ 強制執行続行の保証
☑ 仮処分取消の保証
□ その他

**備考**：民事保全法第39条第1項

- 金額の訂正はできません。☑ 記号を記載してください。
- 金額の冒頭には￥を記載してください。（押印をもって代えることはできません。）
- 供託者カナ氏名を記載してください。濁点、半濁点は1マスを使用し、氏名は、空白で区切らず続けて記載します。

注意事項
1　この供託は、債務者の不当な仮処分の申立てに基づく仮処分取消決定によって債権者に生ずることのある損害を担保するためにする供託であるときは、当該仮処分を命じた裁判所の所在地を管轄する地方法務局の供託所に供託しなければなりません。ただし、裁判所の許可を得て、裁判所の所在地を管轄する地方法務局の供託所に供託することができる場合は、備考欄に「民事保全法第14条第2項の許可」と記載します。
2　この供託は、裁判所が相当と認める有価証券又は振替国債によることもできますので、この場合、別途専用の供託書用紙を使用します。

C 裁判上の供託

## C-1-⑫ 仮差押解放金（金銭）

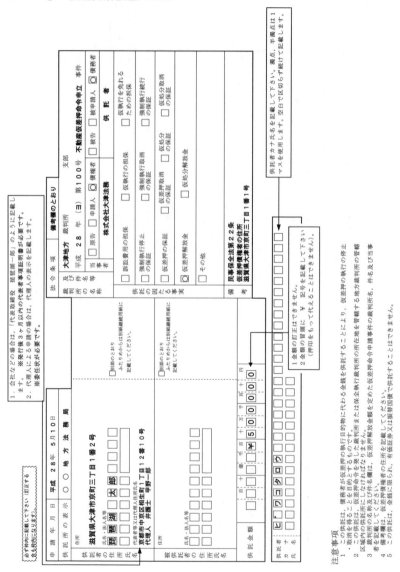

1 担保供託（第2号様式）

## C-1-⑬ 仮処分解放金（金銭）

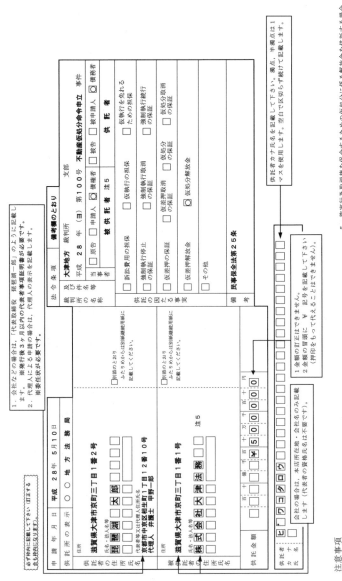

C 裁判上の供託

C-2-① 金銭債権が差押えられた場合（全額差押）

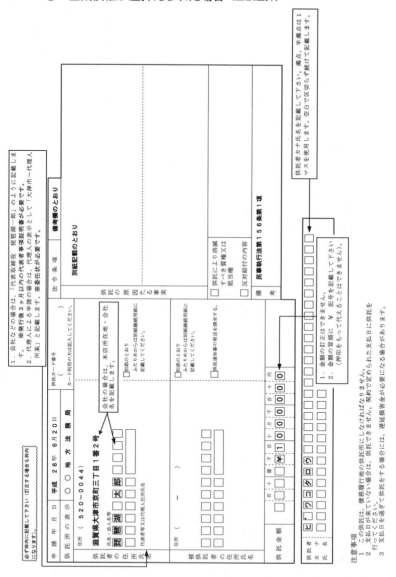

（継続用紙）

2　執行補助供託（第3号様式）

頁／

**供託の原因たる事実**

供託者は、滋賀県大津市京町三丁目１番１号　甲賀次郎に対し、平成２６年４月１日付けの金銭消費貸借契約に基づく金１，０００，０００円の貸金債務（弁済期平成２８年６月２０日、支払場所甲賀次郎部（住所地）を負っていたところ、上記貸金債務について下記のとおり差押命令が送達されたので、貸金債務の全額に相当する金１，０００，０００円を供託する。

記

**差押命令の表示**

大津地方裁判所平成２８年（ル）第１００号、債権者滋賀県長浜市八幡東町２５３番地４株式会社長浜法務商事、債務者甲賀次郎、第三債務者供託者とする債権差押命令、債権額金１，０００，０００円、差押債権額金１，０００，０００円、平成２８年６月１日送達。

C 裁判上の供託

## C-2-② 金銭債権が差押えられた場合（一部差押の全額供託）

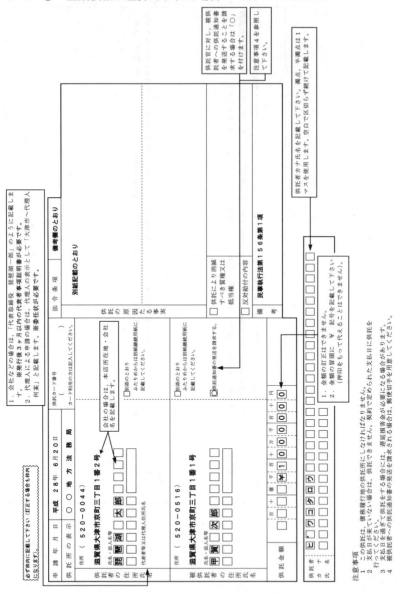

614

2　執行補助供託（第3号様式）

（継続用紙）

供託の原因たる事実
供託者は、被供託者に対し、平成26年4月1日付けの金銭消費貸借契約に基づく金1，000，000円の貸金債務（弁済期平成28年6月20日、支払場所甲賀次郎住所地）を負っていたところ、上記貸金債務について下記のとおり差押命令が送達されたので、貸金債務の全額に相当する金1，000，000円を供託する。

記

差押命令の表示
大津地方裁判所平成28年（ル）第100号、債権者滋賀県長浜市八幡東町253番地4株式会社浜法務商事、債務者被供託者、第三債務者供託者とする債権差押命令、債権額金800，000円、差押債権額金800，000円、平成28年6月1日送達。

C 裁判上の供託

## C-2-③ 金銭債権が差押えられた場合（一部差押・差押に相当する金額の供託）

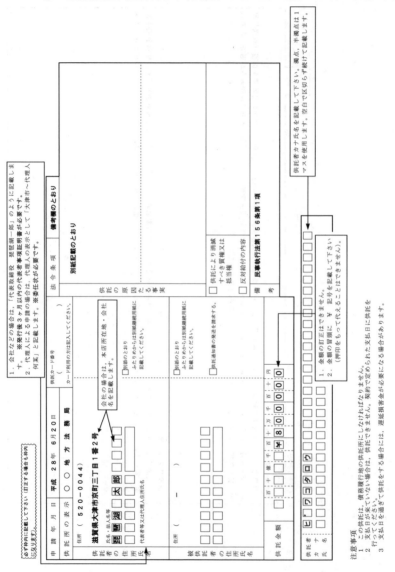

（継続用紙）

**供託の原因たる事実**

供託者は、滋賀県大津市京町三丁目1番1号 甲賀次郎に対し、平成26年4月1日付けの金銭消費貸借契約に基づく金1,000,000円の貸金債務（弁済期平成28年6月20日、支払場所甲賀次郎方（住所地）を負っていたところ、上記貸金債務について下記のとおり差押命令が送達されたので、差押債権額に相当する金800,000円を供託する。

記

**差押命令の表示**

大津地方裁判所平成28年（ル）第100号、債権者滋賀県長浜市八幡東町253番地4株式会社長浜法務商事、債務者甲賀次郎、第三債務者供託者とする債権差押命令、債権額金800,000円、差押債権額金800,000円、平成28年6月1日送達。

C 裁判上の供託

## C-2-④ 金銭債権について差押えが競合した場合（全額差押）

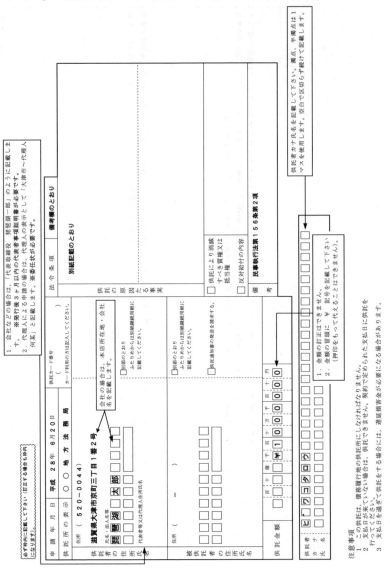

618

（継続用紙）

供託の原因たる事実

供託者は、滋賀県大津市京町三丁目１番１号　甲賀次郎に対し、平成２６年４月１日付けの金銭消費貸借契約に基づく金１，０００，０００円の貸金債務（弁済期平成２８年６月２０日、支払場所甲賀次郎住所地）を負っていたところ、上記貸金債務について下記のとおり差押命令が相次いで送達されたので、債権の全額に相当する金１，０００，０００円を供託する。

記

差押命令の表示

1　大津地方裁判所平成２８年（ル）第１００号、債権者滋賀県長浜市八幡東町２５３番地４株式会社浜法務商事、債務者甲賀次郎、第三債務者供託者とする債権差押命令、債権額金６００，０００円、差押債権額金６００，０００円、平成２８年６月１日送達。

2　大津地方裁判所平成２８年（ル）第１０５号、債権者滋賀県彦根市西今町５８番地３株式会社彦根法務、債務者甲賀次郎、第三債務者供託者とする債権差押命令、債権額金５００，０００円、差押債権額金５００，０００円、平成２８年６月１０日送達。

619

C　裁判上の供託

## C-2-⑤　金銭債権に対し仮差押えの執行がされた場合（全額に仮差押・支払日経過後の供託）

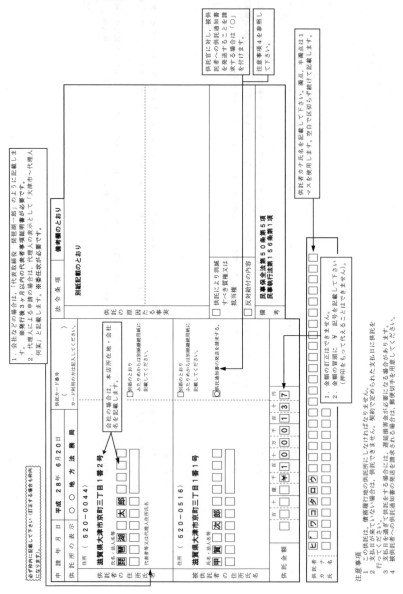

## 2　執行補助供託（第3号様式）

（継続用紙）

頁／

供託の原因たる事実
供託者は、被供託者に対し、平成26年4月1日付けの金銭消費貸借契約に基づく金100,000円の貸金債務（弁済期平成28年6月10日、支払場所甲賀郡次郎住所地）を負っていたところ、上記貸金債務について下記のとおり仮差押押命令が送達されたので、債権の全額に相当する金100,000円と弁済期の翌日から供託日までの10日間につき年5分の割合による遅延損害金137円を付して合計100,137円を供託する。

記

仮差押命令の表示
大津地方裁判所平成28年（ヨ）第777号、債権者滋賀県長浜市八幡東町253番地4株式会社長浜法務商事、債務者被供託者、第三債務者供託者とする債権仮差押押命令、債権額100,000円、仮差押債権額100,000円、平成28年6月1日送達。

C 裁判上の供託

## C-2-⑥ 金銭債権に対し仮差押えの執行が競合した場合

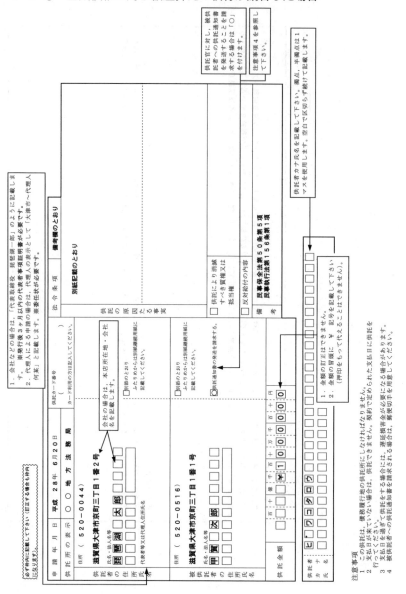

## 2 執行補助供託（第3号様式）

（継続用紙）

頁 ／

**供託の原因たる事実**

供託者は、被供託者に対し、平成26年4月1日付けの金銭消費貸借契約に基づく金100,000円の貸金債務（弁済期平成28年6月20日、支払場所甲賀次郎方住所地）を負っていたところ、上記貸金債務について下記のとおり仮差押命令が相次いで送達されたので、債権の全額に相当する金100,000円を供託する。

記

**仮差押命令の表示**

1 大津地方裁判所平成28年（ヨ）第777号、債権者滋賀県長浜市八幡東町253番地4株式会社長浜法務商事、債務者被供託者、第三債務者供託者とする債権仮差押命令、債権額金100,000円、仮差押債権額金100,000円、平成28年6月1日送達。

2 大津地方裁判所平成28年（ヨ）第99号、債権者滋賀県彦根市西今町58番地3株式会社彦根法務、債務者被供託者、第三債務者供託者とする債権仮差押命令、債権額金100,000円、仮差押債権額金100,000円、平成28年6月10日送達。

C 裁判上の供託

## C-2-⑦ 金銭債権（給与）（差押えられた場合）

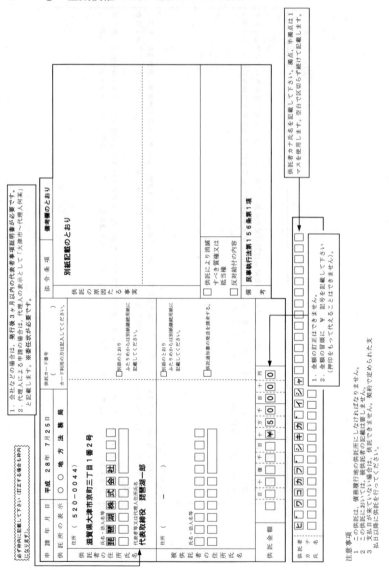

（継続用紙・給与債権執行）

2　執行補助供託（第3号様式）

（供託の原因たる事実）

供託者は、**滋賀県大津市京町三丁目1番1号　大津次郎**

に対して平成[2][8]年[0][7]月分の給与（支給日平成[2][8]年[0][7]月[2][5]日、支給場所　**供託者彦善地本店**　）金[3][0][0],[0][0][0]円を支払うべき債務を負っている

ところ、同人の供託者に対する給与債権について給与支給額から法定控除額を控除した残額の4分の1（ただし、同残額の4分の3に相当する額が33万円を超えるときは、その超過額）を　差し押さえる旨の下記　差押命令が送達されたので、給与支給額から法定控除額[1][0][0],[0][0][0]円を控除した額の4分の1（ただし、控除した残額が4万円を超えるときは、同残額から33万円を控除した額）に相当する金[5][0],[0][0][0]円を供託する。

記

| 事件の表示 | 債権者 | 債務者 | 第三債務者 | 債権額 | 差押債権額 | 送達年月日 |
|---|---|---|---|---|---|---|
| 大津地方裁判所支部 平成 28年（ル）号 第111号 | 滋賀県彦根市西今町58番地3 彦根法務株式会社 | 大津次郎 | 供託者 | 金1,000,000円 | 金1,000,000円 | 平成28年6月29日 |

C 裁判上の供託

C-2-⑧ 金銭債権（給与）（差押えが競合した場合）

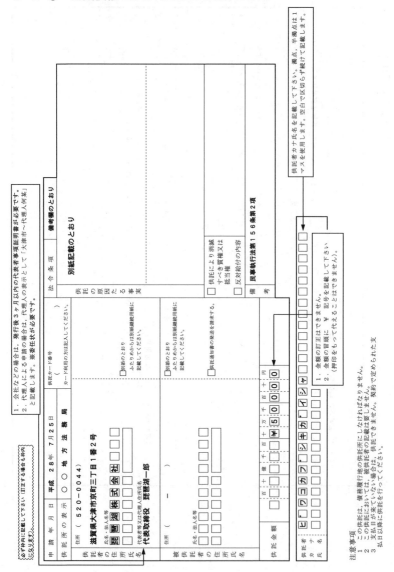

2　執行補助供託（第3号様式）

頁／

（継続用紙・給与債権執行）

（供託の原因たる事実）

供託者は、滋賀県大津市京町三丁目1番1号　大津次郎

に対して平成28年07月07日分の給与（支給日平成28年07月25日、支給場所　供託者青養地本店

）金　300,000　円を支払うべき債務を負っている

ところ、同人の供託者に対する給与債権について給与支給額から法定控除額を控除した残額の4分の1（ただし、同額の4分の3に相当する額が33万円を超えるときは、その超過額）を差し押さえる旨の下記　差押命令が相次いで送達されたので、給与支給額から法定控除額　100,000　円を控除した残額が44万円を超えるときは、控除した残額が44万円を超えるときは、同残額から33万円を控除した金　50,000　円を供託する。

記

| 事件の表示 | 債権者 | 債務者 | 第三債務者 | 債権額 | 差押債権額 | 送達年月日 |
|---|---|---|---|---|---|---|
| 大津地方裁判所支部（ル）平成28年第100号 | 滋賀県長浜市八幡東町25 3番地4 長浜法務商事株式会社 | 大津次郎 | 供託者 | 金1,000,000円 | 金1,000,000円 | 平成28年6月29日 |
| 大津地方裁判所支部（ル）平成28年第111号 | 滋賀県彦根市西今町58番地3 彦根法務株式会社 | 大津次郎 | 供託者 | 金500,000円 | 金500,000円 | 平成28年6月30日 |

627

C 裁判上の供託

## C-2-⑨ 金銭債権（給与）カード発行後（差押えが競合した場合）

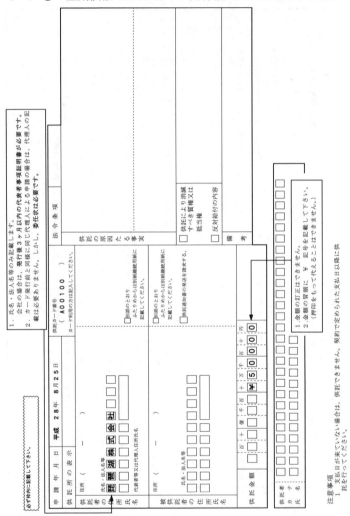

## 2　執行補助供託（第3号様式）

（継続用紙・給与債権執行）

（供託の原因たる事実）

供託者は、

に対して平成 2 8 年 0 8 月分の給与（支給日平成 2 8 年 0 8 月 2 5 日、支給場所　　　　　　）金 3 0 0 , 0 0 0 円を支払うべき債務を負っている

ところ、同人の供託者に対する給与債権について給与支給額から法定控除額を控除した残額の４分の１（ただし、同残額の４分の３に相当する額が３３万円を超えるときは、その超過額）を　差し押さえる旨の下記　差押命令が相当命令が相次いで送達されたので、

給与支給額から法定控除額 1 0 0 , 0 0 0 円を控除した額の４分の１（ただし、控除した残額が４４万円を超えるときは、同残額から３３万円を控除した額）に相当する金 5 0 , 0 0 0 円を供託する。

記

| 事件の表示 | 債権者 | 債務者 | 第三債務者 | 債権額 | 差押債権額 | 送達年月日 |
|---|---|---|---|---|---|---|
| 平成　第　号<br>裁判所　支部<br>年（　） | | | | | | 平成　年<br>月　日 |
| 平成　第　号<br>裁判所　支部<br>年（　） | | | | | | 平成　年<br>月　日 |

C 裁判上の供託

## C-2-⑩ 金銭債権（給与）カード発行後（差押えが競合した場合）（賞与の場合）

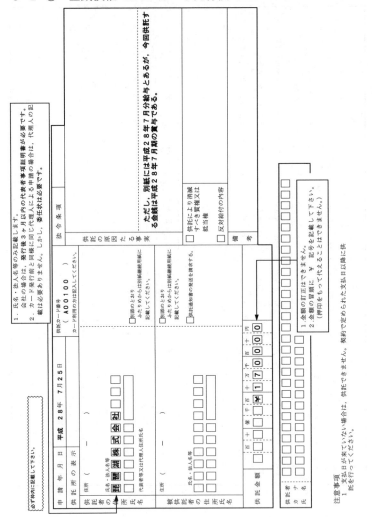

## 2　執行補助供託（第3号様式）

（継続用紙・給与債権執行）

頁 / 

（供託の原因たる事実）

供託者は、

に対して平成 2 8 年 0 7 月分の給与（支給日平成 2 8 年 0 7 月 2 5 日、支給場所＿＿＿＿＿＿）金 6 0 0,0 0 0 円を支払うべき債務を負っている

ところ、同人の供託者に対する給与債権について給与支給額から法定控除額を控除した残額の4分の1（ただし、同残額の4分の3に相当する額が33万円を超えるときは、その超過額）を差し押さえる旨の下記 差押命令が相次いで送達されたので、

給与支給額から法定控除額 1 0 0,0 0 0 円を控除した額の4分の1（ただし、控除した残額が44万円を超えるときは、同残額から33万円を控除した額）に相当する金 1 7 0,0 0 0 円を供託する。

記

| 事件の表示 | 債権者 | 債務者 | 第三債務者 | 債権額 | 差押債権額 | 送達年月日 |
|---|---|---|---|---|---|---|
| 平成　年第（　）号 裁判所 支部 | | | | | | 平成　年 月　日 |
| 平成　年第（　）号 裁判所 支部 | | | | | | 平成　年 月　日 |

C 裁判上の供託

C-2-⑪ 金銭債権（給与）カード発行後（差押えが競合した場合）（最終回満つるまで）

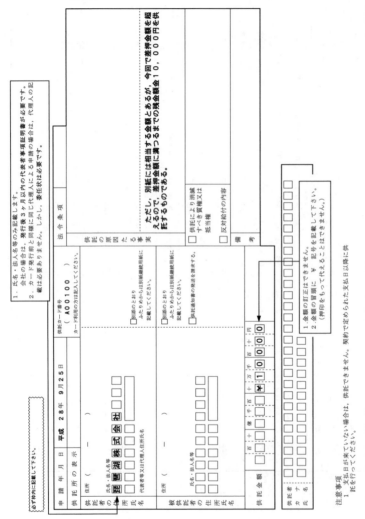

## 2　執行補助供託（第3号様式）

（継続用紙・給与債権執行）

（供託の原因たる事実）

供託者は、＿＿＿＿＿＿

に対して平成 2 8 年 0 9 月分の給与（支給日平成 2 8 年 0 9 月 2 5 日、支給場所＿＿＿＿＿）金　300,000　円を支払うべき債務を負っている

ところ、同人の供託に対する給与債権について給与支給額から法定控除額を控除した残額の４分の１（ただし、同残額の４分の３に相当する額が３３万円を超えるときは、その超過額）を差し押さえる旨の下記　差押命令が相次いで送達されたので、

給与支給額から法定控除額　100,000　円を控除した額の４分の１（ただし、控除した残額が４４万円を超えるときは、同残額から３３万円を控除した額）に相当する金　10,000　円を供託する。

記

| 事件の表示 | 債権者 | 債務者 | 第三債務者 | 債権額 | 差押債権額 | 送達年月日 |
|---|---|---|---|---|---|---|
| 平成　年　第（　）号 裁判所　支部 | | | | | | 平成　年　月　日 |
| 平成　年　第（　）号 裁判所　支部 | | | | | | 平成　年　月　日 |

C 裁判上の供託

## C-2-⑫ 金銭債権（退職金）カード発行後（差押えが競合した場合）（最終回満つるまで）

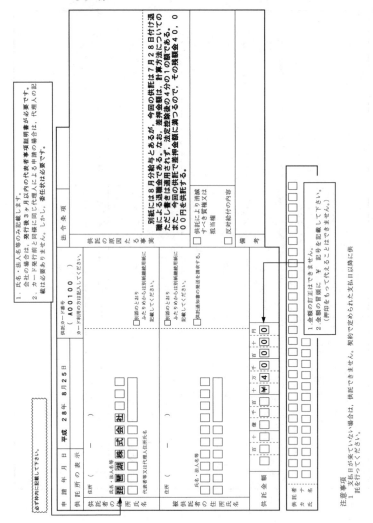

## 2　執行補助供託（第3号様式）

（継続用紙・給与債権執行）

（供託の原因たる事実）

供託者は、

に対して平成２８年 ０８ 月分の給与（支給日平成２８年 ０８ 月 ２５ 日、支給場所

）金 ２，５００，０００ 円を支払うべき債務を負っている

ところ、同人の供託者に対する給与債権について給与支給額から法定控除額を控除した残額の４分の１（ただし、同残額の４分

の３に相当する額が３３万円を超えるときは、その超過額）を差し押さえる旨の下記　差押命令が相次いで送達されたので、

給与支給額から法定控除額 ５０，０００ 円を控除した額の４分の１（ただし、控除した残額が４４万円を超えるときは、

同残額から３３万円を控除した額）に相当する金 ４０，０００ 円を供託する。

記

| 事件の表示 | 債権者 | 債務者 | 第三債務者 | 債権額 | 差押債権額 | 送達年月日 |
|---|---|---|---|---|---|---|
| 裁判所　　支部<br>平成　　年<br>第　（　）　号 |  |  |  |  |  | 平成　年<br>月　　日 |
| 裁判所　　支部<br>平成　　年<br>第　（　）　号 |  |  |  |  |  | 平成　年<br>月　　日 |

C　裁判上の供託

## C-2-⑬　金銭債権（給与）（扶養債権等に基づく差押えの場合）

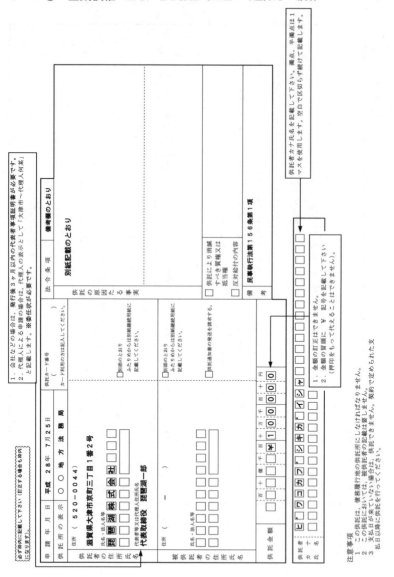

2 執行補助供託（第3号様式）

（継続用紙・給与債権執行）

（供託の原因たる事実）

供託者は、**滋賀県大津市京町三丁目1番1号 大津次郎**

に対して平成28年07月分の給与（支給日平成28年07月25日、支給場所 **供託者青書地本店** ）金300,000円を支払うべき債務を負っている

ところ、同人の供託者に対する給与債権について給与支給額から法定控除額を控除した残額の1/2（ただし、同残額の半分の1/2の中に相当する額が33万円を超えるときは、その超過額）2を差し押さえる旨の下記差押命令が送達されたので、給与支給額から法定控除額 100,000 円を控除した額の1/2（ただし、控除した残額の半分の1/2の中に相当する額が33万円を控除した 100,000 円を超えるときは、同残額から33万円を控除した額）に相当する金 100,000 円を供託する。

記

| 事件の表示 | 債権者 | 債務者 | 第三債務者 | 債権額 | 差押債権額 | 送達年月日 |
|---|---|---|---|---|---|---|
| 大津地方裁判所八幡支部 平成28年（ル）第111号 | 滋賀県長浜市八幡東町25 3番地4 長浜花子 | 大津次郎 | 供託者 | 金1,000,000円 | 金1,000,000円 | 平成28年6月29日 |

C  裁判上の供託

## C-2-⑭ 金銭債権（給与）（扶養債権等に基づく差押えとそれ以外の差押えが競合した場合）

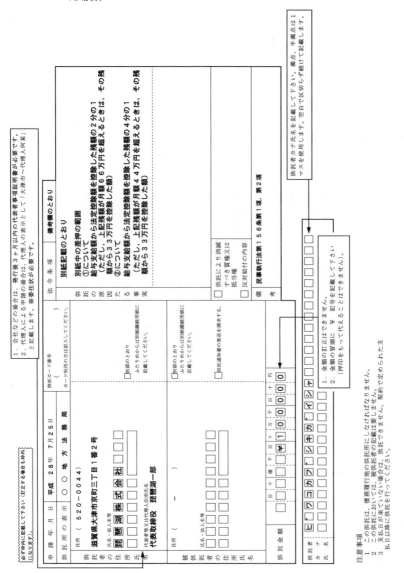

2　執行補助供託（第3号様式）

（継続用紙・給与債権執行）

（供託の原因たる事実）

供託者は、**滋賀県大津市京町三丁目1番1号　大津次郎**

に対して平成28年07月07日分の給与（支給日平成28年07月25日、支給場所　**供託者青春地本店**　）金300,000円を支払うべき債務を負って

いるところ、同人の供託者に対する給与債権について給与支給額から法定控除額を控除した残額の4分の1（ただし、同残額の4分の3に相当する額が33万円を超えるときは、その超過額）を差し押さえる旨の下記66の2に相当する金100,000円を供託する。

与支給額から法定控除額100,000円を控除した額の4分の1（ただし、控除した残額が⧄⧄万円を超えるときは、同残額から33万円を控除した額）に相当する金100,000円を供託する。

記

| 事件の表示 | 債権者 | 債務者 | 第三債務者 | 債権額 | 差押債権額 | 送達年月日 |
|---|---|---|---|---|---|---|
| ① 大津地方裁判所支部 平成28年（ル）第100号 | 滋賀県長浜市八幡東町25 3番地4 長浜美子 | 大津次郎 | 供託者 | 金1,000,000円 | 金1,000,000円 | 平成28年 6月29日 |
| ② 大津地方裁判所彦根市支部 平成28年（ル）第111号 | 滋賀県彦根市西今町58番地3 彦根法務株式会社 | 大津次郎 | 供託者 | 金500,000円 | 金500,000円 | 平成28年 6月30日 |

C 裁判上の供託

## C-2-⑮ 金銭債権（給与）（扶養債権等に基づく差押えとそれ以外の差押えが競合した場合）（扶養・定期金債権がある場合）

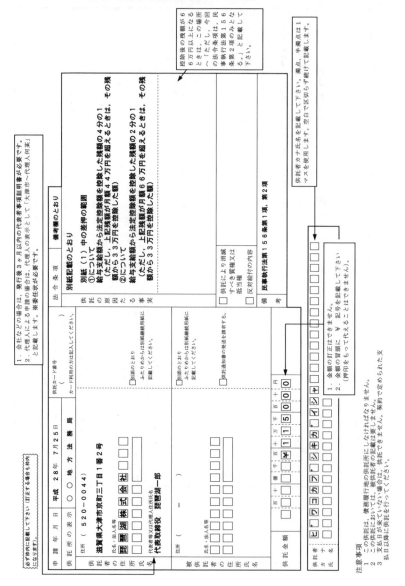

## 2 執行補助供託（第3号様式）

頁 2／3

(継続用紙・給与債権執行)

(供託の原因たる事実)　別紙（1）

供託者は，滋賀県大津市京町三丁目１番１号　大津次郎

に対して平成 2 8 年 0 7 月 0 7 月分の給与（支給日平成 2 8 年 0 7 月 2 5 日，支給場所　供託者青青地本店　　）金 2 5 0,0 0 0　円を支払うべき債務を負って

いるところ，同人の供託に対する給与債権について給与支給額から法定控除額を控除した残額の４分の１（ただし，同残額の４分の３に相当する額が３３万円を超えるときは，その超過額）を　差し押さえる旨の下記　差押命令が相次いで送達されたので，給与支給額から法定控除額 2 0,0 0 0 円を控除した額の４分の１（ただし，控除した残額が四四万円を超えるときは，同残額から３３万円を控除した額）に相当する金 1 1 5,0 0 0 円を供託する。

記

| 事件の表示 | 債権者 | 債務者 | 第三債務者 | 債権額 | 差押債権額 | 送達年月日 |
|---|---|---|---|---|---|---|
| ① 大津地方裁判所支部　平成２８年（ル）第１００号 | 滋賀県彦根市西今町５８番地３　彦根法務株式会社 | 大津次郎 | 供託者 | 金1,000,000円 | 金1,000,000円 | 平成２８年　６月２９日 |
| ② 大津地方裁判所支部　平成２８年（ル）第１１１号 | 滋賀県長浜市八幡東町２５３番地４　長浜美子 | 大津次郎 | 供託者 | 別紙（2）のとおり | 別紙（2）のとおり | 平成２８年　６月３０日 |

641

C　裁判上の供託

（継続用紙・給与債権執行）

3／3 頁

別紙（2）

債権額
1　確定期限が到来している債権及び執行費用　金600,000円
2　確定期限が到来していない定期金債権
　(1)　平成28年7月から、平成38年10月
　　（債権者、債務者間の長男「一郎」が満20歳に達する月）まで、
　　毎月末日限り金20,000円ずつの養育費
　(2)　平成28年7月から、平成40年2月
　　（債権者、債務者間の長女「月子」が満20歳に達する月）まで、
　　毎月末日限り金20,000円ずつの養育費

差押債権額
1　金600,000円
2　(1)　平成28年7月から、平成38年10月まで、
　　　毎月末日限り金20,000円ずつ
　(2)　平成28年7月から、平成40年2月まで、
　　　毎月末日限り金20,000円ずつ

## 2 執行補助供託（第3号様式）

C-2-⑯ 金銭債権（給与）（扶養債権等に基づく差押えとそれ以外の差押えが競合した場合）（確定債権支払済の場合）

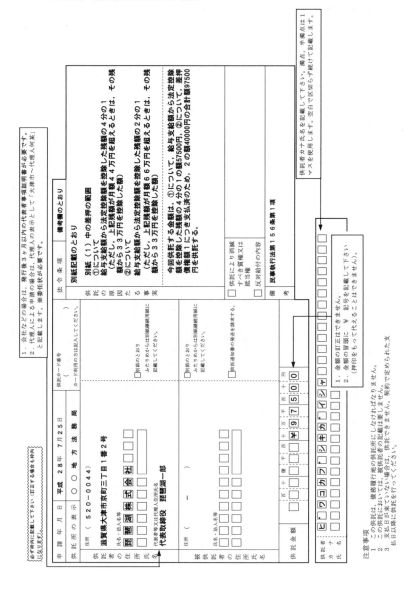

# C　裁判上の供託

（継続用紙・給与〔債権執行〕）

（供託の原因たる事実）　別紙（1）

供託者は、**滋賀県大津市京町三丁目1番1号　大津次郎**

に対して平成 2 8 年 0 7 月 2 5 日分の給与（支給日平成 2 8 年 0 7 月 2 5 日、支給場所 **供託者肩書地本店**

）金　250,000　円を支払うべき債務を負って

いるところ、同人の供託者に対する給与債権について給与支給額から法定控除額を控除した残額の4分の1（ただし、同残額の4分

の3に相当する額が33万円を超えるときは、その超過額）を　差し押さえる旨の下記　差押命令が相次いで送達されたので、給

与支給額から法定控除額　20,000　円を控除した額の4分の1（ただし、控除した残額が44万円を超えるときは、同残額

から33万円を控除した額）に相当する金　97,500　円を供託する。

記

| | 事件の表示 | 債権者 | 債務者 | 第三債務者 | 債権額 | 差押債権額 | 送達年月日 |
|---|---|---|---|---|---|---|---|
| ① | 大津地方裁判所彦根市支部 平成28年（ル）号 第100号 | 滋賀県彦根市西今町58番地3 彦根法務株式会社 | 大津次郎 | 供託者 | 金1,000,000円 | 金1,000,000円 | 平成28年 6月29日 |
| ② | 大津地方裁判所長浜市支部 平成28年（ル）号 第111号 | 滋賀県長浜市八幡東町25 3番地 長浜美子 | 大津次郎 | 供託者 | 別紙（2）の とおり | 別紙（2）の とおり | 平成28年 6月30日 |

2／3 頁

2 執行補助供託（第3号様式）

（継続用紙・給与債権執行）

3／3 頁

別紙（2）

債権額
1 確定期限が到来している債権及び執行費用 金600,000円
2 確定期限が到来していない定期金債権
　(1) 平成28年7月から、平成38年10月
　　（債権者、債務者間の長男「一郎」が満20歳に達する月）まで、
　　毎月末日限り金20,000円ずつの養育費
　(2) 平成28年7月から、平成40年2月
　　（債権者、債務者間の長女「月子」が満20歳に達する月）まで、
　　毎月末日限り金20,000円ずつの養育費

差押債権額
1 金600,000円
2 (1) 平成28年7月から、平成38年10月まで、
　　毎月末日限り金20,000円ずつ
　(2) 平成28年7月から、平成40年2月まで、
　　毎月末日限り金20,000円ずつ

C 裁判上の供託

C-2-⑰ 金銭債権（給与に強制執行による差押えと滞納処分による差押えとが競合した場合）

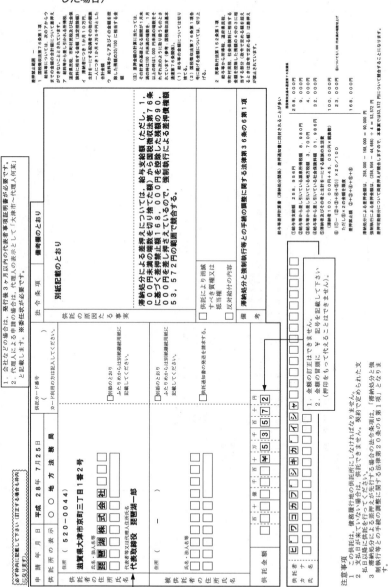

2　執行補助供託（第3号様式）

頁 / 1

（継続用紙・給与債権執行①）

（供託の原因たる事実）

供託者は、滋賀県大津市京町三丁目１番１号 大津次郎

に対して平成２８年０７月分の給与（支給日平成２８年０７月２５日、支給場所 供託者青書地本店 ）金 ２５８，９５６ 円を支払うべき債務を負っている

ところで、同人の供託者に対する給与債権について給与支給額から法定控除額を控除した残額の４分の１（ただし、同残額の４分の３に相当する額が３３万円を超えるときは、その超過額）を差し押さえる旨の下記 差押命令が送達されたので、給与支給額から法定控除額 ４４，６６６ 円を控除した額の４分の１（ただし、控除した残額が４万円を超えるときは、同残額から３３万円を控除した額）に相当する金 ５３，５７２ 円を供託する。

記

| 事件の表示 | 債権者 | 債務者 | 第三債務者 | 債権額 | 差押債権額 | 送達年月日 |
|---|---|---|---|---|---|---|
| 大津地方裁判所○○支部 平成２９年（ル）第１１１号 | 滋賀県彦根市西今町５８番地の３ 株式会社彦根法務 | 大津次郎 | 供託者 | 金1,000,000円 | 金1,000,000円 | 平成２９年 ６月１０日 |

滞納処分による差押の表示

滋賀県大津市京町三丁目１番１号大津税務署長が大津次郎の滞納税（平成２８年度所得税８万４千円、延滞税６千円、合計９万円）に基づいてした滞納処分による差押え、第三債務者供託者、差押債権額金９０，０００円、平成２９年６月１５日差押通知書送達。

647

C 裁判上の供託

## C-2-⑰-2 金銭債権（給与に滞納処分による差押えと強制執行による差押えとが競合した場合）（①強制執行・②滞納処分）

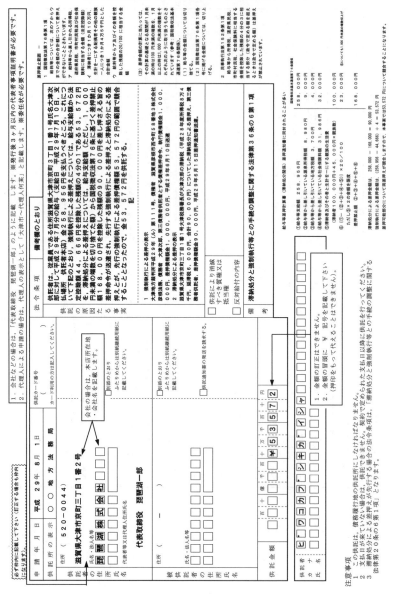

2 執行補助供託（第3号様式）

## C-2-⑱ 金銭債権（給与）（仮差押えの執行がされた場合）

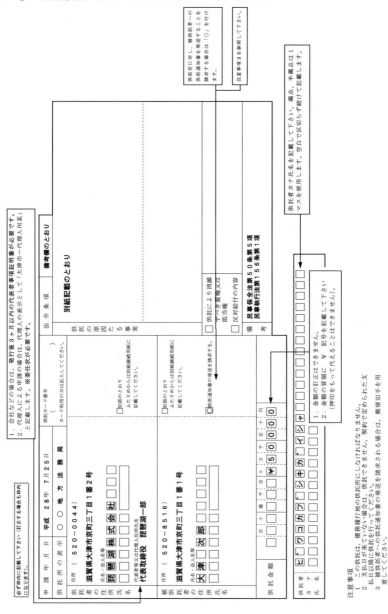

## C　裁判上の供託

（継続用紙・給与債権執行）

（供託の原因たる事実）

供託者は，**滋賀県大津市京町三丁目1番1号　大津次郎**

に対して平成⊠8⊠年⊠0⊠7⊠月⊠2⊠5⊠日，支給場所　**供託者肩書地本店**
（支給日平成⊠8⊠年⊠0⊠7⊠月⊠2⊠5⊠日）金 300,000 円を支払うべき債務を負っている

ところ，同人の供託者に対する給与債権について給与支給額から法定控除額を控除した残額の4分の1（ただし，同残額の4分の3に相当する額が33万円を超えるときは，その超過額）を仮に差し押さえる旨の下記仮差押押命令が送達されたので，給与支給額から法定控除額 100,000 円を控除した額の4分の1（ただし，控除した残額が44万円を超えるときは，同残額から33万円を控除した額）に相当する金 50,000 円を供託する。

記

| 事件の表示 | 債権者 | 債務者 | 第三債務者 | 債権額 | 差押債権額 | 送達年月日 |
|---|---|---|---|---|---|---|
| 大津地方裁判所支部 平成 28 年（ヨ）第 111 号 | 滋賀県長浜市八幡東町25 3番地4 長浜法務商事株式会社 | 被供託者 | 供託者 | 金1,000,000円 | 金1,000,000円 | 平成28年 6月29日 |

2 執行補助供託（第3号様式）

## C-2-⑲ 金銭債権（賃料が差押えられた場合）

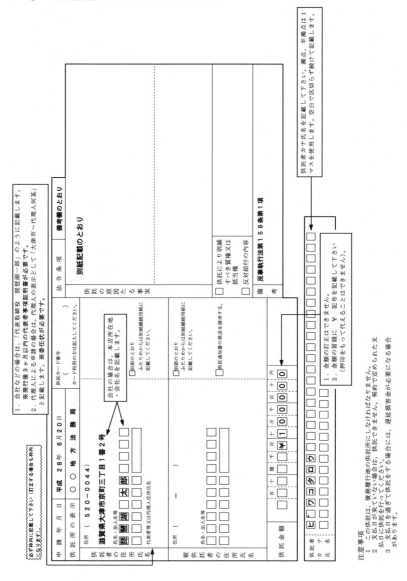

651

# C 裁判上の供託

（継続用紙・資料債権執行①）

（供託の原因たる事実）

供託者は、**滋賀県大津市京町三丁目1番1号 大津次郎** に対し、

下記不動産の平成 **2 8** 年 **7** 月分賃料金 100,000 円の債務（支払日毎月 **末** 日までに翌月分前払い、）を負っているが、これにつ

支払場所 **大津銀行株式会社 法務支店（滋賀県大津市）**

いて、下記債権差押命令が送達されたので、債権の全額に相当する金 100,000 円を供託する。

記

不動産の表示

所在 **滋賀県大津市京町三丁目1 番地 2**

家屋番号 **1 番 2**

種類 店舗・共同住宅

構造 鉄骨鉄筋コンクリート造 陸屋根 5 階建

床面積 1階 130 ㎡のうち 101 号室 約 30 ㎡

差押命令の表示

**大津地方裁判所** 平成 2 8 年（ル）第 100 号 長浜法務商事株式会社

債権者 **滋賀県長浜市八幡東町253番地4 長浜法務商事株式会社**

被担保保債権の債務者兼所有者

債務者 **滋賀県大津市京町三丁目1番1号 大津次郎** 請決債権額 10,000,000 円、差押債権額 10,000,000,000 円。

第三債務者 **供託者とする債権差押命令。**

円 ただし、第三債務者 **供託者** に対し、金 1,000,000 円。 平成 2 8 年 6 月 10 日送達

2 執行補助供託（第3号様式）

## C-2-⑳ 金銭債権（カード発行後）（賃料が差押えられた場合）

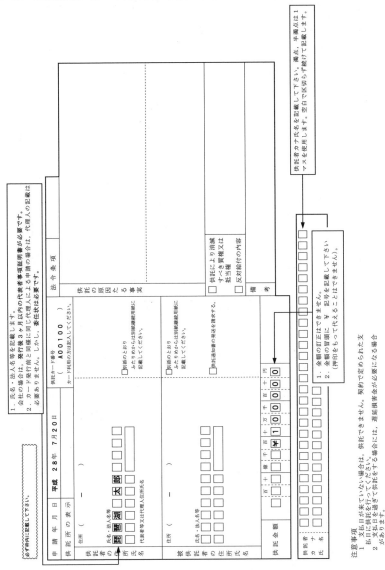

## C　裁判上の供託

（継続用紙・賃料債権執行①）

（供託の原因たる事実）

供託者は、_____に対し、

下記不動産の平成 [2] [8] 年 [ ] [8] 月分賃料金 [1 0 0, 0 0 0] 円の債務（支払日毎月____日までに翌月分前払い、

支払場所_____）を負っているが、これにつ

いて、下記債権差押命令が送達されたので、債権の全額に相当する金 [1 0 0, 0 0 0] 円を供託する。

記

不動産の表示
所在_____　番地
家屋番号____番____
種類　店舗・共同住宅
構造　鉄骨・鉄筋コンクリート造　陸屋根____階建
床面積____階____㎡のうち____号室　約____㎡

差押命令の表示
裁判所____　平成____年（　）第____号
債権者____
故担保債権の債務者兼所有者____
債務者____
第三債務者　供託者とする債権差押命令。請求債権額金____円、差押債権額金____円
ただし、第三債務者____に対し、金____円。平成____年____月____日送達

2 執行補助供託（第3号様式）

## C-2-㉑ 金銭債権（カード発行後）（賃料が差押えられた場合）（支払日経過後の供託）

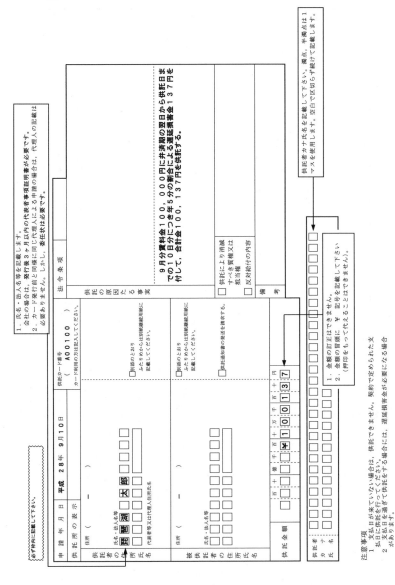

C　裁判上の供託

（継続用紙・資料債権執行①）

頁　／

（供託の原因たる事実）

供託者は、＿＿＿＿＿＿＿に対し、

下記不動産の平成 2 8 年 □ 9 月分賃料金 100,000 円の債務（支給払日毎月＿＿日までに翌月分前払い、

支払場所＿＿＿＿＿＿＿＿＿＿）を負っているが、これにつ

いて、下記債権差押命令が送達されたので、債権の全額に相当する金 100,137 円を供託する。

記

不動産の表示

所在＿＿＿＿＿＿＿＿番地

家屋番号＿＿＿番

種類　店舗・共同住宅

構造　鉄骨・鉄筋コンクリート造　陸屋根＿＿階建

床面積＿＿階＿＿㎡のうち＿＿号室＿＿約＿＿㎡

差押命令の表示

裁判所　平成＿＿年（　）第＿＿号

債権者

被担保債権の債務者兼所有者

債務者

第三債務者　供託者とする債権差押命令。請求債権額金＿＿円、差押債権額金＿＿円

ただし、第三債務者に対し、金＿＿円。平成＿＿年＿＿月＿＿日送達

## 2 執行補助供託（第3号様式）

### C-2-㉒ 金銭債権（賃料に差押えが競合した場合）

{必ず枠内に記載して下さい 訂正する場合も枠内になります。}

| 申請年月日 | 平成 28 年 6 月 20 日 |
|---|---|
| 供託所の表示 | ○○地方法務局 |

1. 会社などの場合は、「代表取締役 琵琶湖一郎」のように記載します。添付書類後3ヶ月以内の代表者事項証明書が必要です。
2. 代理人による申請の場合は、代理人の表示として「大津市〜代理人何某」と記載します。委任状が必要です。

（520-0044）
供託者の住所氏名等
住所 滋賀県大津市京町三丁目1番2号
氏名・法人名等 琵琶湖
代表者等又は代理人住所氏名 大郎

カード利用の方は記入してください。
供託カード番号

会社の場合は、本店所在地・会社名を記載します。

被供託者の住所氏名等
住所（　　　―　　　）
氏名・法人名等

ふたりめからは別紙連綴用紙に記載してください。
別添のとおり

供託金額　¥1,000,000円

1. 金額の訂正はできません。
2. 金額の冒頭に¥記号を記載して下さい。（押印をもって供託に代えることはできません。）

| 法令条項 | 民事執行法第156条第2項 |
|---|---|
| 供託の原因たる事実 | 別紙記載のとおり |
| 備考 | 備考欄のとおり |

供託により消滅すべき質権又は抵当権
反対給付の内容
供託通知書の発送を請求する。

供託者カナ氏名を記載して下さい。濁点、半濁点は1マスを使用します。空白区切りで手続きできません。

注意事項
1 この供託は、債務履行地の供託所にしなければなりません。
2 私日が来ていない場合は、供託できません。
3 支払日を過ぎて供託をする場合には、遅延損害金が必要になる場合があります。

657

## C　裁判上の供託

（継続用紙・賃料（債権執行②）

（供託の原因たる事実）

供託者は、　滋賀県大津市京町三丁目1番1号　大津次郎　に対し、

下記不動産の平成 28 年 □7 月分賃料金 100,000 円の債務（支払日毎月 末 日までに翌月分前払い、）を負っているが、これにつ

支払場所　滋賀県大津市京町三丁目1番1号　大津次郎住所　　　　　）を負っているが、債権の全額に相当する金 100,000 円を供託する。

いて、下記債権差押命令が相次いで送達されたので、債権の全額に相当する金 100,000 円を供託する。

不動産の表示

所在　滋賀県大津市京町三丁目1番地2

家屋番号　1番2

種類　店舗・共同住宅

構造　鉄筋コンクリート造　陸屋根5階建

床面積　1階　130 ㎡のうち　101号室　約 30 ㎡

| 事件の表示 | 債権者 | 債務者 | 第三債務者 | 債権額 | 差押債権額 | 送達年月日 |
|---|---|---|---|---|---|---|
| 大津地方裁判所　支部 平成28年（ル）第100号 | 滋賀県長浜市八幡東町25 3番地4 長浜法務商事株式会社 | 大津次郎 | 供託者 | 金1,000,000円 | 金1,000,000円 | 平成28年 3月29日 |
| 大津地方裁判所　支部 平成28年（ル）第111号 | 滋賀県彦根市西今町58番地3 彦根法務株式会社 | 大津次郎 | 供託者 | 金500,000円 | 金500,000円 | 平成28年 5月30日 |

## 2 執行補助供託（第3号様式）

### C-2-㉓ 金銭債権（カード発行後）（賃料に差押えが競合した場合）

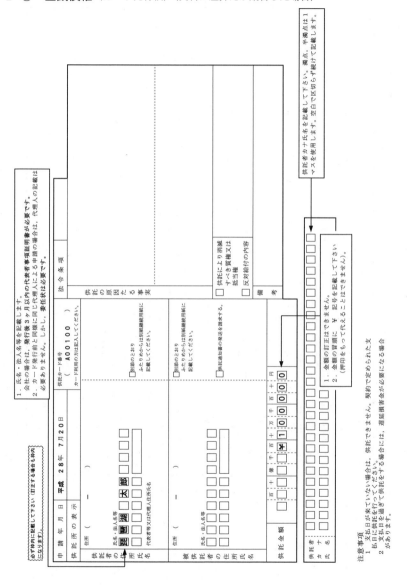

659

# C　裁判上の供託

（継続用紙・賃料債権執行②）

（供託の原因たる事実）

供託者は、＿＿＿＿＿＿＿に対し、

下記不動産の平成②8年　□8月分賃料金 100,000 円の債務（支払日毎月＿＿日までに翌月分前払い、＿＿＿＿＿＿＿）を負っているが、これにつ

支払場所＿＿＿＿＿＿＿

いて、下記債権差押命令が相次いで送達されたので、債権の全額に相当する金 100,000 円を供託する。

不動産の表示

所在＿＿＿＿＿＿番地

家屋番号＿＿＿＿番

種類　店舗・共同住宅

構造　鉄筋・鉄筋コンクリート造　陸屋根　階建

床面積＿＿＿階＿＿㎡のうち＿＿号室　約＿＿＿㎡

| 事件の表示 | 債権者 | 債務者 | 第三債務者 | 債権額 | 差押債権額 | 送達年月日 |
|---|---|---|---|---|---|---|
| 裁判所　　　支部<br>平成　第　　　年（　）号 | | | | | | 平成　年<br>　月　日 |
| 裁判所　　　支部<br>平成　第　　　年（　）号 | | | | | | 平成　年<br>　月　日 |

2 執行補助供託（第3号様式）

## C-2-㉔ 金銭債権（普通預金に差押えが一部競合した場合）

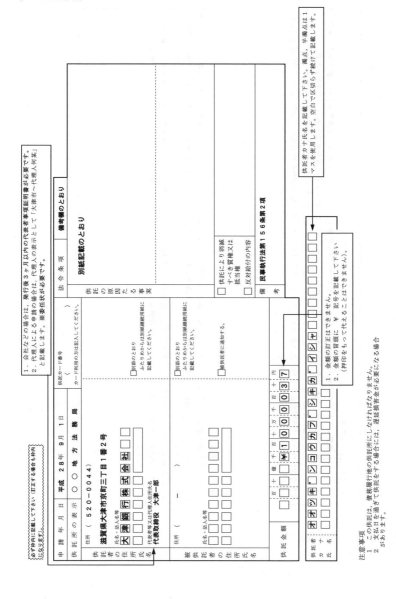

C　裁判上の供託

（継続用紙）

**供託の原因たる事実**

供託者は、滋賀県甲賀市水口町水口５６５５番地　甲賀太郎に対して金１，０００，０００円の普通預金払戻債務（弁済期平成２８年９月１日、支払場所　甲賀市（供託者所在地）を負っているところ、これについて下記のとおり差押命令が相次いで送達された。

よって、上記普通預金元本金１，０００，０００円と、元金８００，０００円に対する下記１の差押命令送達日から下記２の差押命令送達日前日までの利息金３３円、及び元金１，０００，０００円に対する下記２差押命令送達日から供託日までの利息金４円の合計金１，０００，０３７円を供託する。

記

**差押命令の表示**

1　大津地方裁判所平成２８年（ル）第１００号、債権者滋賀県長浜市八幡東町２５３番地４　株式会社長浜法務商事、債務者　甲賀太郎、第三債務者供託者とする債権差押命令、債権額金８００，０００円、差押債権額８００，０００円、平成２８年７月２８日送達

2　大津地方裁判所平成２８年（ル）第１０５号、債権者滋賀県彦根市西今町５８番地３　株式会社彦根法務、債務者　甲賀太郎、第三債務者供託者とする債権差押命令、債権額金１，０００，０００円、差押債権額金１，０００，０００円、平成２８年８月２８日送達

2 執行補助供託（第3号様式）

C-2-㉕ 金銭債権 （滞納処分による差押えと強制執行による差押えとが競合した場合）（①滞納処分・②強制執行）

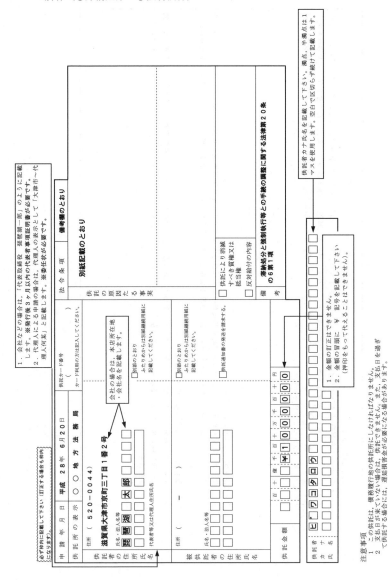

C 裁判上の供託

（継続用紙）

供託の原因たる事実

供託者は、滋賀県甲賀市水口町水口５６５番地甲賀太郎に対し、平成２６年４月１日付けの金銭消費貸借契約に基づく金１，０００，０００円の貸金債務（弁済期平成２８年６月２０日、支払場所　滋賀県大津市京町三丁目１番２号　大津銀行株式会社住所地）を負っているが、これについて下記の滞納処分による差押えと強制執行による差押えとが競合したので、債権の全額である金１，０００，０００円を供託する。

記

1　滞納処分による差押の表示

滋賀県大津市京町三丁目１番２号大津税務署長が甲賀太郎の滞納税（平成２６年度所得税４０万円、延滞税５万円、合計４５万円）について滞納処分による差押え、第三債務者供託者、差押債権額金４５０，０００円、平成２８年６月１０日差押通知書送達。

2　強制執行による差押命令の表示

大津地方裁判所平成２８年（ル）第１０５号、債権者滋賀県彦根市西今町５８番地３株式会社彦根法務、債務者甲賀太郎、第三債務者供託者とする債権差押命令、債権額金１，０００，０００円、差押債権額金１，０００，０００円、平成２８年６月１３日送達。

2 執行補助供託（第3号様式）

C-2-㉖ 金銭債権（滞納処分による差押えと強制執行による差押えとが競合した場合）（①強制執行・②滞納処分）

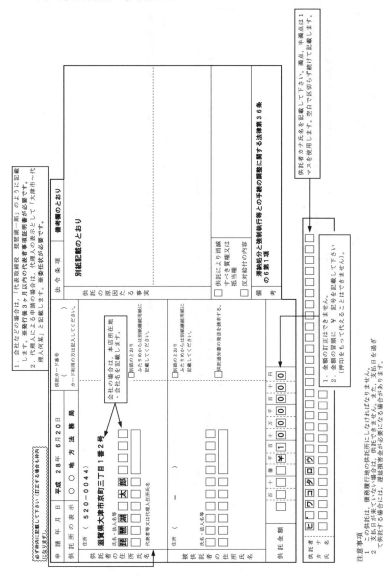

## C　裁判上の供託

（継続用紙）

頁　／

供託の原因たる事実

供託者は、滋賀県甲賀市水口町水口5655番地　甲賀太郎に対し、平成26年4月1日付けの金銭消費貸借契約に基づく金1,000,000円の貸金債務（弁済期平成28年6月20日、支払場所　滋賀県大津市京町三丁目1番2号　大津銀行株式会社住所地　）を負っているが、これについて下記の強制執行による差押えと滞納処分による差押えとが競合したので、債権の全額である金1,000,000円を供託する。

記

1　強制執行による差押命令の表示

大津地方裁判所平成28年（ル）第105号、債権者滋賀県彦根市西今町58番地3株式会社彦根法務、債務者　甲賀太郎、第三債務者供託者とする債権差押命令、債権額金1,000,000円、差押債権額金1,000,000円、平成28年6月10日送達

2　滞納処分による差押えの表示

滋賀県大津市京町三丁目1番1号大津税務署長が甲賀太郎の滞納税（平成26年度所得税40万円、延滞税5万円、合計45万円）について滞納処分による差押え、第三債務者供託者、差押債権額450,000円、平成28年6月13日差押通知書送達。

## 2 執行補助供託（第3号様式）

### C-2-㉗ 金銭債権（複数の滞納処分による差押えの中間に強制執行による差押えがなされている場合）（①滞納処分・②強制執行・③滞納処分）

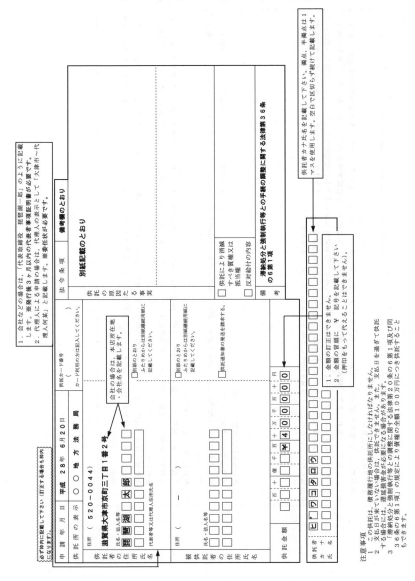

C　裁判上の供託

（継続用紙）

頁 ／

供託の原因たる事実

供託者は、滋賀県甲賀市水口町水口5655番地甲賀太郎に対し、平成26年4月1日付けの金銭消費貸借契約に基づく金1,000,000円の貸金債務（弁済期平成28年6月20日、支払場所　滋賀県大津市京町三丁目1番2号　大津銀行株式会社住所地）を負っていたところ、これについて下記のとおり、滞納処分による差押えと強制執行による差押えとが競合し（差押債権額金600,000円）、このうち先行する大津税務署の国税滞納処分の差押え（差押債権額金600,000円）については、大津税務署の徴収職員が取立権を有しているので、その額を控除した額の残額金400,000円を供託する。

記

1　滞納処分による差押の表示
滋賀県大津市京町三丁目1番1号大津税務署長が甲賀太郎の滞納税（平成26年度所得税55万円、延滞税5万円、合計60万円）に基づいてした滞納処分による差押え、第三債務者供託者、差押債権額金600,000円、平成28年6月10日差押通知書送達。

2　強制執行による差押命令の表示
大津地方裁判所平成28年（ル）第105号、債権者滋賀県彦根市西今町58番3株式会社彦根法務、債務者甲賀太郎、第三債務者供託者とする債権差押命令、債権額金300,000円、差押債権額300,000円、平成28年6月13日送達
に基づいてした債権差押えによる差押え。

3　滞納処分による差押の表示
滋賀県大津市中央四丁目1番1号滋賀県知事が甲賀太郎の滞納税（平成26年度県民税18万円、延滞税2万円、合計20万円）に基づいてした滞納処分による差押え、第三債務者供託者、差押債権額金200,000円、平成28年6月15日差押通知書送達。

2 執行補助供託（第3号様式）

C-2-㉘ 金銭債権（滞納処分による差押えと仮差押えの執行が競合した場合）

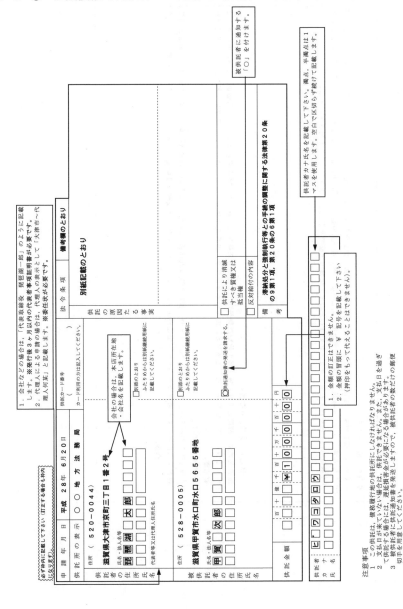

C　裁判上の供託

（継続用紙）

（　　頁）

供託の原因たる事実

供託者は、被供託者に対し、平成26年4月1日付けの金銭消費貸借契約に基づく金1,000,000円の貸金債務（支払日平成28年6月20日、支払場所　滋賀県大津市京町三丁目1番2号　大津銀行株式会社住所地）を負っているが、これについて下記の滞納処分による差押えと仮差押えとが競合したので、債権の全額である金1,000,000円を供託する。

記

1　滞納処分による差押の表示
滋賀県大津市京町三丁目1番1号大津税務署長が甲賀太郎の滞納税（平成26年度所得税40万円、延滞税5万円、合計45万円）についてした滞納処分による差押え、第三債務者供託者、差押債権額450,000円、平成28年6月10日差押通知書送達。
2　仮差押命令の表示
大津地方裁判所平成28年（ヨ）第105号、債権者滋賀県彦根市西今町58番地3株式会社彦根法務、債務者被供託者、第三債務者供託者とする債権仮差押命令、債権額金1,000,000円、仮差押債権額金1,000,000円、平成28年6月13日送達。

1 割賦販売法に基づく供託（第3号様式）

## D-1-① 割賦販売法（金銭）（営業開始）

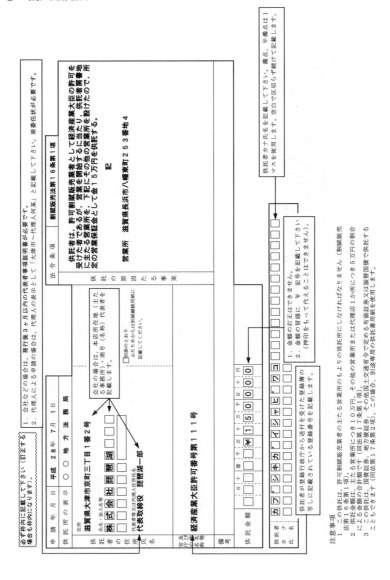

D 営業保証供託

D-1-② 割賦販売法（金銭）（営業保証金の追加・前受業務保証金の場合）

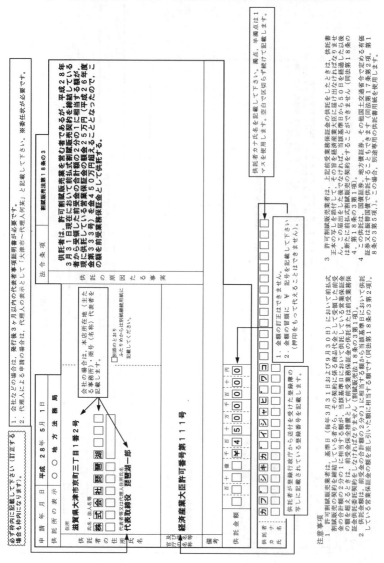

672

1 割賦販売法に基づく供託（第3号様式）

## D-1-③ 割賦販売法（金銭）（権利実行による営業保証金の不足額）

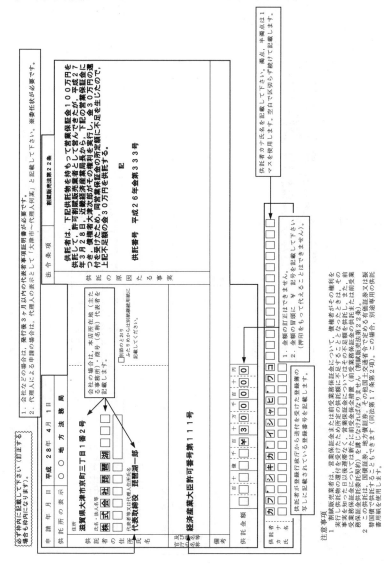

D 営業保証供託

## D-2-① 前払式支払手段発行者による発行保証金の供託（金銭）

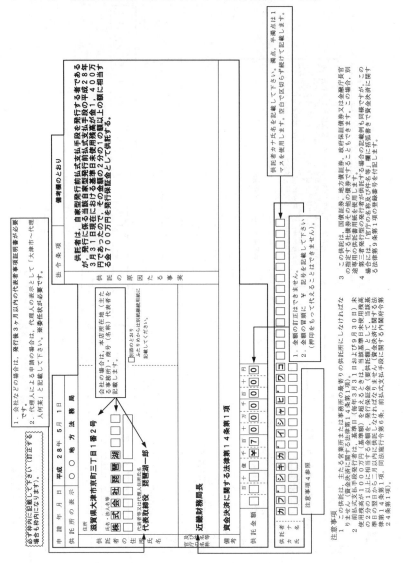

2 資金決済に関する法律に基づく供託（第3号様式）

## D-2-② 前払式支払手段発行者による基準日不足額に係る発行保証金の追加供託（金銭）

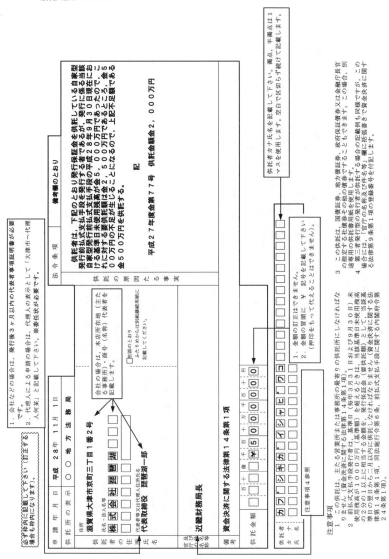

D  営業保証供託

# D-2-③　前払式支払手段発行者による発行保証金の追加供託（金銭）

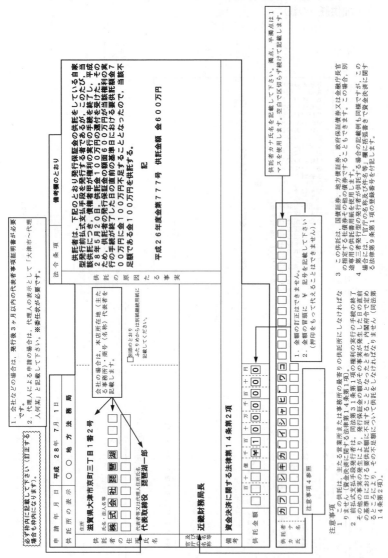

2 資金決済に関する法律に基づく供託（第3号様式）

D-2-④ 前払式支払手段発行者による発行保証金の供託（発行保証金保全契約の締結の場合）（金銭）

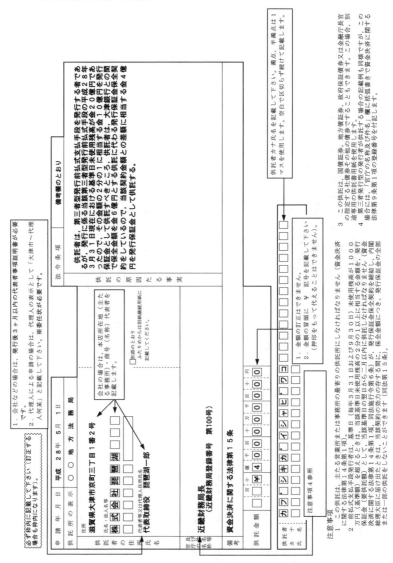

D 営業保証供託

## D-2-⑤ 財務局長による発行保証金の供託（前払式支払手段発行者が供託した債券を換価した場合）（金銭）

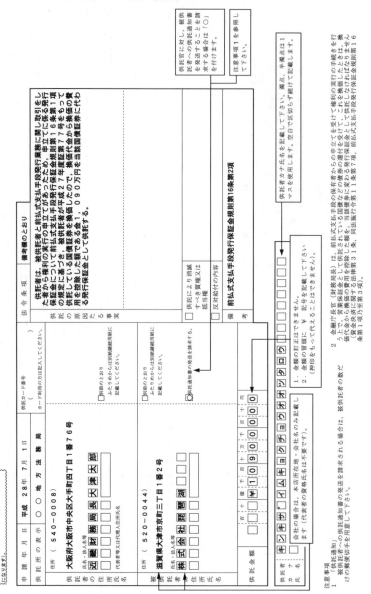

2 資金決済に関する法律に基づく供託（第3号様式）

## D-2-⑥ 資金移動業者による履行保証金の供託（金銭）

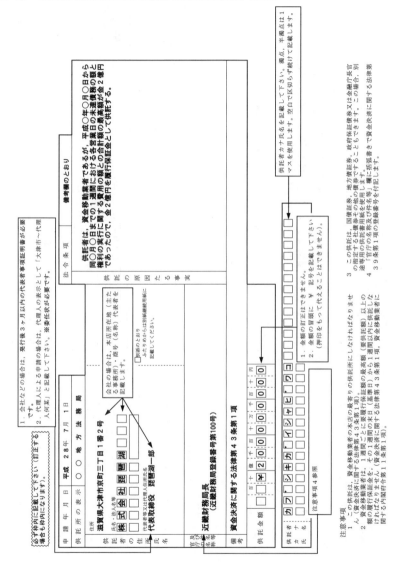

D 営業保証供託

## D-2-⑦ 資金移動業者による履行保証金の不足額の供託（金銭）

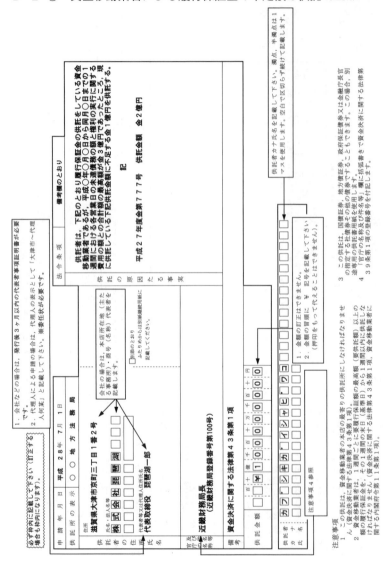

## 2 資金決済に関する法律に基づく供託（第3号様式）

### D-2-⑧ 資金移動業者による履行保証金の供託（履行保証金保全契約の締結の場合）（金銭）

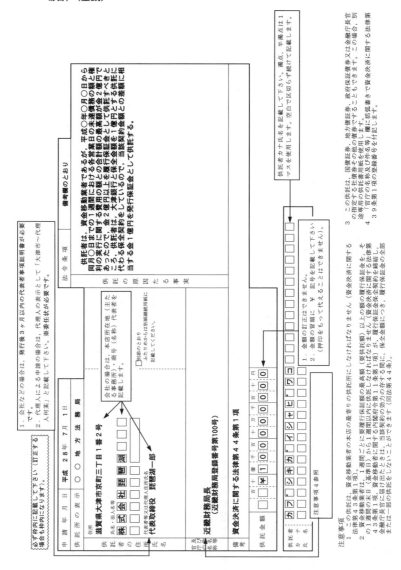

D　営業保証供託

## D-2-⑨　財務局長による履行保証金の供託（資金移動業者が供託した債券を換価した場合）（金銭）

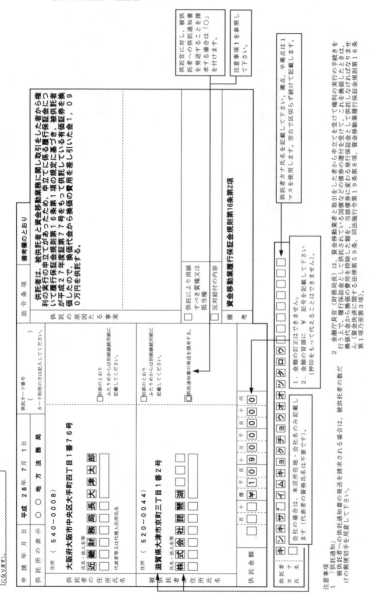

682

## 3 宅地建物取引業法に基づく供託

### D-3-① 宅地建物取引業法（金銭）（営業開始）

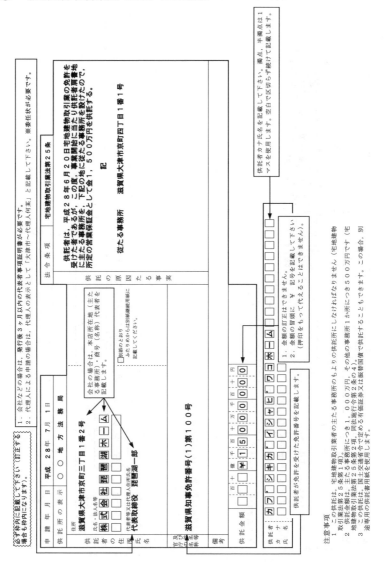

D 営業保証供託

D-3-② 宅地建物取引業法（金銭）（有価証券から差替え）

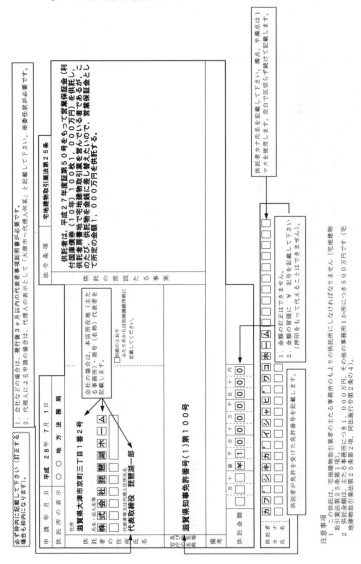

## 3 宅地建物取引業法に基づく供託

### D-3-③ 宅地建物取引業法(金銭)(権利実行による不足額)

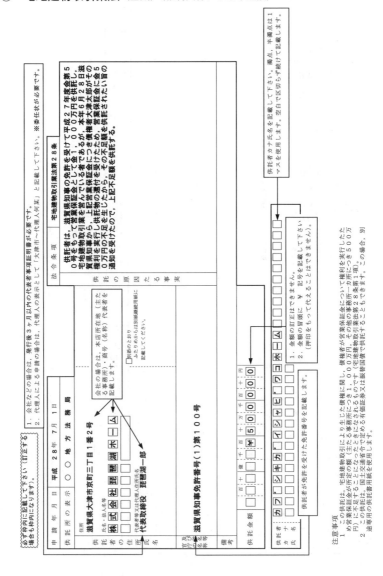

D　営業保証供託

## D-3-④　宅地建物取引業法（金銭）（事務所増設）

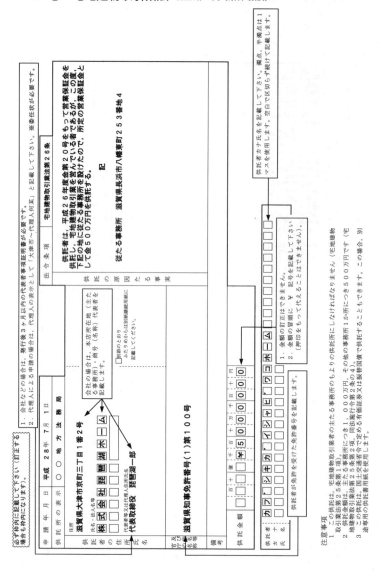

## 3 宅地建物取引業法に基づく供託

### D-3-⑤ 宅地建物取引業法（金銭）（主たる事務所移転・管轄変更）

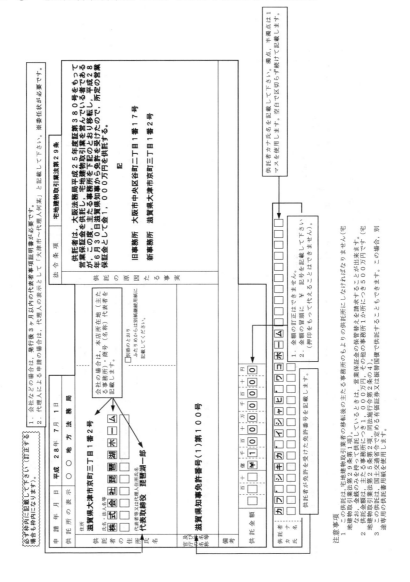

D　営業保証供託

## D-3-⑥ 宅地建物取引業法（金銭）（保証協会脱退）

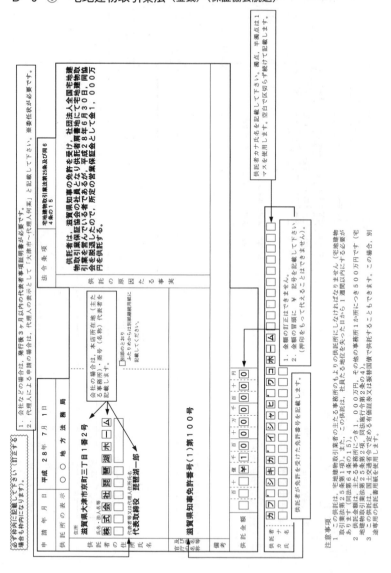

688

3 宅地建物取引業法に基づく供託

## D-3-⑦ 宅地建物取引業法（振替国債）（営業開始）

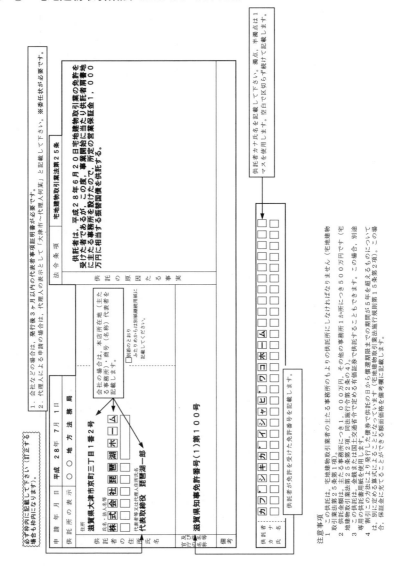

D　営業保証供託

供託振替国債

| 金額合計 | 百 十 億 千 百 十 万 千 百 十 円<br>　　　¥1 0 0 0 0 0 |  |
|---|---|---|
| 銘柄 | 利付国庫債券（１０年） | 回記号　第3回 |
| 金額 | 百 十 億 千 百 十 万 千 百 十 円<br>　　　¥1 0 0 0 0 0 | 償還期限　平成 3 8 年 3 月 2 0 日 |
|  |  | 利息支払期　3 月 2 0 日　年 2 回 |
| 備考 |  |  |
| 銘柄 |  | 回記号 |
| 金額 | 百 十 億 千 百 十 万 千 百 十 円 | 償還期限　平成 年 月 日 |
|  |  | 利息支払期　月 日　年 回 |
| 備考 |  |  |

## 3 宅地建物取引業法に基づく供託

### D-3-⑧ 宅地建物取引業法（振替国債）（有価証券から差替え）

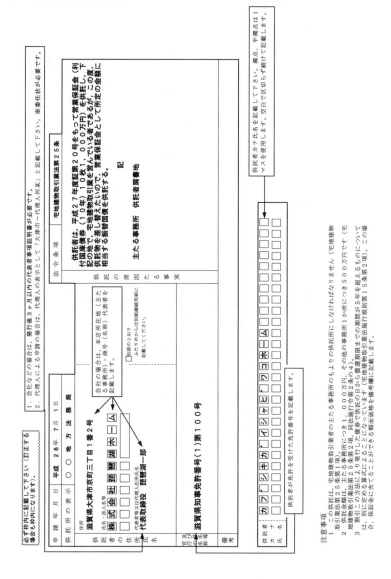

## D　営業保証供託

供託 振替 国債

| 金額合計 | 百 | 十 | 億 | 千 | 百 | 十 | 万 | 千 | 百 | 十 | 円 |
|---|---|---|---|---|---|---|---|---|---|---|---|
| | | | ¥1 | 0 | 0 | 0 | 0 | 0 | 0 | 0 | 円 |

| 銘柄 | 割引国庫債券（５年） | 回記号 | **第３回** | |
|---|---|---|---|---|
| 金額 | 百十億千百十万千百十円<br>¥1 0 0 0 0 0 0 円 | 償還期限 | 平成 3 3 年 2 月 2 0 日 | |
| | | 利息支払期 | □年 | |
| 備考 | | | | |
| 銘柄 | | 回記号 | | |
| 金額 | 百十億千百十万千百十円 | 償還期限 | 平成 年 月 日 | |
| | | 利息支払期 | 年 | |
| 備考 | | | | |

## 3 宅地建物取引業法に基づく供託

### D-3-⑨ 宅地建物取引業法（振替国債）（事務所増設）

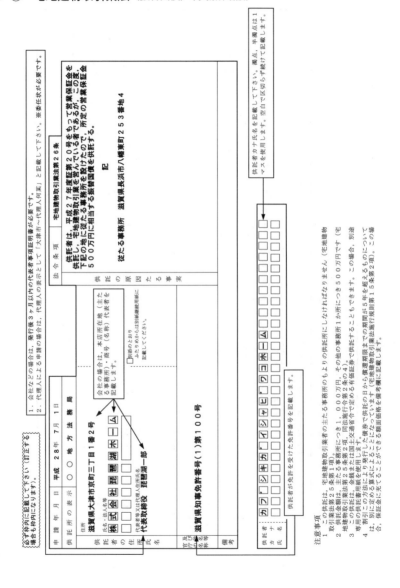

## D　営業保証供託

供託　振替　国債

| 金額合計 | 百 | 十 | 億 | 千 | 百 | 十 | 万 | 千 | 百 | 十 | 円 |
|---|---|---|---|---|---|---|---|---|---|---|---|
| | | | | 千 5 | 0 | 0 | 0 | 0 | 0 | 0 | 円 |

| 銘柄 | 利付国庫債券（１０年） |
|---|---|
| 回記号 | 第３回 |
| 金額 | 百 十 億 千 百 十 万 千 百 十 円 <br> 千 5 0 0 0 0 0 0 円 |
| 償還期限 | 平成 ３ ８ 年 ３ 月 ２ ０ 日 |
| 利息支払期 | ３ 月 ２ ０ 日　年 ２ 回 |
| 備考 | |

| 銘柄 | |
|---|---|
| 回記号 | 平成 |
| 金額 | 百 十 億 千 百 十 万 千 百 十 円 |
| 償還期限 | 平成 □ 年 □ 月 □ 日 |
| 利息支払期 | □ 月 □ 日　年 □ 回 |
| 備考 | |

694

4 特定住宅瑕疵担保責任の履行の確保等に関する法律に基づく供託（第3号様式）

## D-4-① 建設業者がする供託（金銭）

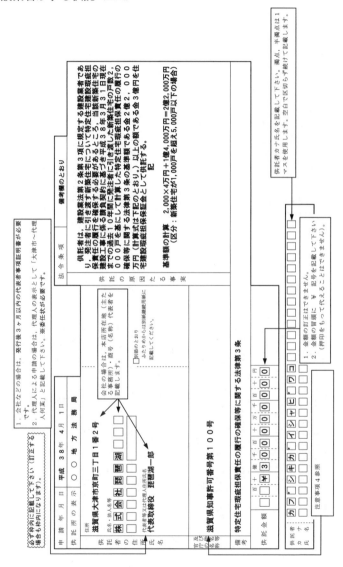

# D 営業保証供託

## 注意事項

1 この供託は、主たる事務所の最寄りの供託所にしなければなりません（特定住宅瑕疵担保責任の確保等に関する法律第6条）。

2 「建設業者」は、基準日（毎年3月31日および9月30日）において、過去10年間に自ら新築住宅の請負契約に基づいて発注者に引き渡した新築住宅について特定住宅瑕疵担保責任の履行を確保するため、当該保証金の供託をしていなければなりません（同法第3条第1項）。建設新築住宅（＊2）の合計戸数（＊1）に応じて下表に掲げる額以上の額の供託をすることとされています（同条第2項・別表）。

＊1 基準日前（平成21年10月1日）から10年を経過する日までの間は、「平成21年10月1日から各基準日までの間」となります（法附則第4条）。

＊2 「建設新築住宅」とは、その建設業者が対象期間内に発注者に引き渡した新築住宅のうち、住宅瑕疵担保責任保険法人と締結した保険契約に係る新築住宅を除いたものをいいます（法第3条第3項）。

＊3 「合計戸数」の算定に当たっては、床面積の合計が55 m²以下のものは2戸をもって1戸とすることができ、同施行令第2条、2以上の建設業者との間で締結され、建設瑕疵負担割合が配分された場合には交付された請負契約にかかる建設新築住宅について、特約が定められています（法第3条第4項、同施行令第3条）。

＊4 「基準額」は法の基本で算定されますが、算定された額が120億円を超える場合は、120億円になります（法第3条第2項、同施行令第1条・別表）。

建設新築住宅の合計戸数 × 下表の「A」 ＋ 下表の「B」

| 合計戸数の区分 | 額の範囲 | A | B |
|---|---|---|---|
| 1 ≦合計戸数 ≦ 1 | 2000万円以下の額 | 2000万円 | 0円 |
| 1 <合計戸数 ≦ 10 | 2000万円を超え3800万円 | 200万円 | 1800万円 |
| 10 <合計戸数 ≦ 50 | 3800万円を超え7000万円 | 80万円 | 3000万円 |
| 50 <合計戸数 ≦ 100 | 7000万円を超え1億円 | 60万円 | 4000万円 |
| 100 <合計戸数 ≦ 500 | 1億円を超え1億4000万円 | 10万円 | 9000万円 |
| 500 <合計戸数 ≦ 1000 | 1億4000万円を超え1億8800万円 | 8万円 | 1億円 |
| 1000 <合計戸数 ≦ 5000 | 1億8800万円を超え3億4000万円 | 4万円 | 1億4000万円 |
| 5000 <合計戸数 ≦ 1万 | 3億4000万円を超え4億4000万円 | 2万円 | 2億4000万円 |
| 1万 <合計戸数 ≦ 2万 | 4億4000万円を超え6億3000万円 | 1万9千円 | 2億5000万円 |
| 2万 <合計戸数 ≦ 3万 | 6億3000万円を超え8億1000万円 | 1万8千円 | 2億7000万円 |
| 3万 <合計戸数 ≦ 4万 | 8億1000万円を超え9億9000万円 | 1万7千円 | 3億円 |
| 4万 <合計戸数 ≦ 5万 | 9億9000万円を超え11億7000万円 | 1万6千円 | 3億4000万円 |
| 5万 <合計戸数 ≦ 10万 | 11億7000万円を超え18億9000万円 | 1万5千円 | 3億9000万円 |
| 10万 <合計戸数 ≦ 20万 | 18億9000万円を超え32億9000万円 | 1万4千円 | 4億9000万円 |
| 20万 <合計戸数 ≦ 30万 | 32億9000万円を超え45億9000万円 | 1万3千円 | 6億9000万円 |
| 30万 <合計戸数 | 45億9000万円を超え120億円 | 1万2千円 | 9億9000万円 |

3 この供託は、国債証券、地方債証券、国土交通大臣が指定した債券その他の債券についても保証金として使用することができます。この場合、別途専用の供託書用紙を使用します。

4 国土交通大臣又は都道府県知事は都道府県の区域内に事務所を設置してその事業のみ事務所を設置してその事業を営もうとするときは国土交通大臣の、1の都道府県の区域内にのみ事務所を設置してその事業を営もうとするときは都道府県知事の許可を受けなければなりません（建設業法第3条第1項）。なお、許可は5年ごとに更新を受けなければなりません（同条第3項）。

4 特定住宅瑕疵担保責任の履行の確保等に関する法律に基づく供託（第3号様式）

## D-4-② 平成31年9月30日までに建設業者がする供託：経過措置（金銭）

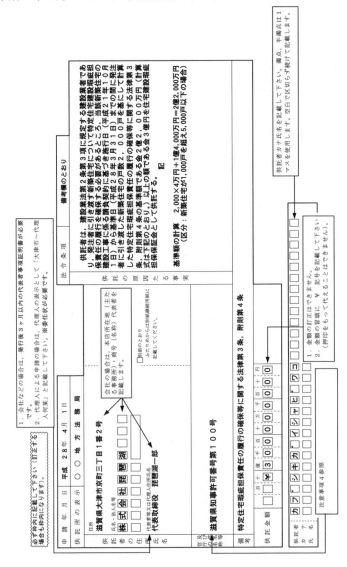

D 営業保証供託

## D-4-③ 建設業者がする供託（金銭と一部振替国債）

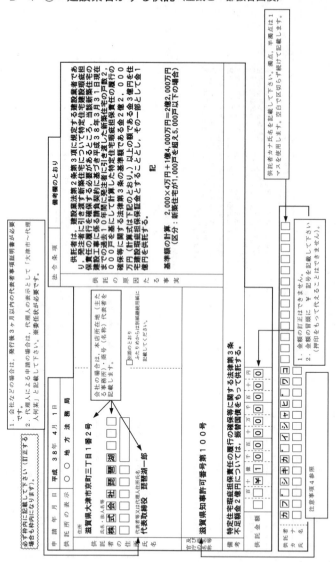

4 特定住宅瑕疵担保責任の履行の確保等に関する法律に基づく供託(第3号様式)

## D-4-④ 建設業者がする供託(一部保険一部金銭)

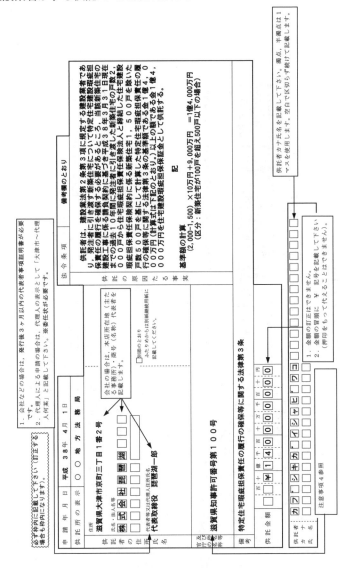

D　営業保証供託

## D-4-⑤　建設業者がする不足額の供託（金銭）

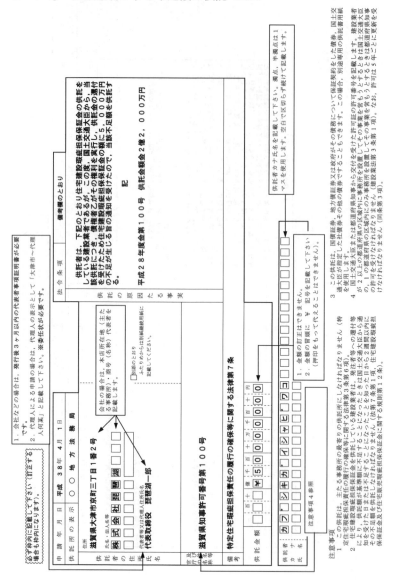

4 特定住宅瑕疵担保責任の履行の確保等に関する法律に基づく供託（第3号様式）

## D-4-⑥ 宅地建物取引業者がする供託（金銭）

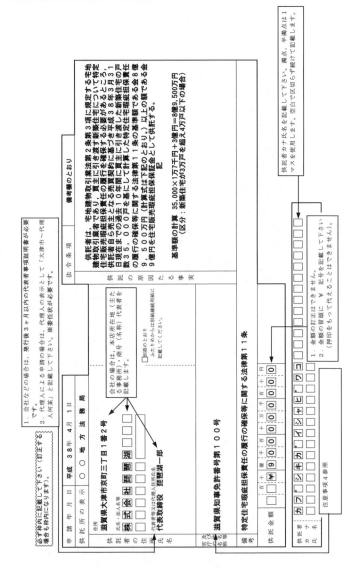

D　営業保証供託

## D-4-⑦　平成31年9月30日までに宅地建物取引業者がする供託：経過措置
（金銭）

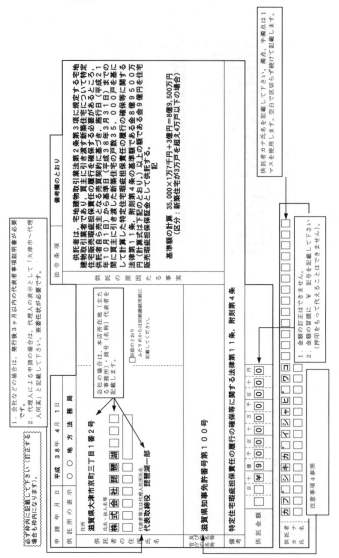

4 特定住宅瑕疵担保責任の履行の確保等に関する法律に基づく供託（第3号様式）

## D-4-⑧ 宅地建物取引業者がする供託（金銭と一部振替国債）

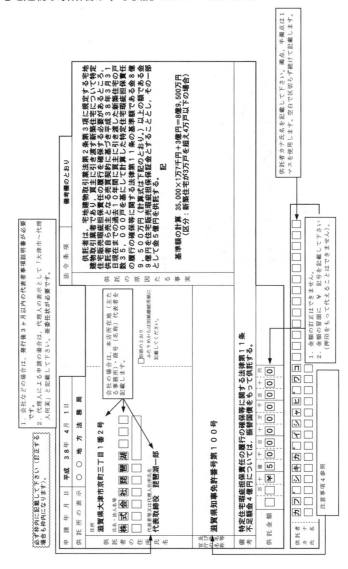

D 営業保証供託

## D-4-⑨ 宅地建物取引業者がする供託（一部保険一部金銭）

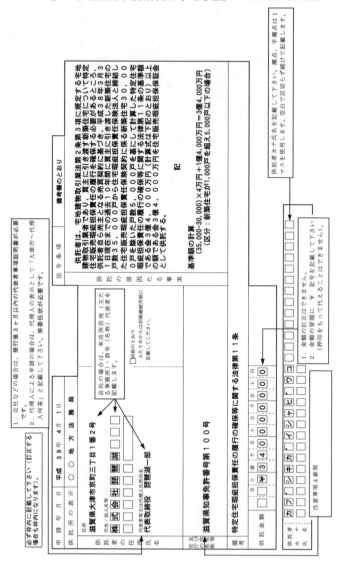

4 特定住宅瑕疵担保責任の履行の確保等に関する法律に基づく供託（第3号様式）

## D-4-⑩　宅地建物取引業者がする不足額の供託（金銭）

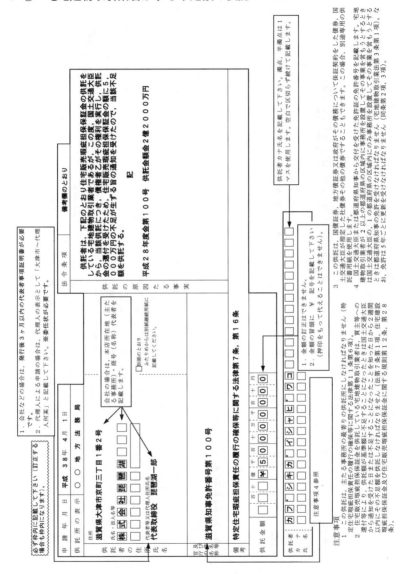

D　営業保証供託

## D-5-① 旅行業法（金銭）（事業開始）

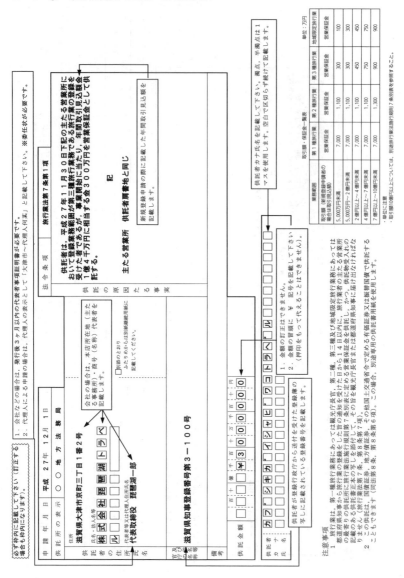

5 旅行業法に基づく供託

## D-5-② 旅行業法（金銭）（有価証券から差替え）

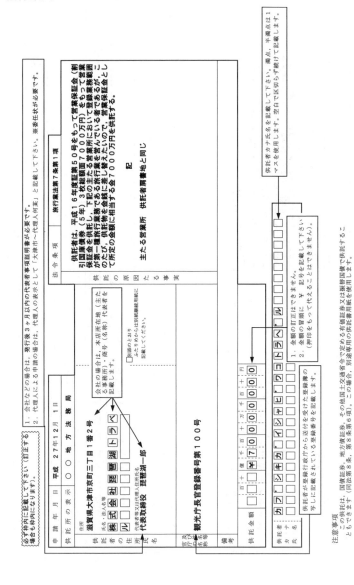

D 営業保証供託

## D-5-③ 旅行業法（金銭）（権利実行による不足額）

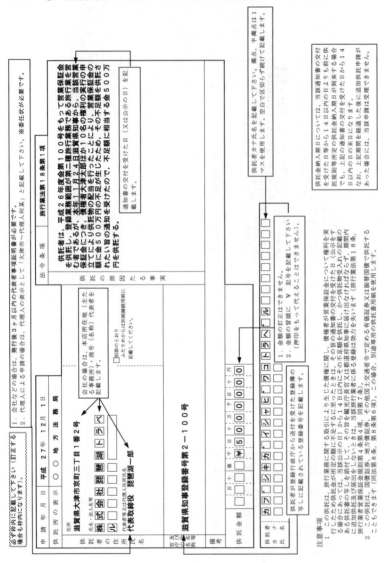

## 5 旅行業法に基づく供託

### D-5-④ 旅行業法（金銭）（年間取引額の増加による営業保証金の不足）

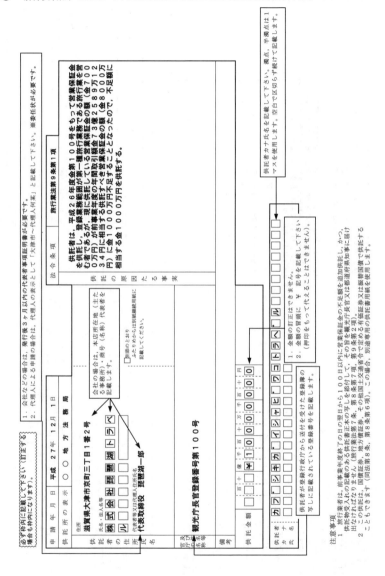

D  営業保証供託

## D-5-⑤ 旅行業法（振替国債）（事業開始）

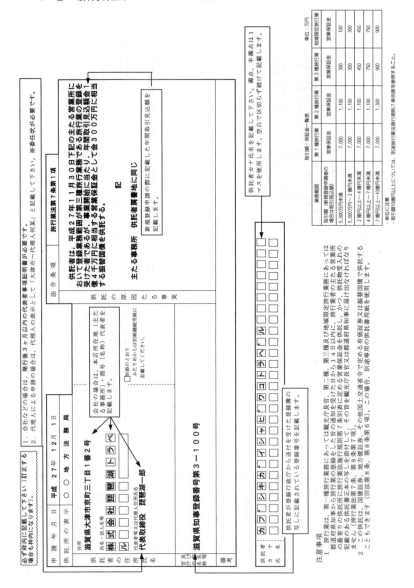

5 旅行業法に基づく供託

供託振替国債

| 金額合計 | 百 | 十 | 億 | 千 | 百 | 十 | 万 | 千 | 百 | 十 | 円 |
|---|---|---|---|---|---|---|---|---|---|---|---|
| | | | ￥3 | | 0 | | 0 | | 0 | 0 | |

| 銘柄 | 利付国庫債券（１０年） | | 回記号 第3回 | | | | | |
|---|---|---|---|---|---|---|---|---|
| 金額 | 百 十 億 千 百 十 万 千 百 十 円<br>￥3 0 0 0 0 | | 償還期限 | 平成 3 7 年 3 月 2 0 日 | | | | |
| | | | 利息支払期 | 3 月 2 0 日　年 2 回 | | | | |
| 備考 | | | | | | | | |

| 銘柄 | | | 回記号 | | | | | |
|---|---|---|---|---|---|---|---|---|
| 金額 | 百 十 億 千 百 十 万 千 百 十 円 | | 償還期限 | 平成 年 月 日 | | | | |
| | | | 利息支払期 | 月 日　年 回 | | | | |
| 備考 | | | | | | | | |

711

D　営業保証供託

## D-5-⑥　旅行業法（振替国債）（有価証券から差替え）

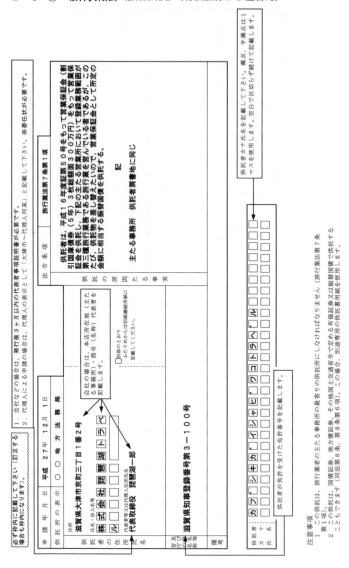

5 旅行業法に基づく供託

## 供託振替国債

| 金額合計 | ¥ | 3 | 0 | 0 | 0 | 0 | 0 | 0 | 円 |
|---|---|---|---|---|---|---|---|---|---|

| 銘柄 | 利付国庫債券（１０年） | 回記号 | 第３回 |
|---|---|---|---|
| 金額 | ¥３０００００ 円 | | |
| 償還期限 | 平成 ３７ 年 ３ 月 ２０ 日 | | |
| 利息支払期 | ３ 月 ２０ 日　年 ２ 回 | | |
| 備考 | | | |

| 銘柄 | | 回記号 | |
|---|---|---|---|
| 金額 | 円 | | |
| 償還期限 | 平成 年 月 日 | | |
| 利息支払期 | 月 日　年 回 | | |
| 備考 | | | |

# E 税法上の担保供託（第３号様式）

## E-① 相続税の延納の担保（金銭）

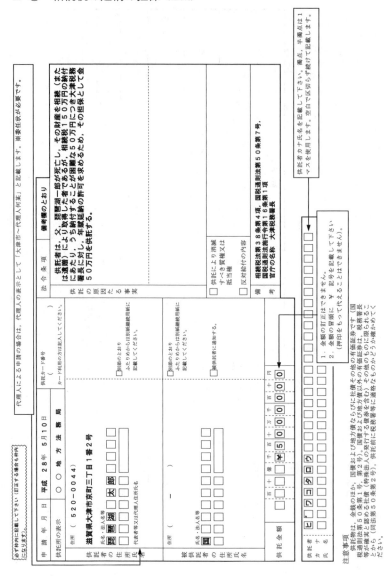

E 税法上の担保供託（第3号様式）

## E-② 輸入の許可前における貨物の引取りの担保（金銭）

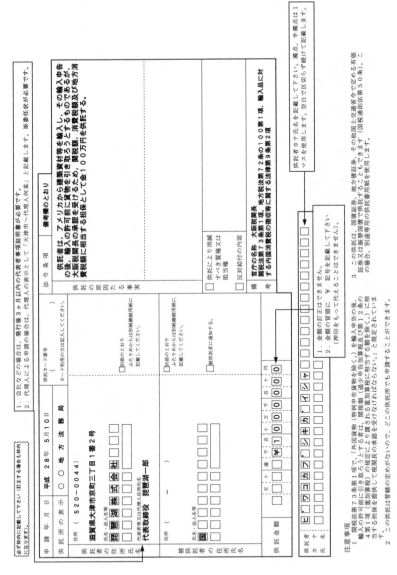

E 税法上の担保供託（第3号様式）

E-③ 再輸出免税のための担保（金銭）

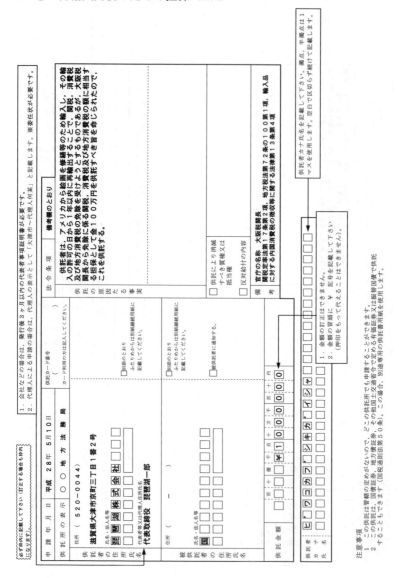

F 選挙供託（第4号様式）

## F-① 衆議院議員選挙小選挙区（政党が届出）

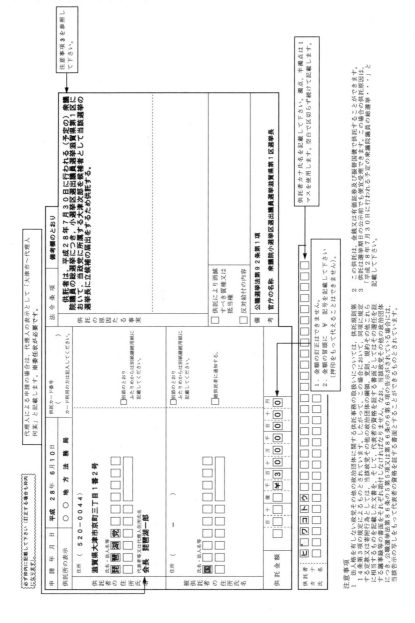

F　選挙供託（第4号様式）

F-② 衆議院議員選挙小選挙区（本人が届出）

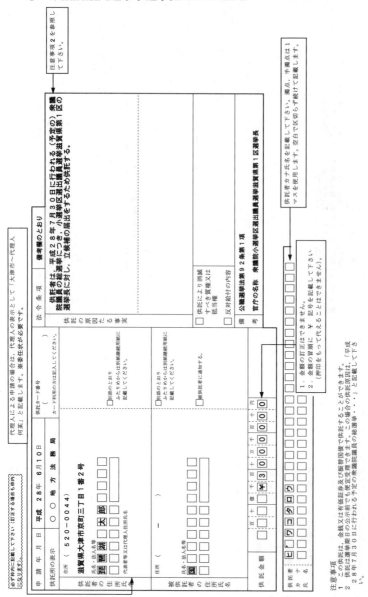

F 選挙供託（第４号様式）

## F-③ 衆議院議員選挙小選挙区（推薦人が届出）

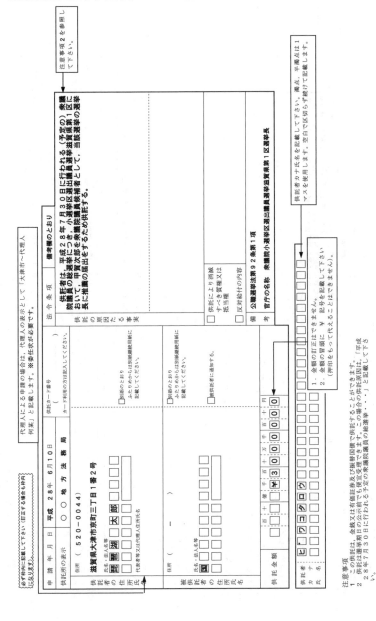

F 選挙供託（第4号様式）

## F-④ 衆議院議員選挙比例代表選出（重複立候補がない場合）

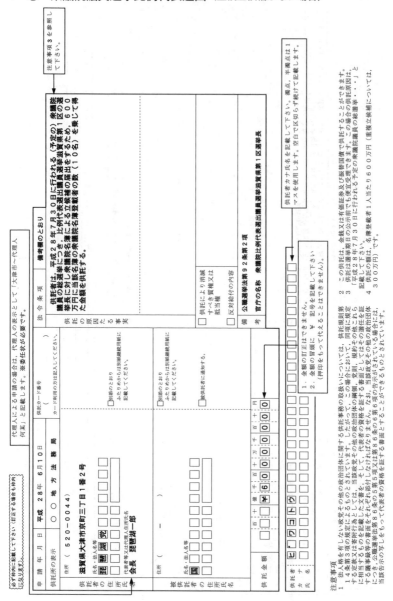

F 選挙供託（第4号様式）

## F-⑤ 衆議院議員選挙比例代表選出（重複立候補がある場合）

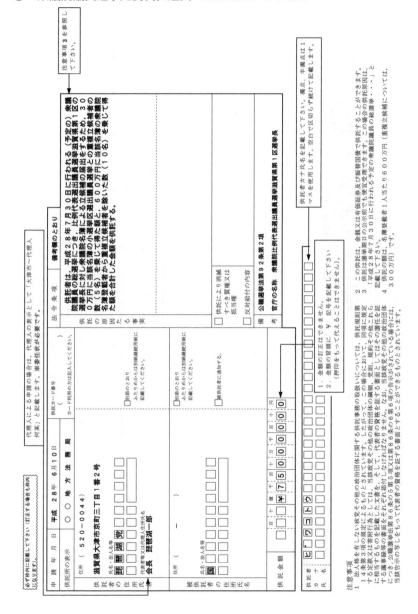

F 選挙供託（第4号様式）

## F-⑥ 参議院議員選挙比例代表選出

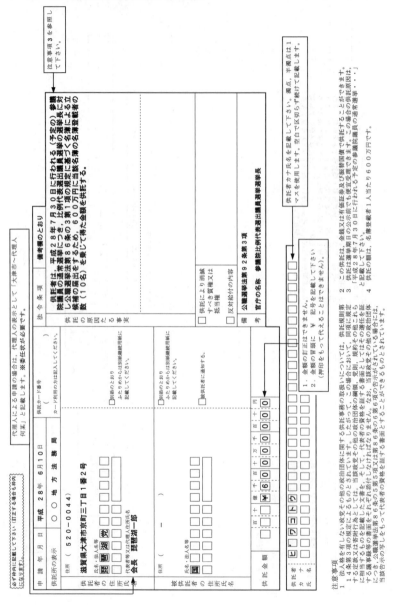

F 選挙供託（第4号様式）

## F-⑦ 参議院議員選挙選挙区（本人が届出）

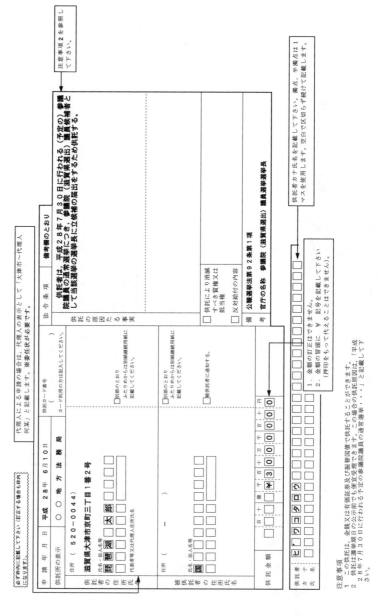

F 選挙供託（第4号様式）

## F-⑧ 知事選挙（本人が届出）

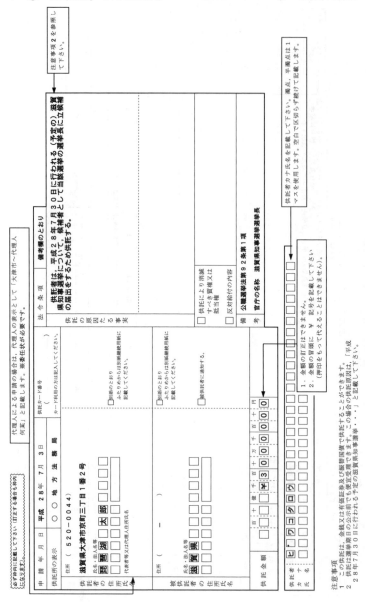

F 選挙供託（第4号様式）

## F-⑨ 都道府県議会議員選挙（本人が届出）

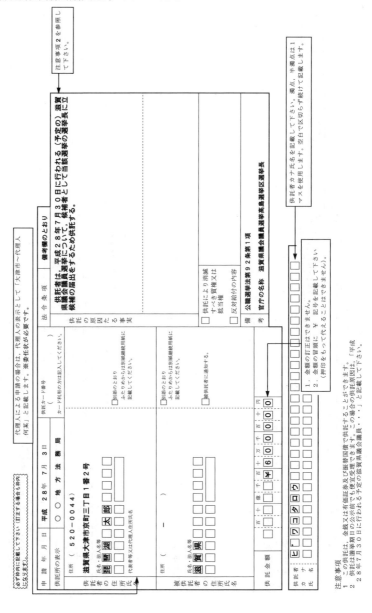

F 選挙供託（第4号様式）

F-⑩ 市長選挙（本人が届出）

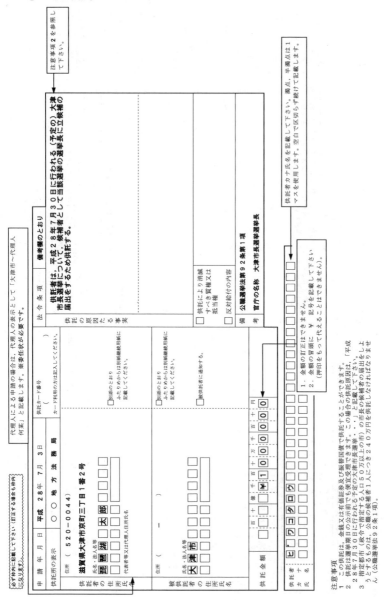

F 選挙供託（第4号様式）

## F-⑪ 市議会議員選挙（本人が届出）

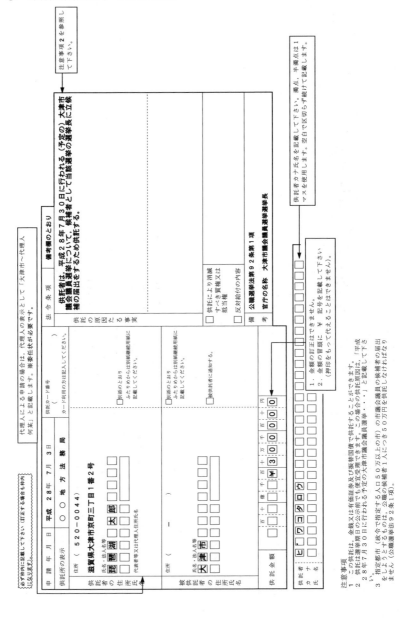

F 選挙供託（第4号様式）

F-⑫ 市議会議員選挙（推薦人が届出）

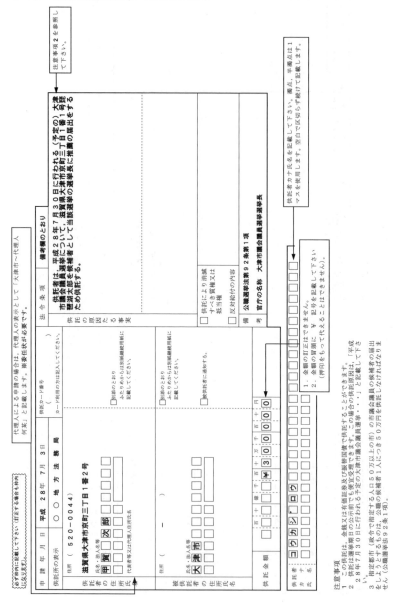

728

F 選挙供託（第4号様式）

## F-⑬ 町長選挙（本人が届出）

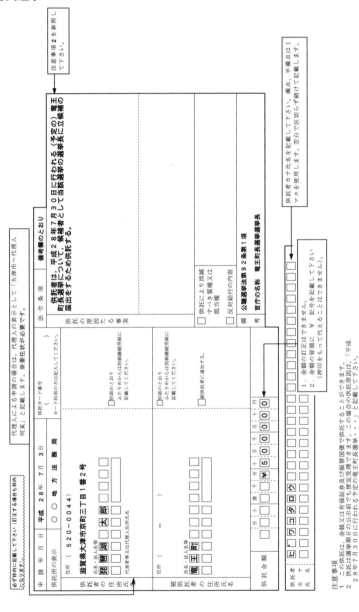

## なにわの供託事例集
事例・回答・解説82問とOCR用供託書記載例139
関係図・手続フロー付き

平成30年9月27日　初版発行

|  |  |
|---|---|
| 編　　者 | 大阪法務局ブロック<br>管内供託実務研究会 |
| 発 行 者 | 和　田　　　裕 |

発 行 所　　日 本 加 除 出 版 株 式 会 社
本　　社　　郵便番号 171-8516
　　　　　　東京都豊島区南長崎 3 丁目16番 6 号
　　　　　　ＴＥＬ　(03)3953-5757（代表）
　　　　　　　　　　(03)3952-5759（編集）
　　　　　　ＦＡＸ　(03)3953-5772
　　　　　　ＵＲＬ　www.kajo.co.jp
営 業 部　　郵便番号 171-8516
　　　　　　東京都豊島区南長崎 3 丁目16番 6 号
　　　　　　ＴＥＬ　(03)3953-5642
　　　　　　ＦＡＸ　(03)3953-2061

組版・印刷・製本　㈱倉田印刷

落丁本・乱丁本は本社でお取替えいたします。
★定価はカバー等に表示してあります。
© 2018
Printed in Japan
ISBN978-4-8178-4505-4

---

**JCOPY** 〈出版者著作権管理機構　委託出版物〉

　本書を無断で複写複製（電子化を含む）することは，著作権法上の例外を除き，禁じられています。複写される場合は，そのつど事前に出版者著作権管理機構（JCOPY）の許諾を得てください。
　また本書を代行業者等の第三者に依頼してスキャンやデジタル化することは，たとえ個人や家庭内での利用であっても一切認められておりません。

　〈JCOPY〉　ＨＰ：http://www.jcopy.or.jp/，e-mail：info@jcopy.or.jp
　　　　　　電話：03-3513-6969，ＦＡＸ：03-3513-6979

# 供託実務事例集

商品番号：40571
略　号：供例集

東京法務局ブロック管内供託実務研究会 編
2014年11月刊 A5判 292頁 本体2,700円+税 978-4-8178-4199-5

- 解説書が少なく根拠法令も多岐にわたり、日々対応に苦慮する「供託」につき、著者が様々な事件を通して身につけた知識を、事例として紹介。
- 具体的なイメージができるよう図解や資料を交えながら丁寧に解説。

# 新版 よくわかる供託実務

商品番号：40181
略　号：供実

吉岡誠一 編著
2011年8月刊 A5判 436頁 本体4,000円+税 978-4-8178-3944-2

- 「実体法規、手続法の正確な理解」と「その理解に基づく的確な判断」が身に付く一冊。
- 基本的な事件を中心に、審査及び事務処理について、わかりやすく解説。
- 図表入りのわかりやすいQ&AやOCR供託書式記載例を収録。

日本加除出版

〒171-8516　東京都豊島区南長崎3丁目16番6号
TEL（03）3953-5642　FAX（03）3953-2061（営業部）
www.kajo.co.jp